GENEALOGIAS DA CULTURA
LUÍS CARMELO

2.ª EDIÇÃO

In Memoriam
Dóris Graça Dias (1963-2014)

Luís Carmelo (1954) é autor de uma vasta obra literária e ensaística. De referir uma dezena de romances (entre eles *A Falha*, adaptado ao cinema por João Mário Grilo, em 2002) e diversos ensaios (incluindo o Prémio da Associação Portuguesa de Escritores de 1988) sobre semiótica, teoria da cultura, literatura e o cruzamento multidisciplinar de expressões contemporâneas. Doutorado pela Universidade de Utreque (Holanda, 1995), após um quarto de século de vida académica activa, fundou e dirige, actualmente, a Escola de Escrita Criativa Online (EC.ON – http://escritacriativaonline.net/).

ÍNDICE

Prólogo — 11

Lista de abreviaturas — 17

BLOCO 1. A PROMESSA. AS ESFERAS DO HORIZONTE, DA AFIRMAÇÃO E DA SIGNIFICAÇÃO — 19

Introdução — 21

1. Esfera do horizonte. O *eschatón* — 23
1.1 Do profético ao apocalíptico: o período profético inicial — 23
1.2 Do profético ao apocalíptico: o período apocalíptico — 34
  1.2.1 Apocalipticismo em Daniel — 38

2. Esfera da afirmação. O sujeito — 42
2.1 A emergência do sujeito — 43
2.2 Sujeito e representação — 48
2.3 Sujeito e liberdade — 53
2.4 Sujeito e multiplicidade — 61

3. Esfera da significação. A semiótica — 70
3.1 Primórdios: o Profético e Hipócrates (460-377 a. C.) — 71
3.2 Tradição clássica — 72
  3.2.1 Platão (427-347 a. C.) — 72
    3.2.1.1 Referencialidade e convenção — 73
    3.2.1.2 Expressão e conteúdo — 73
    3.2.1.3 As regras e o discurso — 74
    3.2.1.4 Pensamento e discurso — 74
  3.2.2 Aristóteles (384-322 a. C.) — 75
    3.2.2.1 Signo: um correlato plausível — 75
    3.2.2.2 Formação dos signos (a partir de silogismos) — 76
    3.2.2.3 Tipos de signos — 77
    3.2.2.4 Signos verbais — 77

3.2.3 Os Estóicos — 79
   3.2.3.1 Definição de signo — 80
   3.2.3.2 Instabilidade da função sígnica — 80
3.2.4 Epicuristas — 81
   3.2.4.1 Uma semiótica atomística — 82
   3.2.4.2 Convenção e signos verbais — 83

BLOCO 2. A SIMULAÇÃO. MILÉNIO, NARRATIVAS DO FIM DO MUNDO E PROFECIA COMO ARMA DE GUERRA — 103

Introdução — 105

1. O Milénio — 107
1.1 O ano mil de Glaber, Silvestre e Otão — 107
1.2 Os milénios do *sexto dia* e de Alexandre — 110
1.3 A fragilidade do milénio do ano mil — 114
1.4 O milénio da paixão e um mar de prodígios — 116
1.5 Milénios islâmicos — 118

2. As profecias como arma de guerra. Um exemplo ibérico — 124
2.1 Um exemplo da guerra profética e mediática — 124
2.2 O mundo das profecias do Manuscrito 774 da Biblioteca Nacional de Paris — 139

3. A teo-semiose — 143
3.1 A escatologia recodificada — 143
3.2 A teo-semiose de Santo Agostinho — 144
3.3 A querela dos universais — 146

BLOCO 3. A FICÇÃO. A UTOPIA E A IDEALIDADE. O APOCALIPSE INVERTIDO — 159

Introdução — 161

1. O terreno fértil da utopia — 163
1.1 A utopia ainda profética: Savonarola e João de Leiden — 163
1.2 A utopia de More — 165
1.3 A Utopia de More: o texto — 168

2. Outros emergires da utopia — 173
2.1 A utopia de Platão — 173
2.2 *Utopia* pura de Kant — 179

3. João de S. Tomás e John Locke: o outro lado da utopia — 183
3.1 João de São Tomás (1589-1644) — 183
3.2 John Locke (1632-1704) — 185

BLOCO 4. A EXPERIÊNCIA. A UTOPIA E A ANCORAGEM NO TEMPO. UMA VISÃO ABERTA — 195

Introdução — 197

1. Formatos de ancoragem no tempo — 199
1.1 Flora e os três estados — 199
1.2 Giambattista Vico e as três idades — 202

2. A utopia e a ancoragem no tempo — 209
2.1 Cenários perfectíveis com os pés na Terra — 209
2.2 A afirmação da modernidade; as figuras do povo e da nação — 212
2.3 Auto-enunciação de uma era: literatura e narrações — 217

3. O discurso como afirmação autónoma do sentido — 222
3.1 Iluminismo e o devir *antropológico* de Kant — 222
   3.1.1 Immanuel Kant — 223
      3.1.1.1 Símbolos, signos discursivos e caracteres — 224
      3.1.1.2 Símbolos, esquemas e exemplos — 225
      3.1.1.3 Divisão dos signos — 226

BLOCO 5. INVENÇÃO. PROJECTOS MODERNOS. O HOMEM COMO OBJECTO EPISTÉMICO: O CASO DA ESTÉTICA — 239

Introdução — 241

1. Estética: a espiritualidade dos modernos — 243
1.1 Salões, história e estética — 243
1.2 A estética como *mise en abyme* — 247
   1.2.1 O gosto em Immanuel Kant — 248
   1.2.2 O espírito em Friedrich Hegel — 251
   1.2.3 A desocultação em Martin Heidegger — 253

2. A criação como simulação do divino — 257
2.1 Herança gnóstica e desconotação — 257
2.2 A palavra dos criadores e dos estetas — 261
2.3 O génio de Kant — 265
2.4 O acto criativo de Duchamp — 267

3. Discursos, novas linguagens e dialogismos — 271
3.1 Intertextualidade e paródia: o outro lado da criação — 271
   3.1.1 O caso de Mikhail Bakhtin — 272
   3.1.2 O caso de Gérard Genette — 273
   3.1.3 O caso de Lind Hutcheon — 274
3.2 O emergir do cinema: o exemplo da criação de uma nova linguagem — 275

3.2.1 Os quatro marcos iniciais do cinematógrafo — 275
3.2.2 O papel actualizador das vanguardas — 278

BLOCO 6. NORMATIVO. A IDEOLOGIA COMO NEO-ESCATOLOGIA. A IRREDUTIBILIDADE DO CÓDIGO. O HOMEM PROGRAMA — 289

Introdução — 291

1. A emergência ideológica — 293

2. Relações entre a cultura da promessa utópica e a cultura da promessa ideológica — 298
2.1. As incorporações e a resistência das distopias — 298
2.2 O relativismo face às promessas utópicas e ideológicas — 301
2.3 O cumprimento instantâneo das promessas utópicas e ideológicas — 303

3. O tempo dos discursos sistemáticos — 308
3.1 A época holística — 308
3.2 Charles Sanders Peirce e o Pragmatismo — 309
3.3 As categorias, segundo Charles Sanders Peirce — 311
3.4 Signo, semiose e pensamento na óptica de Charles Sanders Peirce — 313
3.5 Tipos de signos, segundo Charles Sanders Peirce — 315
   3.5.1 Primeira tricotomia dos signos (ao nível do Representamen) — 315
   3.5.2 Segunda tricotomia dos signos (ao nível do Objecto) — 316
   3.5.3 Terceira tricotomia dos signos (ao nível do Interpretante) — 317
3.6 A importância da abdução — 318
3.7 O conceito de Semiose — 319

BLOCO 7. SENTIDO. A FRAGMENTAÇÃO DAS GRANDES NARRATIVAS. VERDADE VS. SENTIDO E A CRISE DA CRENÇA — 325

Introdução — 327

1. A significação "pós" — 329
1.1 "Rescrever o moderno" em vez de inscrever o "pós-moderno" — 329
1.2 Do pós-moderno: como tudo começou — 331
1.3 As muitas conotações do pós-moderno — 334
1.4 Peter Sloterdijk: o fim da substancialidade — 336
1.5 Manifestos em torno do pós-moderno — 337
1.6 Verdade *vs* sentido — 340

2. O *segno* — 344
2.1 Uma sociedade sem bússola — 344
2.2 Os impactos do não reconhecimento do segno — 344

3. Os discursos da desconstrução — 348
3.1 O intenso percurso de Jacques Derrida — 348
3.2 A ausência de um significado último — 349
3.3 Desconstrução e tradição — 350
3.4 Desconstrução: flutuações e identidades — 353
3.5 Desconstrução de dicotomias e a *"différance"* — 355
3.6 Desconstrução: a impossibilidade de uma definição — 357
3.7 Um exemplo literário — 357

BLOCO 8. INSTANTANEIDADE. O IMEDIATISMO E O ESTADO DE *MEDIA RES*. AS NARRATIVAS PERSUASIVAS E OS FLUXOS — 367

Introdução — 369

1. O culto da instantaneidade — 371
1.1 O cumprimento instantâneo do desejo — 371
1.2 Os fluxos — 373
   1.2.1 Fluxos de ter (consumo) — 375
   1.2.2 Fluxos de ver (encantamento tecnológico) — 376
   1.2.3 Fluxos de viagem (mobilidade ininterrupta) — 378
   1.2.4 Fluxos de soletrar (o uso simplificado das linguagens) — 379
1.3 Media e meta-ocorrências — 381
1.4 Alguns exemplos de meta-ocorrência — 385
1.5 O espaço público mediatizado como contraponto — 390

2. Marcas, Publicidade e *design* — 396
2.1 Intensidade e estesia — 396
2.2 Publicidade e cultura de marca — 399
2.3 Metamorfoses e *"rebranding"* — 403
2.4 O *design* — 406

3. A cultura do rizoma como prenúncio da rede — 411
3.1 Duas constantes da contemporaneidade — 412
3.2 A metáfora do rizoma — 412
3.3 Agenciamentos e estratos — 414
   3.3.1 Território e estratos — 414
   3.3.2 Agenciamento — 415
   3.3.3 Plano de organização e plano de consistência — 416
   3.3.4 A ideia de desterritorialização — 417

BLOCO 9. PATRIMÓNIO. A CULTURA E AS NARRATIVAS DO PATRIMÓNIO. O CULTO DO ESPAÇO — 421

Introdução — 423

1. A cultura do Património — 425
1.1 Património: o cenário que ocupa o lugar de outro cenário — 425
1.2 Património: uma nova transcendência? — 429

2. O Património como forma de criação — 434
2.1 O património é um criador — 434
2.2 O património relido a partir de George Steiner — 436

3. Um exemplo patrimonial — 442

BLOCO 10. PARADOXOS. A ESPECTACULARIZAÇÃO DO MUNDO. O REGRESSO AO ESQUECIMENTO E AO ACASO — 451

Introdução — 453

1. O grande espectáculo — 455
1.1 As raízes do espectáculo — 455
1.2 Os primeiros espectáculos — 457
   1.2.1 Um palco preenchido por histórias — 457
   1.2.2 Um palco preenchido pela construção do tempo — 460
   1.2.3 Do domínio da natureza à cultura — 462

2. A reiniciar o espectáculo — 467
2.1 Os paradoxos do reinício *vs* Clímax — 467
2.2 Os paradoxos de W. G. Sebald — 469
2.3 Os paradoxos de Paul Auster — 471

3. A espectacularidade da crise — 474
3.1 A rede enquanto homologia da crise — 474
3.2 O tempo da falha e o tempo da dobra — 476
3.3 O exemplo da crise financeira — 477
3.4 A crise como significação do mundo — 478

Bibliografia — 487

Outras obras do autor — 509

PRÓLOGO

Este livro é o resultado do curso leccionado no Âmbito Cultural, intitulado "Uma História da Cultura", e, enquanto veículo e conjunto de propostas, pretende constituir um contributo para o debate actual sobre o que é – e o que significa hoje – a cultura. Trata-se de uma abordagem focada em temas-chave que mutuamente se interpelam, sobrepondo-se a perspectiva às formatações disciplinares. Daí não estarmos perante um livro de História e muito menos perante um estudo antropológico, mas antes no seio da área, aliás muito transversal, da significação (ou, mais canonicamente, da Semiótica, se assim se preferir). O estudo insere-se, por isso mesmo, no território híbrido entre o manual e o ensaio e incorpora matérias variadas, muitas das quais desenvolvidas em ensaios que redigi nas últimas duas décadas. No entanto, longe do cariz antológico, *Genealogias da Cultura* foi enunciado de forma particularmente orgânica e visou, na articulação entre os seus dez Blocos, trabalhar os modos como se foi construindo uma 'consciência de cultura'. Deixamos nas linhas que se seguem o plano do livro:

No Bloco 1 articulamos três dados do lento processo de formação do conceito de cultura que se revelam essenciais à sua morfologia actual, tal como a significamos contemporaneamente: o *eschatón* (ou ideia de 'fim último' que é chave para a compreensão do significado de 'projecto'), a afirmação do homem enquanto sujeito que interpreta livremente o mundo e, por fim, a consciência de que o discurso humano tende a propagar-se com autonomia, acrescentando realidade à realidade.

No Bloco 2 dedicamo-nos a formas de simulação que estão enraizadas na nossa cultura. Estabelecendo uma relação com o jogo milenar, analisamos o modo como a literatura profética, construída tendo como base os textos enunciados no período profético inicial (séc. XI a. C.-séc. IV a. C) e no período apocalíptico (séc. II a. C.-séc. II d. C), se transformou, ao longo da Idade Média, simultaneamente, numa máquina de simulações e numa arma de guerra. Não é, pois, de hoje o ininterrupto jogo que se estabelece entre o campo dos media e o campo dos acontecimentos e das convulsões.

O Bloco 3 é inteiramente dedicado à utopia, enquanto espaço ficcional livre e autónomo que propõe um horizonte essencialmente perfectível. Articulamos a matriz da *Utopia* de More com os sonhos utópicos presentes na *República* de Platão e estendemos estas abordagens seminais à utopia jurídica da paz, advogada por Kant e, também, às eco-utopias defensivas da contemporaneidade.

O Bloco 4 reata a tentação da literatura apocalíptica de dominar o todo da história, relacionando-a com dois programas distintos: uma tentativa de descodificar o cronograma divino que, na transição do século XII para o século XIII, se constituiu como uma matriz de relevo (Joaquim de Flora); e, cinco séculos depois, na ponte experimental que ligou o século XVII ao XVIII, o modelo de Giambattista Vico de domesticação da história. Estas marcações do tempo histórico definem uma intenção que, quer no mundo pré-moderno, quer já no alvor do mundo moderno, passa pela tentativa de significação do presente. Na mesma linha, analisamos ainda neste Bloco 4 a redacção de novas utopias que, ao longo dos séculos XVII e XVIII, e ao contrário das idealidades que as precederam, foram ancorando na realidade terrena, reflectindo o mesmo desejo irreparável de compreender e significar o presente.

O Bloco 5 debate-se com projectos modernos. A dupla ciência/arte faz parte essencial destes projectos e da perspectiva que vai sendo traçada, no Ocidente, a partir de meados de setecentos. A ciência e o mundo experimental dependendo dos factos e da realidade, a criatividade artística e estética criando factos e gerando realidade. Dois modos de significar a vida que se cruzam lentamente e que espelham a maneira como o homem se vai impondo como sujeito criador ao longo da modernidade. Contudo, as primeiras teorizações da arte e da estética e posteriores aprofundamentos mantiveram um vínculo (por vezes invisível) com formas espirituais de significar o mundo. Além dos autores clássicos ligados à estética, o Bloco 5 analisa ainda o conceito de criação artística (incluindo o seu possível legado gnóstico) e outros contíguos, caso do 'génio" de Immanuel Kant, do acto criativo de Marcel Duchamp e das práticas intertextuais e paródicas.

No Bloco 6 abordamos os horizontes do homem moderno que acreditava em quadros perfectíveis, perseguindo-os com o objectivo de os fazer corresponder a uma ordem mais geral, fosse política ou epistemológica. Trata-se de um Bloco em que analisamos os caminhos do 'homem programa' (de final de oitocentos e início de novecentos), focando-nos, em primeiro lugar, na emergência ideológica; em segundo lugar, nas relações entre a cultura da promessa utópica e a cultura da promessa ideológica; e, em terceiro lugar, revisitando a prática dos discursos sistemáticos e percorrendo, nessa perspectiva, enquanto exemplo, os itinerários enciclopédicos de Charles Sanders Peirce.

O tema do Bloco 7 é a crise do sentido. A abordagem centra-se sobretudo na segunda metade do século XX, dando especial atenção ao significado do movimento intitulado 'pós-moderno' e à consciência que ele representou. Num segundo momento, colocamos em evidência as teorias da linguagem que substituíram a verdade (como critério central para significar o mundo) pela pluralidade de sentidos. Em ambos os campos, ainda que com actores, tempos e mediações diversas, destaca-se uma tendência comum que poderia ser resumida pela negação pró-activa dos 'grandes códigos' totalizantes. Como consequência da diluição desta codificação axial, a ausência de valores e referências estáveis tem-se traduzido, no mundo ocidental, por uma profunda crise ao nível do 'dever ser'. Este aspecto permite-nos, num terceiro momento deste Bloco 7, desenvolver a noção clássica de *segno* e, a partir dela, equacionar o significado do défice ético em que vivemos.

O Bloco 8 dedica-se a um conjunto de abordagens que associam a experiência do quotidiano ao cumprimento instantâneo que os dispositivos tecnológicos possibilitam. O desejo do imediato celebra, no nosso tempo, através de simulações, aquilo que desde os tempos axiais era um desejo maior: atingir um domínio perfectível. Não o tendo conseguido através das vias prescritas pelos grandes códigos (escatologias e ideologias, por exemplo), o ser humano está a consegui-lo pela via da sua fusão com a tecnologia. Esta espécie de anunciada redenção *cyborg* pressupõe a partilha de fluxos, de ocorrências ficcionais, de experiências tecnológicas e de formatos diversos de persuasão no espaço público. A nossa cultura vive neste epicentro móvel em que um verdadeiro culto da instantaneidade e a afirmação imediata dos desejos se confundem com imagens que flutuam constantemente, sejam elas marcas, impressões telemáticas, afectos televisivos ou outras marés visuais que fazem parte intrínseca do nosso organismo.

Já o Bloco 9 analisa o modo como o património passou a ser significado nas últimas décadas. Se a cultura é passível de uma caracterização clássica, ou seja, mediante um olhar que se separa de um dado objecto seguindo uma determinada perspectiva, já o património se revê a si mesmo através de juízos que, nos seus próprios critérios, se aproximam de primados como os da excepcionalidade ou da genialidade. O sublime kantiano e a perfectibilidade utópica inundam, de algum modo, o campo expressivo patrimonial dos nossos dias, apesar de o "Património Mundial" não corresponder a uma utopia ou a uma estética, mas antes a um 'culto', ainda que o discurso técnico e científico se sobreponha e silencie a verdadeira transubstanciação que ele significa. A abordagem tem em conta uma articulação entre a propagação mitológica e o modo como o esvair da codificação axial desguarneceu a nossa visão do futuro e também do passado, obrigando a uma reposição de cenários. As tecnologias ter-se-iam encarregado – tema do Bloco 8 – do cenário do futuro, *dizendo-nos* que o presente em que vivemos é já um futuro que não carece de mais futuros à sua frente, enquanto o património se teria encarregado do cenário do passado, propondo uma espécie de novo culto que supriria o estado de amnésia colectiva que é próprio do mundo globalizado e em rede em que vivemos.

Por último, o Bloco 10 dedica-se ao, porventura, mais vincado paradoxo da cultura contemporânea: por um lado, sentimo-nos permeáveis a catástrofes que poderiam atingir o nosso frágil mundo (físico e mental) e, por outro, vivemos o dia-a-dia com o conforto de um presente aparentemente estável e sem qualquer paralelo na história. Este paradoxo é abordado em conjunção com a espectacularização do mundo, quer no modo como as primeiras inscrições do homem terão sido realizadas (seguindo, entre outras, a passagem do "absolutismo da realidade" aos mitos, segundo Hans Blumenberg, e a passagem do tempo por preencher à "temporalidade", segundo Martin Heidegger), quer no modo como o acaso e o esquecimento parecem, de novo, querer inscrever-se nessa expressão global que passámos a designar por crise.

Em dez blocos tentamos explicar, numa palavra, como se forma o que podia ser designado por 'consciência de cultura'. O subtexto marxista ilustra, por um lado, o modo como estamos a anos-luz dos receituários e, por outro, o modo como estamos tão próximos de certos conceitos – caso de 'cultura' – que, por vezes, no entanto, se tornam quase invisíveis. Como se vivêssemos sem sequer dar pela sua presença. Num mundo que tende a não parar e a não ver, o esquecimento, mesmo do inverosímil, anda aliado ao jogo dos acasos. É por isso que aquilo que acontece (e que os media colocam a um mesmo nível) – seja ataque terrorista, descoberta científica, incêndio ou vaga de manifestações – supera muitas vezes a sua efectiva significação.

7 de Setembro de 2013.

LISTA DE ABREVIATURAS

Livros Bíblicos

Antigo Testamento
1Ch (1 Crónicas)
2Ch (2 Crónicas)
1R (1 Reis)
2R (2 Reis)
1S (1 Samuel)
2S (2 Samuel)
Ab (Obadias ou Abdias)
Ag (Ageu)
Am (Amós)
Ct (Cântico dos Cânticos)
Dn (Daniel)
Dt (Deuteronómio)
Es (Isaías)
Esd (Esdras)
Est (Ester)
Ex (Êxodo)
Ez (Ezequiel)
Gn (Génesis)
Há (Habacuc)
Jb (Job)
Jg (Juízes)
Jl (Joel)
Jon (Jonas)
Jos (Josué)
Jr (Jeremias)
Lm (Lamentações)
Lv (Levítico)
Mi (Miqueias)
Ml (Malaquias)
Na (Naum)
Ne (Neemias)
No (Números)
Os (Oseias)
Pr (Provérbios)
Ps (Salmos)
Qo (Eclesiastes)
Rt (Rute)
So (Sofonias)
Za (Zacarias)

Novo Testamento
1Co (1 Coríntios)
2Co (2 Coríntios)
1Jn (1 João)
2Jn (2 João)
3Jn (3 João)
1P (1 Pedro)
2P (2 Pedro)
1Th (1 Tessalonicenses)
2Th (2 Tessalonicenses)
1Tm (1 Timóteo)
2Tm (2 Timóteo)
Ac (Actos dos Apóstolos)
Ap (Apocalipse)
Col (Colossenses)
Ep (Efésios)
Ga (Gálatas)
He (Hebreus)
Jc (Tiago)
Jn (João)
Jude (Judas)
Lc (Lucas)
Mc (Marcos)
Mt (Mateus)
Ph (Filipenses)
Phm (Filémon)
Rm (Romanos)
Tt (Tito)

BLOCO 1
A PROMESSA.
AS ESFERAS DO HORIZONTE, DA AFIRMAÇÃO E DA SIGNIFICAÇÃO.

INTRODUÇÃO

Neste Bloco 1 articularemos três dados do lento processo de formação do conceito de cultura que se revelaram essenciais à sua morfologia actual, tal como a significamos e compreendemos hoje em dia: o *"eschatón"* (a ideia de fim último), a afirmação do homem enquanto sujeito que interpreta livremente o mundo e, por fim, a consciência de que o discurso humano tende a propagar-se com autonomia, acrescentando realidade à realidade.

Viver em função do futuro significa depender das metas que se vão estabelecendo. O sentido no presente é inevitavelmente condicionado por esse vaivém permanente entre a definição das metas e o vivido que vai desaguando, no dia-a-dia, como um rio espesso e disperso, oriundo do passado e da experiência. Este modo cultural de modelar o tempo – e de traçar um horizonte – foi alicerçado a partir da ideia da grande meta (a meta das metas), designado em Grego por *"eschatón"*, ou fim último, que, a partir do primeiro milénio a. C., se constituiu como modelo de todas as revelações do mundo semítico-ocidental.

A ideia de sujeito, ou seja, a capacidade individual de agir, interpretando com autonomia as regras e os fenómenos da realidade, é uma ideia moderna. Trata-se de uma aptidão que se abre à *curiosidade* (uma verdadeira *heresia* medieval) e que, por isso mesmo, permite conjecturar, provar e incessantemente interrogar. A par da construção comunitária do tempo, que dá um sentido global à vida, o agir criador do sujeito é uma predisposição vital da vida colectiva. Sem sujeito e sem um horizonte que permitisse aferir o sentido das coisas não teríamos chegado ao momento iluminista em que a caracterização da cultura se tornou possível.

Devemos ainda juntar um terceiro elemento a esta dupla que alia a necessidade de um horizonte à necessidade de afirmação. Trata-se da tradição semiótica, que entende as linguagens enunciadas pelos seres humanos como produtoras de realidade própria e, portanto, como instrumentos que constantemente ampliam o nosso mundo. É claro que esta ideia, ainda que com ressonâncias clássicas (nomeadamente nos estóicos), apenas no mundo moderno, posterior a João de São Tomás e a John Locke, ganhou raízes efectivas. Sem esta convicção de que as linguagens, por si, isto é, a partir do seu uso e agenciamento, proporcionam ao ser humano mais-valias ao nível da imaginação, dos poderes de conotação e do funcionamento de estruturas em rede, também não haveria cultura tal como ainda hoje a entendemos.

Passamos neste Bloco a desenvolver estes três aspectos seminais da cultura que compreendem, respectivamente, as esferas do horizonte, da afirmação e da significação, concedendo a cada um o seu desenvolvimento e espaço próprio.

1. ESFERA DO HORIZONTE. O *ESCHATÓN*.

1.1 Do profético ao apocalíptico: o período profético inicial.

Para além de uma fé ou de um género específico, a literatura profética desenvolveu-se no interior do Antigo Testamento como uma aprendizagem do fazer em comunidade. O código escatológico, entendido por certos autores como o "grande código"[1], foi sendo lentamente interiorizado como medida de todas as coisas, ao ligar um futuro anunciado (nesta era sob a forma de salvação) ao presente. O processo comunicacional que permitiu esta incorporação baseou-se num diálogo triádico de proximidade entre uma estrutura transcendente (Deus), um mediador directo (que traduz o discurso divino na primeira pessoa) e a comunidade organizada numa realeza.

Nos primeiros cinco livros do Antigo Testamento (o chamado *Pentateuco*[2]), este processo comunicacional surge de modo progressivo, mas é na promessa de Deus aos profetas que acabará por se concretizar. Tal como Ernst Cassirer referiu[3], nos livros proféticos a enunciação está muito para além das intuições do presente, centrando-se no futuro messiânico[4]. Num exercício de interpretação das várias sequências iniciais da revelação bíblica, Northrop Frye[5] considerou existirem cinco fases distintas: a criação, a revolução, a lei, a sageza e a profecia. Depois de situar a primeira fase, o autor descreve a revolução com uma série de contratos entre Deus e, respectivamente, Adão, Noé, Abraão, Isaac e Jacob. O sexto contrato, já com Moisés, é apresentado no início do *Livro do Êxodo* como uma espécie de eixo simbólico da grande revolução, sendo veiculado através do episódio da acácia (ou da sarça) que não se deixa consumir pelo fogo (Êx 2, 3 e seguintes).[6] Este contrato releva, segundo Frye, uma "qualidade revolucionária"[7] que se tornará persistente, mais tarde, noutras matrizes escatológicas, casos do Cristianismo e do Islamismo (e noutros "grandes códigos" muito posteriores, mas que herdarão culturalmente a estrutura do *eschatón*, caso das ideologias). A especificidade do contrato apresentado

a partir do início do Êxodo caracteriza-se pela presença de três elementos-chave:
- *a*) o facto de a revelação definir um ponto de partida histórico (um antes e um depois irrevogáveis);
- *b*) a adopção de um cânon particular de textos que se separarão de todos os outros (escrituras *vs* escritas);
- *c*) uma visão dicotómica do mundo dividida entre quem alimenta ou não uma determinada crença.

Estas três invariantes consubstanciam uma forma seminal que estará presente em toda a cultura semítico-ocidental.

Depois da revolução e do seu contrato, a terceira fase, designada por "lei", remete-nos para a aliança do Sinai (Ex 19).[8] É a altura em que a comunidade se singulariza, criando as suas próprias leis de acordo com o diálogo que mantém com a transcendência. A quarta fase, a sageza, configura o que Frye descreve como "individualização da lei"[9]. Por outras palavras, a sageza resulta da permanência de uma relação interpretativa entre os sentidos da lei original e as vicissitudes que são próprias da passagem do tempo. O distanciamento face à lei original obriga à actualização, tendo como horizonte a salvação (o fim último ou *eschatón*). É este exercício de ininterrupta actualização que marca a prática da sabedoria, constituindo-se como um modelo cultural para futuros contratos (concedendo um sentido terreno e não celestial ao *eschatón*, as revoluções modernas serão disso exemplo).

Se a sageza é por natureza retrospectiva, a profecia, que consubstancia a quinta e última fase definida por Frye, visará sobretudo o futuro. Deste modo, o sentido da revelação original, interpretado historicamente ao nível da sageza, passará, com os profetas, a ser iluminado pelo vaticínio que pressupõe uma estratégia definitiva virada para o porvir. Os profetas são os primeiros agentes da temporalidade que marca a cultura semítico-ocidental: por um lado, assinalam o futuro com o seu verbo (hoje em dia, dir-se-ia "com os seus projectos"); por outro lado *descem a todo o momento* do futuro até ao presente, significando assim o modo como a realidade avança em várias frentes (como um rio que corre do passado e está sempre a desaguar no presente). O período profético inicial corresponde ao dos livros proféticos que vão desde Josué até Malaquias. O início do período profético, de acordo com os *Livros Históricos* (ou *Livros Primeiros*), está relacionado com os primeiros tempos da realeza, no terceiro quartel do século XI a. C.[10] Seja como for, é difícil definir com precisão o momento inicial do período profético. De acordo com dados históricos geralmente tidos em conta pelos biblistas[11], os *Livros Históricos* contêm compilações de tradições anónimas que se situam, ou no século X a. C. (caso de Jos), ou nos séculos X e XI a. C. (1 e 2 S). Se o ponto de partida da tradição profética se situa nestas referências com 32 séculos de história, já o ponto de chegada, ou seja o fim da produção de textos desta matriz profética, situa-se nos textos anónimos da segunda metade do século V a. C., designados por "mensageiro" ou "enviado" (Ml).

A cronologia dos seis séculos de textos proféticos é, também, pelo seu lado, bastante imprecisa. Embora o cronótopo[12], ou espaço-tempo ficcional, se espalhe entre o século XIII a. C. (relato da conquista e repartição da terra pelas doze tribos, em Jos) e os tempos de Alexandre-o-Magno (no segundo Za), os textos atribuídos aos *profetas últimos* (de Es e Ml) acabam por ser autorialmente anteriores a muitas das compilações dos chamados *primeiros profetas* (de Jos aos 1 e 2 R). É o caso do *Livro dos Reis* (escrito ao longo do século VI a. C.) e é igualmente o caso de textos da autoria de Isaías (no quadro do primeiro Es[13]), cuja datação nos remete para o século VIII a. C.[14] Para além destes factos, refira-se ainda a existência de ingredientes de natureza claramente profética em textos anteriores a Josué ou a Samuel. Tal como acontece com Moisés nos *Números*, por exemplo em 11,25:

> O Senhor desceu na nuvem e falou com Moisés. Depois Deus deu parte da missão de Moisés àqueles setenta anciãos; e, ao receberem também eles o Espírito de Deus como Moisés, começaram a manifestar-se em atitudes de profetas, mas foi só daquela vez;

e tal como havia já acontecido no Génesis, por exemplo (Gn 20,7), onde Abraão é tratado por Deus num sonho como um verdadeiro profeta:

> Entrega, portanto, essa mulher ao seu marido. Ele é um profeta: intercederá por ti, diante de mim, para que tu possas salvar a tua vida. Mas se lha não entregares, fica a saber que morrerás com toda a certeza, tu e todos os teus.

Como vimos, o início da produção profética está muito ligado ao surgimento da realeza, facto capital que permitiu ao profético, ao mesmo tempo, uma enunciação estável e uma realização política que, a partir do centro do poder (a corte), acabaria por ter um grande impacto em toda a comunidade. Esta imersão do profético no coração da *polis* é única e não tem, portanto, par noutras tipologias interpretativas de cariz profético que se conheceram, como por exemplo a de Delfos. Em Samuel – profeta que, por inspiração divina, nomeia Saul, O Desejado, como Rei[15] – inicia-se um debate em torno do modelo do Rei e do seu significado fecundo[16]. Sucedendo a Saul, o Rei David conquista Jerusalém e converte-se, a par do Templo, no arquétipo daquele que 'serve' de modo ímpar e de cuja descendência, no futuro, se espera um Messias (figura simbólica de redenção). Esta renovação escatológica pressupõe, deste modo, uma entidade real e uma topografia específica (o templo de Jerusalém) que terão um papel a desempenhar nos fins últimos, ou seja, no *eschatón*. No século VIII a. C., os textos do primeiro *Isaías* (6,1-8[17]) acusam uma identificação clara com estes modelos escatológicos (uma visão que liga o manto do "Senhor" ao templo), cuja continuidade se tornará óbvia, dois séculos depois, na última fase do *Livro dos Reis*, por exemplo.

Em Israel a figura do profeta torna-se uma instituição, ao contrário de outras regiões, como a Mesopotâmia ou o Egipto, onde o fenómeno existe mas é marginal. O profeta passa a ser socialmente reconhecido como aquele que mantém uma ligação imediata à divindade. Tal como referiu Adolphe

Lods, a figura do *Nabí* suplanta o âmbito do simples *voyant*[18] e identifica-se com o anfitrião imediato da palavra divina. Independentemente do registo discursivo em que a revelação possa corporizar-se (parábola, oráculo, hino, provérbio ou narração), o profeta revela o Verbo de Deus atribuindo-lhe a enunciação, e Este intervém por dentro e, simultaneamente, está por cima dos acontecimentos. Falando sempre em situações do presente histórico, a palavra transmite algo que a ultrapassa. A participação dos profetas na coisa pública, correspondendo, de algum modo, ao que hoje são os criadores globais de opinião nos media, não era imune a consequências, tornando-se muitas vezes em objecto de polémica, quando não eram os próprios perseguidos[19]. Fosse como fosse, a dimensão referencial dos textos revelatórios incidia claramente no presente, embora a irradiação escatológica os projectasse numa visão do futuro, que tentava compatibilizar um passado original com um horizonte final de salvação (o *eschatón*). Esta lógica de proximidade temporal desdobra-se a outros níveis, como por exemplo ao nível da proximidade dos impactos (o reconhecimento do êxtase profético[20] é disso exemplo) e, sobretudo, ao nível da proximidade da enunciação, daí que uma das características seminais dos textos proféticos recaia, precisamente, no discurso da primeira pessoa.[21]

O tema messiânico surgiu, nos seis séculos de produção profética, como uma evocação associada sobretudo à ascendência real. Os textos de *Isaías* reflectem este modelo evocatório ao descreverem o Messias como servidor de *Yavêh*[22], modelo de justiça[23] e imagem de perfectibilidade (o reencontro com a ideia de paraíso[24] torna-se quase óbvia em 11,6: "⁶Então o lobo habitará com o cordeiro, o leopardo deitar-se-á junto do cabrito, o vitelo e o leão pastarão juntos; até uma criança pequena os conduzirá"). Depois do exílio, ou seja, após 538 a. C., a instância messiânica (o novo David) adquire uma feição mais enraizadamente escatológica. O profeta Ageu, num texto datado da segunda metade de 520 a. C.[25], dá conta dos tempos difíceis que então se vivem. O templo de Jerusalém não tinha ainda sido reconstruído, depois de uma primeira tentativa em 537 a. C. De qualquer modo, a enunciação de Ageu, tal como acontecerá com Zacarias, é pautada pela ideia de um recomeço, com ênfase – sempre na proximidade da primeira pessoa – para o esplendor do templo e para a iminência da salvação.

O texto de *Ageu* é claramente messiânico, tendo como interlocutor Zorobabel (da linhagem de David), e, na linha de Sofonias, submete-se ao tópico dos cataclismos que inevitavelmente precederão a redenção que se anuncia para breve:

> Mas eu digo-vos: "Coragem Zorobabel! Coragem Josué!
> Coragem povo do meu país!
> Vamos ao trabalho que eu estarei convosco!
> Palavra do Senhor todo-poderoso!
> [5]Eu estarei no vosso meio,
> tal como vos prometi, quando saíram do Egipto.
>
> "Não tenham medo.
> [6]Porque assim diz o Senhor todo-poderoso:
> Dentro de pouco tempo, farei estremecer o céu e a terra,
> os mares e os continentes.
> [7]Farei tremer todas as nações, que hão-de trazer aqui as suas riquezas
> e, de novo, encherei o meu templo de grandeza;
> Palavra do Senhor todo-poderoso.
> [8]É a mim que pertence a prata e o ouro!
> Palavra do Senhor todo-poderoso!
> [9]A grandeza do novo templo será maior que a do primeiro.
> E neste lugar, eu vos concederei a paz.
> Palavra do Senhor todo-poderoso!"

Este discurso, que insiste na promessa, coexiste com o reinado de Dario e com o desencadear de tensões na comunidade, que vive uma profunda crise de esperança. Os textos pós-exílicos do terceiro *Isaías* (537-520 a. C.) associam este período de crise ao desdém pelos estrangeiros, ao culto de ídolos ("É um povo que me provoca descarada e continuamente: / oferecem sacrifícios nos seus jardins / e queimam incenso aos ídolos em altares de tijolo" – 65,3) e à ansiedade motivada pelo sucessivo adiar da promessa (ou pelo atraso da salvação: "⁵Procurei, mas não vi ninguém para me ajudar. Fiquei admirado por ninguém me apoiar. Então eu mesmo pus mãos à obra e a minha indignação foi o meu apoio" – 63,5).

Em finais de 520 a. C., o primeiro *Zacarias* mantém este mesmo fio condutor. As três primeiras das oito visões do livro (1,7 a 2,17[26]) prenunciam as fases preparatórias da restauração messiânica, inserindo-as já num calendário escatológico mais englobante (Muitas nações se unirão ao Senhor e serão o povo de Deus, mas é no meio de ti que o Senhor habitará. Quando isso acontecer vocês ficarão a saber que foi o Senhor que me enviou. / 2,16 / Judá será novamente propriedade do Senhor"). Refira-se, no entanto, que esta característica englobante nunca se confunde, nos textos proféticos, com uma visão total da história. A escatologia profética instaura uma ideia limitada de futuro, estabelecendo uma ligação entre "a primeira fase do fim dos tempos e a história presente e imediatamente futura"[27]. A identidade profética é realmente projectiva, embora no seu horizonte, ao contrário do que acontecerá nos tempos apocalípticos (depois do século II a. C.), não seja ainda contemplada uma visão abarcante da história.[28] Existem naturalmente excepções à regra, tal como acontece em *Ezequiel* (20,40), onde a visão simultaneamente retrospectiva e projectiva dos acontecimentos se articula num modelo didáctico que propõe uma relação entre Deus, a comunidade e os pressupostos escatológicos que surgem direccionados no sentido de uma fase claramente pós-histórica:

> Na terra de Israel, no meu santo monte, no grande monte de Israel, todos os israelitas me hão-de adorar. Aí vos acolherei com agrado e esperarei que me tragam os vossos presentes, as vossas melhores ofertas e tudo o que me consagrarem.

Um século e meio depois dos textos do primeiro *Zacarias*, já em pleno século IV a. C, os relatos do segundo *Zacarias* (Dt-Za, 9-14) centram-se em torno do advento messiânico, apontando várias vias e possibilidades:

    a) messianismo sem messias (no sentido de que a obra escatológica é obra apenas de Deus – 9,1-17, tal como acontece em Es 24-27);

    b) Rei messias (na visão ideal do "justo" e do "pobre" – 9,9-10);

    c) o bom pastor (sintetizando os anteriores – 11,4-17) e, finalmente;

    d) a ideia de um messias sacrificial com características que alimentarão discursos futuros e que valorizam o sacrifício como modo incontornável para o restabelecimento da aliança (13,7).[29]

A necessidade de sofrimento – associado a injustiças ou a castigos – e a redenção surgem aqui como dados indissociáveis. No entanto, estas relações entre castigo e salvação, aspecto central da teodiceia[30], tinham já atrás de si uma longa história, desde as provações do século VIII a. C. (as invasões assírias) até ao próprio exílio na Babilónia (587-538 a. C.).

Esta disfórica e longa história foi, no entanto, decisiva para a fixação por escrito da tradição profética. Numa época em que o templo de David se encontrava destruído e em que as instituições criadas pela realeza haviam desaparecido, a grande fonte identitária passou a centrar-se na preservação da memória profética, até porque os acontecimentos colocavam a nu a pouca importância que fora amiúde atribuída aos profetas.[31] As negligências abundavam e podiam ser facilmente sinalizadas, quer em Israel, quer nas diásporas. O profeta Amós previra a invasão de Sesmaria em 722 a. C.; Habacuc pressagiara a ameaça constante dos exércitos invasores; Jeremias vaticinara as invasões de Nabucodonosor (de 605 a 587 a. C.) e a própria queda de Jerusalém surge profetizada, nos textos de Miqueias, como um prenúncio terrível, razão pela qual Meschonic referiu: "Écriture avant d'être histoire, elle est l'ecoute d'un déclin."[32] Muitos foram, de facto, os textos que acabariam por ser fixados a partir das últimas décadas do século VI a. C. (incluindo os textos exílicos, como o *Livro dos Reis, Obadias, Jonas, Sofonias* ou de *Ezequiel*): é o caso dos livros de *Josué* e de *Samuel* que são objecto de compilação, do livro segundo atribuído a *Isaías* e de partes do primeiro *Isaías* (caso de Es 1,36-39), para além de alguns textos de *Jeremias* (incluídos em compilações anónimas) e, muito provavelmente, de *Joel*[33].

A organização dos textos por que se optou nesta época não foi de todo inocente: de um lado, agruparam-se os oráculos que anunciavam o julgamento do povo de Israel e de outras nações e, do outro, os oráculos que continham promessas. É claro, por exemplo, que o conjunto de *Isaías* que começa no capítulo 40, e que foi enunciado numa época muito diferente dos capítulos antecedentes (1-39), tem como objectivo mostrar que a restauração e a salvação têm a última palavra. Por detrás desta intenção enunciadora de ordem sintáctica, a escatologia aprofunda-se e impõe-se. A prática e o género proféticos consolidam-se e vão colocando em evidência quatro aspectos fundamentais:

1) a evolução da concepção messiânica;
2) uma noção mais incisiva do reino futuro;
3) o universalismo da salvação (incluindo todos os povos na nova Sião, a nova Jerusalém); e, finalmente
4) um certo ofuscar da presença imediata da divindade, razão pela qual os mediadores angélicos acabam por surgir nos textos de certos profetas tardios (casos de *Zacarias* e *Malaquias*).

Com efeito, os textos atribuídos a Malaquias (datados entre 480 e 460 a. C.), curiosamente já posteriores a Heraclito, reflectem um tempo em que não se verifica já o optimismo de profecias anteriores (nomeadamente as de Ageu ou mesmo de Zacarias). A actividade do enunciador é posterior à reconstrução do templo, que teve lugar entre 520 e 515 a. C., e reflecte um mundo dominado pelo poder político dos sacerdotes em consequência da inexistência da instituição real e do quase desaparecimento do profetismo. A escatologia messiânica de *Malaquias* incide na importância da justiça divina e no dia do julgamento (3,13-21), realidades integradas num quadro temporal vasto, os chamados "tempos novos" (3,22). Em 3,23-24, a passagem que anuncia a chegada de Elias,

> [v]ou enviar-vos o profeta Elias, antes que chegue o dia do Senhor, que será um dia grande e terrível.
> Ele fará com que os pais se reconciliem com os filhos e os filhos com os pais. Caso contrário, virei castigar e condenar a terra à destruição,

terá grandes repercussões na tradição cristã (Mt 17,9-13). A concepção messiânica, no final do período profético, torna-se num dos aspectos centrais de um olhar que, progressivamente, tende a enquadrar-se numa visão totalizante da história, desprendendo-se dos factores de proximidade que sempre haviam marcado o profético (nomeadamente a importância do presente e, também, da mediação divina imediata).

O universalismo da salvação é um aspecto muito relevante que é aprofundado no final do período profético inicial. Trata-se de uma disposição que salvaguarda o acesso de todos os homens ao *eschatón*. A nova Jerusalém, é assinalada pelo autor de *Isaías*, em 42,6 e 49,6[34], enquanto esteio de reencontro de todas as nações, e ressurge depois em *Zacarias* (14,1) no contexto da grande batalha *metafórica* que precede o anúncio do julgamento final.[35] A concepção escatológica deste universalismo assenta no reino futuro baseado numa nova criação que é selada, também, através de uma nova aliança (realidades enunciadas, por exemplo, em Ez 36,28-35 ou em Es 41,14-20). O julgamento final exercer-se-á, segundo esta visão renovada, num mesmo plano para todos os homens, independentemente da sua naturalidade e origem (Es 66,16-24). No entanto, este universalismo ligado à salvação passará a depender de uma verdade original e da correspondente crença escatológica. Por outras palavras: apenas no lado da verdadeira revelação se tornará possível o caminho escatológico da redenção. A longa batalha em nome dessa verdade, ou seja, da natureza do *eschatón* e da salvação em que se crê, ficará assim em aberto para os séculos futuros. Uma alteridade que não terá fim e que, paradoxalmente, terá como fundo a mesma realidade axial.

Até ao exílio (587 a. C.), a enunciação dos textos proféticos, tal como vimos, procedia da divindade que comunicava directamente com os profetas (através de palavras ou de visões). Deus dirigia os acontecimentos e, simultaneamente, transcendia-os. Em *Zacarias*, Deus surge-nos já relativamente distanciado das actividades do *ici-bas* terreno e, em vez da comunicação imediata, é um anjo que passa a enunciar a mensagem e o plano das intenções divinas (o que também acontece em Ez 24-27). Este facto tem também a sua importância no final do período profético inicial, pois pressupõe, por um lado, um maior grau de espiritualização (a quebra do discurso directo suscita uma descodificação mais interiorizada), e, por outro, o incremento do debate existencial (já que a dicotomia ausência *versus* presença de Deus tal, necessariamente, implica). Ainda no século VI a. C.[36], Habacuc é um dos profetas que antecipa pioneiramente o espírito apocalipticista e que, por isso mesmo, a partir de um universo minado pela descrença e pela exigência – e não já pela proximidade –, se dirige a Deus interrogando-o sobre o sentido (ou sobre a falta de sentido) da vida que, de dia para dia, parece escapar à promessa e distanciar-se da salvação:

> Porém tu existes desde sempre, ó Senhor!
> És o meu Deus santo; não morreremos.
> Ó Senhor, meu rochedo,
> que escolheste os caldeus para exercerem justiça
> e como aviso os estabeleceste.
>
> Os teus olhos são tão puros
> que não podem consentir o mal
> nem ter gosto em observar a iniquidade.
> Por que ficas então em silêncio ao veres os maus
> a destruírem aqueles que são inocentes?
> [14]Por que tratas os homens como os peixes do mar
> ou como os bichos que não têm dono?

Este simbolismo que tende a distanciar o homem de Deus reflecte a ansiedade que, na literatura apocalíptica, tal como referiu Lars Hartman, se tornará central.[37]

Concluindo: o período apocalíptico alterará profundamente a estrutura desenvolvida ao longo da vida do género profético e colocará o acento, não já na promessa, não já numa esperança obsessiva pelo futuro, mas antes na demonstração de como o todo da História "must be seen as the arena of divine activity"[38]. Daí que o discurso apocalíptico passe a criar uma distância praticamente inexorável entre o emissor divino e o receptor humano, devido às mediações que propõe e ao esoterismo e simbolismo da linguagem, e entre o presente, enquanto local de proximidades, e a ideia de um futuro renovado que se tornará cada vez mais numa miragem.

1.2 Do Profético ao apocalíptico: o período apocalíptico.

Os apocalipses constituem um género literário[39] ou, se se preferir, tal como Gerhard von Rad avançou, um *compositum*[40] nascido no interior da escatologia judaico-cristã. Há claras ressonâncias do profético no apocalíptico, como é natural. Jean Carmignac incluiu a produção literária dos textos apocalípticos – dominante entre os séculos II a. C. e II d. C. – na tradição profética e admitiu que as profecias pudessem tornar-se apocalípticas, quando recorressem simultaneamente a requisitos visionários e simbólicos.[41] Para certos autores, como Rowland, os apocalipses remontariam à época que Northrop Frye designou por sageza[42]. Para outros autores, como John J. Collins, o momento original da produção apocalíptica é necessariamente fluido[43], até porque não é de modo algum linear a separação entre a estabilidade profética e a tensionalidade das figuras apocalípticas. É por isso que Bernard McGinn descobre o que designa por "escatologia proto-apocalíptica"[44] em certos textos exílicos e pós-exílicos e P. Hanson entende a relação entre profético e apocalíptico como essencialmente "transformadora".[45]

A etimologia da palavra grega 'Apocalipse' remete para 'tirar o véu' e, necessariamente, para 'visão' ou 'revelação'. Transpondo a aplicação da palavra ao género literário e sobretudo à longa *praxis* histórica por ele suscitada – conseguir desvendar o indesvendável –, é possível desdobrar o fenómeno em três áreas distintas: o "apocalíptico", o "apocalipticismo" e o "apocalipse" propriamente dito[46]. O "apocalíptico" é entendido como uma esfera expressiva não necessariamente escatológica que se baseia em certas invariantes ou características (designadas como "*common features*" por Bernard McGinn[47]), não correspondendo, portanto, a uma noção genérica. A partir da prática que se inicia dois séculos antes de Cristo, o apocalíptico reaparecerá mais tarde em múltiplas expressões até aos dias de hoje (as imagens medievais, quer no Islão, quer no mundo cristão, ligadas à "subida dos sete céus para ver o trono de deus" ou as visões artísticas de teor expressionista do século XX são exemplos da incorporação da esfera expressiva do apocalíptico). O "apocalipticismo" pressupõe, por sua vez, uma relação entre um dado universo simbólico e a interpretação da realidade. Esta tipologia interpretativa enraíza-se sobretudo num atributo apocalíptico que consiste na descontinuidade do presente face ao futuro (como se o território do presente não pudesse nunca augurar a promessa de um futuro[48]). Trata-se também de uma abordagem de cariz sobretudo intemporal. Por fim, a noção de "apocalipse" é a única que incide no género literário – com raiz num *corpus* judaico[49] – em que a revelação é mediada por um ser não humano que permite o acesso a uma realidade transcendente de natureza simultaneamente temporal (visando a salvação escatológica) e espacial (propondo uma dada topografia ficcional). Passemos a analisar as principais permanências apocalípticas que se reflectem nestas três áreas distintas:

a) *Pseudonímia autoral*

Uma das características fundamentais da produção apocalíptica está relacionada com a pseudonímia autoral, sendo a larga maioria dos textos geralmente atribuídos a nomes conhecidos das escrituras.[50] A pseudonímia está ligada à prática do *vaticinium ex-eventum* que irá marcar profundamente os textos proféticos até ao século XVI e sugere a emergência de pronunciamentos divinos em textos pretensamente enunciados num passado distante por figuras marcantes (caso de Abraão, por exemplo).

b) *A tentação do domínio integral do tempo e da história*
Este atributo pressupõe uma necessidade de compreensão do todo, depois de a longa aventura do profético ter conduzido a dúvidas sobre a efectiva realização da promessa, tema que domina já os últimos profetas, caso, por exemplo, de Malaquias. Nos textos apocalípticos, esta sede de contexto surge como um dado que é reiterado com bastante intensidade[51]. O presente vê-se quase sempre envolvido por uma visão determinista do curso da história, concebido enquanto processo unitário e global e, naturalmente, sujeito a todos os tipos de manipulação. Este traço genérico é estrutural na expectativa apocalíptica.[52]

c) *A teoria das duas idades, proposta por Harold Rowley*
Esta característica do apocalíptico define uma dicotomia entre o presente, inevitavelmente marcado por ansiedade e provações, e um futuro que se mostra inacessível. Esta descontinuidade define um contraste muito marcado entre a tradição profética, que sempre encarou o futuro como uma projecção natural do vivido no presente, e a tradição apocalíptica, que imagina o futuro como algo que abruptamente acabará por irromper no meio do presente[53] (transpondo para o nosso tempo, trata-se do mesmo tipo de diferença que existe entre a década dos grandes planeamentos que sucedeu à Segunda Guerra Mundial e a década mais recente, que se iniciou com o ataque às torres gémeas de Nova Iorque a 11 de Setembro de 2001).

d) *A imaginação em viagem*
A disforia apocalíptica está na base da grande evasão imaginativa que, por compensação, a reflecte e caracteriza. Daí que um dos signos centrais do apocalíptico passe pelas viagens maravilhosas ao além (a chamada literatura *Hekaloth*[54]) e pela imperiosa necessidade de ver Deus e de interrogar o

sentido e a natureza primordial do homem. No *Enoch Eslavo*, o protagonista é guiado através dos sete céus, acabando por ser recebido na corte celestial. Depois, transforma-se em anjo, assumindo-se como mediador divino, e escreve 360 livros sobre a natureza da terra e dos céus. Além disso, ouve Deus contar-lhe toda a história da criação (a ideia de totalidade persegue o imaginário apocalíptico). Noutro exemplo, o *Apocalipse de Baruch* (versão 3), vê-se o protagonista, *Baruch*, ser resgatado por um anjo de uma Jerusalém completamente arrasada (o que deve ter acontecido após 70 d. C.), sendo, em seguida, lentamente conduzido, através de uma sucessão de céus, até chegar ao clímax, ou seja, à corte celestial.[55]

e) *Uma nova retórica figurativa*

Os textos apocalípticos inauguram uma linguagem pictural, visionária e carregadamente simbólica. A linguagem torna-se num manto labiríntico, por vezes *barroco*, que torna a comunicação revelatória entre os interlocutores espessa e, por vezes, críptica. Na viagem de Baruch, como acontece na maior parte dos outros apocalipses, os elementos simbólicos são omnipresentes: no primeiro céu, os homens têm caras de boi (identificando-se com os que construíram a torre, lutando contra Deus); no segundo céu, os homens têm cara de cão (simbolizando aqueles que mandaram construir a torre); no terceiro céu, surge um imenso dragão (que, alegoricamente, come a carne dos fracos); no quarto céu, vêem-se aves (que simbolizam as almas dos bons); e, finalmente, no quinto e último céu, Baruch vê o anjo Miguel que transmite a Deus os méritos da humanidade, veiculados pelo viajante. No final, Baruch regressa à terra e exorta os ouvintes da profecia à via recta.

f) *Outra característica da matriz apocalíptica prende-se com o próprio calendário escatológico*

Tal como acontecera já com *Ageu* e *Sofonias*, os textos vaticinam quase sempre uma fase de angústias e desastres a preceder a chegada do Messias[56]. No entanto, convém referir que, ao contrário do que acontece na primeira escatologia cristã, a ideia do regresso no fim dos tempos de um messias celeste apenas acontece, no *corpus* judaico, em *Similitudes de Enoch* e em *4 Ezra*. O calendário escatológico nunca é, portanto, exaustivo e claro, submetendo-se aos subterfúgios das conotações simbólicas. Os escritores de textos apocalípticos estavam mais preocupados com os abismos do tempo real que viviam do que com o desvelar de uma narratividade própria do plano divino. A necessidade de contexto e de enquadramento histórico torna-se, pois, geralmente, num hábil exercício inventivo que visa recolocar o presente numa determinada ordem. O texto apocalíptico é sobretudo uma catarse no meio da desordem[57] que acaba por apelar a uma ordem e não tanto a uma espiritualidade despojada e efectivamente revelatória, tal como o mundo profético a entendeu durante seis séculos. A imaginação apocalíptica recria a linguagem e as modalidades de exortação através de uma "*bildersprache*"[58] que não era conhecida no período profético inicial. O apocalipticista é levado a imaginar a totalidade do espaço (os vários céus), envolvendo-se de forma análoga com o tempo. A sua obsessão prende-se, em primeiro lugar, com a necessidade de explicar a circunstância concreta em que vive (no seu espaço e no seu tempo). É nesta medida que o caos enunciado acaba por ser independente de um plano escatológico elaborado. Pelas suas características próprias, como referiu O. Cullman[59], os apocalipses estão desfasados da escatologia em dois campos: a) são desencadeados por factos actuais e evocam "um futuro inteiramente desligado da nossa experiência do mundo"; b) "não se interessam pela história da salvação assim como pelo seu desenvolvimento".

1.2.1 Apocalipticismo em Daniel
O livro atribuído a Daniel surge em pleno período apocalíptico. A redacção do texto data da época da purificação do templo de Jerusalém, facto que teve historicamente lugar em 164 a. C.

A linguagem e as visões que aparecem nesta obra converteram-se numa espécie de subcódigo do "apocalipticismo"[60]. Muita da posterior redacção das revelações e das tradições axiais, nas esferas cristã e islâmica, aparecerá marcada pela construção alegórica, pela espectacularidade das visões e pela veemência das imagens enunciadas em *Daniel*[61].

Entre os capítulos 7 e 12 um anjo conduz Daniel e revela-lhe o sentido das quatro *bestas* (símbolo dos quatro impérios).[62] Este tipo de mediação, caracteristicamente apocalíptica, articula-se com uma intenção narrativa totalizante. Com efeito, entre os capítulos 10 e 12, todo o passado histórico, desde a época persa até à data de redacção do texto, é relatado. O método da pseudonímia *ex-eventum* domina a montagem e a sintaxe dos acontecimentos, através do recuo simulado da enunciação.[63] O livro foi sujeito, como era normal na época, a manietações e a inscrições diversas. Na recompilação judaica (século I d. C.) o texto surge escrito em aramaico (de 2,4 a 7,28), sendo apenas as partes iniciais e finais escritas em hebraico (refira-se ainda a existência de duas versões gregas – a dos "*Septante*" e a de Teodósio – com algumas diferenças entre si).

A apresentação das visões e a sua simultânea interpretação é um outro atributo específico de *Daniel*. Esta semiose transitiva aparece, por exemplo, em 8,15-17, quando uma voz apela directamente ao anjo Gabriel solicitando-lhe o dom da interpretação:

> Procurava eu, Daniel, descobrir o significado daquela visão, quando subitamente alguém apareceu diante de mim.
> Ouvi uma voz que chamava das bandas do rio Ulai: "Gabriel, explica-lhe o significado do que ele viu."
> Quando Gabriel se aproximou de mim, fiquei cheio de medo e caí no chão. Ele disse-me: "Procura compreender, ó homem, o significado daquilo que viste. A visão diz respeito ao fim dos tempos."

As imagens que preenchem as diversas visões têm quase sempre conotações simbólicas. Por exemplo, a descrição da divindade, em 7,9-11, é realizada através da imagem do ancião e o fogo surge como elemento revelatório por excelência (recuperando as imagens do Ex 19,18[64]):

> Eu continuava a olhar e foram preparados tronos. Um ancião de longa idade sentou-se num dos tronos. A sua roupa era branca como a neve e o seu cabelo, branco como a lã pura. O seu trono assentava em rodas de fogo e estava como que em brasa // e dele saía uma torrente de fogo. Estava rodeado de milhares ou milhões de pessoas que o serviam e se mantinham continuamente às suas ordens.

A prática alegórica, em *Daniel*, é explícita e sempre, de facto, ancorada na espessura do símbolo. No início do capítulo 8,2-5 ("Segunda visão: O carneiro e o bode"), o encandeamento narrativo e simbólico acompanha quase linearmente os factos históricos: um "carneiro" com dois cornos (o reino Meda-Persa) é sucedido por um "bode" com um corno grande (o reino de Alexandre-o-Magno). Outros quatro cornos mais pequenos aparecem na narrativa, simbolizando os quatro reinos herdeiros de Alexandre-o-Magno. No final, um corno pequeno entra na cena (referenciando *Anthiocus Epiphane*[65], contemporâneo da redacção real do texto), para assumir o papel do perseguidor do povo de Deus (e cuja queda é vaticinada):

> E o que vi foi o seguinte: eu encontrava-me na cidade fortificada de Susa, na província de Elam; estava em pé, na margem do rio Ulai.
> Olhei para a margem do rio e vi um carneiro que estava ali de pé com dois chifres compridos, e o último a nascer era o mais comprido dos dois.
> O carneiro dava marradas para ocidente, para o norte e para o sul. Nenhum animal podia detê-lo nem fugir ao seu domínio. Fazia o que lhe aprazia e crescia em arrogância.
> Enquanto eu procurava entender o significado disto, surgiu um bode do ocidente, a correr com tanta velocidade que os pés não tocavam no chão.

Tal como em toda a produção apocalíptica, o horizonte escatológico, em *Daniel*, tende a submeter-se à descrição de um presente sem leme e exposto a provações terríveis. No entanto, o plano divino dominado pela esperança é enunciado em *Daniel* 7, através da vitória do *filho do homem* sobre as quatro bestas, facto celestial que alegorizará – na terra – uma idêntica vitória sobre os símbolos do mal (que se constituem como obstáculos à salvação). No último capítulo da obra, em 12,1-3, o anúncio centra-se no futuro e a dimensão escatológica parece subitamente entreabrir-se sem quaisquer entraves:

> Nesse tempo, aparecerá o poderoso anjo Miguel, que protege o teu povo. Haverá então um tempo de angústia, como nunca houve desde que existem as nações. Quando vier esse tempo, os habitantes do teu povo, cujos nomes estiverem escritos no livro de Deus, serão salvos. ·
> Muitos dos que já morreram, viverão novamente. Alguns desfrutarão de vida eterna, enquanto outros receberão a vergonha, a eterna desgraça.
> Os governantes sábios resplandecerão como o esplendor do firmamento. E muitos dos que ensinaram o povo a ser fiel cintilarão para sempre, como as estrelas.

De qualquer modo, no final do capítulo 7 (em 27-28), torna-se patente a distância entre a realidade do plano escatológico e a figura da própria mediação angélica (que não esconde o seu temor), o que ilustra, por outro lado, um estado de espírito completamente diverso da lógica de proximidade que era tão típica do período profético inicial:

> "E assim a soberania, o poder e a grandeza de todos os reinos da terra serão entregues ao povo dos santos do Altíssimo. Esse será para sempre e todos os governantes da terra o hão-de servir e lhe obedecerão."
> Assim termina a explicação da visão. "Eu, Daniel, fiquei tão cheio de medo que o meu rosto empalideceu. E guardei todas estas coisas sem as revelar a ninguém."

Daniel dá ao período apocalíptico um brilho literário que irá difundir-se, de modo não orgânico, quer em narrativas medievais, quer nos abismos das narrativas ideológicas, quer ainda no imaginário contemporâneo. As figuras apocalípticas, dissociadas do seu contexto genérico, fazem, hoje em dia, parte da nossa cultura e da nossa vida e interagem, de modo particularmente transparente, sobre as linguagens com que mais convivemos, seja no campo dos media, na estética publicitária ou na tradição literária e cinematográfica.[66]

2. ESFERA DA AFIRMAÇÃO. O SUJEITO.

As modalidades que se enunciaram na esfera do profético (entre os séculos XI a. C. e II a. C.) e na esfera do apocalíptico (entre os séculos II a. C. e II d. C.) correspondem a dois modelos intemporais, espécie de verso e reverso, da cultura da promessa. No primeiro caso, a ideia (escatológica) de projecto está enraizada na confiança e na proximidade com o código que, de modo gradativo, atribui sentido a todos os factos do vivido. No segundo caso, sem (necessariamente) colocar em causa a entidade transcendente que preside aos equilíbrios do mundo, a ideia de projecto (e de futuro) reflui em direcção ao presente e transforma-se em mensagem de dúvida, de questionamento e sobretudo, apresenta-se como catarse das provações, de efabulação ficcional. Este contraste será uma constante da respiração da nossa cultura e reaparecerá, sempre com outras vestes, em eras e meios diversos (as confluências do moderno e do pós-moderno, no terceiro quartel do século XX, reflectirão, com grande nitidez, este mesmo jogo entre verso e reverso).

Uma cultura da promessa depende essencialmente de um pacto com regras que sejam capazes de garantir uma explicação total para a vida. Este condicionamento reflecte, ao mesmo tempo, uma predisposição ética e uma outra relativa à teodiceia. Na primeira, está em causa a aceitação interior dessa forma totalizante de significação (os indivíduos e o meio acatam um determinado dogma como algo indiscutível, caso de todo o normativo com origens nas revelações religiosas); na segunda, está em causa a relação entre o dogma e os actos humanos, através de um julgamento que pune ou exalta (nas eras revelatórias, ao contrário do que acontecerá nos ambientes axiais ideológicos, esse julgamento é divino). No entanto, para que a noção iluminista de cultura tivesse surgido e fosse adoptada do modo como ainda hoje, em grande parte, a compreendemos, foi necessário quebrar esta lógica de promessa e as suas duas condicionantes.

A afirmação do sujeito, enquanto capacidade de interpretação livre e individual, foi central para que este corte e/ou esta *quebra* tivessem tido lugar. A cultura é um produto moderno e, de algum modo, a melhor caracterização de modernidade acaba por estar indissociavelmente ligada a uma comunidade liberta do dogma (espiritual ou material) e construída através da iniciativa, abertura e esforço de concertação do sujeito. Há um trajecto específico que vai inscrevendo, até meados do século XVIII, o aparecimento do sujeito como força motriz da cultura. No *quattrocento*, os pintores individualizam as suas marcas, mas continuam a narrar uma única e a mesma história (baseada nas escrituras). Este gesto, nesta e em todas as outras actividades ligadas ao fazer humano, tenderá para a inscrição, não apenas de marcas, mas também de narrativas e modelos explicativos próprios. É a longa história do sujeito que passamos sucintamente a apresentar, seleccionando cinco fases distintas: emergência, representação, liberdade, multiplicidade e negatividade.

2.1 A emergência do sujeito.

Apartando-nos de fastidiosas controvérsias teóricas,[67] definimos sujeito como toda a entidade singular que age livremente e que se referencia de forma directa no ser humano. A figura do sujeito despontou lentamente a partir de um certo distanciamento, e não tanto de uma ruptura, face ao holismo divino e às formas de significação escatológicas. Este afastamento surge gradativamente através da prática (implementação de técnicas e inventos desde meados de quatrocentos, acentuando-se em seiscentos) e da teoria (o *cogito* cartesiano e a semiótica de Locke são bons exemplos).

O intérprete medieval procurava no discurso do mundo um sentido último, superior e único que fosse capaz de explicar a tríade mundo-discurso-intérprete. Esse sentido último é o mesmo que se esconde por detrás do texto sagrado e que, numa única direcção, convoca o intérprete a percorrer as intrigas alegóricas e didácticas das suas páginas. A natureza, os acontecimentos do mundo e as letras da própria escritura são, pois, manifestação do discurso divino e é, por isso mesmo, que, apesar das variadíssimas matizes observáveis na vida, para o pré-moderno, a legitimação da existência humana depende exclusiva e totalmente desta transcendência que lhe é anterior e que, por outro lado, lhe concede o dom revelatório de uma escatologia. No centro deste modelo inquestionável, um único sujeito (um sujeito que tudo rege) preenche toda a curvatura do mundo e liberta os seres humanos de vazios e dúvidas. Toda a codificação da vida, toda a exegese textual e toda a tentativa de decifrar ou codificar o tempo (Bernard de Claiveaux, Anselmo de Havelberg, Joaquim de Flora, etc.) dependeriam, nesta óptica, da descodificação de um plano divino e jamais de um poder próprio de conjectura e inquirição experimental.

Ao contrário das práticas teológicas baseadas na "sistemática da citação"[68], os primórdios da ideia de sujeito surgem na tomada de consciência da *diferença* que se produz na actualização dos fenómenos do mundo. Michel de Montaigne sinalizou, no início do seu segundo volume dos *Essais*, essa atitude de percepção singularizada dos acontecimentos: "Nous sommes tous de lopins (pedaços) et d'une contexture si informe et diverse, que chaque pièce, chaque moment fait son jeu. Et se trouve autant de différence de nous à nous-mêmes, que de nous à autrui."[69] As descrições das viagens marítimas que se desenvolverão no século XV, a partir do Ocidente, enraizarão este sentido da diferença (e esta atenção pela particularidade do 'outro'), o que acabará por constituir um factor de permanente relativização, interrogação e, portanto, de abertura ao limiar da modernidade. Isto significa que a univocidade do mundo se começa então lentamente a pluralizar, criando novas perspectivas, visibilidades e interacções.

Referindo-se à arte de Tintoreto e de outros venezianos, Eduardo Lourenço escreveu no início dos anos oitenta do século XX:

> Um milagre destes só era possível explicar-se supondo (e era o caso) que, em sentido profundo, ainda não eram 'modernos', sendo-o tanto. Não trabalhavam ainda para eles mesmos ou para 'ninguém' como o artista moderno. [...] Quando lhes era pedido montavam a única tragédia que sendo de um era de todos.[70]

Quer isto dizer que cada indivíduo se projectava, à época, no grande e único sujeito do mundo, embora o jogo de planos e a profusão experimental dos seres representados parecesse já indiciar algo bem diverso. De facto, existem nestas oficinas renascentistas verdadeiros vasos comunicantes que as ligam à experimentação e à tentação "explicativa"[71], facto que explícita o que se poderia designar pela síndrome de Copérnico. Por outras palavras: a indagação do olhar, a formulação de hipóteses e o inquérito prospectivo da natureza, de que é exemplo a cartografia, estavam já em marcha em várias frentes na altura em que, por razões conhecidas, morrem Giordano Bruno (1600) e Galileu (1633).

Contemporâneo da revolução técnica e matemática do seu tempo, Descartes (1596-1650), depois de situar Deus, necessariamente, como criador de todo o universo e como garante do saber, proclamou a existência humana como um produto da manifestação de duas substâncias: a extensão, enquanto atributo essencial da realidade corpórea, e, por outro lado, o pensamento, enquanto atributo da realidade espiritual. O pensamento, associando-se ao que André Comte-Ville designou por "philosophie à la première personne"[72], passa assim a enunciar um claro sujeito questionador:

> Je suis, j'existe, cela est certain; mais combien de temps? Autant de temps que je pense; car peut-être même qu'il se pourrait faire, si je cessais totalement de penser, que je cesserais en même temps tout à fait d'être. Je n'admets maintenant rien qui ne soit nécessairement vrai; je ne suis donc, précisement parlant, qu'une chose qui pense, c'est-à-dire un esprit, un entendement ou une raison, qui sont des termes dont la signification m'était auparavant inconnue. Or je suis une chose vraie et vraiment existante; mais quelle chose? Je l'ai dit: une chose qui pense. Et quoi davantage? J'exciterai mon imagination pour voir si je ne suis point encore quelque chose de plus.[73]

Esta súbita autoconsciência individualizada do ser humano debate-se inesperadamente com novos alvos. O mundo converte-se assim em objecto de um saber que se pretende racionalmente fundar, a partir das evidências do método matemático. As próprias provas da existência de Deus, presentes na *Méditation Cinquième*, reflectem esta nova postura analítica:

> L'éxistence de Dieu devrait passer en mon esprit au moins pour aussi certaine que j'ai estimé jusque ici toutes les vérités des mathématiques qui ne regardent que les nombres et les figures, bien qu'à la vérité cela ne paraisse pas d'abord entièrement manifeste.[74]

O novo sujeito pensante cartesiano é uma entidade aberta à dúvida e que, de um momento para o outro, descobre um objecto (um mundo) inteiro por descodificar. O *cogito* é, ao fim e ao cabo, este postular de um sujeito que *explora* o que antes era um mundo totalizante que se explicava a si mesmo através de leis transcendentes (Vieira, na mesma época, entrevê nos acontecimentos da natureza sortilégios divinos que vão criando uma narrativa superiormente enunciada). Descartes dá, pois, um contributo fundamental para a lenta afirmação do sujeito. As ligações entre o conhecido e o desconhecido, que sempre se haviam submetido ao princípio herético da *curiositas*[75], passam agora a sujeitar-se a um dispositivo essencialmente racional[76] que se funda num julgamento a partir do eu "que eu (próprio) conheço ser"[77].

Contudo, não há ainda em Descartes a crença numa intersubjectividade, ou seja, na ideia de um jogo entre sujeitos sociais. Na sexta parte de *Discours de la Méthode....* este afinco pelo pensamento individual torna-se claro.[78] A obra é curiosamente publicada em Amesterdão, no coração dos Países Baixos, numa geografia onde as novas visibilidades possibilitadas pelas invenções ópticas, pelos processos de polimento dos vidros e pelas experimentações em câmaras obscuras (de Drebbel ou Huyghens) fazem jus ao novo 'sujeito pensante', cujo testemunho e "espanto"[79] deve ter sido também vivido e respirado por Descartes. Aliás, a pintura holandesa do século XVII, centrada na figuração do corpo e do quotidiano inteiramente dessacralizados, constitui um dado de grande relevância para a afirmação do sujeito moderno. De qualquer modo, para Alain Touraine, o retrato holandês marca ainda a "correspondência entre um indivíduo e um dado papel social"[80], impondo-se este último ao primeiro. Isto significa que o indivíduo concebido como unidade particular "onde se misturam a vida e o pensamento, a experiência e a consciência" ainda não está invadido decisivamente pelo sujeito, enquanto agente que controla e transforma a vida, resistindo ao "id" e à impositiva sociabilidade do código[81]. A necessidade de uma prática baseada na intersubjectividade parece ser o novo grande passo a dar para que a emergência do sujeito moderno se torne possível.

No contexto de uma teo-semiose optimista e não de uma teoria do sujeito, o perspectivismo de Leibinz (1646-1716) sugere, no entanto, que todo o agenciamento expressivo, seja de que acto ou natureza for, acabará sempre por contribuir para o "jogo de argumentos e contra-argumentos", transformando-se a verdade "em sistema".[82] Esta espécie de dialogismo sem fim, se fosse pensada de acordo com uma racionalidade (e não de acordo com o melhor dos mundos divinamente regido), corresponderia a um exercício perfeito de intersubjectividade. De qualquer modo, estamos perante uma abertura que se tornará importante para a compreensão moderna da interacção entre sujeitos.[83] No *Discurso de Metafísica*, esta interacção é definida como um processo de cedências mútuas em que aquela entidade que, num dado momento, tende para a perfeição assume toda a prioridade para logo a ceder a outro – chamemos-lhe – sujeito que idealmente prossiga idêntico trajecto com mais acuidade.[84] Este jogo de vasos comunicantes envolve todas as substâncias do universo, desde as entidades discretas mais simples (as mónadas), às substâncias agregadas.[85]

Touraine interpretou este esboço de sujeito leibniziano como a criação de um indivíduo que (tal como na pintura holandesa de seiscentos) ainda não comporta características autónomas e actuantes.[86] Para Ernest Gellner "Descartes viu como é que um homem, na sua solidão, pensa realmente como é que ele próprio e muitos outros devem pensar"[87]. Leibniz pressupôs, por sua vez, um dispositivo interactivo entre muitas entidades solitárias, entrevendo uma ideia sistémica original. Um pouco mais tarde, David Hume (1711-1776) procurou substituir conceitos fixos por percepções, tentando descortinar, não como é que o homem e outros devem pensar, mas "como é que ele próprio e muitos outros realmente pensavam"[88].

Este salto da generalidade para a experiência não se ficará por aqui, já que, contrastando com a herança cartesiana associada a um sujeito sólido, racional e substancial, Hume proporá uma visão bem mais ecléctica, baseada sobretudo no fluxo e no movimento. Vejamos o que diz Hume no seu *A Treatise on Human Nature* (1739-1749):

> I may venture to affirm of the rest of mankind, that they are nothing but a bundle or collection of different perceptions, which succeed each other with an inconceivable rapidity, and are in a perpetual flux and movement.[89]

De facto, o sujeito prepara-se, cada vez mais, para se transformar numa rede construída e construtora. Por outras palavras, ainda: o sujeito tende a tornar-se, depois de lentamente emergir, num artefacto capaz de cimentar as percepções individualizadas visando a constituição de uma identidade (ainda que móvel ou deslizante). Meio século depois, Kant (1724-1804), na *Crítica da Razão Pura* (1781-1787[90]), parece querer corroborar esta ideia:

> Com efeito, é verdade que o *eu* se encontra em todo o pensamento, mas a esta representação não está ligada a mínima intuição que o distinga dos outros objectos da intuição. Portanto, pode-se, sem dúvida, admitir que esta representação reaparece sempre em todo o pensamento, mas não que seja uma intuição fixa e permanente, onde se sucedem os pensamentos (como variáveis).[91]

2.2 Sujeito e representação.

O mundo que antecede a modernidade iluminista é percebido como uma gigante encenação. Toda a natureza é discurso de Deus e o encadeamento dos factos históricos é também parte desse discurso superior. As escrituras são a única componente do discurso divino que assumem a forma de um enunciado escrito. Diante da natureza, da história e das escrituras, o homem limita-se a ser um intérprete do querer omnisciente e criador. O mundo é, deste modo, gerado por Deus, causa primeira de tudo, e os actos humanos, como meras causas segundas, terão de se adequar a uma harmonia e a uma ordem pressentidas. A lenta emergência do sujeito irá alterar esta posição do homem que se remete à de um simples espectador e intérprete de uma criação que não é a sua. Ao agir e interpretar por si, ou seja, ao descobrir-se como agente autónomo que consegue criar e explicar o que o rodeia, o homem vai desmontando a encenação divina que lhe atribuía apenas o papel passivo e crente de espectador.

Esta ruptura é de grande alcance e começa a desenhar-se no momento em que Francis Bacon (1561-1626) denuncia o que designa por "idols"[92] e sobretudo quando John Locke (1632-1704), pai do 'nome' semiótica, nos veio dizer que entre as palavras, as ideias (simples ou complexas) e o mundo existe uma clara arbitrariedade, baseada em critérios singulares de selecção do espírito humano.[93] A desmontagem desta grande encenação divina – também chamada "representação original" –, acabaria, não apenas por prefigurar o advento da modernidade como, segundo Michel Foucault, de *Les Mots et les choses* (1966), tornar subitamente o homem em objecto epistémico. O homem como sujeito e também como objecto de estudo dará origem a uma série de novos saberes modernos (antropologia, sociologia, semiótica, psicologia, etc.):

> Quando a história natural se transforma em biologia, quando a análise das riquezas se volve em economia, quando sobretudo a reflexão sobre a linguagem se converte em filologia e se extingue o *discurso* clássico em que o ser e a representação encontravam o seu espaço comum, então, no movimento profundo de uma tal mutação arqueológica, surge o homem com a sua posição ambígua de objecto para um saber e de sujeito que conhece: soberano submetido, espectador olhado...[94]

Os impactos desta mudança fazem sentir-se na própria compreensão das linguagens que se passam, a pouco e pouco, a entender como criações humanas arbitrárias e autónomas (no seu funcionamento e nos jogos que suscitam) e não já como sistemas de signos dependentes da fonte divina. As tensões entre escrituras e escrita literária, entre criação divina e *poiesis* romântica ou entre a música como espelho da encenação divina (Bach) ou exaltação do espírito humano (Beethoven) reflectem o modo como a desmontagem da representação original se foi desencadeando. As linguagens (e as metalinguagens) tornar-se-ão igualmente em objectos intrigantes de pesquisa, a tal ponto que acabarão por se instituir como um dos alvos preferidos das grandes perguntas e dos motivos epistémicos das culturas globais da actualidade.

A grande encenação ou representação original deixa, gradativamente, de ser entendida como algo intocável para passar a ser lida como um conjunto de efeitos. A percepção e a explicação destes efeitos – ou a ideia de que a realidade é afinal uma construção, de que é necessário entender as estruturas – é produto do século XVIII. António Marques (1987) sintetizou este trajecto que, no anteriormente referido Tratado de David Hume, se desdobra em duas vias: a produção ficcional, por um lado, e a avaliação da objectividade sem outra referência que não a da indagação experimental, por outro.[95] A dimensão ficcional surge em Hume como organizadora de todos os dados que o ser humano apreende, de acordo com os princípios da "contiguidade", da "conexão permanente", da "semelhança" e da "sucessão". Este quadrilátero organizador das percepções, entendido como um conjunto de relações naturais e não como categorias, é regido por um factor decisivo: a imaginação (tal como é descrito, na Secção II da parte IV do Livro I, do *Treatise...*[96]). O papel que Hume reserva à imaginação humana é, de facto, capital. No fundo, trata-se de uma espécie de filtro que vai dando sentido ao ininterrupto fluxo de informações que recebemos do exterior. Como António Marques refere, é nas "funções cognitivas da imaginação" desenvolvidas por Hume que devemos encontrar

os alicerces para a compreensão da "objectividade em Kant"[97].
É o que, de seguida, procuraremos resumir.

Comecemos pelo modo como nós próprios percebemos o mundo, através da mente. Kant adoptou um registo subjectivo – o 'eu-pensante' – que é uma espécie de reflector de nós próprios, embora tenha apenas acesso ao mundo que conhece, na medida em que o enquadra numa *moldura* formada por elementos puros do conhecimento e, entre eles, as categorias.[98] A descodificação do nosso mundo mental, possibilitada em Hume pela imaginação, é levada a cabo, segundo Kant, de um modo cénico. De facto, a actividade da "faculdade do juízo" é significada através da "apresentação" (a "Dartsellung"[99] sugere realmente um palco a funcionar na nossa mente) sempre que "o conceito de um objecto é dado", o que na prática consiste em fazer corresponder a esse conceito "uma intuição correspondente"[100] (se faço corresponder à ideia de brancura, por exemplo, uma certa imagem de muro branco). Deste modo, os conceitos tornam-se objectivos – objectivam-se ou revelam-se no nosso palco mental –, o que acontece de dois modos: ou através de 'esquemas', caso a intuição[101] seja dada *a priori* (uma certa *mise en scène* esquemática de muro branco); ou 'simbolicamente', caso a intuição se submeta a um conceito que apenas a razão pode pensar (uma certa *mise en scène* formal de brancura).[102]

António Damásio escreveu em *O Sentimento de Si* que "qualquer símbolo com que possamos pensar é uma imagem, sendo bem pequeno o resíduo mental que não é constituído por imagens mentais".[103] Ao fim e ao cabo, a apresentação em Kant (a "Darstellung" ou cenografia da mente) permite o aparecimento de imagens na consciência através de símbolos ou esquemas.[104] Por sua vez, as relações que se estabelecem entre conceitos e intuições têm um alicerce comum – a imaginação (tal como em Hume) – que consiste numa entidade espontânea que sintetiza tudo o que é pensado nas categorias:

> A imaginação é a faculdade de representar um objecto, mesmo sem a presença deste na intuição[;] a síntese transcendental da imaginação [...] é um

efeito do entendimento sobre a sensibilidade e [...] é a primeira aplicação do entendimento [...] a objectos da intuição possível para nós. Sendo figurada é distinta da síntese intelectual, que se realiza simplesmente pelo entendimento [...] na medida em que a imaginação é espontaneidade, também por vezes lhe chamo imaginação produtiva.[105]

A desmontagem da grande encenação divina atravessa, deste modo, vários autores (Bacon, Locke, Hume e Kant) e culmina numa explicação do funcionamento do sujeito que é, também, curiosamente, metaforizada por elementos cénicos. Para os pré--modernos, a relação entre as coisas e o modo como as representamos aparecia como algo resolvido (algo já dado), como se existissem matrizes perfeitas (anteriores à nossa experiência) que assegurassem a ligação ou a aparente osmose. Este processo analógico é explicado, em boa medida, através do conceito empírico que consiste, tal como escreveu Fernando Gil, numa "memória de semelhanças". Por outras palavras: o conceito empírico "significa uma tematização da percepção de feixes estáveis de aparências". Ao transformar as semelhanças em identidades, "o conceito torna possível o pensamento, a memorização e a antecipação". Por outro lado,

a percepção de semelhanças forma um dispositivo independente com uma espontaneidade própria (a construção do conceito liberta-a das coisas) e emerge daí a possibilidade permanente de uma derrapagem em relação ao sensível.[106]

O sujeito que entende a representação como um processo de construção permanente é, ao mesmo tempo, um sujeito construtor, imaginativo e agente de uma montagem (ou de uma ininterrupta cenografia). De certo modo, o homem moderno que se autodescobre tem, milénio e meio depois, a mesma tendência para a espectacularidade e para a ficcionalidade que o seu congénere apocalíptico. Este novo "homem" que aparece como sujeito e como objecto de estudo vê-se subitamente ao espelho como um ser que altera o mais antigo sentido da promessa. Do *eschatón* e da salvação, a promessa passa agora a incidir em si próprio, enquanto móbil aberto a ideais, a categorias e a moralidade, tal como Richard Rorty referiu:

> Como os sucessores de Kant rapidamente observaram, a única maneira pela qual podíamos compreender o eu transcendental era identific[ando-]o com o eu pensável mas incognoscível que é um agente moral – o eu numenal autónomo.[107]

Este novo agente moral, que liga sobretudo a vontade à acção, partindo sempre da análise da experiência, definir-se-á a si próprio como único, emergente e livre:

> Ora nós temos somente uma única espécie de ser no mundo, cuja causalidade é dirigida teleologicamente, isto é, para fins [...] Esse ser é o homem, mas considerado como númeno; o único ser da natureza, no qual podemos reconhecer, a partir da sua própria constituição, uma faculdade supra-sensível (a liberdade) e até mesmo a lei da causalidade com o objecto da mesma e, que ele pode propor a si mesmo como o fim mais elevado (o bem mais elevado do mundo).[108]

É precisamente dessa "faculdade supra-sensível", a liberdade, que nos ocuparemos na secção seguinte.

2.3 Sujeito e liberdade.

Só há sujeito se houver liberdade. Numa sociedade pré-moderna, a liberdade não poderia ser avaliada a não ser como resultante de um fôlego divino. Todo o universo e a vida em geral eram entendidos como o impacto permanente desse fôlego. A percepção da liberdade individual é um processo lento que acompanha a afirmação moderna do sujeito.

É possível destacar um ponto de partida para esta descoberta na polémica entre molinismo e cartesianismo. Ao interrogar-se sobre as causas do erro, nas *Méditations métaphysiques*, Descartes acaba por abrir a porta à controvérsia sobre o livre arbítrio. Na tradição então recente de Luis de Molina[109], a prática da liberdade requereria uma indiferença que podia, ou não, submeter-se à interiorização divina, enquanto que, para os seus opositores, sobretudo dominicanos, a Graça de Deus ocuparia todo o espaço vital da *praxis* da liberdade. Nos *Principes de la philosophie* (1644-47), Descartes põe em causa, de modo contundente, a oposição entre a pré-determinação divina e a possibilidade de agir livre e responsável:

> [...] estamos de tal modo seguros da liberdade e da indiferença que em nós existe, que nada há que conheçamos mais claramente: de forma que o poder absoluto de Deus não deve impedir-nos de crer nela. Porque faríamos mal ao duvidar daquilo que observamos interiormente e que sabemos por experiência estar em nós, por não compreendermos uma outra coisa que sabemos ser de sua natureza incompreensível.[110]

Ao contrário de Descartes, para Gottfried Leibniz, tal como refere na *Monadologia* (1714), a verdade é um absoluto e, portanto, só Deus é evidentemente livre.[111] No *Discurso de Metafísica* (1686) Leibniz precisará que nós, seres humanos, apenas somos livres na medida em que somos determinados a perseguir a perfeição da nossa própria natureza, ou seja, a razão.[112] Uma avassaladora harmonia universal parece, pois, impor-se à ilusão de um sujeito livre e afirmativo. Na Ética de Baruch de Espinosa (1632-1677)[113], ao contrário de Descartes, pensamento e realidade do ser provêm de uma única substância. O pensamento humano partilharia assim uma essência com o pensamento divino. Contudo, a "natureza naturante", ou Deus, constituiria a única realidade substantiva, enquanto que "a natureza naturada" seria entendida como desprovida de substantividade, dispondo de existência meramente "modal", isto é, ao nível das manifestações com origem na produtividade divina. Nesta medida, a realidade seria única, eterna e imutável, embora no plano do *acontecer transitório* fosse naturalmente efémera. Nesta visão panteísta, a liberdade de um sujeito individual continua a ser uma pura ilusão, já que Deus aparece não apenas como "causa eficiente da existência das coisas, mas também da essência delas"[114]. Entendida a alma humana como "uma parte da inteligência infinita de Deus"[115], é natural que tudo o que possa agir no universo acabe, neste sistema de Espinosa, por ser divinamente determinado:

> Tudo o que é determinado a existir e a operar é como tal determinado por Deus. Ora o que é finito e tem existência determinada não pode ter sido produzido pela natureza absoluta de um atributo de Deus, pois o que resulta da natureza absoluta de um atributo de Deus é absoluto e eterno. Por conseguinte, deve resultar de Deus, ou de algum atributo seu, enquanto é considerado como afectado por algum modo, pois nada existe além da substância e dos modos, e os modos não são senão afecções dos atributos de Deus.[116]

Segundo Baruch de Espinosa, a própria vontade e o intelecto não podem ser considerados como livres.[117]

Para Leibniz, o destino é uma graça a que o homem particular naturalmente se submete. Para Espinosa, a natureza divina é uma graça que o homem particular reparte e partilha. Numa e noutra visão, o sujeito não é (ainda) uma entidade que, na sua autonomia própria, se assuma como agente activo e interessado de um percurso transformador. Todavia, para um contemporâneo de Leibniz e Espinosa, como John Locke, que combateu o inatismo cartesiano e fez do espírito humano uma verdadeira *tábua rasa*, é normal que a defesa da liberdade do sujeito acabasse por surgir como algo de subitamente natural. Do mesmo modo, se as ideias dos homens, segundo Locke, derivavam de sensações e reflexões (ou seja, da experiência própria, externa e interna), logo nenhuma abstracção poderia ser-lhes anterior e ameaçar a consecução de qualquer acto livre. No *Essay Concerning Human Understanding* (1690), o cérebro humano surge como o uso – simples ou complexo – de uma escolha permanente e autónoma:

> At it is in the motions of the body, so it is in the thoughts of our minds: where anyone is such that we have power to take it up, or lay it by, according to the preference of the mind, there we are at liberty [...] And if I can, by a like thought of my mind, preferring one to the other, produce either words or silence, I am at liberty to speak or hold my peace. And as far as this power reaches, of acting or not acting, by the determination of his own thought preferring either so far is a man free.[118]

No cerne desta noção empírica de liberdade, de que Locke é pioneiro, a vontade surge definida como uma potência independente face a esta outra potência que é a própria liberdade. Sendo a primeira uma acção e a segunda um poder de agir, esta última deixa, contudo, de ter efeito, no momento em que aquela ocupa o homem através de uma acção, em pleno acontecer:

> Liberty does not belong to the will [...] It is plain then that the will is nothing but one power or ability, and freedom another power or ability, so that to ask whether the will has freedom is to ask whether the will has freedom is to ask whether one power has another power [...] That willing or volition being an action, and freedom consisting in a power of acting, a man in respect of willing or act of volition, when any action in his power is once proposed to his thoughts, as presently to be done, cannot be free.[119]

Esta restrição, segundo a qual a liberdade se submete à vontade durante o curso das acções, só é válida porque acaba, ao mesmo tempo, por se tornar inevitável, ou seja: "[...] a man is not at liberty to will or not to will, because he cannot refrain willing" – e justamente porque o sujeito confrontado com um acto de vontade acaba por depender de uma necessidade ("act of willing is under a necessity").[120]

Este binómio entre a vontade e a liberdade que opõe, ao fim e ao cabo, necessidade e possibilidade de escolha, merecerá uma outra leitura por parte de Thomas Hobbes (1588-1679), no seu *Leviatã* (1651), mas virá a será reatado por David Hume e também por Voltaire (1694-1788). Para Hobbes, a liberdade basear-se-ia nas relações de força da física do seu tempo e seria, portanto, entendida como "uma força" que se expande até ao momento em que encontra um obstáculo:

> Liberdade significa, em sentido próprio, a ausência de oposição [...] um homem livre é aquele que, naquelas coisas que graças à sua força e engenho é capaz de fazer, não é impedido de fazer o que tem vontade de fazer [...] A liberdade e a necessidade são compatíveis: tal como a água não tem apenas a liberdade, mas também a necessidade de descer pelo canal, assim também [são] as acções que os homens voluntariamente praticam [...] dado que os

actos da vontade de cada homem [...] derivam de alguma causa, numa cadeia contínua (cujo primeiro elo está na mão de Deus, a primeira de todas as causas) elas derivam também da necessidade [...] Porque embora os homens possam fazer muitas coisas que Deus não ordenou [...] se acaso a sua vontade não garantisse a necessidade da vontade do homem, e consequentemente de tudo o que depende da vontade, a liberdade dos homens seria uma contradição e um impedimento à omnipotência e liberdade de Deus.[121]

Contra esta pretensa harmonia entre necessidade e liberdade, David Hume, na Secção VIII do *Inquiry*[122], definiu liberdade, na esteira de Locke, como um poder de agir, ou de não agir, mas sempre segundo as determinações da vontade. A observação do poder de executar uma acção livre deverá, segundo Hume, ser mediada por uma inteligibilidade baseada no que o autor designa por uma dupla "consistência", a saber: das acções factualmente verificáveis, embora dependentes de uma determinação da vontade; e das acções que, por si próprias, se realizam tendo como base uma escolha que a situação não iniba (caso da situação de cativeiro, exemplificada no *Inquiry*). É claro que a metáfora da prisão cria o mesmo quadro que Locke já havia descrito, uns anos antes, sobre a inadequação da liberdade no seu face a face com a vontade.[123]

A questão da liberdade, em Voltaire, retoma o posicionamenteo de Locke e Hume. Para o autor de *Candide*, a liberdade é entendida como uma potência que se traduz, ao nível da sua aplicação prática, pela realização, ou não realização, voluntária de uma acção. No *Dictionnaire philosophique* (1764), no artigo sobre a liberdade – que precede um outro sobre a liberdade de pensamento[124] – surge o célebre "diálogo dos canhões" onde, de modo figurado e até subliminarmente humorístico, se espelha a ideia de que a vontade não é livre, embora, em contrapartida, as acções o sejam:

A – [...] vous voyez que vous ne pouvez vouloir sans raison. Je vous déclare que vous êtes libre de vous marier; c'est-à-dire que vous avez le pouvoir de signer le contrat.

B – Comment! Je ne peux vouloir sans raison? Eh! que deviendra cet autre proverbe...: ma volonté est ma raison, je veux parce que je veux?
A – Cela est absurde, mon cher ami: il y aurait en vous un effet sans cause!
B – Quoi! Lorsque je joue à pair ou non, j'ai une raison de choisir pair plutôt qu'impair?
A – Oui, sans doute.
B – Et quelle est cette raison, s'il vous plaît?
A – C'est que l'idée de pair s'est présentée à votre esprit plutôt que l'idée opposée. Il serait plaisant qu'il y eût des cas où vous voulez parce qu'il y a une cause de vouloir, et qu'il eût quelque cas où vous voulussiez sans cause. Quand vous voulez vous marier, vous en sentez la raison dominante, évidemment; vous ne la sentez pas quand vous jouez à pair ou non, et cependant il faut bien qu'il y en ait une.
B – Mais, encore une fois, je ne suis donc pas libre?
A – Votre volonté n'est pas libre, mais vos actions le sont. Vous êtes libres de faire quand vous avez le pouvoir de faire [...]

A vontade surge, neste trecho de Voltaire, como objecto de uma causa. Não podendo pressupor efeitos sem causa, as vontades não poderão nunca ser consideradas inócuas e, por isso mesmo, não são livres. Todavia, na linha de Locke ou de Hume, as acções, se inscritas no seu curso claramente desimpedido, são livres e sujeitam-se à mesma visão binária da *"idée de pair"* que pressupõe um permanente e sempre possível esquema de opção.

Do Empirismo britânico às Luzes, o sujeito livre vai emergindo. Immanuel Kant aparece nesta sequência de modo inevitável e perseguirá a ideia de liberdade a partir do modo como o ser humano acede ao conhecimento. Reatando a pesquisa de Kant, conhecer é um acto que resulta da união de intuições sensíveis (dadas pelo espaço e pelo tempo) com categorias do entendimento. No entanto, Kant adianta na "Dialética transcendental" da *Crítica da Razão Pura* que a razão "quer universalizar"[125] as suas possibilidades de conhecimento para além dos limites condicionados pela experiência. No "Terceiro conflito das ideias transcendentais", a questão torna-se central. Trata-se então de saber se o sujeito é livre no desempenho das suas acções, ou se, como acontece a outros seres vivos, o sujeito é manietado pela natureza, ou por qualquer tipo de predestinação. Entre a liberdade e a natureza, o "Terceiro conflito das ideias transcendentais" acabará por expor, segundo uma modalidade de tese, antítese, provas e observações justapostas, o mecanismo segundo o qual, apenas aparentemente, os fenómenos físicos naturais e a liberdade dos actos se opõem. A passagem sobre a *Antítese* (no âmbito da "Observação sobre a terceira antinomia" – ponto 2/ A7450-B/478[126]) ilustra bem a ideia kantiana de conjunção entre natureza e liberdade, entendida como "espontaneidade absoluta" (A447/B475)[127] de uma causa que "por si mesma" (A448/B476)[128] pode dar início a uma nova série de estados sucessivos:

> Quando agora, por exemplo, me levanto da cadeira, completamente livre e sem a influência necessariamente determinante de causas naturais, nesta ocorrência, com todas as suas consequências naturais, até ao infinito, inicia-se absolutamente uma nova série, embora quanto ao tempo seja apenas a continuação de uma série precedente. Com efeito, esta resolução e este acto não são a consequência de simples acções naturais, nem a mera continuação delas, porque as causas naturais determinantes cessam por completo com respeito a este acontecimento antes dessas acções; o acontecimento sucede certamente a essas acções naturais, mas não deriva delas e deverá portanto considerar-se, em relação à causalidade, que não ao tempo, o começo absolutamente primeiro de uma série de fenómenos.[129]

Na sua obra, *Razão e Progresso na Filosofia de Kant* (1998)[130], Viriato Soromenho Marques analisa a linha (clássica) de comentários que tende a opor, no quadro da filosofia da história de Kant, a "exigência histórica do sentido" e a "exigência crítica da liberdade". Independentemente de algumas posições de Kant no final da sua vida, a verdade é que, no pensamento do filósofo, a liberdade, enquanto elemento decisivo da "razão prática", e o sentido totalizante atribuído à história, aparecem compatibilizados. Deste modo, seguindo a reflexão de Viriato Soromenho Marques, a liberdade torna-se eficaz, não apenas por se manifestar e actualizar plenamente no seio da natureza, mas igualmente por se conceber, ou ser "pensada", como receptáculo de uma "vontade livremente determinada". Esta auto-suficiência caracteriza igualmente a reflexão de Jean-Jacques Rousseau (1712-1778), que atribui ao ser humano o domínio das suas próprias "operações", defendendo-se do que lhe é hostil, impondo a sua decisão sobre os estados naturais, por fim, dando corpo à liberdade das suas acções. Ora leia-se esta passagem de *Discours sur l'origine et les fondements de l'inégalité parmi les hommes* (1755):

> Je ne vois dans tout animal qu'une machine ingénieuse, à qui la nature a donné des sens pour se remonter elle-même, et pour se garantir, jusqu'à un certain point, de tout ce qui tend à la détruire, ou à la déranger. J'aperçois précisément les mêmes choses dans la machine humaine, avec cette différence que la nature seule fait tout dans les opérations de la bête, au lieu que l'homme concourt aux siennes, en qualité d'agent libre. L'un choisit ou rejette par l'instinct, et l'autre par un acte de liberté; ce qui fait que la bête ne peut s'écarter de la règle qui lui est prescrite, même quand il lui serait avantageux de le faire, et que l'homme s'en écarte souvent à son préjudice [...] C'est ainsi que les hommes dissolus se livrent à des excès, qui leur causent la fièvre et la mort; parce que l'esprit déprave le sens, et que la volonté parle encore, quand la nature se tait.[131]

Embora seja clara nesta passagem do *Discours...* uma certa carga mecanicista, é, no entanto, óbvia a ideia de uma espontaneidade (alternativa ao instinto animal) que, tal como acontece no Kant crítico, virá a constituir-se enquanto pedra de toque da própria liberdade do sujeito. O símbolo mais evidente deste princípio espontâneo, capaz de gerar, por si mesmo, séries novas e autónomas de factos, encontra-se em *Émile*. O protagonista criado por Rousseau na referida obra é educado por um perceptor algo passivo que se limita a auscultar o jovem, a responder às suas dúvidas, mas jamais a influir excessivamente na sua educação, de modo que Émile, no final, acabará por reinventar, de uma maneira livre e autónoma, a ciência e, aos dezasseis anos, a sua própria consciência moral.

*

Os caminhos da construção do sujeito moderno encontram no limiar do século XIX um caminho duplo. De um lado, ressurgem alguns traços fundamentais das antigas promessas escatológicas, através de programas utópicos e sobretudo ideológicos; estes programas acabarão por deslocar o processo da livre afirmação do sujeito para quadros sociais perfectíveis. Do outro lado, é enunciada uma racionalidade que submete a liberdade do sujeito moderno a uma objectividade, cujo limite último se centra numa espécie de grande *síntese positivista*. Ambos os caminhos colocam em evidência os grandes macro-sujeitos (seja uma classe social como o proletariado, seja a humanidade de que "Comte organiza o culto"[132]) em prejuízo do sujeito a sós, operativo e autónomo que, ao fim e ao cabo, era uma das obras mais autênticas e originais da modernidade.

À parte este caminho duplo, há que reconhecer um terceiro, que Viriato Soromenho Marques designou como a via da "metafísica ostensiva"[133], de que Friedrich Hegel (1770-1831) é timoneiro. Para este pensador, nos textos de *A Razão na História* (1822--1830), a liberdade do sujeito traduz-se fundamentalmente na aquisição de um "valor infinito", enquanto expressão da "substância do Espírito", sendo a presentificação do "Espírito" hegeliano a própria história universal. Esta ideia remete igualmente para um novo macro-sujeito entendido metafisicamente como realização do processo histórico:

> A substância do espírito é a liberdade. O seu fim no processo histórico aduz-se deste modo: é a liberdade do sujeito; que ele tenha a sua consciência moral e a sua moralidade, que proponha fins universais e os faça vigorar; que o sujeito tenha um valor infinito e chegue também à consciência desse extremo. A substancialidade do fim do espírito universal alcança-se através da liberdade de cada um.[134]

2.4 Sujeito e multiplicidade.

E o sujeito apareceu e multiplicou-se. Por um lado, incorporando directamente a liberdade, desdobrando-se no novo espaço público e criando personagens livres (ou sujeitos imateriais) que se enunciam na superfície autónoma das novas linguagens estéticas.

Por outro lado, dando mostras da chamada *maladie du siècle*, ou seja, de um cepticismo face à própria emergência do sujeito.

Deixemos este 'cansaço' do sujeito (o chamado niilismo) para um segundo momento e abordemos, para já, a expansão subjectiva nos alvores da modernidade.

A expansão do sujeito e o uso da liberdade projectam-se em objectos e instituições muito diferenciados, tanto no campo da cultura material e industrial como no do saber, na guerra ou, por exemplo, na construção de cidades. Tanto na criação de regimes republicanos e democráticos como nas lógicas imperiais ou nas disputas civilizacionais/coloniais de poder. Por vezes, derrogado pelo peso das lógicas colectivas, o sujeito também se redescobre na multiplicidade (dados caros a Freud, Fernando Pessoa), na segmentação[135], na volatilidade narcísica[136] ou, mais raramente, na esperança (caso de Russell[137]).

O imenso fôlego de produtos ficcionais que marca o imaginário das sociedades desde meados do século XVIII (a par da importância que David Hume e Immanuel Kant atribuem à imaginação no modo de representar e reinventar o mundo) é, sem sombra de dúvida, um factor decisivo na afirmação moderna do sujeito. Se, no mundo pré-moderno, Deus era a causa primeira dos actos, limitando-se os actos dos homens a causas segundas, agora, de certo modo, a realidade inverte-se: o homem passa a ver-se a si próprio como causa primeira dos seus próprios actos, reservando aos actos das personagens que livremente cria as causas segundas.

Os sujeitos-personagens, presentes na interpretação de todas as linguagens modernas (da literatura à arquitectura, da pintura ao *design*), são uma entidade nem sempre determinável, criada por um sujeito humano, e que é posta a girar num devir interpretativo. Ao contrário dos sujeitos-personagens pré-modernos, que eram, na sua larga maioria, figuras que ornamentavam a grande e única história do mundo, os sujeitos-personagens modernos parecem deslumbrados com um universo todo subitamente por revelar e descobrir. A sua existência, enquanto expressão de agir livre, viria, ao longo do século XX, a ser muito valorizada pelas metalinguagens ao nível da recepção (casos da formatividade de Luigi Pareyson, da lógica de *Obra Aberta* de Umberto Eco ou das hermenêuticas de Hans-Georg Gadamer ou Hans Robert Jauss). O ser humano moderno passou a incorporar e a respirar personagens, bem como as suas cruzadas e reinventadas narrativas.

Na sua infância, este sujeito imaterial aventurou-se em acções encantadas e em labirintos ficcionais sem fim, encontrando aí a sua finalidade. No cinema, pelo menos até à maturação das vanguardas que emergem no pós-Primeira Guerra Mundial, os sujeitos são como que agentes de uma fotogenia deslumbrada. Os protagonistas de *L'Inhumaine* de Marcel L'Herbier, da *Femme de nulle part* de Germaine Dulac ou de *La Roue* de Abel Gance são disso exemplo. Na literatura, essa infância é mais distendida e tanto se enuncia em Jules Verne, nos relatos utópicos de Mercier ou, mais tarde, em figuras singulares como o *Orlando* de Virginia Woolf. Os austronatas de Méliès e os mergulhadores de Verne estão, nesse campo, em pé de igualdade. No entanto, se é possível falar de maturidade dos sujeitos-personagens modernos, há que aproximá-la mais da expressão da dúvida do que da expressão do fascínio. As heteronímias, os sujeitos solitários de Dostoievsky, os anti-heróis kafkianos, ou o herói paródico de *Ulysses* de Joyce estão, nesse campo, também, em pé de igualdade.

É curioso verificar o modo como a teoria, numa primeira fase da modernidade, incide sobretudo na prospecção do sujeito--autor para, depois, numa segunda fase, após a Primeira Guerra Mundial, já incidir na produtividade destas novas personagens (ou sujeitos imateriais). Na primeira fase, toda a análise se situa em torno do biografismo com o objectivo de encontrar, por detrás das obras (não apenas literárias), um sujeito autoral omnisciente que tudo explicasse. A etapa biografista tem duas faces: uma face transcendente, na medida em que o sujeito autoral é visto como o criador omnipresente de toda a sua criação; e uma outra face imanente, na medida em que cada índice, figura ou vestígio presentes no texto (interjeição, sequência rítmica, cromatismo, recorte de personagem, marcação de ritmo, etc.) acaba por se projectar na pessoa do sujeito autoral.

Ao fim e ao cabo, o biografismo é um método de análise que procura a liberdade de um único sujeito (criador), mas que ainda não descobriu que a modernidade é sobretudo inventada a partir de *intersubjectividades geradoras*, ou seja, de múltiplos sujeitos que irradiam de outros, através de um *continuum* problemático. O texto, para os biografistas, é uma forma individualizada que se fecha e que se confunde com um único sujeito criador. O romance contemporâneo do biografismo é um produto imaginário que coloca em cena 'indivíduos', embora ainda não penetrados pelo agir questionador do sujeito. Colocando de lado a riqueza estética das obras, é um facto que o romance realista (Zola, Eça, etc.) é disso sintoma mais fiel, já que as suas personagens interiorizam e reflectem extractos sociais e previsibilidades comportamentais, estando muito ligados a simples peças de um inquérito social.

No momento em que surgem as primeiras metalinguagens modernas que descobrem múltiplos sujeitos operando no interior dos textos – e, portanto, desapossados do seu *ser* criador autoral, nomeadamente a partir do formalismo russo –, também o romance que lhes é contemporâneo acabará por espelhar, pela primeira vez, uma *quête* subjectiva moderna. Esta nova vaga surge sobretudo na ficção do pós-Primeira Guerra Mundial em Virginia Woolf, Marcel Proust, Italo Svevo ou James Joyce, passando a conceber personagens que escapam à programação realista e que, portanto, não agem de acordo com um mero retrato social, mas antes como um fim ficcional em si mesmo.

Estas personagens procuram identidades, vias e soluções. A sua natureza e o seu agir desagua na dúvida e na paródia, reflectindo o que Umberto Eco, na sequência de *Otras Inquisiciones* (1952) de Jorge Luis Borges[138], designou por "civilização do romance":

> O público (no estádio pré-moderno) não pretendia saber nada de absolutamente novo, mas simplesmente ouvir contar, de maneira agradável, um mito,

repercorrendo o desenrolar conhecido, no qual se podia comprazer, todas as vezes, de modo mais intenso e mais rico [...] Era também assim que funcionavam as narrativas plásticas e pictóricas das catedrais góticas ou das igrejas renascentistas e contra-reformistas. Narrava-se, muitas vezes, de modo dramático e conturbado o já acontecido. A tradição romântica [...] oferece-nos, ao contrário, uma narrativa em que o interesse principal do leitor é deslocado para a imprevisibilidade *do que acontecerá*, e portanto, para a invenção do enredo, que passa para primeiro plano. O acontecimento não ocorreu antes da narrativa: ocorre enquanto se narra, e, convencionalmente, o próprio autor não sabe o que sucederá.

*

Como referimos no início desta subsecção, a expansão do sujeito, directa ou através de desdobramentos ficcionais, conheceu rapidamente um reverso fortíssimo. Abordado como *maladie du siècle* ou simplesmente como cansaço (o famoso "niilismo" baptizado por Frederich Nietzsche), este reverso traduziu-se por uma descrença no próprio sujeito. Foi em *Del Sentimiento Trágico de la Vida* (1913) que Miguel de Unamuno colocou a descoberto aquilo que, no seu tempo, era já um sentimento comum de desconfiança face ao ímpeto – ou à fuga para a frente – que o sujeito moderno manifestara. O "hombre concreto, de carne y hueso" que, no início da obra, surge identificado com "el sujeto y el objeto" de toda a filosofia, suscita a maior das interrogações. O autor exprime essa interrogação capital do seguinte modo: "Progresar, para qué?" Tentando contextualizar a questão, Unamuno alertou que

> [e]l hombre no se conformaba con lo racional, el *kulturkampf* no le bastaba [...] Y la famosa *maladie du siècle*, que se anuncia en Rousseau [...] no era ni outra cosa que la pérdida de la fe en la inmortalidad del alma, en la finalidad humana del Universo. Su símbolo, su verdadero símbolo, es un ente de ficción, el Doctor Fausto.[139]

Com efeito, por mais macro-sujeitos que se tivessem enunciado desde oitocentos (a 'classe' marxista, a 'humanidade' comtiana, o 'espírito' hegeliano) e por mais mostras que o sujeito livre tivesse dado no seu face a face com a técnica, a questão persistia.

Não era tanto o tema da *miséria* pascaliana do homem a sós sem Deus, mas era sobretudo o desnorte, a falta de finalidade, numa palavra: a carência de algo que equivalesse a um efectivo sentido de finalidade (a um novo entendimento do *eschatón*) e que desse sentido às novas procuras e descobertas da modernidade. As palavras enunciadas por Johann Wolfgang von Goethe e imputadas, na hora da morte, ao seu *Fausto* (1808-1832), parecem realmente sinalizar essa grande questão[140] que foi sendo dissimulada, pelo menos até ao final do terceiro quartel do século XX, pelas ideologias, pelos ideais tecnicistas e pelas vanguardas, mas que se manteve sempre como um espaço a ser preenchido pelo corpo orgânico da cultura. Este 'ter que preencher' aproximou muitas vezes a construção expressiva da cultura à tradição da Graça de Deus.[141]

O desencanto com a modernidade faz parte da própria lógica da modernidade e ninguém o terá ilustrado melhor do que Nietzsche.[142] No §124 de *A Gaia Ciência* (1882), o autor relata, com a sua conhecida ironia, o que designa por 'pecado original da modernidade':

> *No horizonte do infinito.* Deixámos a terra firme, embarcámos! Não podemos voltar para trás, mais ainda, cortámos todas as ligações com a terra firme! Agora, barquito, toma cuidado! Tens na tua frente o oceano! É verdade que ele nem sempre ruge, por vezes espraia-se calmo, como se fosse seda e oiro, como um sonho de bondade! Momentos virão, porém, em que reconhecerás que ele é infinito e que nada há de mais terrível do que a infinitude. Ai da pobre ave que se sentiu livre, e se debate agora contra as paredes desta gaiola! Ai de ti, se as saudades da terra firme te assaltarem, como se lá tivesse havido mais *liberdade*... agora que já deixou de haver "terra".[143]

A partida da ave que ousou ser livre é o próprio sujeito moderno, amaldiçoado por Frederich Nietzsche. Dele nada se espera. Nem mesmo a ciência, visando os seus limites sempre ilusórios, poderá valer ao desencanto humano. E porquê? A resposta, concludente e quase apaixonada, surge no fragmento seguinte da mesma obra:

Não estará a ser noite para todo o sempre, e cada vez mais noite? Não teremos de acender lanternas em pleno dia? Será que ainda não estamos a ouvir o ruído que fazem os coveiros a enterrar Deus? [...] Deus está morto! Deus permanece morto! E quem o matou fomos nós! Como haveremos de nos consolar, nós os algozes dos algozes? O que o mundo possuiu, até agora, de mais sagrado e de mais poderoso sucumbiu exangue aos golpes das nossas lâminas [...] A grandiosidade deste acto não será demasiada para nós? Não teremos de nos tornar nós próprios deuses para parecermos apenas dignos deles? Nunca existiu acto mais grandioso, e, quem quer que nasça depois de nós, passará a fazer parte, mercê deste acto, de uma história superior a toda a história até hoje.[144]

Nietzsche refere-se a uma 'história' ou ao (possível) fim da 'História'; mas refere-se também à consciência do inevitável *super-homem*. Pioneiro, tal como Gianni Vatimo sublinhou, Nietzsche focou em *Para Além do Bem e do Mal* (1886) a "degenerescência global do homem" e "a moral de animal de rebanho"[145], factos que, a partir do final do século XX, adquiririam renovada acuidade.

A consciência deste niilismo é grande ao longo do século XX, mas não só. Na primeira metade do século XIX, Alexis C. de Tocqueville (1805-1859), autor de *De la Démocratie en Amerique* (1835-1840), abordou temas que se encadeiam nesta tradição crítica[146]:

Les hommes n'auraient trouvé le moyen de vivre indépendants; ils auraient seulement découvert, chose difficile, une nouvelle physionomie de la servitude [...] Quand la religion est détruite chez un peuple, le doute s'ampare des portions les plus hautes de l'intelligence et il paralyse à moitié toutes les autres [...] Un tel état ne peut manquer d'énerver les âmes; il détend les ressorts de la volonté et il prépare les citoyens à la servitude.[147]

José Ortega Y Gasset, autor para quem a imaginação é o único poder libertador de que o homem dispõe (face a uma vida que "es por lo pronto un caos donde uno está perdido") colocou em evidência, em *La Rebelión de las masas* (1930), o famoso "hombre--masa" definido como o produto do esvaziamento moral e da consciência submissa:

El hombre-masa carece simplemente de moral, que es siempre, por esencia, sentimiento de sumisión a algo, conciencia de servicio y obligación [...] Si he hablado aquí de fascismo y bolchevismo, no há sido más que oblicuamente fijándome sólo en su facción anacrónica. Ésta es, a mi juicio, inseparable de todo lo que hoy parece triunfar. Porque hoy triunfa el hombre-masa y, por lo tanto, sólo intentos por él informados, saturados de su estilo primitivo, pueden celebrar una aparente victoria. Pero de esto, no discuto ahora la entraña del uno ni del otor, como no pretendo dirimir el perenne dilema entre revolución y evolución.[148]

Ainda que a alegada carência de moral não corresponda aos pressupostos de Nietzsche, a desconfiança diante do novo sujeito moderno (o "señorito satisfecho") é obviamente um dado comum.

Este estado de negatividade define os contornos de uma época que é caracterizada por clivagens irredutíveis e "anacrónicas", quase sempre sujeitas à "acção directa" e sem qualquer retaguarda:

El nuevo hecho social que aquí se analiza es este: la historia europea parece, por vez primera, entregada a la decisión del hombre vulgar como tal. O dicho en voz activa: el hombre vulgar, antes dirigido, há resuelto governar el mundo.[149]

A referência de Ortega Y Gasset ao "*hombre masa*" coloca em cena um domínio ilusório do mundo que rapidamente se transforma em "barbárie íntima". Menos de meio século antes, Nietzsche desenvolvera um tópico análogo em *A Genealogia da Moral* (1887): "A Europa deixou de temer o homem [...] O aspecto do homem fatiga-nos. Esta fadiga é o niilismo. O homem fatiga-se do homem."[150] Na mesma obra, a miragem do livre arbítrio (tema que viria a ser aprofundado por Martin Heidegger[151]) surge tendo como base uma "ilusão" muito semelhante à que o autor de *La Deshumanización del Arte*[152] atribuiu ao "*hombre vulgar*":

Esta classe de homens na realidade necessita crer num 'sujeito' neutro dotado de livre arbítrio; é um instinto de conservação pessoal, de afirmação de si mesmo, porque toda a mentira tende a justificar-se. O sujeito (*a alma*) foi até aqui o artigo de fé mais inquebrantável, porque permitia à grande maioria dos mortais, aos fracos e oprimidos, esta sublime ilusão de ter a fraqueza por liberdade, a necessidade por mérito.[153]

O desenvolvimento das teses anti-sujeito atravessa um longo corredor histórico. Pressentido por Rimbaud, por Tocqueville e por Baudelaire [sobretudo em *Le Spleen de Paris* (1869)], encontrará em Nietzsche o receptáculo ideal de uma filosofia de aforismos fragmentários que analisa a história, amputando-a do carácter orgânico e evolucionista que a modernidade tanto havia desejado traçar-lhe.[154] Projectada no século XX, esta negatividade será sempre extremamente permeável. Gilles Lipovetsky que, no *Crépuscule du devoir* (1992), analisa o colapso do 'dever-ser' moderno, escreverá a este propósito em *Un Fin de siècle philosophique*:

> Bref, nous ne sommes que des pions normalisés, et le consommateur prend la place du soldat décrit précédemment. Deleuze était aussi partisant d'une telle idée; Marcuse du même. C'était à la fois une tradition de gauche, nous l'avons vu, mais aussi de droite, car la droite voyait dans la modernité une véritable horreur, une planétarisation par la technique (Heidegger), un nivellement, une normalisation, une standardisation, bref un arrachement des individus à leur culture au profit d'un monde de calculabilité et d'opérationalité.[155]

3. ESFERA DA SIGNIFICAÇÃO. A SEMIÓTICA.

A consciência da significação e da autonomia discursiva é um aspecto tão culturalmente relevante como o são a esfera do horizonte e a esfera da afirmação. Dispor de uma bússola ancorada no tempo e poder subjectivamente interpretar o mundo são, como vimos, duas condições-chave da morfologia da cultura, mas seriam ambas incompletas se não se considerasse um terceiro elemento de cariz discursivo. De facto, as linguagens usadas e acumuladas em enunciados pelo homem são a base multiplicadora do imaginário (representação da realidade no seio das linguagens), mas também o ponto de partida para a criação de conotações e da produção imaginativa. As linguagens criam mundos próprios que estão ininterruptamente a desdobrar-se e a efabular-se noutros mundos. Esse caudal, nem sempre delimitável, é inseparável da vida humana, da sua organização e dos seus horizontes.

A maior parte da produção teórica sobre as linguagens sempre tendeu a analisá-las de modo instrumental e referencial. Ou seja, como se as linguagens fossem apenas um meio criado para denotar objectos e figuras mais ou menos tangíveis. E por isso mesmo a teoria ou tratou as linguagens como um sortilégio próprio dos deuses ou como uma insuficiência própria das limitações humanas. Apesar da riqueza dos estóicos sobre este tema, é apenas na transição da Renascença para o século XVII que surgem as primeiras teorias que sustentam uma relação não linear entre a realidade e o mundo mental, considerando que 'há mais mundos' no modo como a realidade aparece reflectida na linguagem que usamos e, também, no modo como o que pensamos e sentimos é veiculado por linguagens. Afinal, a máquina do verbo e das imagens produz muito mais do que apenas traduzir esquematicamente ou veicular referencialmente. Esta história da emancipação da linguagem inicia-se no par João de S. Tomás/ /John Locke, ressurge no Iluminismo, aparece no pragmatismo de Charles Sanders Peirce (sob a designação de "semiose ilimitada"), reforça-se em Louis Hjelmslev e em Roland Barthes (sob a forma de "conotação" e de "mitologias") e conhece em Ludwig

Wittgentsein e nos demais *"turns"* do século XX o seu apogeu (tendo as teorias do rizoma, e sobretudo da rede, transposto esse apogeu numa espécie de normalidade). É esta breve história da natureza discursiva e semiótica que passamos a analisar neste e noutros Blocos do nosso trabalho. Neste Bloco 1, reservamos a nossa análise para os actos fundadores (de Hipócrates aos estóicos, passando por Platão e Aristóteles).

3.1 Primórdios: o Profético e Hipócrates (460-377 a. C.)

Como todos os saberes, a semiótica tem origens plurais que estão ligadas, quer à tradição profética semítica e grega, quer à tradição hipocrática. Uma e outra correspondem a tentativas de encontrar regras para a significação.

O profético foi, como já vimos, tendencialmente escatológico, no caso do mundo semítico, ou rotineiro e circular[156], no caso do mundo grego. No primeiro, a semiose divina fez do significado último uma imaterialidade de que os eventos ou as coisas eram o lado observável. Por isso a convenção era tácita e a peça visível dessa imaterialidade teve quase sempre a forma de livro ou de letra, se se preferir. No segundo, a *apodeixis* (demonstração) e a *pistis* (prova/convicção) andaram quase sempre de mãos dadas, o que acabava por reflectir, como Paulo Tunhas salientou, uma maneira de pensar subjacente que "se define pela aderência [sic] natural do conhecimento ao conhecido"[157]. Esta "aderência", ou adaptação, terá permitido ao médico hipocrático passar facilmente do visível ao invisível, ou seja, declarar que aquilo que "escapa à visão dos olhos é apanhado pela visão do espírito", ou que aquilo que "é invisível para o olho" é "visível para a razão"[158]. Esta reversibilidade entre o observável e o desconhecido – e vice-versa – parece deixar o jogo da significação muito mais a nu, muito mais dissecado, quase prestes a ser objectivado. Eis uma breve passagem do *Prognóstico*:

> Se uma recuperação (do paciente) não for feita durante o período previsto, então saber-se-á que tal acabará por corresponder a um signo (*semeion*) de

morte. Mas se a doença se prolongar por três dias, sempre com os mesmos sintomas no rosto, deverá prosseguir-se o mesmo inquérito que ordenei no caso anterior, para além de se tornar obrigatório o exame de outros sintomas, quer no corpo em geral, quer nos olhos [...] apesar das circunstâncias, é sempre um signo de morte o facto de os lábios aparecerem suspensos, frios e muito brancos.[159]

Hipócrates encarava, deste modo, os sintomas como base para inferências que se referiam a algo situado ou no passado ou no presente ou mesmo no futuro. Esta concepção de semiótica médica, ou de "semeiologia", acabaria por ser projectada para o quadro dos eventos naturais, através de análise de causa--efeito, ou de ligação entre antecedente e consequente (caso dos estóicos).

3.2 Tradição clássica

3.2.1 Platão (427-347 a. C.)

Parménides defendeu de certo modo ainda uma teoria "holística", ao ensinar que o ser é um todo indivisível e idêntico a si próprio em todas as relações, enquanto as palavras dos homens não passam de falsidade, na medida em que põem em causa esta unidade e a designam na diversidade a que recorrem. Na semiótica de Platão, como adiantou Winfried Noth, as ideias são independentes da sua representação através de signos (incluindo as palavras)[160], até porque, como se refere no *Fédon*, a Ideia "permanece sempre a mesma e comporta-se de um modo idêntico", enquanto as coisas, pelo seu lado, "são agora de uma maneira e logo doutra e nunca se comportam dum modo igual"[161]. Por isso, o conhecimento mediado por signos é inferior ao verdadeiro conhecimento e pressupõe, necessariamente, uma incompleta representação da natureza real das coisas.

Contudo, estes princípios não são impeditivos de uma análise mais específica de alguns traços que pensamos serem importantes na análise de uma semiótica platónica. De um modo bastante diferente do de Parménides, o *Crátilo* de Platão, a primeira obra grega que se caracteriza por um teor explicitamente semiótico, parte já de uma questão que se prende directamente com a motivação natural ou, em alternativa, com o carácter convencional e arbitrário em que os signos (verbais) se fundariam.

3.2.1.1 Referencialidade e convenção

Logo no início do diálogo com Sócrates, é afirmado pela boca de Hermógenes o princípio da convenção e, portanto, o primado da não motivação natural dos nomes: "De facto, nenhum nome pertence por natureza a nenhuma coisa, mas é estabelecido pela lei e pelo costume daqueles que o usam, chamando as coisas."[162] As coisas existem não em função da nossa interpretação, mas de acordo com uma estabilidade que é a sua. Sócrates afirma:

> [...] se nem todas as coisas são da mesma maneira para todos, simultaneamente e para sempre, nem cada coisa é para cada um em particular, é evidente que as coisas têm uma certa entidade estável, que não é relativamente a nós nem é por nós.[163]

3.2.1.2 Expressão e conteúdo

Curiosamente, a ordem da expressão e a ordem do conteúdo aparecem, um pouco mais à frente, de modo independente uma da outra. Sócrates afirma que o que interessa é que a "entidade forte da coisa" seja comunicada através do "nome". Ou seja, o que importa é que o signo dê corpo ao que se quer dizer e, por isso, a locução pode recortar-se diversamente em termos expressivos (com mais ou menos "sílabas" ou "letras"). Até porque, como se afirma já no final do *Crátilo*, "uma coisa é o nome e outra coisa aquilo de que é nome"[164]:

> Um filho que nasça a um rei deve ser chamado rei; e tanto faz que a mesma coisa seja significada por este ou aquele conjunto de sílabas; e também pouco importa que seja acrescentada ou retirada uma letra, desde que a entidade forte da coisa seja manifesta no nome.[165]

3.2.1.3 As regras e o discurso

No *Sofista*, Platão também torna claro, ao longo do diálogo, que o discurso pressupõe sempre regras (combinações), para além de criar os seus próprios referentes (o discurso é sempre acerca de alguma coisa e nunca sobre nada):

> O Estrangeiro: [...] tal como entre as coisas umas se combinavam mutuamente e as outras não, entre os signos vocais há uns que não se combinam, mas os que se combinam criaram o discurso. [...]Desde que existe, o discurso é necessariamente um discurso sobre alguma coisa; é impossível que seja um discurso sobre nada. [...] *Teeteto está sentado*. Não é longo, pois não?
> Teeteto: Não, é bastante curto.
> O Estrangeiro: Diz agora de que fala e a que se refere o discurso.
> Teeteto: Evidentemente, fala de mim e refere-se a mim.
> O Estrangeiro: E este?
> Teeteto: Qual?
> O Estrangeiro: *Teeteto, com quem converso neste momento, voa no ar.*
> Teeteto: Também neste caso só podemos dizer uma coisa: é que eu sou o sujeito e que é de mim que o discurso fala.[166]

3.2.1.4 Pensamento e discurso

Pensamento, ou seja, o monólogo interior da alma, e discurso, ou seja, a "corrente que sai da alma pela boca", são, no fundo, idênticos. A opinião, sendo a "realização final do pensamento", materializada no discurso ou através da voz, refere-se sempre a algo, verdadeiro ou falso. Signo e pensamento em homologia perfeita, criando sentido e produzindo referência (embora, no *Crátilo*, Sócrates diga acerca de Hermes que "falar é usar o discurso, enquanto imaginar – uma palavra que Homero emprega com frequência – é maquinar"[167]):

> O Estrangeiro: Pois bem, pensamento e discurso são uma e a mesma coisa, mas o discurso interior que a alma faz em silêncio com ela mesma recebeu o nome especial de pensamento.
> Teeteto: Perfeitamente.
> O Estrangeiro: Mas a corrente que sai da alma pela boca sob a forma de som recebeu o nome de discurso. [...]Portanto, se, como vimos, há discurso

verdadeiro e discurso falso, e, no discurso, verificámos que o pensamento era um diálogo da alma com a alma, a opinião, a realização final do pensamento, e aquilo que queremos dizer com "imagino" um misto de sensação e de opinião, é inevitável que, sendo parentes do discurso, (elas) sejam, algumas e algumas vezes, falsas.[168]

Pode dizer-se que a semiótica platónica se organiza com alguma consistência no *ici-bas*, apesar da *cegueira* e da fragilidade do devir humano face à magnitude da Ideia. Nessa semiótica, entrevê-se uma cadeia de relações que põe em jogo, como vimos, o pensamento, o discurso, os nomes e as coisas a que se referem, por via da existência de regras, num quadro em que, de modo particularmente interessante, a ordem expressiva e a ordem do conteúdo parecem adquirir mutuamente alguma autonomia (os exemplos do *Sofista* e de *Crátilo* são claros a esse respeito).

3.2.2 Aristóteles (384-322 a. C.)

3.2.2.1 Signo: um correlato plausível

Entimema (*enthymêma*) significava, na linguagem corrente da época em que o autor viveu, um silogismo cuja conclusão é mais fruto da intuição daquele que expõe ou escuta do que "da necessidade objectiva própria da dedução"[169]. No fundo, este tipo de silogismo a que faltava uma premissa era, segundo consta no texto dos *Analíticos Anteriores*:

> [...] um raciocínio a partir de verosimilitudes ou signos: ainda que o verosímil e o signo não sejam idênticos [...] com efeito, aquilo que se sabe que a maior parte das vezes acontece assim e não de outra forma, ou é ou não é, corresponde ao verosímil: detestar os invejosos, ter afecto aos amados. O signo, ao contrário, quer ser uma proposição demonstrativa, necessária ou plausível: de facto, se ao existir (algo), existe uma coisa, ou, ao produzir-se (algo), antes ou depois produziu-se a coisa, então aquele (algo) é signo do que se produziu ou do que existe (a dita coisa).[170]

Por outras palavras: existe qualquer coisa ("*algo*") correlacionada com uma *coisa* que terá ocorrido em certa altura e, através de um certo correlato, ou de uma inferência intuitiva, essa qualquer coisa (esse *"algo"*) torna-se signo da *coisa*. Levantou-se pó (algo aconteceu, portanto) e isso está em vez de, ou sinaliza, ou é vestígio de uma coisa. Seja essa coisa uma carroça que passou ou uma rajada de vento súbita que se fez sentir ou, ainda, por exemplo, tudo não passando de dois varredores que preparavam o terreno para montar a sua tenda de campanha. Afirmar /é uma carroça/, ou /é o vento/, ou /são os varredores/ corresponde ao que, nos *Analíticos Anteriores*, se considera ser uma "proposição demonstrativa, necessária e plausível", isto é, o próprio signo.

3.2.2.2 Formação dos signos (a partir de silogismos)

Ainda nos *Analíticos Anteriores*, Aristóteles refere que os signos se formam de três maneiras, isto é, a partir da primeira, da segunda ou da terceira premissas (exemplificadas através de, respectivamente, A, B ou C).

Comecemos pelo primeiro tipo: aí, pode "demonstrar-se que uma mulher deu à luz porque tem leite. [...] Em lugar de A dar à luz, B ter leite e 'mulher' em lugar de C".

O silogismo em questão seria:

A: Todas as mulheres que têm leite deram à luz;
B: A mulher tem leite;
C: A mulher deu à luz.

Quanto ao segundo tipo: aí, pode "demonstrar-se que uma mulher deu à luz porque está pálida [...] pálida em vez de A, dar à luz em vez de B, mulher em vez de C".

O silogismo em questão seria:

A: Todas as mulheres que dão à luz ficam pálidas;
B: A mulher está pálida;
C: A mulher deu à luz.

Quanto ao terceiro tipo: aí, pode "demonstrar-se que os sábios são honrados, pois Pítaco era honrado. [...] Em lugar de A honrado, em lugar de B os sábios, em lugar de C Pítaco".

O silogismo em questão seria:

A: Todos os sábios são honrados;

B: Pítaco é sábio;
C: Pítaco é honrado.

Tendo em conta estas três possibilidades de formação dos signos, Aristóteles conclui afirmando que é preciso "tomar o termo médio (B) como prova" ou é preciso "chamar signo aos argumentos baseados nas extremidades (A/C), e prova aos baseados no meio (B): pois o mais plausível e verdadeiro é o formado mediante a primeira figura (A)."[170]

Deste modo, será signo a formação, ou o argumento, que se realiza a partir de A ou C, residindo a prova na proposição realizada a partir de B.

3.2.2.3 Tipos de signos

Os tipos de signos que Aristóteles considera, necessários e *fracos*, aparecem referidos numa passagem dos *Analíticos Posteriores*:

> [...] se as proposições são necessárias, também o é a conclusão, se as proposições não se dão na maior parte das vezes, então também (o mesmo acontece) à conclusão. De modo que, como aquilo que resulta do acaso não se dá na maior parte das vezes, nem é necessário, não se torna necessário demonstrá-lo.[172]

Na *Retórica*, onde Aristóteles cita os *Analíticos...*, o tema da divisão dos signos é retomado: "[...] é evidente que as premissas de que se formam os entimemas, umas serão necessárias, mas a maior parte são apenas frequentes."[173] Mais à frente, conclui-se:

> De entre os signos[174], um é como o particular; por exemplo, um sinal de que os sábios são justos é que Sócrates era sábio e justo. Este é na verdade um signo, mas refutável, embora seja verdade o que se diz, pois não é susceptível de raciocínio por silogismo. O outro, o signo necessário, é como alguém dizer que é signo de uma pessoa estar doente o ter febre, ou de uma mulher ter dado à luz o ter leite. E, dos signos, este é o único que, se for verdadeiro, é irrefutável.[175]

3.2.2.4 Signos verbais

Voltando ao *Organon*, na abertura de "Periermeneias: Da Interpretação", Aristóteles analisa a dimensão verbal do signo (nomeando-o como *symbolon* e não do modo como o fazia nos *Analíticos...* e na *Retórica*). Como Umberto Eco referiu, embora nunca utilize na obra "a palavra *semeion*, refere-a e instaura o modelo de equivalência: as letras alfabéticas são signos (equivalem) aos sons verbais e estes são signos (equivalem) às afeições da alma."[176] Leiamos, pois, o conhecido texto de Aristóteles:

1) Em primeiro lugar cumpre definir o nome e o verbo, depois, a negação e a afirmação, a proposição e o juízo. As palavras faladas são símbolos das afecções de alma, e as palavras escritas são símbolos das palavras faladas. E como a escrita não é igual em toda a parte, também as palavras faladas não são as mesmas em toda a parte, ainda que as afecções de alma de que as palavras são signos primeiros, sejam idênticas, tal como são idênticas as coisas de que as afecções referidas são imagens. Este tema foi versado no meu livro *Da Alma*, pois faz jus a diferente disciplina. E tal como na alma tanto há um conceito independente do verdadeiro e do falso, como um conceito a que necessariamente pertence um ou outro, o mesmo se diz da palavra, pois é na composição e na divisão que o verdadeiro e o falso consistem. Os nomes e os verbos em si mesmos são semelhantes à noção que não é, nem composição, nem divisão, como homem, branco, quando nada lhes juntamos, não sendo nem verdadeiros, nem falsos. Prova: hirco-cervo significa deveras uma coisa, mas não é verdadeiro nem falso, a menos que lhe juntemos que há ou não há, universalmente falando, ou relativamente a um certo tempo.

2) O nome é uma locução, que possui um significado convencional, sem referência ao tempo, e de que nenhuma parte tem significação própria quando tomada separadamente. No nome *kállippos*, com efeito, *íppos* não tem em si mesmo, e por isso mesmo, qualquer significado, como o tem na expressão *kalós íppos*. O que ocorre nos nomes simples não ocorre nos nomes compostos: quanto aos primeiros, a parte não tem qualquer significado, enquanto que, nos últimos, ela contribui para o significado do todo, ainda que, considerada em separado, não haja significado, por exemplo: na palavra *épaktrokélês*, o nome *kélês* nada significa em si mesmo. Quanto à significação convencional, dissemos que nenhuma locução é por natureza um nome, mas só quando o nome se assume como símbolo, pois, mesmo quando sons inarticulados como os dos animais significam algo, nenhum deles é chamado nome. *Não-homem* não é um nome. Não temos, com efeito, qualquer nome para designar tal expressão, pois não constitui, nem uma afirmação, nem uma negação. Podemos admitir, quando muito, que é apenas um nome indefinido, pois se aplica paralelamente a não importa o

que, ao que é, e ao que não é. De Fílon, para Fílon, e outras expressões deste tipo, não são nomes, são casos de um nome. A definição destes casos é no demais idêntica à do nome, mas a diferença é a de que, combinações feitas com é, era, será, não formam proposições verdadeiras nem falsas, contrariamente ao que ocorre sempre com o nome. Por exemplo, é de Fílon, ou não é de Fílon, são expressões nem verdadeiras nem falsas.[177]

O mais curioso na abordagem semiótica de Aristóteles é o modo como esta se institui na casa-mãe da lógica, processo que, como John Deely afirmou, se baseou sobretudo no espírito dos *Analíticos*... através da "actividade interpretativa própria do entendimento, constituída por signos e seus instrumentos"[178], sem menosprezar a tradição logocêntrica, isto é, ligada à natureza verbal da linguagem que Platão privilegiou. A partir de agora a vida da semiótica passará a corresponder a uma história parcialmente comum à da lógica, sendo esta uma boa anfitriã. Isso não significa, como veremos, que o saber semiótico não volte a ter diante de si muitos outros caminhos abertos.

3.2.3 Os Estóicos

Como Deleuze referiu, em *Logique du Sens* (1969), existe em Platão um "debate obscuro" entre o que se submete ao império da Ideia e o que a ela se subtrai (as cópias e os simulacros).[179] Com os estóicos, o fundamental é que tudo aquilo que parecia submetido à Ideia emerge agora à superfície. Libertos do controlo metafísico, os estóicos descobrem os efeitos de superfície e com isso trazem para a semiótica as relações causa-efeito e os estados de coisas:

> [...] a dialéctica é precisamente esta ciência dos acontecimentos incorporais tal com são expressos através de proposições, e de ligações de (e entre) acontecimentos tal como eles são expressos nas relações entre proposições.[180]

O acontecimento torna-se assim "coextensivo" à mudança e a mudança, por sua vez, torna-se coextensiva à linguagem. Neste vaivém, instável e aberto, deixa de haver algo que desvela ou revela o segredo ou a invisibilidade dos acontecimentos. Pelo contrário, os acontecimentos passam a interagir com a linguagem, na relação e na tensão que criam face aos seres, às coisas e aos estados de coisas com que e em que ocorrem. Resumindo: a semiótica estóica abre as portas a um novo tipo de debate que, justamente, passa a opor ou a correlacionar as *coisas corporais* com os *acontecimentos incorporais*.

3.2.3.1 Definição de signo
Para os estóicos, um signo "é um julgamento antecedente num silogismo válido e hipotético que serve para revelar o consequente".[181] O texto chegou-nos através dos escritos do conhecido céptico, Sexto Empírico (160-210 d. C.).

Nesta definição, o julgamento é definido "como uma expressão (*lektón*) que é em si mesma declaratória". Por sua vez, o antecedente é definido como sendo

> a premissa precedente de um silogismo hipotético que se inicia e acaba em verdade. E serve o mesmo para revelar o consequente, desde que, no silogismo "Se esta mulher tem leite, ela concebeu", a premissa "Se esta mulher tem leite" for prova evidente da premissa "ela concebeu".[182]

Finalmente, e reatando ainda as palavras de Sexto Empírico, o 'silogismo válido e hipotético' é definido "como um silogismo que não se inicia com verdade e que acaba com um falso consequente". Até porque, para os estóicos, "o único silogismo inválido" é o que se "inicia com verdade e que acaba sendo falso; todos os outros são válidos"[183]. A palavra "*lektón*"[184], que surge no início da definição de signo, geralmente traduzida por expressão, significa literalmente o pensamento na sua relação com o discurso. Ou seja, o significado de um nome (a ideia ou figura mental por ele evocado), enquanto algo distinto do próprio nome, e sendo o objecto real que existe fora da mente denotado pelo nome.

3.2.3.2 Instabilidade da função sígnica
Talvez devido ao facto de os estóicos terem habitado no cosmopolitismo das colónias gregas, o certo é que se deve a eles a percepção de que os signos correspondem, na verdade, a funções

que são instáveis por natureza. Ou seja, na sua concepção triádica de signo, os estados de coisas são referidos ou traduzidos pela relação entre um *sêmaínon* (forma expressiva, ou veículo do signo) e o já referido *lektón* (ou o modo como o pensamento interage com os recortes possíveis e *instáveis* do discurso). Ao contactarem com línguas e expressões culturais muito diversas, é, pois, normal que os estóicos se tenham apercebido de que um mesmo conteúdo se pode adaptar a signos de natureza completamente diferente, de acordo com tipos expressivos e moldagens de sentido também diferentes.

No quadro da concepção de signo dos estóicos, a qual implica sempre um antecedente e um consequente, como se viu, o signo pode ainda ser comemorativo, se nasce de uma associação confirmada pela verificação de um antecedente: "Se há fumo, há fogo"; e pode ser indicativo, caso remeta para uma relação entre antecedente e consequente que não seja tão evidente: "Os movimentos do corpo determinam os movimentos da alma".[185]

3.2.4 Epicuristas

Como referiu Gilles Deleuze, para os epicuristas os acontecimentos não se parecem exactamente com incorporais, mas são "apresentados como não existindo eles mesmos, impassíveis, puros resultados dos movimentos da matéria, das acções e das paixões do corpo". Por outro lado, ao contrário dos estóicos, para quem um signo pode ser expresso (princípio do *lektón*), os epicuristas defenderam, no seu tempo, que apenas existem as dimensões particulares de carácter sensível.

Nesta linha de pensamento, o signo corresponde, para os epicuristas, a tudo aquilo que pode ser vivido e experimentado de forma directa e é apenas com base nesta experiência imediata e directa que pode ser, de facto, interpretado. Ao contrário dos estóicos, o referente é aqui identificado com uma ideia de impressão ou de "sentimento" e o signo deixa de se manifestar através de uma base silogística (o que percorre a visão que vinha de Aristóteles até aos estóicos).

Na perspectiva estóica, só as pessoas com capacidade e meios interpretativos é que podiam, através de premissas, aceder à interpretação dos signos. Ao contrário, os epicuristas sempre defenderam que qualquer iletrado podia interpretar os signos naturais ligados ao seu próprio meio, do mesmo modo que os animais o podiam fazer (Lucrécio vê no comportamento dos animais e nos gestos das crianças, ao lado da linguagem verbal humana, diferentes peças de um vasto mundo comunicacional e pan-semiótico assente, não em convenções restritivas, mas antes na expressão sensível da natureza).

3.2.4.1 Uma semiótica atomística

Esta semiótica encara, por outro lado, na sua tradição atomística, as sensações como sinónimo de impressões que são criadas na alma, através de imagens de átomos provenientes dos objectos físicos do exterior. O átomo aparece aqui como aquilo que é pensado, ou como aquilo que não pode ser senão pensado. Ou seja, o átomo é, no pensamento, aquilo que o objecto sensível é nos sentidos: "O objecto que se dirige essencialmente a ele (ao pensamento), o objecto que se dá a pensar, tal como o objecto sensível é aquele que se dá aos sentidos."[186] Francis Macdonald Cornford explica esta semiótica atomística de forma clara:

> As imagens de um certo número de objectos semelhantes vão-se acumulando numa espécie de fotografia compósita, na qual as particularidades individuais de muitos cavalos (por exemplo) se amalgamaram numa ideia geral ou conceito de /cavalo/, a que Epicuro chamou antecipação ou pré-concepção. Esta pré-concepção é conservada pela memória e pode ser relembrada de modo a permitir-nos conceber antecipadamente as características gerais de uma coisa que desejamos criar, ou identificar imagens novas à medida que nos são apresentadas.[187]

Neste esquema epicurista, imaginamos um puro deambular de imagens de átomos (cujas combinações são infinitas) que chega até nós e que está em nós, e é neste registo atomístico que acaba por se processar a interacção organismo-objecto (pensamento-mundo), de tal modo que o conteúdo criado na consciência corresponde à "amálgama" acima descrita e designada por "pré-concepção".

3.2.4.2 Convenção e signos verbais

Acerca da relação entre os nomes e o mundo das coisas e, mais concretamente, acerca das convenções que a regulam, pode ler-se no *Comentário a Crátilo* de Proclo:

> Demócrito, que afirma que os nomes são convencionais, demonstrou esse facto com quatro argumentos: pela homonímia, já que coisas diferentes se denominam com o mesmo nome, pelo que o nome não é (criado) por natureza. Pela polinímia, já que, se diferentes nomes se aplicam a uma e à mesma coisa, também eles se deveriam poder substituir mutuamente, o que é impossível (no caso de serem criados por natureza). Em terceiro lugar, pelo intercâmbio de nomes, já que, como seria alguma vez possível mudar o nome de Aristóteles pelo de Platão ou o de Tirtamo pelo de Teofrasto, se os nomes são (criados) por natureza? E ainda pela falta de nomes semelhantes: porque é que a partir de 'pensamento' (*phronesis*) dizemos 'pensar' (*phronein*), enquanto de 'justiça' (*dikaiosune*) não derivamos nada? Porque as palavras são (reguladas) pelo acaso e não pela natureza.[188]

Tal como Sócrates afirma no início de *Crátilo*, também no texto atribuído a Demócrito os nomes (e, nesta medida, entenda-se o correlato entre uma instância verbal e o mundo das coisas) aparecem como formações não geradas pela natureza, estando antes organizadas através de regras formais próprias, já que a palavra "caos", utilizada por Demócrito, remete para um tipo de convenção que escapa ao controlo humano. Precisamente acerca desta interessante questão do acaso, em Demócrito, pode ler-se num outro fragmento da autoria de Diógenes Laércio:

> A voz dos homens antigos era confusa e carente de significado, mas, a pouco e pouco, as falas articularam-se, e, estabelecidos signos convencionais para cada objecto, criaram uma palavra para cada coisa que fosse por eles reconhecível. Grupos parecidos foram-se formando por toda a terra habitada de modo que nem todos tinham um idioma com os mesmos sons, mas cada um desses povos passou a dispor da sua linguagem ao acaso. Por isto, as características dos idiomas são muito variadas.[189]

Esta teoria fundadora da linguagem reata a abertura, tão própria dos estóicos, à variedade linguística (e, portanto, aos modos diversos de relacionar conteúdos e expressões) e denota, também, de forma nítida, a maneira como a convenção, ou seja, o código, se teria instituído historicamente.

NOTAS

1 Jacques LeGoff. Escatologia. In *Enciclopédia Einaudi*. Lisboa: Imprensa Nacional-Casa da Moeda, 1984, p. 425.
2 Todas as cit. bíblicas têm a sua origem na *Traduction Œcuménique de la Bible*, éd. intégrale (que, nas notas, será designada por TOB). Paris: Les Editions du Cerf/Les Bergers et les Mages, Ancien Testament (AT), 1987. Comité d'Edition; O. Béguin, J. Bosc, M. Carré, P. Ellingworth, G. Ferrier, P. Fueter, A. Kopf, G. Makloff e J. Maury; Paris: Les Editions du Cerf/Societé Biblique Française, Nouveau Testament (NT), 1989. Paris, Pierrefitte. Comité d´Edition: O. Béguin, J. Bosc, M. Carré, G. Casalis, P.-Ch Marcel. F. Refoulé, R. Ringenbach). Na trad. para português, seguimos a adaptação da TOB brasileira (ed. Loyola) e, também, a ed. em linha da Sociedade Bíblica portuguesa (http://www.abibliaparatodos.pt/SociedadeBiblica.aspx).
3 "[...] la volonté religieuse qui anime les prophètes [...] les mène au-delà de toute intuition du donné et de l'existence pure et simple. Cette existence doit s'effondrer pour que naisse le nouveau monde, le monde de l'avenir messianique." Ernst Cassirer. In *La Philosophie des formes symboliques*. Paris: Les Editions de Minuit, 1972. 2. vol., p. 280-281. Vol. 1. Le Langage; Vol. 2. La pensée mythique. Cassirer refere-se à luta do pensamento religioso contra os seus próprios fundamentos míticos e é neste âmbito que situa os profetas. Na óptica do autor, contrária à de Hans Blumenberg, para quem o mito se adapta à passagem do tempo, a subversão e o abandono do mito pressupõem o novo, o futuro e, portanto, o escatológico.
4 Em Gn 12.2: "Farei de ti um grande povo."
5 *Cf.* Northrop Frye. *Le Grand Code: La Bible et la littérature*. Paris: Seuil, 1984.
6 "²Ali lhe apareceu o Senhor numa labareda de fogo, no meio duma sarça. Moisés viu que a sarça estava a arder sem se consumir. ³Disse então para consigo: 'Vou aproximar-me, para ver melhor este espectáculo impressionante duma sarça a arder sem se queimar.'"
7 "Un contract qui apporte une qualité révolutionaire dans la tradition biblique." Frye. *Op. cit.*, p. 172.
8 "⁴Viram bem aquilo que eu fiz aos egípcios e como vos trouxe até junto de mim, como sobre as asas de uma águia. ⁵Portanto, se me obedecerem em tudo e forem fiéis à minha aliança, serão o meu povo preferido entre todos os povos, pois toda a terra me pertence. ⁶Serão para mim um reino de sacerdotes e um povo consagrado."
9 Frye. *Op. cit.*, p. 181.
10 Mais concretamente, com o ano de 1030 a. C. (TOB, 1987, p. 224).
11 V. TOB, 1987, p. 403-497.
12 O "cronótopo" designa a representação do espaço e do tempo diegéticos, ou ficcionais, nas obras literárias. *Cf.* M. Bakhtin. *The Dialogic Imagination: Four Essays*. Austin: University of Texas Press, 1982.
13 Caso de Es 36-39 e 24-27, sendo este último conhecido como "Apocalipse de Isaías" (TOB, 1987, p. 731-733).
14 Os chamados "pequenos profetas", nomeadamente as cinco visões de Amós e os primeiros três capítulos de Os, remetem igualmente para o século VIII a. C. (TOB, 1987, p. 1091 e 1129-1131).

15 Expressões como "Desejado" ou "Pedido" correspondem ao sentido do nome em Hebraico (TOB, 1987, p. 509).
16 Em 1R estes aspectos surgem relevados, nomeadamente em 1R 3,6 e 3,12: "⁶Salomão respondeu: 'Tu foste muito bom para com o teu servo David, meu pai, porque ele se conduziu diante de ti com lealdade, justiça e rectidão de coração. Trataste-o com tanta bondade e lhe concedeste que um filho seu lhe sucedesse no seu trono, como agora aconteceu.'" e "¹²vou conceder-te o que me pediste; vou conceder-te sabedoria e inteligência como ninguém teve antes de ti, nem terá depois de ti".
17 "¹No ano em que morreu o rei Uzias tive uma visão em que vi o Senhor sentado num trono muito alto. A cauda do seu manto enchia o templo. ²Havia serafins junto dele, para o servirem. Cada um tinha seis asas: com duas cobriam a cara, com duas cobriam o corpo e com duas voavam. ³E clamavam uns para os outros: / 'Santo, Santo, Santo / é o Senhor do Universo! / Toda a terra está cheia da sua glória.' / ⁴A voz deles fazia tremer as portas nos gonzos e o templo encheu-se de fumo. ⁵Então eu disse: / 'Ai de mim, estou perdido! / Sou um homem de lábios impuros, / que vive no meio dum povo de lábios impuros, e vi com os meus olhos o rei, o Senhor do Universo.' / ⁶Voou então para mim um dos serafins com uma brasa na mão que tinha tirado do altar com uma tenaz. ⁷Com ela, tocou-me na boca e disse: / 'Olha bem! Isto tocou os teus lábios. / A tua culpa desapareceu, / o teu pecado fica perdoado.' / ⁸Então ouvi a voz do Senhor a perguntar: 'Quem vou enviar? / Quem irá por nós?' / Eu respondi: 'Aqui estou eu! Envia-me a mim.'"
18 "Le voyant est le prophète des confréries, bien qu'il y ait des prophétismes, de Debora à Elie, plus qu'unité de prophétisme. Voir était associé aux rêves. Une écoute, une parole spécifique définissent la prophétie. Par là, fonctionnellement, le langage prophétique se distingue du langage apocalyptique – typiquement, celui de saint Jean". Adolphe Lods *apud* Henri Meschonnic. *Poétique du sacré dans la Bible*. Paris: Gallimard, 1974, p. 268.
19 V. TOB, 1987, p. 405.
20 O estado de êxtase é uma característica da actividade profética ligada directamente à mediação do divino. Estes poderes extáticos são comuns aos dos sacerdotes gregos. Vemo-los, por exemplo, em Samuel (1Sam 10,11-13): "Todos quantos o conheciam, ao verem o que lhe estava a acontecer, diziam uns aos outros: 'Que é que sucedeu ao filho de Quis? Será que Saul também se tornou profeta?' ¹² Alguém que vivia naquele lugar perguntou: 'Mas quem é o chefe destes profetas?' E foi assim que nasceu o ditado popular: 'Também Saul está entre os profetas!' / ¹³Entretanto, terminado o estado de exaltação profética, Saul dirigiu-se para o lugar do sacrifício, na montanha."
21 O profeta transmite a palavra directamente de Deus ao seu povo, através de uma prédica em que a divindade se apresenta num discurso da primeira pessoa. Esta dimensão de proximidade contrasta com anteriores formas de enunciação, por exemplo, com o que acontecia no Dt (e como os Levitas continuarão a fazer), onde Moisés recorre à primeira pessoa para se referir a si próprio, enquanto evoca Deus na terceira pessoa (leia-se em 9,10: "O Senhor deu-me então as duas placas de pedra escritas por ele próprio. Nelas estavam escritos exactamente os mandamentos que o Senhor vos deu, na montanha, falando do meio do fogo, no dia em que lá estavam reunidos.")
22 "Sobre ele repousará o Espírito do Senhor: / espírito de sabedoria e entendimento / espírito de conselho e valentia, / espírito de conhecimento e de respeito pelo Senhor" (11,2).

23 "A justiça e a verdade serão a cintura / com que ele se aperta continuamente" (11,5).

24 Refira-se, no entanto, que a visão final da escatologia dos textos proféticos não é ainda povoada pelo paraíso, tal como mais tarde acontecerá nos textos apocalípticos de Daniel. O que não quer dizer que não haja representações das batalhas finais contra os obstáculos da salvação, caso da derrota de "Gog do Magog" e da exaltação vitoriosa do templo nos textos de Ezequiel. Leia-se, como exemplo, esta passagem de Ez 48,34-25: "Finalmente, a ocidente, haverá um muro com a mesma extensão e também com três portas: a porta de Gad, a de Asser e a de Neftali. O comprimento total dos muros à volta da cidade será de nove mil metros. E, doravante, o nome da cidade será 'YHWH-Shamma' – 'O Senhor está ali.'").

25 V. TOB, 1987, p. 1213.

26 "'Eu, o Senhor todo-poderoso, sinto grande amor por Jerusalém e pelo monte Sião ^{15}e estou profundamente irado contra as nações orgulhosas. Com efeito, eu estava um pouco irado com o meu povo mas elas aumentaram a sua ruína. ^{16}Por isso, volto-me de novo com bondade para Jerusalém. O meu templo será reedificado, a cidade reconstruída e a corda de medir será estendida sobre a cidade.' ^{17}Disse-me ainda para anunciar, em nome do Senhor todo-poderoso o seguinte: 'As minhas cidades hão-de novamente encher-se de riqueza, e oferecerei o meu conforto a Sião e darei as minhas preferências a Jerusalém.' 2^{1}Noutra ocasião, eu vi quatro chifres. ^{2}Perguntei ao anjo que falava comigo o que significavam e ele deu-me esta resposta: 'Representam o poder daqueles que dispersaram os habitantes de Judá, de Israel e de Jerusalém.' ^{3}O Senhor fez-me também ver quatro ferreiros ^{4}e eu perguntei: 'Que vêm eles fazer?' Respondeu-me: 'Vieram fazer tremer e derrubar as forças das nações que se levantavam contra Judá, vieram contra esses que dispersaram os habitantes de Judá, sem ter havido ninguém que lhes pudesse resistir.' ^{5}Tive ainda uma outra visão em que me apareceu um homem que levava na mão uma corda para medir. ^{6}Perguntei-lhe: 'Para onde vais?' E ele respondeu-me: 'Vou medir o comprimento e a largura de Jerusalém.' ^{7}O anjo que falava comigo afastou-se e um outro anjo foi ao encontro dele ^{8}para lhe dizer: 'Corre, para ires falar àquele jovem que tem a corda na mão. Diz-lhe que Jerusalém vai ser de novo habitada e serão tantos os seus habitantes e os seus animais que já não poderá ter muralhas, ^{9}O Senhor diz: 'Eu mesmo serei como uma muralha de fogo à volta de Jerusalém e que, no meio da cidade, manifestarei a minha presença poderosa. ^{10}Andem! Fujam das terras do Norte! Palavra do Senhor! Pois como os quatro ventos do céu vos dispersei. Palavra do Senhor! ^{11}Anda Sião, liberta-te, Tu que estás na cidade Babilónia.' ^{12}O Senhor todo-poderoso, que me enviou com esta mensagem contra as nações que vos despojaram diz: 'Se alguém toca em vós, povo de Sião, toca na menina dos meus olhos. ^{13}Por isso, vou levantar-me contra essas nações, para que sejam despojo para aqueles que outrora lhes estiveram sujeitos. E assim vocês ficarão a saber que o Senhor todo-poderoso me enviou.' ^{14}O Senhor acrescenta ainda: 'Canta de alegria povo de Jerusalém, porque eu venho viver no meio de ti. ^{15}Muitas nações se unirão ao Senhor e serão o povo de Deus, mas é no meio de ti que o Senhor habitará. Quando isso acontecer vocês ficarão a saber que foi o Senhor que me enviou. ^{16}Judá será novamente propriedade do Senhor, a terra que lhe é consagrada, e Jerusalém a sua cidade escolhida. ^{17}Que todo o mundo fique em silêncio, pois ele vem da sua santa morada até nós.'"

27 Le Goff. *Op. cit.*, p. 429.

28 "[...] there is little [...] which ressembles in the totality of history". Bernard McGinn. *Visions of End: Apocalyptic Traditions in the Middle Ages*. New York: Columbia Un. Press, 1979, p. 137.

29 "Diz o Senhor todo-poderoso: / 'Levanta-te, espada, contra o meu pastor / e contra o meu ajudante. / Mata o pastor e o rebanho se dispersará / e eu me voltarei contra os meus cordeiros!'"

30 Teodiceia é a relação entre a justiça divina e os actos humanos. *Cf.* Eric Ormsby. *Theodicy in Islamic Thought – the Dispute Over al-Ghazâlî's* "Best of all. Possible worlds". Princeton: Princeton University Press, 1984. Especificamente sobre a queda de Jerusálem, Kaufmann referiu: "Cette chute de Jérusalem était inscrite dans la logique interne et propre à la théodicée biblique. Mais cette théodicée est un langage." Yehezkel Kaufmann. *Connaître la Bible*. Paris: PUF, 1970, p. 371.

31 V. TOB, 1987, p. 404: "Les évènements avaient montré combien on avait eu tort de prêter si peu d'attention aux paroles des prophètes. On receuillit alors celles-ci pour tirer la leçon de ce qui s'était passé."

32 Meschonnic. *Op. cit.*, p. 261.

33 "La date de ce livre est l'une des questions les plus controversées [...] L'absence de toute mention au roi de Jérusalem et le caractère dit *apocalyptique* de tel passage ont amené de nombreux exégètes à proposer une date post-exilique pour les quatre chapitres." (TOB, 1987, p. 1118.)

34 Por ex. em Es 42,6: "'Eu, o SENHOR, chamei-te e levo-te pela mão, para seres instrumento de justiça; formei-te para garante da minha aliança com o povo, para seres luz das nações...'"

35 V. o caso de Za 14-4, onde a "espectacularização da intervenção divina" (TOB, 1987, p. 1242) precede o julgamento final: "Nesse dia, o SENHOR apoiará os pés no Monte das Oliveiras que está em frente de Jerusalém, a Oriente. O Monte das Oliveiras irá abrir-se ao meio e aparecerá um grande vale de Oriente para Ocidente. Uma metade recuará para Norte e outra para Sul." V. ainda a dimensão do relato que é enunciado em Za 14,8: "Em Jerusalém, surgirá uma fonte de água pura. Metade das águas correrá para o Mar Morto e outra metade para o Mar Mediterrâneo, tanto no Inverno como no Verão."

36 O Livro em Hebraico de Habacuc (TOB, 1987, p. 1193-1202) apresenta numerosas dificuldades de descodificação, de certo modo superadas no caso dos dois primeiros capítulos, devido à descoberta dos Manuscritos de *Qumrân*, "découverts dans les grottes du Désert de Juda (Les Manuscrits de la mer Morte)".

37 "The need to understand human history from the divine perspectives and in the light of the divine purposes is of greater significance than the men promises of glittering prizes at end of road for those who persevere." Lars Hartman. Survey of the problem of Apocalyptic genre. *In* THE INTERNATIONAL COLLOQUIUM ON APOCALYPTICISM, Uppsala, 12-17/8/1979. *Proceedings*. David Hellholm, ed. Tubingen: J.C.B. Mohr, 1970, p. 219-343.

38 Christopher Rowland. *The Open Heaven: A Study of Apocalyptic Judaism and Early Christianity*. London: SPCK – Holy Trinity Church, 1982, p. 122.

39 Le Goff. *Op. cit.*, p. 428.

40 "In literary respect apocalyptic does not represent a specific genre. On the contrary, it is, in terms of form criticism, a mixture *compositum*." Gerhard von Rad. Old Testament Theology. Edinburgh: Oliver and Boyd, 1965. Vol. 2, p. 329.

41 "Les apocalypses sont toujours des prophéties, mais les prophéties ne sont des apocalypses que lorsqu'elles transmettent des révélations et lorsqu'elles les transmettent à travers des symboles." Jean Carmignac. Description du phénomène de l'apocalyptique dans l'Ancien Testament. In THE INTERNATIONAL COLLOQUIUM ON APOCALYPTICISM... *Op. cit.*, p. 166.
42 Rowland. *Op. cit.*, p. 296.
43 "Apocalypse grows out as a fusion of growth prophecy's concern with history and the cosmic and mythological dimensions present in the royal cult of Israel." John J. Collins. Apocalypse: The Morphology of a Genre. *Semeia*. Missoula, Montana. N.º 14 (1979), p. 30.
44 "Certain exilic and post-exilic prophetic oracles [...] offer examples of proto-apocalyptic eschatology". McGinn. *Op.*, p. 195.
45 "Apocalyptic eschatology [...] is identified with the continuation and transformation of the prophetic eschatology of the old testament." P. Hanson. Jewish Apocalyptic against its Near Eastern Environment. *Revue Biblique*. N.º 78 (1971), p. 39.
46 *Cf.* McGinn. *Op. cit.*, p. 30 e *Cf.* P. Hanson. *The Dawn of Apocalyptic*. Philadelphia: Fortress Press, 1975, p. 318.
47 *Cf.* McGinn. *Id.*
48 "Symbolic universe in which an apocalyptic movement codifies its identity and interpretation of reality." Hanson. *The Dawn of Apocalyptic*. *Op. cit.*, p. 318.
49 O *corpus* apocalíptico judaico inclui, entre muitos outros textos: do séc. II a. C., *O Livro Etíope de Enoch*, *Apocalipse de Baruch*, *Os Jubilados* e *Os Testamentos dos Doze Patriarcas*; do séc. I a. C., *Os Rolos de Qumrâm* e o *Livro Primeiro de Henoch*; do séc. I d. C., *O Testamento de Abraão* e o *Baruch Grego*; do séc. II d. C., *Apocalipse de Pedro*, e do séc. III d. C., *Apocalipse de Paulo*. *Cf.* Jean Hadot. Apocalyptique (literature). *In Encyclopedia Universalis*. Paris: Encyclopædia Universalis, 1968-1973. Vol. 2. e *Cf.* Jean Delumeau. *Uma História do Paraíso*. Lisboa: Terramar, 1997. Vol. 1, p. 33-40.
50 Esta característica já está presente no designado período profético inicial. Como exemplo, os textos de Es de épocas completamente diversas (740-700 a. C. e 537-520 a. C.) são sempre atribuídos ao mesmo autor.
51 Para Rowland, a compreensão algo errante do presente, nas suas relações com o passado e com o futuro, domina o pano de fundo do apocalíptico: "The absence of any concern with the details of live in the future and the rather prosaic accounts of the whole of history suggest that it is not the way in which the righteous would spend their time in the kingdom but the meaning of existence in the present in the light of God's activity in the past and his hoped for acts in the future which dominated their understanding of existence." Rowland. *Op. cit.*, p. 189.
52 "The desire to understand history" is "a perennial human concern. A sense of belonging in time, as well as the need to understand the special significance of the present, is the anthropological root of the apocaliptic systems of thought." McGinn. *Op. cit.*, p. 31.
53 "The prophets foretold the future that should arise out of the present while the apocalyptists foretold the future that should break into the present." Harold Rowley. *The Revelance of Apocalyptic. A Study of Jewish and Christian Apocalyptic from Daniel to the Revelation*. New York: Lutterworth, 1964, p. 29.
54 As viagens celestes, no quadro da designada "Hekaloth literature", estão presentes na maior parte do *corpus* apocalíptico judaico. Naomi Janowitz. *The poetics of Ascent: Theories of Language in a Rabbinic Ascent Text*. Albany: State University of New York Press, 1989, p. 8.

55 John J. Collins. Apocalyptic Eschatology as the Transcendence of Death. *Catholic Biblical Quartely*. N.º 36 (1974), p 21-43; *Id*. The symbolism of Transcendence. Jewish Apocalyptic. *Biblical Research*. N.º 19 (1974), p. 5-22; *Id*. Apocalypse: The morphology of a Genre. *Op. cit*.; *Id*. The Apocalypse in Hellenistic Judaism. *In* THE INTERNATIONAL COLLOQUIUM ON APOCALYPTICISM... *Op. cit.*, p. 531-548.

56 "It is certainly true that certain features do tend to appear in several apocalypses, particulary the messianic woes, the disasters which come upon mankind as a prelude to the new age." Rowland. *Op. cit.*, p. 28.

57 Mais do que procurar compensar o presente disfórico, os escritores de apocalipses "first of all provide a way of making sense of a world that seems to have gone mad". A. Wayne Meeks. Social Functions of Apocalyptic Language in Pauline Christianity. THE INTERNATIONAL COLLOQUIUM ON APOCALYPTICISM... *Op. cit.*, p. 688.

58 Hartman. *Op.cit.*, p. 336.

59 O. Cullman *apud* Le Goff. *Op. cit.*, p. 327.

60 "The major source of the imagery is, of course, the Old Testament [...] among the jewish scriptures it was books like Daniel and Ezekiel which provided much inspiration for apocalypticists." Rowland. *Op. cit.*, p. 60.

61 "Parmi les nombreuses tendances judaisantes qui marquent l'Islam, non seulement dans sa naissance, mais encore plus dans le développement de ses traditions, on doit ranger en tout premier lieu la tradition daniélique, ou, si l'on préfère l'attachement constant au système de représentations, aux formes de sensibilité et aux images même, qui constituent l'Apocalypse de Daniel." Armand Abel. Changements politiques et littérature eschatologique dans le monde musulman. *Studia Islamica*. Vol. 2 (1954), p. 23.

62 (Dn 7,2-23) "²'Nessa noite, tive um sonho, uma visão nocturna. Os quatro ventos sopravam de todas as direcções e fustigavam a superfície do mar imenso. ³Quatro animais enormes saíram do mar, sendo cada um diferente dos outros. ⁴O primeiro parecia um leão, mas tinha asas como as da águia. Enquanto eu olhava, as asas foram arrancadas. Fizeram levantar o animal e pôr-se de pé, como se fosse um homem. Em seguida deram-lhe entendimento humano. ⁵O segundo animal era parecido com um urso e estava de pé sobre as patas traseiras. Tinha três costelas entre os dentes e uma voz ordenou-lhe: «Vai, come carne com abundância!» ⁶Depois enquanto eu olhava, apareceu outro animal. Parecia-se com um leopardo, mas no dorso tinha quatro asas, como as asas duma ave, e tinha quatro cabeças. E a este foi dada a autoridade. ⁷Continuei a olhar e um quarto animal apareceu. Aparentava grande força, era horrível e metia medo. Triturava as suas vítimas com os enormes dentes de ferro e o resto pisava-o com as patas. Era diferente dos outros animais anteriores e tinha dez chifres. ⁸Enquanto eu observava aqueles chifres, vi um outro chifre pequeno surgir dentre os primeiros e partir três deles. Este chifre tinha olhos humanos e uma boca que falava com arrogância. ⁹Eu continuava a olhar e foram preparados tronos. Um ancião de longa idade sentou-se num dos tronos. A sua roupa era branca como a neve e o seu cabelo, branco como a lã pura. O seu trono assentava em rodas de fogo e estava como que em brasa ¹⁰e dele saía uma torrente de fogo. Estava rodeado de milhares ou milhões de pessoas que o serviam e se mantinham continuamente às suas ordens. O tribunal iniciou os trabalhos e os livros foram abertos. ¹¹Enquanto olhava, não deixava de ouvir o pequeno chifre que gesticulava e falava de modo arrogante. Então o quarto animal foi morto e o seu corpo foi atirado ao fogo e destruído. ¹²Em seguida, foi retirado o poder aos outros animais que, no entanto, continuaram vivos por mais algum tempo. ¹³Continuei a olhar, durante essa visão nocturna, e vi algo semelhante a um ser humano. Aproximou-se de mim, rodeado de nuvens, e dirigiu-se ao ancião de longa idade e foi-lhe apresentado. ¹⁴A ele foi dada autoridade, honra e poder real, de maneira que os povos de todas as nações, raças e línguas lhe ficaram sujeitos. A sua autoridade devia durar para sempre e o seu reino não seria destruído. ¹⁵Eu, Daniel, fiquei muito alarmado e profundamente perturbado, com as visões que tive. ¹⁶Dirigi-me então a um daqueles que estavam ali de pé e pedi-lhe que me explicasse o que se passava. E ele deu-me esta explicação: ¹⁷«Estes quatro animais enormes representam quatro impérios, que hão-de surgir sobre a terra. ¹⁸Mas depois, os santos do Altíssimo receberão poder soberano que nunca mais lhes será retirado, por toda a eternidade.» ¹⁹Quis então saber mais sobre o que significava o quarto animal, que não era semelhante aos outros, aquele animal que metia um medo terrível e que despedaçava as suas vítimas com garras de bronze e dentes de ferro e, depois, pisava o resto com as patas. ²⁰Quis saber qual o significado dos dez chifres sobre a sua cabeça e do chifre que surgira depois, provocando a queda de três dos outros chifres. Este chifre tinha olhos e boca; falava com arrogância e parecia maior do que todos os outros. ²¹Estando eu a olhar, esse chifre fez guerra aos santos e estava mesmo a vencê-los. ²²O ancião de longa idade entrou em acção e pronunciou uma sentença a favor dos santos do Altíssimo. Chegou então o momento de os santos receberem o reino. ²³Esta é a explicação que me foi dada: «O quarto animal representa um quarto império que dominará a terra e será diferente dos outros impérios. Ele vai devorar toda a terra; vai pisá-la aos pés e esmagá-la.»"

63 Refira-se que, à excepção da primeira grande visão do livro (de 8 a 12), todas as restantes constituem formas de representar acontecimentos que ocorrerão na terra, ou que, na realidade, já ocorreram, na medida em que o narrador simula habitar um passado que lhe seria anterior.

64 "Todo o monte Sinai fumegava, porque o Senhor tinha descido sobre ele no meio de chamas. O fumo subia como se saísse dum forno e todo o monte estremecia com violência" (Ex 19,18).

65 Referência a Antíoco V (173-162 a. C.) contemporâneo de Ptolomeu VI (180-145 a. C.), um e outro monarcas que partilham a sucessão do império de Alexandre. Refira-se que a reconstrução e a purificação do templo de Jerusalém tiveram lugar em 164 a. C., data muito próxima do texto de Daniel (este período corresponde ao período helenístico que sucede ao período persa e que durará de 333 a. C. – dez anos antes da morte de Alexandre-o-magno – até ao ano de 63 a. C., quando se inicia a época romana).

66 Desenvolvimentos muito apropriados sobre o tema em: José Bragança de Miranda. *Traços: Ensaios de Crítica da Cultura*. Lisboa: Vega, 1998.

67 O termo "sujeito" sempre foi gerador de controvérsias teóricas, ainda que a noção que lhe emprestamos neste livro – e noutros anteriores, mormente em *Órbitas da Modernidade*. Lisboa: Mareantes, 2003 – seja elementar (actante social com capacidade de iniciativa e interpretação próprias). Com efeito, a problemática da relação entre sujeito e objecto é adâmica e encerra problemas. Damos alguns exemplos. Para Umberto Eco, é na própria construção das línguas naturais indo-europeias que os problemas começam por se colocar: "Nel dire como noi possiamo pensare l'essere si è già vittima, par ragione linguistiche – almeno nelle lingue indoeuropee – di un dualismo pericoloso: un soggetto pensa un oggetto (come se il soggetto non fosse parte dell'oggeto di cui pensa). Ma se il rischio è implicito nella lingua, corriamolo." Umberto Eco. *Kant e l'ornitorinco*. Milano: Grupo Editoriale Fabbri, Bompiani, Sonzogno, Etas, 1997, p. 24. Para Heidegger, o sujeito apenas vive em interacção e não constitui uma peça a sós de modo algum. De facto, no início do capítulo II de *Ser e Tempo*, ao expor a tese do 'ser-no-mundo', o autor demonstra que o par sujeito//objecto constitui sobretudo uma interacção que, como que por osmose, se subtrai ao *dasein*, isto é, a esse *locus* onde "o homem constrói o seu modo de ser, a sua existência, a sua história": "Como [é que] este sujeito que conhece sai da sua esfera interna e chega a uma outra esfera externa? Como [é que] o conhecimento pode ter um objecto? Como deve pensar o objecto em si mesmo de modo que o sujeito chegue por fim a conhecer, sem precisar arriscar o salto [para] uma outra esfera? [...] Nesse estar fora, junto ao objecto, a pre-sença (*dasein*) está dentro, num sentido que deve ser entendido correctamente, ou seja, é ela mesma que, como ser-no-mundo, conhece." Martin Heidegger. *Ser e Tempo*. Petrópolis: Vozes, 1997. Parte 1 e 2, p. 101. Na caracterização de *dasein*: *Id*. Entrevista ao *Der Spiegel*. *Tempo Brasileiro*. N.º 50 (Jul.-Set., 1977), p. 22. Em debates passados, como os que tiveram pela frente os apólogos da desconstrução e os novos pragmáticos, o sujeito aparece como um imperativo que, ora se caracteriza como "distância entre a indecibilidade da estrutura e a decisão", ora se caracteriza como "resultado de uma simples deliberação, sem escapar ao domínio da mediação racional". Richard Rorty. *A Filosofia e o Espelho da Natureza*. Lisboa: Dom Quixote, 2004 e também em *Id*. Notas sobre desconstrucción y pragmatismo. *In Desconstrucción y pragmatismo*. Buenos Aires, Barcelona, México: Paidós, 1998, p. 13-35.

[68] *Cf*. Antoine Compagnon. *La Seconde main ou le travail de la citation*. Paris: Seuil, 1979, p. 159-160.

[69] Michel de Montaigne. *Essais*. Paris: Gallimard, 1995. Vol. 2, p. 22.

[70] Eduardo Lourenço. *O Espelho Imaginário: pintura, anti-pintura, não-pintura*. Lisboa: Imprensa Nacional-Casa da Moeda, 1981.

[71] Após analisar as consequências da revolução de Copérnico e de Galileu, François Châtelet escreveu: "Doravante, a ciência do real já não é uma ciência descritiva; torna-se explicativa..." François Châtelet. *Uma História da Razão: Entrevistas com Émile Noel*. Lisboa: Presença, 1993, p. 64.

[72] André Comte-Sponville. L'Art de l'entre in deux. *In Un fin de siècle philosophique*. Montréal: Liber, 1999, p. 73.

[73] René Descartes. *Méditations Métaphysiques*. Paris: Larrousse, 1950, p. 36.

[74] *Ibid*., p. 73.

[75] O lexema latino *curiositas* retém ainda nos séculos XVI e XVII significados que remontam a fontes patrísticas, quer de St.º Agostinho, quer de João Cassiano: "It did not mean simply transgressing the limits set upon human knowledge nor the study of magic, but a state of the passions that could entail both sensitive and intellective faults." A palavra situava uma atitude mais vasta de teor claramente herético, ou seja: "Forbidden intellectual inquiry and the more domestic vices of neglect of self and excessive interest in the affairs of neighbours." Karl E. Peters. Libertas Inquirendi and the Vitium Curiositas. *In Medieval Universities. La Notion de liberté au Moyen Age: Islam, Byzance, Occident*. Paris: Les Belles Lettres, 1985, p. 89-98.

76 No final da segunda parte do *Discours de la Méthode...*, escreve o autor: "Mais ce qui me contentait le plus de cette méthode était que par elle j´étais assuré d´user en tout de ma raison, sinon parfaitement, au moins le mieux qui fût en mon pouvoir[...]" René Descartes. *Discours de la Méthode pour bien conduire la raison, & chercher la verité dans les sciences* (1637). Paris: Librairie Générale Française, 1970, p. 92.

77 "Mais peut-être est-il vrai que ces mêmes choses-là que je suppose n´être point, parce qu´elles me sont inconnues, ne sont point en effet différentes de moi, que je connais. Je n´en sais rien; je ne dispute pas maintenant de cela; je ne puis donner mon jugement que des choses quel je suis, moi que je connais être. *Id. Méditations... Op. cit.*, p. 37.

78 "Pour l´utilité que les autres recevraient de la communication de mes pensées, elle ne pourrait aussi être fort grande, d´autant que je ne les ai point encore conduites si loin qu´il ne soit besoin d´y ajouter beaucoup de choses avant que de les appliquer à l´usage. Et je pense pouvoir dire sans vanité que s´il y a quelqu´un qui en soit capable, ce doit être plutôt moi qu´aucun autre: non pas qu´il ne puisse y avoir au monde plusieurs esprits incomparablement meilleurs que le mien; mais pource qu´on ne saurait si bien concevoir une chose, et la rendre sienne, lorsqu´on l´apprend de quelque autre que lorsqu´on l´invente soi-même." *Id. Discours de la Méthode... Op. cit.*, p. 103.

79 Sobre as descobertas ópticas holandesas de seiscentos e suas consequências, v.: Pedro Miguel Frade. *Figuras de Espanto: a fotografia antes da sua cultura*. Porto: Asa, 1992.

80 Alain Touraine. *Crítica da Modernidade*. Lisboa: Instituto Piaget, 1994, p. 315.

81 *Ibid.*, p. 247.

82 Santos Alves Cardoso. Leibniz e o racionalismo moderno. *In Descartes, Leibniz e a Modernidade*. Lisboa: Colibri, 1998, p. 341.

83 "[...] each substance expresses the whole series of the universe according to the point of view or relation proper to it. From which it happens that they agree perfectly; and when we say that one acts upon another, we mean that the distinct expression of the one acted upon is diminished, and that of the one acting is augmented, in conformity with the series of thoughts involved in the notion. For although every substance expresses everything, in common usage we correctly attribute to it only the most evident expressions in accordance to its relation to us. [...] All these things are consequences of the notion of an individual substance, which contains all its phenomena in such a way that nothing can happen to a substance that does not come from its depths, though in conformity to what happens to another, despite the fact that the one acts freely and the other without choice." Gottfried Leibniz. Letters to Arnauld. *In Modern Philosophy: An Anthology of Primary Sources*. Indianapolis; Cambridge: Hackett Publishing Company, 1998, p. 214-215.

84 "And whenever something exercices its efficacy or power, that is, when it acts, it improves and extends itself insofar as it acts. Therefore, when a change takes place by which several substances are affected (in fact every change affects all of them), I believe one may say that the substance which immediately passes over to a greater degree of perfection or to a more perfect expression exercices its power and acts, and the substance which passes to a lesser degree shows its weakness and is *acted upon (pâtit)*. I also hold that every action of a substance which has perfection involves some *pleasure*, and every passion some pain and vice versa..." *Id.* Discourses on Metaphysics. *In op. cit.*, p. 193.

85 No parágrafo 63 de *The Principles of Philosophy or the Monadology*, Leibniz escreve: "[...] since every monad is a mirror of the universe in its way, and since the universe is regulated in a perfect order, there must also be an order in the representing being, that is, in the perceptions of the soul, and consequently, in the body in accordance with which the universe is represented therein." Leibniz The Principles of Philosophy or the Monadology. *In op. cit.*, p. 235.

86 Para Touraine, o 'Eu-mesmo' (ou a emergência individual, definida como interiorização das normas sociais) acabará por vir a cindir-se, à medida que a modernidade avança na direcção da chamada Idade Contemporânea. Ao cindir-se, o 'Eu-mesmo' dividir-se-á em 'si-mesmo' (o agente que é definido pelas expectativas exteriores: "*o self*") e em 'sujeito' (que, por sua vez, associará liberdade, disputa e resistência ao próprio indivíduo). A subjectivação, ou a "penetração do sujeito no indivíduo" e a transformação "ainda que parcial" deste naquele colocará, segundo Touraine, esta emergência inicial do sujeito no seu lugar activo e normal de perene existência. Touraine. *Op. cit.*, p. 249 e 261.

87 Ernest Gellner. *Razão e Cultura*. Lisboa: Teorema, 1992.

88 *Ibid.*, p. 29.

89 David Hume. *A Treatise of Human Nature*. [Em linha]. EBook Project Gutenberg, p. 300. Disponível em http://www.gutenberg.org/files/4705/4705-h/4705-h.htm

90 Sobre a datação da obra e sucessivas alterações nas eds. de 1783, 1787, 1790, 1794 e 1799 *cf.* Alexandre Fradique Morujão. Prefácio da tradução portuguesa. *In* Immanuel Kant. *Crítica da Razão Pura*. Lisboa: Fundação Calouste Gulbenkian, 1994.

91 Immanuel Kant. *Crítica da Razão Pura. Op. cit.*

92 Os "Idols" de Bacon surgem no *New Organon* (1620) e constituem "false notions which are now in possession of the human understanding [...]" O autor divide-os em: 1) "idols of the tribe", quando têm a sua fundação "in human nature itself, and in the tribe or race of men" e actuam como um espelho que "distorts and discolors the nature of things by mingling its own nature with it"; 2) "idols of the cave", ou seja, "idols of the individual man"; 3) "idols of the market place" formados pelo "intercourse and association of men with each other [...] For it is by discourse that men associate; and words are imposed according to the apprehension of the vulgar"; 4) "idols of the theatre" por representarem "worlds of their own creation after an unreal and scenic fashion." Francis Bacon. New Organon. *In Modern Philosophy... Op. cit.*, p. 6 e 7.

93 No seu *An Ensay Concerning Human Understanding* (1690), John Locke situa a reflexão e a sensação como origem de todas as ideias (II. 1, p. 276). Estas podem ser simples – como a percepção ("the first simple idea of reflection" e, portanto, "the first faculty of the mind exercised about our ideas" – IX. 1, p. 290) – e complexas, quando formadas a partir daquelas, podendo, por sua vez, ser descritas como "compound ideas", "ideas of relation" ou produtos de "abstraction" (XII. 1, p. 293-4). As ideias são, deste modo, signo das coisas e outras ideias (por estarem em vez delas). John Locke. Essay Concerning Human Understanding. In *Modern Philosophy: An Anthology of Primary Sources*. Cambridge, Indianapolis: Hackett Publishing Company, 1998, p. 262-270. Entretanto, Umberto Eco em *O Signo* sintetizou a abordagem: "As palavras não exprimem as coisas, porque as coisas são conhecidas mediante a construção de ideias complexas, através da combinação de ideias simples. As palavras remetem, quanto ao seu significado imediato, para as ideias. E por isso há uma ligação arbitrária entre as palavras e coisas." Para o autor, Locke só não se antecipa a Peirce na fundação da semiótica, devido à "natureza ainda psicológica das ideias"; para tal bastaria substituir, na sua teoria, "à noção de ideia a de unidade semântica, identificada não na mente humana, mas no próprio tecido da cultura que define as próprias unidades de conteúdo". Umberto Eco. *O Signo*. Lisboa: Presença, 1981, p. 115-116.

94 Michel Foucault. *As Palavras e as Coisas*. Lisboa: Edições 70, 1988, p. 351.

95 Para António Marques, David Hume desenvolve estas duas vias, a saber: a ausência de "referência externa na avaliação da objectividade" e "uma certa ideia de necessidade dos produtos ficcionais". António Marques. Sujeito/Objecto. *In Enciclopédia Einaudi*, Lisboa: Imprensa Nacional-Casa da Moeda, 1997, p. 231-249. Estas inovações são o ponto de partida e de chegada da abordagem de Hume. Comecemos por referir que ideias e percepções são, para o autor escocês, cópias que se equivalem mutuamente, daí poder concluir-se que é na vida interna que o sujeito e os seus objectos se disputam: "We need but reflect on that principle so often insisted on, that all our ideas are copy´d from our impressions. For from thence we may immediately conclude, that since all impressions are clear and precise, the ideas, which are copy'd from them, must be of the same nature, and can never, but from fault, contain any thing so dark and intricate." Hume. *Op. cit.*

96 "The imagination naturally runs on in this train of thinking. Our perceptions are our only objects: resembling perceptions are the same, however broken or ininterrupted in their appearance: this appearing interruption is contrary to the identity: the interruption consequently extends not beyond the appearance, and the perception or object really continues to exist, even when absent from us: our sensible perceptions have, therefore, a continued and ininterrupted existence [...] The imagination tells us, that our resembling perceptions have a continu'd and uninterrupted existence, and are not annihilated by their absence: Reflection tells us, that even our resembling perceptions are ininterrupted in their existence, and different from each other". Hume. *Op. cit.*, p. 124, 137, 142 e 163.

97 Marques. *Op. cit.*, p. 235.

98 "Pode-se, por isso, dizer do 'eu-pensante' [...] que, em vez de se conhecer a si próprio pelas categorias, conhece as categorias e, mediante elas, todos os objectos na unidade absoluta da percepção (o eu), portanto por si mesmo. Ora, é bem evidente, que aquilo que devo pressupor para conhecer em geral um objecto, não o posso, por sua vez, conhecer como objecto e que o eu determinante (o pensamento) deve ser distinto do eu determinável (o sujeito pensante), como conhecimento distinto do objecto." Kant. *Op. cit.*, p. 375.

99 "Darstellung", um termo introduzido por Kant "para designar precisamente o carácter encenado de toda a objectividade". Marques. *Op. cit.*, p. 236. Em B/249 da *Crítica da Faculdade do Juízo*. Kant compara "Darstellung" e o verbo "Darstellen" com a actividade anatomista: "*Conceitos do entendimento*, enquanto tais têm que ser sempre demonstráveis (se por demonstrar se entender, como na anatomia, simplesmente *o exibir*); isto é, o objecto correspondente a eles tem que poder ser sempre dado na intuição (pura ou empírica), pois unicamente através dela eles podem tornar-se conhecimento." Immanuel Kant. Crítica da Faculdade do Juízo. Lisboa: Imprensa Nacional-Casa da Moeda 1988.

100 *Cf. ibid.* Cap. 8, § 49 p. 78. Tal acontece "através da nossa própria faculdade da imaginação, como na arte" ou "mediante a natureza na técnica da mesma" – da arte – "quando lhe atribuímos o nosso conceito de fim para o julgamento dos seus produtos".

101 Intuições são formas da sensibilidade que contêm "apenas a maneira pela qual somos afectados pelos objectos, ao passo que o entendimento é a capacidade de pensar o objecto da intuição sensível". Kant. *Crítica da Razão Pura. Op. cit.*, B75, p. 89).

102 "Toda a hipotipose (apresentação, *subjectio sub adspectum*) enquanto sensificação é dupla: ou esquemática, em cujo caso a intuição correspondente a um conceito que o entendimento capta é dada *a priori*; ou simbólica, em cujo caso é submetida a um conceito, que somente a razão pode pensar e ao qual nenhuma intuição sensível pode ser adequada, uma intuição tal que o procedimento da faculdade do juízo é simplesmente analógico ao que ela observa no esquematismo, isto é, concorda com ele simplesmente segundo a regra deste procedimento e não da própria intuição, por conseguinte segundo a forma a reflexão, não o conteúdo." Kant. *Crítica da Razão Pura. Op. cit.* p. 260-261.
103 António Damásio. *O Sentimento de Si: o corpo, a emoção e a neurobiologia da consciência*. Mem Martins: Publicações Europa-América, 2000, p. 363.
104 Os esquemas foram comparados por Umberto Eco, não tanto ao que correntemente se traduz por 'imagem mental', mas antes ao "Bilt wittgensteiniano", ou seja, a "proposizione che ha la stessa forma del fatto che reppresenta, nello stesso senso in cui si parla di relazione 'iconica' per una formula algebrica o di modelo in senso tecnico-scientifico." Eco. *Kant e l'ornitorinco. Op. cit.* p. 65.
105 Kant. *Crítica da Razão Pura. Op. cit.*, p. 151-152.
106 Fernando Gil. *Mimésis e Negação*. Lisboa: Imprensa Nacional-Casa da Moeda, 1984, p. 63-80.
107 Richard Rorty. *Consequências do Pragmatismo*. Lisboa: Instituto Piaget, 1999, p. 214.
108 Kant. *Crítica da Razão Pura. Op. cit.*, p. 400.
109 Luis de Molina nasceu em Cuenca em 1536, estudou Teologia em Évora e Coimbra, e acabaria por ser chamado a leccionar na então recém-criada Universidade de Évora – o que faria durante quase duas décadas. Este jesuíta é autor de uma vasta obra, nomeadamente, *Concordia* de 1588 – que o ocuparia durante trinta anos –, *Comentários à Suma Teológica* (*1.ª Parte*) de 1592, *De Justitia et Jure*, seis volumes publicados entre 1593 e 1600 – ano da sua morte. Esta obra é de tal modo importante que, a partir dela e a par do homem que a enuncia – Luis de Molina –, iria nascer um complexo sistema teológico, designado por molinismo. Toda a teoria de Molina, elaborada contra o protestantismo, assenta numa determinada concepção humana de liberdade. Assim sendo, a existência de liberdade humana – no quadro do molinismo – é admitida como um facto indubitável e independente de todas as influências exteriores. A influência divina sobre as pessoas consistiria, portanto e tão só, em determinar – através da sua virtude própria – um certo sentido de escolha. Molina rejeita, assim, todo e qualquer tipo de pré-determinação: a pessoa é, segundo o autor, livre em relação a destinos prescritos previamente. Mas, por outro lado, Molina acredita que a escolha das acções humanas (podendo gerar actos de natureza e ética diferentes) dependem, em última análise, da interiorização de um querer divino anterior (que pode, no momento de decisão, ser indiferentemente utilizado, ou não). A. A. Fulber Cayré. *Patrologie et histoire de Théologie*. Paris; Tournai; Rome: Société de S. Jean L'Évangeliste-Desclée; Éditeurs Pontificaux, 1947. 2ème. t., p. 792.
110 René Descartes. *Os Princípios da Filosofia*. Lisboa: Guimarães, 1998, p. 81.
111 Gottfried Leibniz. *Princípios de Filosofia ou Monadologia*. Lisboa: Imprensa Nacional-Casa da Moeda, 1987.
112 No *Discurso de Metafísica*, Júlio César é encarado como uma espécie de sujeito-personagem a quem Deus, enquanto supremo narrador, determina um carácter e atributos. A partir de então, torna-se *necessário* que César os personifique através de actos

contingentes que estariam já pré-determinados. Entre este sujeito limitado e a vasta empresa que protagoniza, interpor-se-á inevitavelmente o pano de fundo do melhor dos mundos possíveis (no quadro do conhecido *optimum* leibniziano). *Id. Discurso de Metafísica*. Lisboa: Edições 70, 2000.
113 Baruch de Espinosa. *Ética*. Lisboa: Relógio d'Água, 1992, p. 144 (obra editada por amigos, depois da morte de Espinosa, que teve lugar em 1677, na *Obra Posthuma*).
114 *Ibid.* Parte 1, Proposição 25, p. 144.
115 *Ibid.*, p. 210.
116 *Ibid.* Demonstração. P. 147.
117 Do mesmo modo, a própria vontade e o intelecto não podem ser considerados livres, em primeiro lugar, por não poderem sequer depender de causas finitas próprias: "A vontade, assim como o intelecto, é somente um certo modo de pensar, pelo que cada volição não pode existir nem ser determinada a agir senão for determinada por outra causa, esta por outra, e assim sucessivamente ao infinito. Se se supuser que a vontade é infinita, ela deve também ser determinada por Deus a existir e a agir, não enquanto ele é substância absolutamernte infinita mas enquanto possui um atibuto que exprime uma essência infinita e eterna do pensamento. Por conseguinte, seja qual for o modo por que se conceba a vontade, a saber, como finita ou infinita, ela carece de uma causa pela qual seja determinada a existir e a agir; pelo que se lhe não pode chamar causa livre, mas somente causa necessária ou forçosa." *Ibid.*, p. 155.
118 Locke. Essay Concerning Human Understanding. *In Modern Philosophy... Op. cit.*, p. 303-304.
119 *Ibid.*, p. 34.
120 *Ibid.*
121 Thomas Hobbes. *Leviatã*. Lisboa: Imprensa Nacional-Casa da Moeda, 1999. Vol. 2, Cap. 21, p. 175-176.
122 "By liberty, then, we can only mean a power of acting or not acting according to the determinations of the will – that is, if we choose to remain at rest, we may; if we choose to move, we also may. Now this hypothetical liberty is universally allowed to belong to everyone who is not a prisoner and in chains. Here then is no subject of dispute. Whatever definition we may give of liberty, we should be careful to observe two requisite circumstances: first, that it is consistent with plain matter of fact; secondly, that it is consistent with itself. If we observe these circumstances and render our definition intelligible, I am persuaded that all mankind will be found of one opinion with regard to it." David Hume. An Inquiry Concerning Human Understanding. *In Modern Philosophy: An Anthology of Primary Soures*. Cambridge, Indianapolis: Hackett Publising Company, Inc., 1998, p. 558.
123 Há pelo menos três modos em que tal pode acontecer: ou porque uma vontade inunda o 'Eu-mesmo' que, julgando-se livre nas suas opções, apesar de tudo, o não é (esta permanência do 'indivíduo' carecendo de efectivo 'sujeito' tornar-se-á, mais tarde, numa das temáticas de eleição da modernidade); ou porque a vontade irradia da própria área subjectiva, na medida em que uma vontade pessoal deliberada e tornada insuperável acaba por cercear opções livres possíveis (a vontade pessoal de beber, consumir, viajar, etc.); e, por fim, porque uma vontade *exterior* compulsiva, actualizando-se através de manifestações de adversidade inevitável (caso da doença ou da prisão), impedem ou limitam a acção prática da liberdade.

124 Respectivamente: Voltaire. De la Liberté. *In Dictionnaire philosophique*. Paris: Gallimard, 1994, p. 351-354; *Id*. Liberté de penser. *In op. cit.*, p. 355-359.
125 Kant. Crítica da Razão Pura. *Op. cit.*, p. 314.
126 *Ibid.*, p. 410.
127 *Ibid.*, p. 408.
128 *Ibid.*
129 *Ibid.* A/450/B478, p. 410.
130 Viriato Soromenho Marques. *Razão e Progresso na Filosofia de Kant*. Lisboa: Colibri, 1998.
131 Jean-Jacques Rousseau. *Discours sur l'origine et les fondements de l'inégalité parmi les hommes*. Paris: Henri François Muller et René Eugène Gabriel Vaillant, 1922, p. 182--183.
132 Jean-Marie Domenach. *Abordagem à modernidade*. Lisboa: Instituto Piaget, 1997, p. 171.
133 Viriato Soromenho Marques. *Op. cit.*, p. 262.
134 Georg Wilhelm Friedrich Hegel. *A Razão na História: introdução à filosofia da história universal*. Lisboa: Edições 70, 1995, p. 60. Na advertência do tradutor, Artur Morão (p. 7), pode ler-se: "O texto aqui proposto é a versão integral da Primeira Parte das *Vorlesungen uber die Philosophie der Weltgeschichte* na edição de Johannes Hoffmeister. Inclui os projectos de curso (1822/1828 e 1830), com alguns apêndices e aditamentos de 1826/27."
135 A ideia de segmentação corresponde, segundo Adi Ophir, a um sujeito "espacializado", cujos campos de possibilidade estão estruturados, através de interacções entre "sites, places and networks". Esta segmentação constitui, também, o núcleo central da abordagem teórica de Foucault, que designa funções tais como: 1) separar o espaço social entre loucos e sãos; 2) conferir ao hospital o atributo de fonte de conhecimento e de legitimação de controlo sobre o corpo; 3) demarcar o espaço de civilidade do espaço penal; e, por fim, 4) reconhecer o espaço do desejo e da sexualidade como transversal a todo o espaço social. "The Foulcault enterprise [...] may be broadened and refined by the spacial analysis" Adi Ophir. The cartography of knowledge and power: Foucault reconsidered. *In* Hugh J. Silverman, org. *Cultural Semiosis: Tracing the Signifier*. New York; London: Routledge, 1998, p. 239-264.
136 Georges Balandier assinalou este aspecto relativo à errância moderna. O sujeito, não incorporando pontos de referência estáveis, acaba por se ajustar a situações que o obrigam à plasticidade e à fragmentação. Esta trivialização, influenciada por persuasões e incitamentos exteriores, pressupõe uma inevitável reafirmação narcísica. *Cf.* Georges Balandier. *Le Détour*. Paris: Fayard, 1993.
137 "A modernidade não é separável da esperança, esperança posta na razão e nas suas conquistas, esperança investida nos combates libertadores, esperança situada na capacidade de cada indivíduo livre viver cada vez mais como Sujeito." Bertrand Russell. *A Conquista da Felicidade*. Lisboa: Guimarães, 1997, p. 46.
138 O texto "De las alegorias a las novelas", inserido no livro de Jorge Luis Borges *Otras inquisiciones* (1952), termina do seguinte modo: "Tratemos de entender, sin embargo, que para los hombres de la Edad Media lo sustantivo no eran los hombres sino la humanidad, no los individuos sino la especie, no las especies sin el género, no los géneros sino Dios. De tales conceptos (cuya más clara manifestación es quizá el cuádruple sistema de

Erígena) ha procedido, a mi entender, la literatura alegórica. Esta es fábula de abstracciones, como la novela lo es de individuos. Las abastracciones están personificadas; por eso, en toda alegoría hay algo novelístico. Los individuos que los novelistas proponen aspirán a genéricos (Dupin es la Razón. Don Segundo Sombra es el Gaucho); en las novelas hay un elemento alegórico. El pasage de alegoría, de especies a individuos, de realismo a nominalismo, requirió algunos siglos, pero me atrevo a sugerir una fecha ideal. Aquel día de 1382 en que Geoffrey Chaucer, que tal vez no se creía nominalista, quiso traducir al inglés el verso de Bocaccio 'E con gli occulti ferri Tradimenti' ('Y con hierros ocultos las Traiciones'), y lo repetió de este modo: 'The smyler with the knyf under the cloke' ('El que sonríe, con el cuchillo bajo la capa'). El original está en el séptimo libro de la *Teseida*; la versión en el *Knightes Tale*." Jorge Luis Borges. Otras inquisiciones. *In Prosa completa*. Barcelona: Bruguera, 1980. 2.º vol., p. 270.

139 Miguel de Unamuno. *Del sentimiento trágico de la vida*. Buenos Aires: Biblioteca Clásica y Contemporánea, 1966, p. 7 e 260.

140 Não deixam de ser significativas as últimas palavras de Fausto, antes de sucumbir na alegoria de Goethe: "Pudesse eu ver o movimento infindo!" O verbo utilizado não é 'saber', nem 'conhecer', mas antes, com toda a intencionalidade, o verbo "ver". Isso significa que, tal como nos relatos apocalípticos, a descrença e a dúvida impelem o sujeito a querer ver com os seus próprios olhos a máquina que regerá o perpétuo universal. Ora leia-se o texto completo: "FAUSTO: Que só da liberdade e vida é digno / Quem cada dia conquistá-las deve! / [...] Pudesse eu ver o movimento infindo! / [...] MEFISTÓFELES: Consumou-se! / CORO: E acabou-se tudo! / MEFISTÓFELES: Acabou-se! Palavra sem sentido! / Acabou-se porquê? acabou e nada / É tudo a mesma cousa! Então que vale / A eterna criação? Cousas criadas / Ao nada reduzir! 'Está acabado'!... / Que quer isto dizer? É exactamente / Como se nunca fosse, e todavia / Circula, como tendo inda existência! / Preferira ao que acaba o vácuo eterno" Johann Wolfgang von Goethe. *Fausto*. Lisboa: Relógio d´Água, 1999, p.375-6.

141 Gustavo Bueno, analisa esta curiosa transposição. Gustavo Bueno. *El Mito de la Cultura*. Barcelona: Editorial Prensa Ibérica, 1996.

142 No final de *Les Mots et les choses*, Foucault reequaciona o "abalo" do pensamento de Nietzsche: "Compreende-se o abalo que o pensamento de Nietzsche produziu, e que repercute em nós ainda, quando anunciou, sob a forma de um acontecimento divino, o da Promessa-Ameaça, que o homem em breve deixaria de existir, e que o substituiria o super--homem; queria isto dizer, numa filosofia de Retorno, que o homem já havia muito desaparecera e não cessava de desaparecer, e que a nossa concepção moderna de homem, a nossa solicitude por ele, o nosso humanismo dormiam serenamente sobre a sua retumbante inexistência." Foucault. *Op. cit.*, p. 361.

143 Frederich Nietzsche. *A Gaia Ciência*. Lisboa: Relógio d'Água, 1998. § 124, p. 138.

144 *Ibid.*, §125, p. 142.

145 *Id. Para Além do Bem e do Mal*. Lisboa: Guimarães, 1998. §202, p. 108-112.

146 Tal como referiu Daniel Jacques "l'homme décrit par Tocqueville dans le chapitre consacré à l'individualisme possède les mêmes traits que celui qui est soumis au pouvoir tutélaire et despotique, dont il annonce la venue possible dans la dernière partie e la *Démocratie*". Daniel Jacques. *Tocqueville et la modernité*. Montréal: Boréal, 1995, p. 74.

147 Alexis C. Tocqueville. *De la Démocratie en Amerique*. 2 vols. Paris: Flammarion; Vrin, 1981-1990. 2.º vol., p. 25 e 33.

148 José Ortega Y Gasset. *La Rebelión de Masas*. Barcelona: Optima, 1997, p. 19 e 225.
149 *Ibid.*, p. 115.
150 Friedrich Nietzsche. *A Genealogia da Moral*. Lisboa: Guimarães, 1997.
151 Este mesmo arbítrio ilusório do homem moderno, próprio da descrença na construção – ou até na existência – do sujeito, encontrará em Martin Heidegger espaço de afirmação. No quarto capítulo de *Ser e Tempo*, o autor refere, a propósito do quotidiano e da impessoalidade: "O 'carácter do sujeito' da própria 'pre-sença' (*dasein*) dos outros determina-se existencialmente, ou seja, a partir de determinados modos de ser. Nas ocupações com o mundo circundante, os outros vêm ao nosso encontro naquilo que são. Eles são o que empreendem [...] A 'pre-sença' (*dasein*), enquanto convivência quotidiana, [está, portanto,] sob a tutela dos outros. Não é ela própria que é; os outros lhe tomam o ser. O arbítrio dos outros dispõe sobre as possibilidades de ser da 'pre-sença' (*dasein*) [...] o impessoal pertence aos outros e consolida o seu poder". Este *agente* "impessoal" promove, por um lado, a "medianidade" e, por outro, "vem ao encontro da pre-sença (*dasein*) na sua tendência de superficialidade e facilitação". O sujeito, expressão não adoptada por Heidegger, acaba, deste modo, por ser nivelado de fora, submetendo-se a um arbítrio que nunca é propriamente o seu. A "medianidade" domina, pois, nesta relação que o sujeito *cuida* e estabelece, a todo o momento, com a rede do mundo exterior. (*Dasein* é traduzida na edição utilizada por "pre-sença" e é apresentada em geral nas línguas neolatinas através da expressão 'ser-aí', 'être-là', 'esser-ci' etc.) Pre-sença (*dasein*) "não é sinónimo de homem, nem de ser humano, nem de humanidade, embora conserve uma relação estrutural. Evoca o processo de constituição ontológica do homem, ser humano e humanidade. É na pre-sença que o homem constrói o seu modo de ser, a sua existência, a sua história, etc.". Refira-se ainda que o atributo "Existencial" remete para as estruturas que compõem o ser humano a partir da existência, nos seus desdobramentos advindos da pre-sença (*dasein*). Sobre o termo "cura", refira-se a correspondência com o original alemão *besorgen* (ocupar-se), a partir do étimo *sorge* (cuidar de), que estrutura a pre-sença (*dasein*) e lhe confere "constituição ontológica". Por fim, convém aditar que os outros modos de ser do "impessoal", além da "medianidade", são o "espaçamento" (espécie de condição de dependência face aos outros) e o "nivelamento" (que resulta do que é perspectivado pela totalidade das "possibilidades de ser"). *Cf.* Martin Heidegger. *Ser e Tempo. Op. cit.* 1.º vol. p. 178-180 e 313.
152 José Ortega Y Gasset. *La Deshumanización del Arte y Otros Ensayos de Estética*. Barcelona: Optima, 1998.
153 Nietzsche. *A Genealogia da Moral. Op. cit.*, p. 37.
154 *Id. The Use and Abuse of History*. Indianapolis: The Library of Liberal Arts – Bobbs-Merrillr's Educational Publishing, 1980, p. 8.
155 Gilles Lipovetsky. *O Crepúsculo do Dever*. Lisboa: D. Quixote, 1994; *Id.* L'amour du concret. In *Un Fin de siècle philosophique*. Montréal: Liber, 1999, p. 151-189.
156 Num conhecido fragmento (o n.º 93) atribuído a Heraclito por Plutarco (em *Dos Oráculos da Pitonisa* – 11/604^A) pode ler-se: "O senhor, cujo oráculo está em Delfos, nem fala, nem oculta, mas manifesta-se por sinais." Trata-se de um elogio a Apolo que releva a harmonia entre o sinal e o Logos, numa *lógica* em que a obscuridade ambígua do estilo délfico parece privilegiar uma concomitância entre aquilo que significa, a coisa que é significada, e a mediação sibilina que se exerce entre ambas. Por outras palavras, como Francis

MacDonald Cornford sublinhou: "A afirmação de Heraclito de que era um profeta com uma visão única assenta na convicção de que o *Logos*, o pensamento que orienta todas as coisas, se encontra dentro dele, bem como na Natureza." Esta postura denuncia uma sabedoria e uma interpretação reversíveis entre conhecido e desconhecido, visível e invisível, que se deixam guiar por uma circularidade que podia ser comum a todos os homens, desde que estes "tivessem tão-somente almas para a compreender." J. Cavalcante de Sousa, org. *Pré-socráticos*. São Paulo: Abril Cultural, 1991, p. 60.

157 O autor estabelece um contraste entre "a maneira de pensar da passagem" que "recusa a exterioridade do conhecimento ao conhecido" e "a maneira de pensar do abismo" que consiste "na determinação de objectos exteriores" e, por fim, "a maneira de pensar do limite" que se define pela intenção de pensar o desconhecido (sem todavia o poder determinar). O pensamento da evidência, o grego na sua maioria, baseia-se na primeira "maneira de pensar", para o qual o verosímil e a verdade supõem "o mesmo *habitus*". Cf. Paulo Tunhas. Hipócrates e o pensamento da passagem. *In* Maria Luísa Couto Soares, org. *Hipócrates e a Arte da Medicina*. Lisboa, Colibri, 1999, p. 13.

158 *Ibid.*, p. 44-45.

159 Hipócrates. Du régime I. *In* Émile Littré, ed. *Oeuvres complètes d'Hippocrate*. Paris: Baillère, 1849. Vol. 6, p. 466-525. *Id*. Des lieux dans l'homme. *Op. cit.*, p. 276-349. *Id*. De l'Ancienne médecine. *Op. cit*. 1839. Vol. 1, p. 570-636.

160 Winfried Noth. *Handbook of Semiotics*. Bloomington, Indianapolis: Indiana University Press, 1990, p. 15.

161 Platão. *Fédon: Diálogo sobre a Imortalidade da Alma*. Lisboa: Atlântida, 1967, p. 42-43.

162 Platão. *Crátilo*. Lisboa: Instituto Piaget, 2001, p. 44.

163 *Ibid.*, p. 47.

164 *Ibid.*, p. 110.

165 *Ibid.*, p. 57.

166 Platão. O Sofista (XLVII). *In Diálogos (Sofista, Político, Filebo, Crítias)*. Mem Martins: Europa-América, 1999, p. 89.

167 *Id. Crátilo. Op. cit.*, p. 78.

168 *Id*. O Sofista... *In op. cit.*, p. 90.

169 Miguel Candel Sanmartin, ed. Introducciones y notas em Aristóteles. *In Tratado de Lógica (Organon: Analíticos Primeiros)*. Madrid: Gredos, 1995.

170 Aristóteles. *Tratado de Lógica (Organon: Analíticos primeiros)*. Madrid: Gredos, 1995, p. 294.

171 *Ibid.*, p. 296.

172 *Ibid.*, p. 394.

173 *Id. Retórica*. Lisboa: Imprensa Nacional-Casa da Moeda, 1998, p. 52.

174 Os tradutores fazem equivaler ao termo grego original as expressões "sinal, signo ou indício", mas, devido a questões de consistência, mantemos o lexema "signo" no enunciado.

175 Aristóteles. *Retórica. Op. cit.*, p. 53.

176 Umberto Eco. Signo. *In Enciclopédia Einaudi*. Lisboa: Imprensa Nacional-Casa da Moeda, 1994, Vol. 31, p. 27.

177 Aristóteles. *Organon. Op. cit.*, p. 123-125.

178 John Deely. *Introdução à Semiótica: História e Doutrina*. Lisboa: Fundação Calouste Gulbenkian, 1995, p. 18.
179 Gilles Deleuze. *Logique du sens*. Paris: Les Éditions du Seuil, 1969, p. 17-18.
180 *Ibid.*, p. 18.
181 Sexto Empírico. *Outlines of Pyrrhonism*. Cambridge, EUA; London: Harvard Un Pr, 2000. II/XI, 104, p. 217.
182 *Ibid.*, p. 219.
183 *Ibid.*
184 "O verdadeiro é sempre incorporal (já que corresponde a um julgamento e ao *lektón*), enquanto a verdade é corporal [...] sendo o 'verdadeiro uma simples coisa' e a verdade 'um composto de muitas cognições verdadeiras'. Isto dizem os estóicos, mas Sexto Empírico critica: 'Se a razão é verbalmente exprimível e incorporal, como os estóicos defendem, então aqueles que defendem que os incorporais podem ser apreendidos pelos meios racionais estão a mendigar a questão.'" *Ibid.*, II/VIII, 81, p. 203.
185 "O signo pode ser comemorativo se nasce de uma associação, confirmada pela experiência precedente, entre dois eventos: com base na experiência, sei que, se há fumo, então deve haver fogo. Ou pode ser indicativo e então remete para algo que nunca foi evidente e provavelmente não o será nunca, como os movimentos do corpo são significativos do movimento da alma, ou como o facto de que os humores passem através da pele indica que deve haver poros perceptíveis (ainda que de facto não percebidos). Em todos estes casos os signos parecem ser sempre eventos físicos: o fumo, a presença do leite que revela o parto, a luz que revela o dia, e assim por diante" Eco. Signo. *In op. cit.*, p. 29.
186 Deleuze. *Op. cit.*, p. 313.
187 Francis Macdonald Cornford. *From Religion to Philosophy: A Study in the Origins of Western Speculation*. Princeton: Princeton University Press, 1991, p. 23.
188 Proclo. *Lecturas del "Cratilo" de Platón*. Madrid: Akal, 1999. D/K 68 B 26, p. 90.
189 *Ibid.*

BLOCO 2
A SIMULAÇÃO.
MILÉNIO, NARRATIVAS DO FIM DO MUNDO E PROFECIA COMO ARMA DE GUERRA.

INTRODUÇÃO

No Bloco 2 dedicamo-nos a formas de simulação que fazem parte integral da anatomia da nossa cultura. A interpretação do *eschatón* no tempo, em pleno período apocalíptico, tentando associar o desígnio geral da promessa a uma geometria determinável, deu origem ao fenómeno milenarista. Nas suas diversas variantes, o milénio encarna um jogo de simulações onde se projecta a ideia de salvação ou de perfectibilidade. Ao fim e ao cabo, o propósito apocalíptico sempre reclamou a descodificação do indescodificável, reduzindo a cultura da promessa à cultura da visão e, portanto, à exigência de uma resposta rápida e esquemática. O milénio é, e sempre foi, um formato quase ideal para dar sentido aos estados de angústia que circunscrevem as suas narrativas aos limites mais imediatos do presente.

Estabelecendo uma relação profunda com o jogo milenar, veremos depois como é que a literatura profética, construída tendo como base os textos enunciados no período profético inicial (séc. XI a. C.-séc. IV a. C) e no período apocalíptico (séc. II a. C.-séc. II d. C), se transformou, ao longo da Idade Média, ao mesmo tempo, numa máquina de simulações e numa arma de guerra. Não é, pois, de hoje o ininterrupto jogo que se estabelece entre o campo dos media e o campo dos acontecimentos e das convulsões. Um e outro sempre se cruzaram, criando, a seu modo, novas realidades, gerando expectativas e possibilitando a partilha de densas cargas imaginárias. Para melhor apreensão deste aspecto importantíssimo, recorreremos a um exemplo de literatura profética popular, enunciada no século XVI.

Por fim analisaremos, já na área da significação, o modo como, neste período em que o milenarismo e o profetismo criaram o seu longo caminho (durante os primeiros quinze séculos d. C.), se desenvolveu uma forma muito específica de interpretação do mundo – a teo-semiose – que não deixou de ser uma verdadeira cascata de simulações. Neste âmbito, a figura de Santo Agostinho é uma chave para a codificação das práticas culturais e "religiosas" (como hoje diríamos) que ligam o mundo antigo ao mundo medieval. Terminaremos este ponto com a chamada querela dos universais (relação entre os signos com que comunicamos e o que eles efectivamente designam), uma polémica medieval que continua, no entanto, actual.

1. O MILÉNIO

1.1 O ano mil de Glaber, Silvestre e Otão

Durante longo tempo, historiadores e ilustres ficcionistas identificaram o ano mil com um verdadeiro momento de pavor colectivo, devido a uma esperada, ou augurada, iminência do fim do mundo. Hoje em dia, no entanto, tudo parece indicar que, no seio do mundo cristão, um tal sentimento de fim terá sido bem mais dominante noutras épocas, nomeadamente, por exemplo, nas fronteiras entre o século V e VI, ou nos limiares do século XI.

Curiosamente, a partir da amálgama de dados disponíveis, na actualidade, é até possível concluir que o ano mil acabou por coincidir com uma série de factos, não tanto terminais, mas antes, dir-se-ia, de recomeço, ou mesmo, de alvor de uma nova vida. Um dos sinais desse recomeço terá sido o notável incremento do comércio, ligado à formação das primeiras comunas do Norte de França, ou à progressiva autonomia dos mercadores lombardos[1]. A ilustrá-lo, refira-se a grande frequência com que a palavra *portus* surge em textos dos séculos X e XI, na acepção de entreposto de mercadorias. Na Flandres e em Inglaterra, os habitantes do *port* passam então a receber o nome de *poorter* ou *portmen*, antecipando a designação de uma futura burguesia comercial. É também, a partir de 992, que o *Doge* veneziano, Pedro II *Orseolo*, desenvolveu ligações decisivas entre os portos da Laguna e do Bósforo, onde uma primeira colónia comercial veneziana se estabeleceria. No final do século XI, a jovem cidade--Estado tornava-se já numa potência marítima[2].

Dominados pela pobreza que grassava na imensa Europa cristã do ano mil, submetidos à tensão entre o lustro imperial e a fidelidade dos juramentos feudais, cerca de quarenta milhões de habitantes pareciam agora beneficiar de uma progressiva suavização do clima (o gelo do Ártico derretia-se a grande velocidade por essa altura) e de uma rápida implementação tecnológica que se fazia sobretudo sentir nos artefactos (caso dos estribos e ferraduras que subitamente se generalizaram, ou do arado que passou a dispor de dupla roda e lâminas). Para todos estes melhoramentos, nos quais também se incluem diferentes formas de controlo hidráulico, terá igualmente contribuído a estabilidade que sucedeu às seculares invasões do Norte e Leste europeus, dissuadidas pelas novas áreas subitamente cristianizadas, tais como a Hungria, a Polónia ou a Rússia meridional do recém-convertido Vladimir (m. 1015) e de Jaroslav, o Sábio (m. 1051).

Por volta do ano 1000, uma poderosa escola arquitectónica começou a desenvolver-se na Normandia. A grande abadia de Jumièges, edificada já entre os anos de 1048 e 1067, terá sido, para W. Lethaby, o exemplo maior dessa escola, embora o monge Rudolfo Glaber (uma das raras fontes da época) se tenha referido expressamente ao renascimento das basílicas, sobretudo na Gália e em Itália, a partir do "terceiro ano depois do milénio". Por outro lado, a uniformização da escrita *carolíngea minúscula* estaria então na ordem do dia, já que, depois de implantada entre o Loire, o Reno e os Alpes, viria, também, segundo E. Lowee, a ser adoptada, no limiar do ano mil, por uma Inglaterra a braços com invasões de nórdicos (1013) que, por essa época, terão atravessado o Atlântico em diversas latitudes (Leif Ericson no próprio ano 1000 e Thorfinn Karlsefni em 1003).

Abraçando o anátema deste milénio aventuroso e rejuvenescedor, admite-se, apesar de tudo, que o tempo de glória era ainda um claro apanágio dos grandes Impérios do Islão: *Abássida* em Bagdad (até 1055) e de descendência *Omáiada* em Córdova (até 1031). Contudo, a penetração *Buyida* e *Seljúcida*, no primeiro caso, e o advento próximo dos *Reinos Taifas*, no segundo caso, prefiguravam já novos tempos de decadência e de guerra aberta. As Cruzadas orientais, cujo advento era ainda distante (1095), constituiriam parte dessa guerra, articulada com a luta escatológica de vida ou de morte que, na Península Ibérica, muito em breve, se viria a baptizar por *Reconquista*. Entretanto, os ataques esporádicos iam-se já sucedendo entre o Islão e a aliança Génova-Pisa (entre 935 e 1011), ou entre Bizâncio e os *Hamdanidas* (depois de 975), ou ainda através das mais variadas incursões e pilhagens como a que atordoou Santiago de Compostela no ano quase milenar de 997.

Possivelmente distanciado das *trevas* ocidentais que a pouco e pouco iam clareando e, porventura, indiferente aos impactos dos *séculos de ouro* de Córdova e de Bagdad, a verdade é que o Papa Silvestre II, que *reinou* entre 999-1003, acabaria por reduzir ao mutismo quaisquer alusões a alvoroços milenaristas. Otão III, por seu lado, coroado imperador em Roma no ano de 996, e movido talvez por um profundo desejo de união de toda a Cristandade (desígnio que deixou registado em selos do próprio ano 1000), mandou solenemente desenterrar Carlos Magno que, como escreveu Hillel Schwartz, "jazia em perfeito estado e plena piedade com uma cruz de ouro ao pescoço"[3].

Ao contrário, por exemplo, do novo e contemporâneo monarca cristão de Kiev, o já referido Jaroslav o Sábio, que nas suas crónicas pensava viver no ano 6544 depois de Adão, Otão III parecia, com tais rituais, querer associar a força do número 1000 àquilo que Frank Kermode designou por "apoteose da era" vivida[4]. A gravura da *Staatsbibliothek* de Munique que deixou para a posteridade Otão III sentado no seu trono, rodeado de bispos e vassalos, é, nesta medida, um dos ícones mais interessantes da época. Na imagem, o olhar do Imperador é fixo, determinado e ocupa uma posição central, quer face aos capitéis em forma de *Janus*, quer face às suas próprias mãos que ostentam, de um lado, o ceptro e, do outro lado, o globo dominado por uma cruz grega. Porventura, tendo até em conta a *entente* que parece ter desenvolvido com o Papa Silvestre, Otão III deveria ser um bom conhecedor da famosa *Carta* profética do monge Adso sobre o Anticristo, em que, no ano de 954, se escrevia que o tempo do fim apenas haveria de chegar no momento em que um imperador cristão, qual *desejado*, protagonizasse decisivamente os acontecimentos derradeiros do mundo:

> Alguns dos homens letrados do nosso tempo dizem que um dos reis dos francos, que virá no fim dos tempos, reconstruirá, outra vez, o Império Romano.

Ele será o último dos grandes guias. Depois de governar o seu império, ele virá a Jerusalém e colocará o seu ceptro sobre o Monte das Oliveiras, em Jerusalém. Isto sucederá no fim e será a consumação do império romano e cristão... [...] Este tempo, porém, ainda não chegou...[5]

É possível que Otão III conhecesse esses e outros apelos da tradição sibilina. No entanto, à época deste quase volátil milénio, uma coisa era certa e evidente: no mundo, apenas interessavam os sinais, os augúrios ou os prodígios. Todas as manifestações da natureza e todos os presságios do tempo corrente, mais do que factos objectivos, eram, em primeiro lugar, o próprio discurso de Deus. Havia, pois, que compreendê-los por detrás da notação matemática do tempo. E se é verdade que a notação lógica domina, hoje em dia, a nossa própria ideia orgânica (e até progressiva) de história, para estes homens, como Adso, Glaber ou Otão, a história mais não era do que uma lenta e paciente espera pela salvação anunciada. Mais: se alguma vez existiu impaciência face ao desejado fim escatológico, e portanto face à salvação final, uma das manifestações (ou medidas) privilegiadas dessa impaciência foi com toda a certeza o milénio. E diga-se em abono da verdade que vários foram os milénios com que essa longa espera foi contemplada. E não apenas na Cristandade. Viajemos, pois, um pouco, através de todos eles.

1.2 Os milénios do *sexto dia* e de Alexandre

A determinação das idades do mundo nunca terá sido uma grande preocupação dos textos do Novo Testamento (apesar de o Cristianismo se enunciar num tempo em que a literatura apocalíptica judaica fazia jus a uma compreensão total da *história*[6]). Seja como for, a partir do século II d. C., talvez porque a espera escatológica cristã começasse a tardar, um certo número de escritos patrísticos retoma a tradição da semana cósmica dos 7000 anos, no sentido de tentar delimitar as fases e o horizonte último da história do mundo. Deste modo, entre Adão e Cristo, foram consideradas cronologias de cinco fases (Orígenes), seis fases (Hipólito) ou mesmo sete fases (Eusébio de Cesareia). Estes faseamentos viriam a ser relacionados, de variadas formas, com a interpretação literal, ou quase literal, de uma alegoria do versículo 20 do texto do "Apocalipse" que ultima o Novo Testamento:

> "20[1] Em seguida vi um anjo descer do céu tendo na mão a chave do Abismo, bem como a enorme corrente" "[2] Dominou o Dragão, a antiga serpente – é o diabo, Satanás – e acorrentou-o por mil anos" "[3] Lançou-o no Abismo, fechou sobre ele os ferrolhos, após selos, para que ele deixasse de desviar as nações, até ao fim dos mil anos. Após o que deve ser libertado por pouco tempo."
> "[7] Passados os mil anos, Satanás liberto da sua prisão" "[8] irá seduzir as nações dos quatro cantos da terra, Gog e Magog, e juntá-las para a guerra, tão numerosas como a areia do mar."

As diferentes interpretações destas passagens conduziram ao anúncio de um reino terrestre de mil anos distintos do reino de Deus (mas onde se faria sentir já a potência da revelação); ou à ideia de premonição de uma época futura que separaria a vinda de Cristo do fim; ou ainda à ideia de que o milénio não poderia ter qualquer cabimento no tempo e no espaço, constituindo, portanto, e tão-só, um modelo espiritual (Santo Agostinho).

De qualquer maneira, esta omnipresença do número mil deve ser explicada. Para além do significado retórico dos números em geral (na tradição dos textos de Daniel, por exemplo), o número mil surge na *Vulgata* cristã, seja como clara alusão à semana cósmica de 7000 anos, própria da concepção judaica (helenizada), seja ainda como alusão às especulações sobre a estada do primeiro homem no paraíso [Deus disse a Adão que ele morreria no dia em que comesse o fruto proibido (Gn 2,17) e, como se sabe, morreu com a idade milenar de 930 anos]. Aliás, de acordo com uma passagem dos *Salmos*, a silhueta simbólica, e não literal, do número mil parece tornar-se evidente, já que, aí, metaforicamente, se refere que "mil anos são" como "um dia para Deus" (Ps 90,4). Nos *Actos dos Apóstolos* (Ac 1,7-8), por seu lado, é também inequívoco o testemunho que ilustra a necessária indeterminação dos tempos finais: "Não compete a vós conhecer os tempos e os momentos que o Pai reservou da sua autoridade, mas tereis a força do Espírito Santo que descerá sobre vós." Neste sentido, ao contrário da teoria milenarista da espera, o reino dos "mil anos" significaria, em última análise, que a própria vinda de Cristo já constituiria, em si, pelo menos para o crente, uma forma de acesso espiritual à vida paradisíaca.

No entanto, as interpretações mais literais do Apocalipse cristão levaram certos movimentos a considerar o milénio como um efectivo reino de mil anos, no início do qual Cristo desceria à terra para governar com os justos. Após esse reino, suceder-se-iam a ressurreição geral e o *reino* da eternidade. Sobretudo na Ásia Menor, os montanistas fizeram desta projecção escatológica um dogma. Estes milenarismos, de acordo com a *Patrologia* de A. Cayré[7], viriam a ser combatidos por Orígenes (século III) e por Dinis de Alexandria (século III), no Oriente; por *Caius* de Roma (século II) e por Santo Agostinho (séculos IV e V), no Ocidente. Bernard McGinn, autor de *Visions of the End* (1979)[8], considerou que os estudos de Jean Daniélou e de A. Luneau sobre o tema demonstraram que as doutrinas milenaristas constituem, sobretudo, "a forma segundo a qual a cristandade judaica conseguiu traduzir a doutrina original do regresso de Cristo" à terra.

Independentemente de toda esta polémica teológica, a própria vastidão da literatura profética sobre o milenarismo viria provar a persistência do tema, durante séculos, pelo menos, "no submundo obscuro da religião popular" – como frisou Norman Cohn[9]. Neste sentido, a adaptação aritmética da semana cósmica, quer à vinda de Cristo, quer ao anúncio literal do milénio, levaria muitos exegetas a considerarem que o Exílio teria ocorrido, mais ou menos, por volta do ano 5000 após Adão, e que a vinda de Cristo teria, por sua vez, ocorrido por volta de 5500 (o chamado ano encarnacional). Embora os historiadores mais diversos, sobretudo de Alexandria e Bizâncio, tivessem feito flutuar o ano encarnacional entre 5494 e 5508 depois de Adão, a verdade é que o pânico milenarista se foi projectando, com o tempo, para a presumível data do advento do sexto milénio (o ano 6000). A lógica era simples e rudimentar: entre o ano 6000 e o termo da semana cósmica, ou seja, o ano 7000, decorreria o milénio e, com ele, toda a anunciada torrente dramática de acontecimentos finais.

Vários são os textos que traduzem a grande inquietação deste *milénio do sexto dia* que teria lugar no limiar, ou no próprio século VI. Por exemplo, no termo da sua obra sobre a *Vida de S. Martinho*, Sulpicius Severus (m. 430), escreve:

> Dizia S. Martinho que não podia duvidar-se que o Anticristo, criado pelo espírito malino, tivesse já nascido e que estivesse [até] nos seus anos de infância, esperando pela idade viril para conquistar o império. Isso, ouvimo-lo dizer ao próprio S. Martinho há oito anos: julgai, pois, como está já próximo este futuro duvidoso.[10]

Na mesma época, no *Progresso do Tempo* (397) de Quintus Julius Hilarianus, pode ler-se igualmente:

> Tendo em conta os 470 anos que devem contar-se a partir da Paixão do Senhor, [concluamos que] no dia 24 de Março do Consulado de *Ceasarius* e *Atticus*, já passaram 369 desses anos. Faltam, portanto, 101 anos para completar os seis mil. Os seis mil anos não serão completados antes que dez reis avancem em direcção ao [limiar do] fim do mundo e removam da névoa a filha de Babilónia que continua firme[11] [referência aos Bárbaros que então ameaçavam o império romano].

Semelhante tipo de milenarismo iminente, ou de catástrofe pressentida, surge noutros textos da época, como, por exemplo, no *Livro das Promessas e Predições de Deus* (atribuído a Quodvultdeus; m. 435) e no apócrifo bizantino, designado por *Revelação de João*, curiosamente, na sequência da profecia *Sibila Tiburtina* (380 d. C.) que criou a figura de um "Imperador salvador" dos últimos dias. De acordo com tradições ligadas às épicas de Alexandre-o-Magno, novas lendas imperiais, também de cariz apocalíptico, haveriam de aparecer, sobretudo no final do século IV e início do século seguinte. Uma das mais conhecidas é o *Discurso de Jacob de Serug* (451-521), baseada numa das várias versões correntes na época das *Lendas Sírio-Cristãs de Alexandre*. Nesse texto, são, de início, referidas as tribulações que o advento, já próximo, do milénio prenunciaria: "O Senhor diz, 'ao cabo do sétimo milénio / Haverá rumores e terramotos em todas as terras / o pecado e o mal invadirão todo o mundo'" – e são no final assinaladas a vitória e a exortação terrenas de Alexandre sobre o poderoso Anticristo, coadjuvado pela redenção divina final: "Estas coisas belas fê-las e interpretou-as Alexandre / E todas elas acontecerão antes desse dia do fim."[12]

Este *milénio do sexto dia*, a par do, muitas vezes, designado milénio de Alexandre, foram, em grande parte, obra de notáveis cristãos, como Santo Hipólito (m. 235), que em *Sobre Cristo e o Anticristo*, no início do século III d. C., declarava que os tempos finais não eram tempos iminentes, pois se Cristo nascera em 5500, ainda faltariam, pelo menos, dois séculos para o grande drama pré-salvífico. Contudo, Santo Agostinho tentou acalmar, a tempo, a fúria com que se desenhava o prematuro milénio do século VI, ao escrever profeticamente na *Cidade de Deus*: "Quando o sexto dia houver passado, depois de ter soprado o vento que separa, virá o repouso."

1.3 A fragilidade do milénio do ano mil

Apesar das investigações de Richard Landes que imputam alguma inquietação milenarista para a região franco-alemã por volta do ano mil, continua a parecer bem mais forte o consenso que protela para o termo do século XI as grandes manifestações de iminência final. É, de facto, a partir das peregrinações de 1033 e 1064 e, posteriormente, em 1095, com a proclamação político-escatológica do programa das Cruzadas, que os *paupere* e *prophetae*, por essa Europa fora, delinearam uma verdadeira exaltação de 'salvação dos últimos dias'. J.-C. Carrière, Norman Cohn, Jean Delumeau ou E. Perroy, entre muitos outros, corroboram este consenso. Todavia, para melhor compreendermos como o ano mil se tornou – muitos séculos depois de ter ocorrido – num simulacro de inquietações colectivas imaginárias, propomos, desde já, uma breve *viagem* aos critérios que determinaram a própria contagem, ou cômputo, do ano mil.

Recuemos, para tal, aos anos vinte do século VI, quando o Papa João I pediu a Dionísio o Exíguo (também chamado David, o Pequeno) que estabelecesse um novo calendário baseado no nascimento de Cristo. O momento era propício para tal aventura, já que estava praticamente passada a época de temor apocalíptico que, como vimos, havia cruzado o *milénio do sexto dia*. Dionísio, após muitas consultas e leituras, concluiu que Jesus teria nascido a 753 A.U.B (*ad urbe condita* – data contada a partir da presumível fundação de Roma, confirmada ou legitimada, já há séculos, pelo designado 'código juliano'). Assim, e ainda segundo as notações de Dionísio o Exíguo, Cristo teria nascido a 25 de Dezembro de 753 A.U.B., embora o primeiro ano da Cristandade só devesse ser contado a partir do primeiro de Janeiro do ano seguinte, isto é, de 754 A.U.B (momento da circuncisão de Jesus, após a sua primeira semana de vida). Acontece que, por não dispor do número e sobretudo do conceito de zero (criação indiana e depois islâmica dos séculos VIII para IX, segundo Stephen Gould[13]), Dionísio esqueceu-se de baptizar o ano de 754 como ano 0, acabando antes por designá-lo, para a posteridade, como se fosse o verdadeiro ano 1.

Esse facto viria criar inusitados embaraços nas passagens *festivas* dos séculos, sobretudo quando, a partir dos anos oitenta do século XVI, com o plano reorganizador de Gregório XIII, a cronologia temporal cristã se ajustou em todo o Ocidente cristão (até aí os anos iniciavam-se, na Europa, nos meses mais diversos, sobretudo em Março, mas também em Janeiro e em Setembro). O mais curioso – e tal constitui um reconhecimento tardio por parte dos historiadores pós-românticos – é que Dionísio o Exíguo teve ainda outro engano mais pesado, apenas provado pelo facto de se saber historicamente que Herodes terá morrido a 750 A.U.B. (ou seja, no ano 4 a. C.). É conhecido – e as fontes histórico-evangélicas são, nesse ponto, óbvias – que Jesus e Herodes tiveram que coexistir, em vida, pelo menos durante umas semanas, razão pela qual o ano 0 real deveria ter sido considerado quatro anos antes do apontado por Exíguo. Se somarmos a toda esta demanda aritmética que os anos bissextos, considerados já no código juliano de 46-45 a. C., nunca bastaram, para contar – e sobretudo para logicamente conter – o tempo real *'que corre'* (em 1582, o desfasamento era já de doze dias, o que conduziu a 'reparações' em Outubro desse mesmo ano, por iniciativa de Gregório XIII; hoje é-o de quase 25 segundos), concluiremos que o cálculo do nosso *Anno Domini* (a partir do nascimento de Cristo) é, no mínimo, mais do que problemático. Ou, pelo menos, tê-lo-á sido em tudo, mas mesmo em tudo, o que *aconteceu*, ou não terá acontecido, nesse tempo imaginário há mais de mil anos.

É por isso que o ano mil, certamente, nem começou, ao mesmo tempo, em todo o lado; nem terá sido, em muitas geografias, um ano do género "d. C.", tal como o entendemos hoje. Mais: a própria designação da era a. C./d. C., talvez ainda fosse, na altura do ano mil, em vastas regiões europeias e não só, concorrente da primeira de todas as eras cristãs – a 'era dos mártires' –, contada a partir da data das perseguições de Diocleciano, dois séculos e meio antes de o próprio Dionísio ter posto mãos à sua generosa obra de contagem. Por tudo isto, enquanto a memória de todos nós não desenterrar novos factos desaparecidos, ou talvez nunca provados, o milénio do ano mil continuará a ser tema nobre para novelas. Até porque a história, já o soletrava Ricœur, é uma ficção criada pela ordem da modernidade. E isso apesar de o milénio do ano mil aparentar o que parece ter, de facto, sido: um frágil milénio.

1.4 O milénio da paixão e um mar de prodígios

Já referimos que o século XI corresponde a um tempo em que o homem olha para o mundo como quem tenta sondar os prodígios e as tentações que se ocultam por trás de um véu (é esta a estrutura da teo-semiose que desenvolveremos no final deste Bloco 2). Seria assim ainda, aliás, durante séculos, até que, muito mais tarde, a *razão* humana achou *por bem* encontrar regras próprias que substituiu às de Deus, na interpretação, já sem véu, das coisas da natureza e do tempo. Fosse como fosse, no âmbito desta significação (ou semiose) divina medieval, o certo é que os ensinamentos da revelação cristã atribuíam muito mais importância congregadora à Ressurreição e à Cruxificação do que à Natividade. A comprová-lo, bastará constatar a insistência com que, ao longo da Europa, o ano novo se fixava, não em Janeiro, mas no final de Março. Talvez por isso o ano de 1033, que traduzia o milenário da morte e redenção de Cristo, tivesse ocupado, a seu tempo, alguns espíritos com a exortação própria dos grandes momentos da vida colectiva.

Nesta linha de ideias, é curioso constatar o facto de a memória histórica ter sabido guardar alguns eventos ocorridos em 1033 (ou próximos dessa data). É bem provável que a imaginação milenária os tenha associado a avisos ou alvitres divinos. O mais pungente desses factos foi provavelmente o eclipse de 29 de Junho 1033, em pleno solstício milenar da paixão de Cristo, descrito pelo monge Rudolfo Glaber como se o mundo, de repente, tivesse ficado imerso "num vapor cor de açafrão", criando no "coração dos homens um estupor e terror imensos."[14] Quem sabe se, também, a fome da Borgonha, do mesmo ano de 1033, não teria recebido influências de uma tal penosa ocultação de luz?

Antecedendo o potente eclipse, um grande cometa, sabiamente comentado por Adémar de Charbannes e ainda por Raul Glaber, uns anos antes, em 1014, parecia já pressagiar outros grandes acontecimentos. Ouçamo-los: "O que contudo é certo, é que, cada vez que os homens vêem produzir-se no mundo um prodígio desta espécie, pouco depois abate-se visivelmente sobre eles alguma coisa de espantoso e de terrível."[15] Esses espantos, porventura, teriam coincidido com os combates de estrelas de Janeiro de 1023, ou com as bizarras monstruosidades que Glaber também soube detalhadamente descrever. No entanto, o mesmo monge conseguiu igualmente mostrar, com uma nitidez paradisíaca, que, no advento do milénio da Paixão, tudo, de facto, parecia ter-se modificado:

> No ano milésimo depois da Paixão do Senhor, após a dita fome desastrosa, as chuvas das nuvens acalmaram-se obedecendo à bondade e à misericórdia divina. O céu começou a rir, a clarear e animou-se de ventos favoráveis. Pela

sua serenidade e paz, mostrava a magnanimidade do Criador. Toda a superfície da terra se cobriu de uma amável verdura e de uma abundância de frutos que expulsou completamente a privação.[16]

Dir-se-ia que era chegado o "repouso" que Santo Agostinho descrevera como conteúdo do sétimo e derradeiro milénio salvador. Foi também em 1033 que se iniciou, de modo pioneiro e prefigurador das futuras Cruzadas, uma poderosa onda de grandes peregrinações. O destino dessas peregrinações e, depois de 1095, das próprias cruzadas, era a mesma Terra Santa onde, também em 1033, curiosamente, um terramoto se fez sentir "desde o mar até Forte Dan, em todas as cidades do Negev e do Monte a Jerusalém, a Siquém e às suas aldeias, a Tiberíades e suas aldeias, às montanhas da Galileia e a toda a Palestina"[17]. Os dados são eloquentes ou, pelo menos, falam por si no sentido de se poder concluir que os prodígios terão sempre correspondido à singularidade da data milenar da Paixão cristã, embora, como adiantou Umberto Eco ou Norman Cohn, os milenarismos, mais do que afrontamentos teológicos, resultam sobretudo da fúria revolucionária que se abate nas sociedades, em época de mudança ou de carência. Deste modo, à magnitude dos prodígios, ter-se-á unido um tempo de recomeço e de reconstrução que foi o que caracterizou, de facto, o pós-ano 1000, como antes vimos. Terá sido essa, com efeito, a essência do milénio da Paixão? Apenas o tal *grande escultor*, que é o tempo, poderá, um dia, a tal responder.

1.5 Milénios islâmicos

Numa profecia da minoria *mourisca* e cristã-nova da foz do Ebro, provavelmente dos anos trinta do século XVI, que analisaremos na próxima subsecção deste Bloco 2, podia ler-se: "*No se detallará / ni sabrán k(w)ando se levantará el dí(y)a / del judiçi(y)o d-akí-(y)a ke verán los / montes ke se abrán ap(a)lanado*"[18] ("não se especificará, nem ninguém virá a saber quando será o dia do juízo, daqui até que os montes se tenham aplanado"). Esta preciosa metáfora da espera escatológica, repetindo metáfora idêntica do *Alcorão* (Surata XVIII, 45), é mais atenta à ideia de espaço do que propriamente ao cômputo temporal. Porventura, essa atenção islâmica parece reflectir uma outra visão da espera pelos tempos do fim que, ao contrário do *cânon* cristão, jamais teria sido filtrada pelo simbolismo de um qualquer ano mil. No entanto, vários são os dados que nos permitem pensar de modo inverso. Vamos, pois, percorrê-los, um a um, para que possamos chegar a uma conclusão possível.

Durante o reinado do quinto califa abássida, o famoso *Harún ar-Rashíd* (764-809), surgiu um texto enigmático designado por *Apocalipse de Bahíra*. A tradição deste texto (atribuído a um monge cristão que se teria convertido ao Islão) liga-se ao espírito da profecia cristã *Pseudo-Metodius* (660-680) onde, por sua vez, é imaginado um imperador salvador que, no termo do milénio de Alexandre, apareceria para pôr cobro à súbita emergência islâmica. Como referiu A. Abel, "a vinda dos árabes foi apresentada, no *Apocalipse de Bahíra*, como no *Metodius*, enquanto reflexo de um dos acontecimentos catastróficos que preparariam o fim do mundo"[19]. A profecia islâmica inicia-se com uma visão de tipo danielítica e termina com uma série de predições escalonadas, precisamente, a partir do ano 1050 de Alexandre, de acordo com a ordem das premonições milenares do próprio *Metodius* cristão.

A profecia de Bahíra relaciona o milénio de Alexandre com o despontar histórico do próprio Islamismo, chegando a traçar analogias com o *género* milenário profético cristão. Contudo, essas analogias não se ficam por aí. Tal como no Cristianismo, também no Islão a semana cósmica dos sete milenários preenche o imaginário da escatologia, embora sempre, ou quase sempre, à margem de disputas ditas teológicas. Neste contexto, refira-se a *Taríkh ar-Rusul wa-l-Mulúk* (*História dos Profetas e dos Reis*) de at-Tabarí (838/9-923).[20] Na primeira parte do seu livro[21], o autor, debatendo-se com a duração do mundo, afirma: "[...] foram transmitidas informações, sob a autoridade do mensageiro de *Allâh*, que provam a veracidade do testemunho, segundo o qual [todo] este mundo é de seis mil anos." Uns séculos mais tarde, na *al-Muqaddima* (*Discurso sobre a História Universal*), Ibn Khaldún (1332-1406) comentou a passagem de at-Tabarí, afirmando: "at-Tabarí fundava-se numa tradição" que atribui a este mundo a duração de "uma só semana de todas as semanas do outro mundo"[22]. Céptico em relação a at-Tabarí, Ibn Khaldún, recorrendo ao *Alcorão* (Surata XXII, 47) e a outros canais da tradição (do Sahíh), haveria de concluir, de acordo com tais cálculos:

> [...] o mundo duraria [após a emergência do Islão] a metade do sétimo de uma semana [de 7000 anos], ou seja quinhentos anos. Uma palavra de Maomé confirmaria esta conta – *Deus não será incapaz de fazer durar esta nação mais do que um meio dia*. Deste modo, o mundo existiria desde há 5500 anos, anteriores ao Islão.[23]

Nos Apocalipses populares, escritos durante séculos e séculos, em terras islâmicas, a história surge, de facto, dividida em sete diferentes milénios, homólogos aos sete planetas que, por sua vez, a afectam. Deste modo, a cada milénio corresponderia sempre um planeta, uma língua e até uma forma de escrever. A criação de Adão, neste quadro, remontaria ao primeiro dos milénios, e o último ao advento da revelação de Maomé. Na profecia conhecida por *Apocalipse de Ka'b al-Ahbâr* (século XIII[24]), o sexto século do Islão é descrito como o termo da revelação e como "cumprimento da perfeição". Na tradução de Armand Abel, o pequeno poema que fecha uma outra profecia milenarista, a *Síhat al-Búm* (século XIII[25]), anuncia explicitamente, para o último ano do derradeiro milénio (999 após a Hégira), uma catástrofe generalizada sobre todas as cidades da Palestina, bem como a decadência e a abdicação dos cristãos (no quadro do modelo islâmico da conversão universal que deverá preceder a era escatológica da salvação).

Esta tradição profética milenarista e popular está, segundo M. Sánchez Alvarez, profundamente relacionada com a existência de tradições (*hadíth*) de carácter apócrifo, relativas à quantificação "milenária da Hégira"[26]. A autora situa-as num contexto onde a produção profética *mourisca* ibérica igualmente se incluiria. Esta tradição do milénio da Hégira (622[27]) parece vislumbrar-se também, segundo estudos mais recentes de A. Bouchard, na própria postura guerreira da dinastia *Sa'dí* marroquina face aos portugueses.[28] Embora haja autores que denunciam a importância teológica do ano 1000 no Islão, caso de Mercedes García Arenal[29], a verdade é que existem textos proféticos de origem cristã que jogam com o próprio milenário da Hégira, tentando assim manipular aquilo que, decerto, seria uma verdadeira tradição islâmica (pelo menos de cariz popular tradicional). É o caso dos oráculos de "Leão o Sábio, combinados com os presságios do milénio da Hégira"[30] e de uma profecia turca anónima, editada em 1545-6, e atribuída a uma personagem de nome Barthélem Georgievitch. Em ambos os textos se estabelece uma ligação entre o milénio da Hégira e a conquista da "maçã vermelha", interpretada, no original, como sendo Constantinopla. K. Setton estudou o texto atribuído a Barthélem Georgievitch e assinalou: a profecia "demonstra que os cristãos acreditavam deter o monopólio das profecias de guerra que anteviam a destruição do Império Otomano".[31] Contudo, os turcos possuíam profecias de teor idêntico, uma delas, curiosamente, com o nome latino – *Vaticinium Infidelium Lingua Turcica*, e onde a mesma "maçã vermelha" era agora identificada com Roma.

Para além do milénio alexandrino, da semana cósmica, dos apocalipses populares e do próprio milenário da Hégira, o Islão produziu ainda um outro significativo modelo milenar que, aliás, viria a ter muita importância no Ocidente cristão. Trata-se, naturalmente, do cômputo astrológico. Além da tradição das chamadas *Tábuas* de Toledo, de *az-Zarqâlí*,[32] foi sobretudo a tradução do *Kitâb al-Qirânât* (*Livro das Conjunções Astrais*) de *Abú Ma'shar* (Albumassar; século IX) que viria a estar na base de muitas profecias sobre o fim do mundo, no fim do século XII e inícios do século seguinte, no mundo cristão (nomeadamente, o cômputo de 960 anos, por cada grande conjunção astral, atraiu inevitavelmente conteúdos milenaristas). *Abú Ma'shar* é citado, no Ocidente, entre outros, por Roger Bacon (m. 1292)[33], para concluir que a lei de Maomé não poderia durar mais do que 693 anos, e, mais tarde, pelo Bispo de Barcelona, Martín García (1441-1521), que calculou uma duração para o Islão de 875 anos, fazendo mesmo coincidir a data fatídica de 1492[34] e a da conjunção astral de 1524 com o destino dos *mouriscos* (cristãos novos ibéricos de cultura islâmica). Os mesmos cálculos de *Abú Ma'shar* levariam, no final do século XII, *Jirâsh b. Ahmad*, em obra composta para o vizir *Nizâm al-Mulk* (m. 1092), a propor que, entre a emergência do Islão e o fim do mundo, duraria o tempo correspondente a uma grande conjunção astral, adicionada de um século.[35] Esta opinião, assente num verdadeiro milenarismo astrológico, havia já sido determinada, por coincidência espantosa, no início do século VIII, por um astrólogo bizantino, de nome Teófilo, que atribuiu ao "império muçulmano" a duração do que, na tradição persa samânida, também já correspondia à amplitude da grande conjunção astral, ou seja, 960 anos.[36]

Como se vê, os milenarismos, no campo islâmico, mobilizaram a tradição (*hadíth*), os apocalipses populares, os cômputos alexandrinos ou da Hégira, para além da irradiação das notações astrológicas (caso relevado, por exemplo, nas profecias do famoso Manuscrito 774 da Biblioteca Nacional de Paris). Tal como no Ocidente, o grosso desta produção parece passar-se à margem das ortodoxias, embora estas, sempre que o necessitaram, não se tenham esquecido de forjar premonições para melhor controlarem o destino e manipularem os inimigos. A verdade é que, pelo menos, a partir das Cruzadas ocidentais (1017) e orientais (1096), a guerra escatológica islamo-cristã se tornou, no essencial, uma guerra entre profecias. Ou seja, não apenas entre revelações proféticas distintas, mas sobretudo entre textos que se cruzavam, enxertavam e simulavam, na senda de um triunfo rápido, simultaneamente terrestre e divino (de certa forma, noutra escala, antecipando o actual papel dos media, na sua relação com o *jogo político*). Nesta verdadeira guerra profética, o número mil, embora nem sempre fundado num versículo da *Vulgata*, foi, com toda a certeza, um autêntico actor. Um bravo e incontestado actor desse grande relato profético da história que parecia nunca ter fim. Do mesmo modo que, hoje em dia, o ano mil não parece, de facto, ter-se ainda extinguido dos desejos que povoam a nossa ávida e, às vezes, tormentosa imaginação.

2. AS PROFECIAS COMO ARMA DE GUERRA. UM EXEMPLO IBÉRICO

2.1 Um exemplo da guerra profética e mediática

Nesta subsecção, tentaremos exemplificar o modo como a literatura popular de raiz profética se tornou na Idade Média numa poderosa máquina de simulações e, sobretudo, numa portentosa arma de guerra. Recorremos a um exemplo concreto de grande relevância: quatro textos proféticos que pertencem à colecção do Manuscrito 774 da Biblioteca Nacional de Paris[37]. Trata-se de um conjunto de textos que ilustra de forma quase ideal o papel que a escrita de profecias teve na longa guerra escatológica e mediática entre Islão e mundo cristão, ao longo de vários séculos, mais concretamente entre a emergência das cruzadas no século XI e a expulsão dos mouriscos ibéricos já no início do século XVII.

Comecemos por contextualizar a enunciação destes textos. As comunidades islâmicas que habitavam a Península Ibérica do século XVI correspondiam a uma imensa minoria – e em certos locais a uma maioria real – que se espalhava pelo Sul andaluz, pelo levante Valenciano (nestas regiões, mantendo ainda o Árabe como língua mãe), mas também por partes significativas de Castela e sobretudo com grande peso por Aragão (nestas duas últimas regiões, tendo, com o tempo, perdido a língua mãe e muita da sua específica herança cultural). As profecias do Manuscrito 774 da Biblioteca Nacional de Paris integram-se na literatura aljamiado-mourisca que era enunciada pelos mouriscos não arabófonos, sobretudo de Aragão, os quais, para se expressarem, foram levados a utilizar uma conjunção entre a sua própria memória do alfabeto árabe e a língua com que comunicavam entre si, no dia-a-dia, isto é, uma língua românica que não se identificava com o Castelhano puro, mas antes com um vernáculo de rasgos dialectais "demasiado pronunciados" para a época.[38]

A literatura aljamiado-mourisca, expressão híbrida de uma vastíssima minoria composta por estes cristãos novos, também ela culturalmente híbrida, é caracterizada pela ausência de qualquer parentesco *genético* entre a língua e o alfabeto utilizado. Um caso extraordinário de sincretismo de um povo à beira do fim da sua própria história. No caso de Aragão, o édito das conversões obrigatórias foi o último (datado de Dezembro de 1525), enquanto a expulsão definitiva dos mouriscos de Espanha aconteceria umas oito décadas depois (mais concretamente, em 1609). É deste período final (o termo de nove séculos de Islão na Península) que as profecias que iremos apresentar dão conta. Elas funcionam como um derradeiro sinal de vida de uma civilização e de todo um povo que, antes de *se desviver* por completo, se foi tornando, a pouco e pouco, numa sombra perdida e nostálgica de si própria.

O *segno* (correspondência atribuída na época àquilo que escaparia à ordem natural das coisas[39]) era para este povo toda a comunidade cristã englobante, do mesmo modo que para o mundo cristão esta minoria era a sua encarnação clara. Num tempo em que a racionalidade era um dado ausente, apenas a guerra religiosa e a dissimulação literária dos textos proféticos poderiam conjecturar um eficiente controlo do futuro. As profecias do Manuscrito 774 da Biblioteca Nacional de Paris são a este título um exemplo único, até porque os mouriscos aragoneses, profundamente atingidos por uma grande degenerescência cultural, eram vistos também como *segno* pelos próprios berberes do Norte de África e pelo mundo arabizado em geral. Este facto paradoxal reflecte-se, e de que modo, na letra das próprias profecias. Como se se tratasse de um último resíduo quase arqueológico, o discurso destas profecias (que tudo leva a crer, terem sido escritas entre os anos trinta e o limiar dos anos setenta do século de ouro ibérico, constituindo, pela angústia que encerram, um dos seus reversos mais gritantes) é afectado por decalques da estrutura sintáctica e semântica daquela que foi historicamente a língua primeira dos mouriscos e que, mesmo assim, ainda persiste na memória do texto (o Árabe). Estamos, pois, perante uma clara sobreposição de universos culturais que a história acabaria por provar, de modo cruel e definitivo, ser completamente insolúvel.[40]

Trata-se de um discurso em que, tal como acontece na catedral de Córdova, é possível ler a enunciação de várias culturas ou, se se preferir, o palimpsesto onde se sobrepõem as camadas plurais e híbridas de uma mesma cultura. Antes de passarmos à análise dessas interessantíssimas profecias, é agora altura de as editar na sua tradução portuguesa[41]:

Profecia 1[42]

(fol. 278r) *Bi-smi illahi ir-rahmâni ir-rahími wa salla Allahu ʻalâ sayyidinâ Muhammadin wa âlih*[43] (Em nome de Deus, o clemente, o misericordioso, bendiga Deus o nosso generoso senhor Maomé[44]).

Isto é um relato das adversidades que hão-de ocorrer na posteridade dos tempos, na ilha de Espanha.

Foi contado por ʻAlí Ibnu Jâbir Alfârasi(y)u que disse (fol. 278v) que havia na cidade de Damasco, numa das suas montanhas, um homem velho que tinha a cabeça e a barba branca e que se havia confiado a servir a *Allah taʻâlâ* (Deus seja louvado). Estando ele, num dia de *ʻashúrâ*` (dia 10 de *Muharram*), à hora de *al ʻasar* (de tarde), desceu sobre ele um homem vindo da *assamâ* (do céu), sentou-se [depois] na sua mão (fol. 279r) direita e disse-lhe:

– Ó! (Ya) servo de *Allah*, quero fazer-te saber como se aproximam tempos difíceis (*"el eskandalizami(y)ento"*) para os muçulmanos de Espanha. [E] disse:

– E porque é que isso acontecerá?

– [E] disse:

– Porque irão acontecer entre eles muitas coisas feias. E a primeira dessas coisas é que deixarão de compreender o Alcorão, e deixarão *l-ssalâ* (a oração ritual) e não pagarão *a(l)zzake* (a esmola legal) e *dayunarán* (jejuarão) pouco e [mesmo assim] dizem que *Allah* é verdadeiro (fol. 279v) nos seus corações, [mas] são vazios de nomear *Allah*. E por isso semearão muito e colherão pouco, trabalharão muito [e disso] terão pouco proveito.

E disse o *al'abíd* [o asceta] ao homem:

– Faz-me saber como vivem as gentes no mundo!

Disse-lhe que será pouca a vergonha e muito o *a(l)zzine* (o adultério) e o irmão não reconhecerá o seu irmão, nem o filho (fol. 280r) o seu (próprio) pai e deixarão as mesquitas vazias e despovoadas; e os jovens não honrarão os mais velhos e dirão os jovens que os mais velhos não são verdadeiros e que os acham como se, também, fossem jovens, e [quando] aquilo acontecer *Allah ta'âlâ* (Deus seja louvado) enviar-lhes-á a humilhação, dar-lhes-á grandes fomes e grande falta (fol. 280v) de carne. Verificar-se-ão grandes adversidades entre as gentes nas cidades e nas vilas e *Allah ta'âlâ* (Deus seja louvado) enviar-lhes-á chuva quando não for precisa e detê-la-á quando o for.

E disse-lhe o *al'abíd* (asceta):

– Ó! homem, faz-me saber em que tempo isso acontecerá (*será akello*).

E disse-lhe:

– No ano de novecentos e dois, principiará o ano de seis. Haverá discórdia (fol. 281r) entre os reis adoradores da *a(l)ssalib* (da cruz) e os *comedores* de porco. A norte e no lado do poente, haverá uma grande batalha; e então será passado o trabalho dos muçulamos de Espanha.

"E enviará *Allah ta'âlâ* (Deus seja louvado) um rei que se chamará Ahmad e há-de ser senhor da terra e do mar e obedecer-lhe-á toda a (fol. 281v) gente. E o sinal (*la señera*) que irá indicar o momento em que (tudo) isto vai acontecer é uma estrela que aparecerá diante (*ante*) da Ursa maior [*Pasku(w)a Mayor*] e que aquecerá a terra com o seu calor. Quando isto ocorrer, logo se levantará o turco numa cidade e aprisionará o seu senhor. E levantar-se-ão os cristãos contra os muçulmanos, daí que as gentes se aproximarão dos cristãos (fol. 282r) e então estarão as gentes em grande tribulação.

"Naquele ano, haverá um dia grandes vozes e gritos entre as gentes e ficarão (*estarán*) amortecidos sem [qualquer] ferida nem golpe. Naquele dia, haverá muitas crianças, adultos e mulheres entre as gentes que se farão cristãos. E a menor tribulação acontecerá (será) em Aragão e em Huesca. O remédio dos muçulmanos aproximar-se-á, quando (fol. 282v) muitos deles (desses cristãos) se fizerem muçulmanos. E o seu princípio será em al-Andaluz daqui até ao ano mencionado (*susodicho*).

"Depois disto acontecerá outra coisa: um fogo atingirá homens e mulheres e crianças [*k(i)r(y)aturas*]. E queimarão as suas mesquitas e transformá-las-ão em igrejas com cruzes [*para las k(u)ruzes*] e depois (fol. 283r) a grande maldade dos eclesiásticos manifestar-se-á [*demost(a)rars-á*]. E depois disso (ter acontecido) *Allah ta'âlâ* (Deus seja louvado) alterará (*rremoverá*) os corações dos reis muçulmanos e o turco, [que] será o seu capitão, pôr-se-á a caminho do mar com o seu séquito,[45] o qual não poderá ser devidamente calculado (*lo ke no se po<u>d</u>rá kontar kon konto*). E o primeiro lugar (*kosa*) que voltará ao Islão (*al addín del alíslâm*) (fol. 283v) será a ilha da Sicília e depois a ilha das azeitonas que é Maiorca e a ilha do sal que é Ibiza. E depois disto haverá grande concórdia entre os reis muçulmanos; e o maior deles será *Hâshâmí*, cujo guia será defendedor do Islão (*del addín del alíslâm*). Diz[-se] que os muçulmanos ganharão a ilha (fol. 284r) maior de Espanha e que passarão o mar por três partes (os mesmos muçulmanos) com tanta gente [que nem poderá ser contada]. Haverá em Valência grandes vozes, como também haverá em Deña outra voz do Islão. Nos montes (*serranias*) do (al-)Andaluz levantar-se-ão os muçulmanos sobre os cristãos e haverá entre eles uma grande batalha (fol. 284v), daí que o sangue chegará à porta do moinho. E serão os muçulmanos vencedores num dia de *alkhamís* (quinta-feira) [e] haverá grande pavor, pelo que os jovens e os adultos correrão a fazer-se (*a fazerse*) muçulmanos. Os de Valência, ao verem aquilo, pôr-se-ão em fuga (*irse an fuyendo*) para Mulve<u>d</u>ro. E sobre eles se levantarão os muçulmanos num dia de sábado, à hora de *al'asar* (de tarde).

"Depois, levantar-se-á (fol. 285r) o grande pânico [t(e)remolidad] entre os cristãos. Quando virem isso, os muçulmanos atacarão por todos os lados, pois a cidade de Alhandaq não será (não poderá ser) reinada à parte das suas vizinhas, e os da cidade branca ao verem o grande dano [provocado] nos cristãos acorrerão todos e farão uma grande batalha entre eles e os muçulmanos, de tal maneira (fol. 285v) que um cavalo branco não será reconhecido, devido ao muito sangue que [entre eles então] correrá. E assim ficará [será] o rei dos cristãos cativo e [depois] mandá-lo-ão levar à cidade de Valência. Ali se tornará ele muçulmano. Ao verem isso, os cristãos juntar-se-ão na cidade do rio. Nessa altura irão sobre eles três reis muçulmanos (fol. 286r) e entrarão na cidade pela força das armas e comerão [depois] todos os três a uma mesa e despedir-se-ão [ag(a)rasi(y)arán] uns dos outros; [então] um guerreará para os lados de Monkayo, o outro para os lados de Zuera, e o outro para os lados de Himsa [que pensamos que quer dizer Sevilha].

"E quando os cristãos virem que o seu rei está (fol. 286v) cativo, tornar-se-ão muçulmanos alguns deles (*las partes d-ellos*). E serão vencedores os muçulmanos com o poder de *Allah ta'âlâ* (Deus seja louvado) e não farão senão guerra santa (*aljihâd*). O pai não tomará conta do filho, nem o marido da mulher. Quando isso acontecer serão vencidos os adoradores dos ídolos e os *comedores* do porco; não ficará (fol. 287r) senão a lei do Islão [*ell a(l)ddin del alíslâm*] e então ler-se-á publicamente o *Alcorão* e far-se-ão as orações e todas bem feitas, no tempo [a partir] da dita tribulação. Tão boa ventura para o mouro que tenha amigo cristão e, depois, tão boa ventura para o cristão que tenha amigo mouro.

"Pois tende (fol. 287v) boa esperança que se aproxima o tempo do fim em que diz o vivo ao morto: fosse eu como tu! Pois despertai da vossa negligência que o tempo (já) se aproxima. E atentai (*mirad*) aos sinais que o asceta (*al'abid*) disse que haviam de chegar para os muçulamos da preciosa ilha de Espanha (fol. 288r), devido aos grandes pecados que acontecerão entre os muçulmanos e [por isso] *Allah ta'âlâ* se enfurecerá e contra eles (*sobr-ellos*) enviará os adoradores da cruz e [estes] tomar-lhes-ão os seus haveres e as suas casas e as suas mulheres e as suas crianças e não terão [qualquer] piedade deles (dos muçulmanos). Assim sendo [*Pu(w)es*], muçulmanos sede unidos como (fol. 288v) a frágua forte de chumbo [*la f(a)ragu(W)a emp(o)lomada fu(w)erte*]. Que o seu princípio será no ano de novecentos e dez. Allah é mais sabedor."

Isto é o que nos chegou [*nos a p(e)legado*] através de 'Alí Bnu Jâbir Alfârisiyyo.

Wa alhamdu l-illahi rabbi al'alamína wa lâ hawla wa lâ quwwata illâ b-illahi al'âliyyu al'uzímu (E o louvor seja para Deus, senhor dos mundos, e não há força nem poder senão em Deus, o grande, o incomensurável).

Profecia 2

(fol. 289r) Isto é uma profecia revelada (*sakada*) por astrologia e pelo sábio digno de grande ciência, Santo Isidoro, que diz assim:

Eu digo e será cumprido e consumado [*(y)akabado*] nesta terra. E eu digo que não sou profeta nem filho de profeta, mas sirvo a unidade e os seus profetas, cada um em seu lugar e Allah me ponha (a mim) no seu paraíso [*aljanna(t)*]. Amen (*Ámin*).

Eu digo, tu Granada serás presa e serás o ensejo (*ansas*) da batalha (*kanpana*) de Espanha (fol. 289v) e a tua gente deparará com o rei (e) tudo lhes será violado. [Mesmo as suas] juras e a esperança (*fe*) que [ele] lhes dará. Depois, [ver-se-á] um forte planeta no mar e em Viscaia [...] e o seu grande séquito, porque diz assim:

Tu Espanha, [haja] choro nela. E diz assim: os judeus têm grandes males e serão derrubados e a sua lei [será] desfeita (*desmenusada*).

Ó Espanha! Digo-te que, se a tua gente soubesse o que te há-de acontecer e (se em tal) acreditasse, deixar-te-ia (fol. 290r) a sós, tão grande é o mal que sobre ti há-de cair (*ke verrná sobre ti*).

No entanto, diz assim: não se pode deixar para trás nem passar para além do que Allah quer, a não ser que seja por imploração [*rru(w)egos*] a um só Allah e senhor que (nos) diz assim: ao chegar a roda de mil quinhentos e um, então estarão (*serán*) as gentes de Espanha tão atribuladas e tão afrontadas (fol. 290v) que não saberão (mais) para onde ir, nem o que há-de ser delas, de acordo com o que nelas se alterará (*rremoverá*), e não poderão saber nada uns dos outros, de maneira que, em pensamento, julgarão as gentes morrer, tão grande mal andará no [neste] reino de corrupção que haverá nesta terra. Tão grandes lamentos [*p(a)lasmo*] que se esperam para Espanha. (fol. 291r) E boa ventura para o mouro que naquele tempo tenha amigo cristão, porque acontecerá (*virá à*) mouraria de Espanha [o] que diz assim: quando chegar a roda de mil quinhentos e um não se achará em Espanha quem leia o *Alcorão*. Isto acontecerá devido à pouca ciência e maus conselhos que existirão na mouraria e, de modo muito (fol. 291v) árduo [*de muy p(i)ri(y)eta*], defendendo-se, far-lhes-ão o crisma à força, de tal maneira que, dos maus conselhos, azares e das muitas arbitrariedades que lhes farão, quando chegar a roda de dois, ou antes, ficará [será] a cristandade tão fortemente corrida e de tal modo traída que [haja então] boa ventura para o cristão que nesse tempo tenha amigo mouro. E se tiver feito bem ou mal, então se verá; por (fol. 292r) que vem sobre os cristãos muito corrompido mal, o qual não parará jamais [na] fortaleza do mal, até que seja acabada (*fasta ke será akaba<u>d</u>a*) a seita.

E digo que é verdade e por três coisas se acabará [a seita]: porque os mouros ganharão toda a terra de Espanha, outra por [causa do] clero e porque Allah não quer mentiras. E se alguém mudar (*permutaras*) esta escritura, Allah a tornará verdadeira, pelo que digo que, cumpridos os três dez depois dos três quinhentos, se bem atenderdes (fol. 292v), verificar-se-ão (*abrá*) sete eclipses de sol. Digo que, durante aqueles sete anos, durará, sem dúvida, a guerra em Espanha. E também haverá orfandade, de maneira que tu ficarás toda destruída; que a guerra dos mouros nunca mais parará até que o que prometeu seja cumprido e consumado (*akaba<u>d</u>o*), que disse: eu darei a minha [voz] à voz do Maior (de *Akbâr*) que diz assim:

Rrogabo pater mí(y)o et parak(i)l(i)to dobis vobis. (Rogarei a meu Pai e a Paracleto por vós.)[46]

Aquela será a última voz do Maior (de *Akbâr*) e [...] não veio ao mundo senão para criar obstáculos entre os (fol. 293r) pais e as crianças que tanto gritam [*tan k(i)ritabis*].

Isto é a queda [*abashami(y)ento*] de que se fala. No entanto, creio que disse [que] contribuirá para o melhor e será o mundo tão transtornado que será coisa de maravilha que o ocultado (*enselado*) acabará por se cumprir (*abrá de sallir*) sem dúvida.

E será cumprido o que disse Arbannis, que tu Espanha serás como uma panela (*olla*) que, por muitas partes, virás a ser consumida no teu estado (fol. 293v) e todos os teus reinos serão destruídos pela muita guerra e maldade que está em ti encerrada e nem poderá ser que a vontade de Allah [não] seja cumprida.

Profecia 3

(fol. 293v – cont.) Isto é o lamento de Espanha [*p(a)lanto de España*[47]], o qual foi revelado (*sakó*) Santo Isidoro, doutor mui excelente das Espanhas, a partir de um livro muito velho chamado Segredo dos Segredos de Espanha e do [seu] grande choro que há-de vir sobre ela antes que os três dez sejam cumpridos, (fol. 294r) depois dos três quinhentos.

Tu Espanha, ferverás nas paixões dos teus males; assim como a panela (*olla*) aquecida pelo grande fogo. Acrescentarão as tuas dores e os teus fervores aos grandes fogos que em ti serão postos (*ensendidos*). Ficarás nas mãos dos *civis* e a justiça [será] dirigida (*mandada*) por judeus e os ofícios da igreja [serão] dados por vitupério aos marranos (*tornadizos*) (fol. 294v) e [assim] os serviços divinos [serão] injuriados [*vetuperi(y)ados*]. Então sairá o grande Jabarín, vindo das fontes húmidas, com os cinco porquinhos e forçarão pela força grande parte de ti, Espanha. Com os [seus] dentes afiados (*kolmillos*) te cortará e ficarás [serás] perdida diante do grande Jabarín. E grandes serão os males que sobre ti virão [de tal modo] que, por cinco partes, entrará a espada da justiça em ti.

Ai [Gu(w)ay] de ti (fol. 295r), Espanha, que não terás quem te valha (vale*d*ores) pois esqueceste o teu senhor.

Ai [Gu(w)ay] de ti, Espanha, e do teu (muy) grande chefe (Kaw*d*illo) sem coroa de virtudes, que os teus actos (fechos) são pecados condenados por Allah. O sangue dos pequenos pobres pedirá vingança de ti.

Ai [Gu(w)ai] de ti, Espanha, que eras como [as] ovelhas sem pastor ou corpo sem cabeça ou viúva sem marido ou gente sem chefe (Kaw*d*illo):

Chorarás (fol. 295v) e gemerás e não serás ouvida, Eras honrada pelos teus conterrâneos, [mas] agora serás arrasada (abasha*d*a) porque deste [as] tuas roupas aos que não merecem [a los no meresi(y)entes] e que são os lobos roubadores sem misericórdia.

Ai [Gu(w)ai] de ti, Espanha, que roubaste as portas (a*d*arbes) às (*d*e las) tuas cidades e [que] violaste as suas liberdades. Violadora das coisas que juraste, os teus regedores são lobos roubadores sem bondade. O seu ofício é a soberba e o excesso (fol. 296r), a sodomia e a luxúria, e a blasfémia, e a renúncia, e a pompa, e a vã glória, e a tirania, e o roubo, e a sem justiça.

Ai [Gu(w)ai] de ti, Espanha, que farás da igreja de Deus? Darás os seus benefícios aos pecadores que serão [ainda] piores do que [os] idólatras; [eles] não [te] pregarão o Evangelho do teu salvador, mas [antes] as falsas intenções de indignar os pequenos [no sentido de] fazê-los executar (fol. 296v) as suas maldades (dos pecadores).

Ai [Gu(w)ai] de ti, Espanha, que muitas vezes foste ameaçada; agora serás destruída e terás fome, guerra e mortandade. Para vingança dos teus males, serás rompida e desonrada e a tua grande cidade e o seu santo templo será começado, mas (i) não será acabado. Naquele tempo os judeus serão cristãos, e os cavalheiros hipócritas e os clérigos vã glória. (fol. 297r) Queira Allah que [os] mouros não se levantem nesta terra [señorí(y)o] e [não] domem as cervizes aos Castelhanos. Então começará [a] renovação da lei. Isto acontecerá depois de se levantar (Ke se levantará) no oriente uma poderosa serpente que (*i*) cercará a cidade antiga de Constantinopla e matará o príncipe grego. Colocar-se-á (*Asentarse á*) na cabeça do mundo e levantar-se-á a grande guerra (fol. 297v) no mundo.

Ai [*Gu(w)ai*] de ti, Espanha, duas vezes foste destruída, uma vez (*vegada*) por seca, outra vez pelas mãos dos Agarenhos (descendentes de Agar). Agora serás [destruída] por eles, pela terceira vez, e serás destruída pelas tuas maldades e, quando a grande besta de Espanha cumprir vinte e um anos, começarão as tuas destruições, [de tal modo] que a nobre cavalaria de França e da Catalunha se despedaçarão (fol. 298r). O mesmo acontecerá (*Así mismo*) em Compostela que é [na] Galiza.

Ai! [*Gu(w)ai!*] então [que será feito] do clero e dos falsos religiosos, [já] que todos serão destruídos pelos seus grandes pecados, pois (*Ke*) olvidarão o serviço da sua igreja e incendiar-se-ão no mundo e nas cobiças, e nas ganâncias, e tolerarão (*levarán*) a usura. [Tal] como as lagostas (fol. 298v) dos marranos (*tornadizos*), [eles] usurparão os menores. Fornicarão com a força da igreja. Serão tiranos, soberbos, grandiosos, inglórios, luciferinos, [praticantes] de feitos abomináveis e [de] pecados cruéis e mortais. Serão os religiosos sem firmeza, sem verdade e sem caridade. A ira do senhor do céu descerá sobre eles e serão corridos e des(fol. 299r)baratados e [ver-se-ão] afligidos e mortos; das suas tumbas [*ku(w)evas*] sairão [então] as bestas agarenhas envenenadas (*emposoñadas*) para destruir a Espanha, a alta e a baixa. E os Espanhóis ficarão desconcertados e muito contrários uns aos outros, [de tal modo] que não se poderão valer [uns aos outros]. E tão grande será o dano que os mouros provocarão (*farán*) que, na Bretanha, fazer-se-á ouvir um novo (fol. 299v) David por argúcia do Encoberto [*Encubi(y)erto*], [investido] com alto e cristianíssimo poder[48], para que todos os agarenhos saiam de Espanha, limpos [*linpi(y)ados*] com os hebreus, e lagostas, e lobos *roubadores* esfomeados e gatos religiosos; todos padecerão [junto] com os agarenhos e virá o Encoberto com os da linhagem de Etor e limpará as tumbas [ku(w)evas] e a cidade de Hércules e dar-se-á (*volverse á*) grande guerra (fol. 300r) entre os lobos e os raposos com os gatos religiosos que são os conversos, e (*ke*) será tão grande e tanto o sangue que se derramará até próximo da fonte do ferro, e (*ke*) chegará à cintura dos cavalos, e (*ke*) será grande dor de (*lo*) o ver. Passarão [depois] pelas cadeias do ferro e limparão a cidade de Sénaca.

Ai então! [*Gu(w)ai entonses!*], (fol. 300v) [que será feito] dos agarenhos de Espanha, [já] que a vã glória do seu Alhamra pelo alto será tomada; e a mui formosa cavalaria de Ronda como soía ser de nomeada [*nomb(a)rada*]; e a grande formosura de Málaga; e a fortaleza de Gibraltar; e as mui deleitosas hortas e montanhas onde soíam distrair-se, tudo [eles] hão-de deixar. E tão grande será o mal [deles] que já não saberão para onde fugir, nem que conselho tomar.

(fol. 301r) Muitos perecerão de armas na mão (*por armas*) e muitos se afogarão no mar, e passarão fugindo para [os] Montes Claros. Irá o Encoberto [*Encubi(y)erto*] atrás deles e conquistará (*ganará*) Ceuta, Tremecén e Marrocos.

Isto é o que nos foi pregado através da [*nos a p(e)legado de la*] profecia de Santo Isidoro. *Wa alhal Allahu al'alamína*[49].

Profecia 4

(fol. 301v) Foi relatado (*rrekontado*) pelo profeta *(l-annabí) Muhammad, salla Allahu 'alayhi wa sallam* (Deus o abençoe e o salve), que disse:

– Eu vos guiarei a uma ilha piedosa [*a pi(y)dad*].
Disseram:
– Sim, Ó rasúlu Allah! (mensageiro de *Allah*).
Disse:
– Uma ilha a (*en*) poente a que chamam (*ke le disen*) Andaluzia, e (*ke*) nela [ainda] habitará gente da minha comunidade de crentes (*konpaña de mi alumma*), porque manter fronteira nela [durante] um dia e uma noite [ao serviço de – *enta*] Allah ta'âlâ (Deus seja louvado) é como se o adorassem [para] sempre.

E aquele que nela dorme com a sua gente (*konpaña*) (fol. 302r) é como o que jejua permanentemente [todo el *ti(y)enpo*] e está de pé e fora dela (da Andaluzia). Boa ventura para quem o alcançar no fim dos tempos [*en el fin del ti(y)enpo*] e [então] enviará a ela *Allah ta'âlâ* (Deus seja louvado) um ar que leva os que nela vivem a *Baytu Almaqdis* (a casa santificada).

Foi relatado pelo mensageiro de *Allah*, *salla Allahu 'alayhi wa sallam* (Deus o abençoe e o salve), que disse:

– Ainda se levantará (fol. 302v), no dia do juízo, um homem da minha comunidade (*alumma*) na ilha da Andaluzia que fará guerra santa (*aljihâd*) no caminho de Deus (*fí sabíli Allah*).

Não se especificará, nem se saberá (*sabrán*) quando se levantará o dia do juízo, daqui até que se vejam os montes que [entretanto já] se tenham aplanado [*ke se abrán ap(a)lanado*].

Foi relatado pelo mensageiro de *Allah*, *salla Allahu 'alayhi wa sallam* (Deus o abençoe e o salve), que disse:

– Andaluzia tem quatro das portas do paraíso (*aljannat*). Uma porta a que chamam (fol. 303r) Faylonata e outra porta [a que chamam Lorca], e outra porta a que chamam Tortosa e outra porta a que chamam Guadalajara.

Disse *Muhammad Bnu Qatil* em Meca:

– [Pela] região dos da Andaluzia, por Aquele que tem a minha pessoa em seu poder!, [que] manter fronteira na Andaluzia [durante] um só dia e uma noite (fol. 303v) é melhor do que doze peregrinações ("*alhacjjâs*")[50] cumpridas [por] obrigação.

E disse *'Abdu al-Malik Bnu Habíb*:

– Perguntei por algumas das primeiras adversidades da região da Andaluzia. E pergunto[u]-me ainda (*demandóme otrosí*) pela mesquita verde, [e] fiz-lhe saber do seu lugar e [então] disse:

– Ó Abâ Marwan! eu far-te-ei saber notícias precisas [*nu(w)-vas firmes*] já que no dia do juízo (fol. 304r) o pregador [*el almu(w)addin*] se levantará para pregar. À hora da [do fim da] tarde (*al'asa*) pregará na Andaluzia [e dirá] que o Islão (*al-Islâm*) não se desviará (*detajará*) daqui até ao dia do juízo, e que os inimigos nela não vencerão jamais.

Disse o mensageiro de *Allah, shalla Allahu 'alayhi wa sallam* (Deus o abençoe e o salve):

– Ainda haverá (*detallará*) guerra santa a poente (fol. 304v), mas será numa ilha a que chamam Andaluzia, por Aquele que tem a minha pessoa em Seu poder! que manter fronteira nela uma noite é mais vantajoso do que um mártir derramando-se no seu próprio sangue, no caminho de Allahi (*en fí sabíli Allahi*).

Disse Bnu Shihâb:

– Deixou-se dormir [*durmi(y)ó*] o mensageiro de Allah, *Muhammad, salla Allahu 'alayhi wa sallam* (Deus o abençoe e o salve) e disse:

– Por Aquele que tem a minha pessoa em seu poder! o meu irmão Gabriel (*Jibríl*) fez-me (fol. 305r) saber, enquanto eu dormia [*i yo durmi(y)endo*], que, depois de mim, seria conquistada uma ilha a que chamam Andaluzia, onde (*ke*) o vivo é bem aventurado e o morto é mártir. Virá ainda o dia do juízo com setenta e dois estandartes (*señas*); debaixo de cada estandarte [haverá] setenta e duas mil [pessoas] que ficarão (*ke son*) feridas sem espada nem (*kon*) lança.

Disse 'Omar (fol. 305v) Bnu Alkhattâb, *radiya Allahu 'anhu* (Deus dele tenha piedade):

– E quem são esses mártires?

Disse l-annabí (o profeta) *Muhammad, salla Allahu 'alayhi wa sallam* (Deus o abençoe e o salve):

– Aqueles são os estrangeiros (*algaribos*) à minha comunidade de crentes (*de mi alumma*), aqueles são os habitantes dos cabos da terra; por Aquele que tem a minha pessoa em seu poder! que manter fronteira uma noite nas guerras dos muçulmanos é mais importante para mim (*es más amado a mí ke*) do que a noite de *Laylatu el qadri* (a noite do destino).

Disse (fol. 306r) o mensageiro de Allah, *salla Allahu 'alayhi wa sallam* (Deus o abençoe e o salve), que a ilha da Andaluzia é um dos planos do paraíso (*del aljanna*) e disse parte da sua gente (*konpaña*):

– Ó meu senhor, põe-nos ao lado deles, como participantes do bem!

Disse o mensageiro de Allah, *salla Allahu 'alayhi wa sallam* (Deus o abençoe e o salve):

– Como podereis ter parte nas suas recompensas, já que não haveis participado ao lado deles nos trabalhos (fol. 306v) e espantos [por que passaram]?

E Jibríl (Gabriel) *'alayhi i(l)ssalâm* (a paz esteja com ele) fez-me saber a mim que as gentes envelhecerão nela [na Andaluzia] antes do tempo das grandes arbitrariedades (*sin rrazones*) que lhes farão os inimigos e colherão os grãos fora de estação.

Foi relatado por 'Ikrima e por Ibnu Abbâs e pelo mensageiro de *Allah, Muhammad, salla Allahu 'alayhi wa sallam* (Deus o abençoe e o salve), que disse:

Ainda (fol. 307r) o exército dos adoradores de ídolos e *comedores* de porco vencerá um exército dos da verdade e da crença, na ilha de Andaluzia, a qual será conquistada depois de mim.

Foi-nos relatado por Bnu Abbâç, *radiya Allahu 'anhu* (Deus dele tenha piedade), que, um dia, o mensageiro de Allah, Muhammad, *salla Allahu 'alayhi wa sallam* (Deus o abençoe e o salve), fazia a oração do ocaso [*a(l)ssala de almagrib*], (fol. 307v) e quando a acabou recostou-se ao canto do seu *almihrab* (o nicho da mesquita, orientado para Meca) e olhou para poente e chorou choro muito forte.

Disse Ibnu Abbâç, *radiya Allahu 'anhu* (Deus dele tenha piedade):

– Ó mensageiro de Allah (*rasúlu Allah*), por que é que choraste até teres molhado (*fasta ke as mojado*) com as tuas lágrimas os pêlos da tua barba?

Disse l-annabí (profeta) Muhammad, *salla Allahu 'alayhi wa sallam* (Deus o abençoe e o salve):

– Eu chorei porque o meu senhor me mostrou [*me á demost(a)rado*] uma ilha que se chama Andaluzia [e] que será (fol. 308r) a última ilha a povoar-se pelo Islão e a primeira de onde o Islão será retirado (*ke ende será tirado i-alíslâm d-ella*).

Disse 'Abdu Allah:

– Ó enviado de Allah (*rasúlu Allah*), e como é que a unidade de *Allah ta'âlâ* (Deus seja louvado) vencerá (*sobr-ellos*)?

Quem o diz é Aquele que (*dízeles akel ke*) enviou o seu mensageiro com a religião muçulmana [*la guí(y)a*] e *l-addín* (a lei) verdadeira, com o intuito de a provar (fol. 308v) sobre todas as outras leis [*para ḏemost(a)rarlo sobre los a(l)ddínes*], ainda que tal pese aos descrentes.

E disse l-annabí (o profeta) de Allah:

– De verdade, há condições que [se] abaterão [sobre] aquela gente (*akella konpaña – da Andaluzia*), e só muito poucos de entre eles preferirão as almas; e [a maior parte] amará [mais] este mundo do que a lei, o que permite (*deshan*) [a existência de] muitos dos castigos do piedoso, [revelados] na palavra do seu *Alcorão*, para *l-adḍunya* (para este mundo).

2.2 O mundo das profecias do Manuscrito 774 da Biblioteca Nacional de Paris

As quatro profecias *mouriscas* que constam no Manuscrito 774 da Biblioteca Nacional de Paris não existem a sós. Elas foram escritas e enunciadas num mundo e num meio muito concretos. Nesta subsecção, damos sumariamente conta do universo em que este tipo de mensagens proféticas se tornava legível, habitual e sobretudo previsível.

A grande intranquilidade das primeiras décadas do século XVI reflectia-se nos enunciados que iam interpretando os fenómenos, incluindo os fenómenos naturais, tentando neles encontrar as chaves de um discurso superior. A grande conjunção planetária de 1524 foi disso um exemplo fulgurante. Os textos proféticos populares, que amiúde se contradiziam especulando sobre o futuro e a iminência de acontecimentos extraordinários, circulavam com imensa velocidade por toda a Europa[51], unindo nos seus propósitos estratégias políticas e militares ou simulando situações (tendo em vista ganhar terreno na permanente disputa entre os poderes cristãos e as minorias islâmicas; Luci López Baralt, citando epístolas de Pedro de Deza e de Frei Marcos de Guadalajara, referiu a importância desses textos junto das autoridades).[52]

As profecias *mouriscas* integraram-se na respiração da época e, tal como foi assinalado por Mercedes Sánchez Alvarez (1980) ou por L. Cardaillac (1977), coexistiam e intertextualizavam as profecias cristãs. Além disso, os textos proféticos maioritariamente anónimos que os mouriscos redigiam eram também filtros de toda uma longa tradição associada à alteridade islamo-cristã. Esta tradição remonta ao século VII (época em que surge, por exemplo, a profecia intitulada *Pseudo-Methodius*), tem continuações ramificadas na época das cruzadas com a chamada *Carta de Toledo* do final do século XII e com a *Profecia do Filho de Agap* (que se apresenta com versões árabes e cristãs – do tempo da já quinta cruzada), para além da *Profecia de Tripoli*, em que se faz eco das lutas pela posse de Jerusalém após a quebra do pacto entre Frederico II e o sultão do Egipto, e também da *Obra Maior* de Roger Bacon, ligada ao apocalipticismo posterior às invasões Mongóis (1116-1227). Como Richard W. Southern referiu, o avanço turco constituiria uma nova mola impulsionadora da guerra profética: "As the turkish danger reached its height and Islam threatened to engulf Europe, there was one last outburst of the medieval apocalytptic prophesying."[53]

Apesar desta tradição de guerra, é verdade que a tolerância na Península Ibérica também fez história (as mourarias e judiarias até meados do século XV e as comunidades moçárabes durante o califado foram disso exemplo). No entanto, toda essa memória diversa convive, sobretudo após o primeiro quartel do século XVI, no caso do destino dos mouriscos, com a ameaça do fim do seu próprio mundo.[54] É esta evidência de fim sem retorno, protagonizada por um povo ibérico, que os quatro textos do Manuscrito 774 da Biblioteca Nacional de Paris radiografam. Mas não a qualquer preço: os mouriscos, mesmo no auge do seu pessimismo, reivindicarão sempre a vitória final: a escatológica.

A necessidade de conversão e a salvação andavam de mãos dadas neste tempo turbulento e de urgência escatológica. Do lado cristão, a tradição oscilava entre o espírito de cruzada e tímidos ensaios pacifistas. Dentro desta última linha, na sequência de Raimundo Lulo ou de João de Segóvia,[55] insere-se a carta que o Papa Pio II (*Aeneas Silvius*) escreveu ao Sultão Mahomet II, ainda em 1460: "It is impossible for you to succeed while you follow the Moslem law. But only turn to Christianity and you will be the greatest man of your time by universal consent."[56] Antes o Sultão era convidado a baptizar-se e a converter-se. Por volta de 1509--1510, as profecias que ilustram os episódios da guerra de *Cambrai* referem também a conversão dos turcos, como condição de pacificação do mundo, nomeadamente um célebre texto dedicado a Julius II intitulado *De l'anno cinquecento e nove, de dicembre a XX che sempre piove.*[57]

Curiosamente, este cenário de "conversão do outro" adquire laivos intertextuais, tornando-se, por isso mesmo, normal e previsível a disputa e o enxerto de partes de textos proféticos, através de manipulações discursivas devidamente planeadas, como aconteceu na Profecia 3 do Manuscrito 774 da Biblioteca Nacional de Paris. É também o caso da profecia *mourisca* conhecida como "l-alwadía del g(a)ran Turko, rahmatu...llahi, llamado Muhammad 'Uçman, el-ke ganó Gostantinoble, hijo del g(a)ran Murat...",[58] onde surge em cena o "grande Turco" dando ao filho os últimos conselhos sobre os requisitos de um futuro Sultão. O texto prediz com todos os detalhes a invasão de Roma, a passagem a cavalo do Sultão pelo altar de "Pedro e de Paulo", terminando com um forte apelo à destruição dos ídolos e sobretudo à conversão: "I la su fe umillada i tornada a la fe i k(e)rençi(y)a del-annabí g(a)rande p(o)rofeta Muhammad...."[59] Esta profecia, datada de 884 (1479-1506[60]), surge intertextualizada numa outra cristã que se tornou conhecida em Roma, no ano de 1519, tendo sido bastante difundida até pelo menos 1530 (ficou conhecida como "*La vera prophetia dal glorioso Santo Anselmo... la quale declara la venuta de uno imperatore...*"[61]). Este texto cristão, que dialoga com outras predições cristãs da década de vinte, refere igualmente o passeio do Turco pelo altar do Vaticano. No entanto, a sua versão dá contra de um súbito milagre da Virgem Maria que obriga o cavalo do "grande Turco" a ajoelhar-se, facto que o conduz ao baptismo e, portanto, à sua conversão imediata.

Para além do seu carácter taumatúrgico, as profecias eram nesta época veículos não oficiais de propaganda. Na maior parte das vezes, transformavam os factos em desejos, reflectindo, tal como M. Herzfeld ou Mark K. Setton referiram, o 'dever ser' de uma cultura[62]. O contraste entre *l-alwadía del g(a)ran Turko...* e *La vera prophetia...* exemplificam estes factos de modo particularmente consistente. O enunciado profético é, pois, por natureza, um enunciado instável e conduz, por isso mesmo, o leitor a perseguir os sentidos menos claros e mais enigmáticos (numa atitude de leitura muito diversa da que hoje praticamos[63]). Por outro lado, o enunciado profético age de modo imediato e perturbador (prenunciando o estado de choque dos media contemporâneos[64]). Para além destas duas condicionantes do género, as profecias populares sempre se inscreveram numa região mista e ambígua, entre o possível e a certeza[65], tentando mobilizar atenções e provocar reacções por vezes cirurgicamente calculadas. Trata-se de um tipo comunicacional que age quase antes de ser letra: tal como no *slogan* dos nossos tempos, a uma profecia só se respondia com uma outra profecia, nunca esperando ver nos seus conteúdos argumentos explicativos, mas sim urgências já consumadas.

3. A TEO-SEMIOSE

3.1 A escatologia recodificada

No primeiro milénio e meio depois de Cristo, a teo-semiose correspondeu a um modo de interpretar o mundo baseado na proximidade revelatória de Cristo e, portanto, numa renovada teodiceia. Os factos históricos e as enunciações da natureza passam a fazer parte de um discurso divino profundamente recodificado, diante do qual a interpelação humana se torna possível e desejada. Este desafio interpretativo de proximidade é chave para uma história da cultura de génese semítico-ocidental.

Não esqueçamos, contudo, que a revelação cristã teve lugar num período marcado pela produção apocalíptica. Nos testemunhos cristãos mais antigos, como acontece por exemplo em 1Th 4,16 (ano 51 d. C.), é comum a presença de elementos tradicionais da apocalíptica judaica, caso da voz do "arcanjo" ou da "trompeta de Deus", anunciando a decisão divina.[66] Também o primeiro dos Evangelhos, o de *Marco*, escrito pouco depois de 70 d. C. (imediatamente após a destruição de Jerusalém), é organizado, segundo Bernard McGinn, de acordo com uma sintaxe de natureza apocalíptica.[67] Passagens como Mc 13 e Mt 24-25 (em que a devastação é relacionada com os signos do fim dos tempos) estão igualmente ligadas ao imaginário apocalíptico.[68] No entanto, é no *Apocalipse de João* que se introduz uma ruptura na anterior matriz apocalíptica.[69] A escatologia surge-nos aí já inaugurada e a iminência dos fins ajusta-se a esse facto renovador, já que os novos tempos são descritos como o próprio 'aqui agora' abruptamente iniciado com a vinda e, sobretudo, com a morte do messias (Jesus).

Embora a simbólica da redenção remeta para o advento de um novo reino, este só se cumprirá no mistério e constituir-se-á, portanto, como objecto de revelação continuada. O texto de Ap 20,1-15 recodifica a escatologia em duas fases distintas, facto que, como se viu na subsecção anterior sobre o Milénio, se tornou num pretexto para visões milenaristas, projectando-a no quadro de uma renovada teodiceia.[70] Trata-se de um modelo de representação baseado na eliminação de uma primeira criação e na sua substituição por uma criação nova, ou seja, por uma outra ordem (simbolizada pela nova Jerusalém, enquanto lugar ideal de confluência entre o além e o aquém). Independentemente dos encontros inevitáveis entre o cristianismo inicial e a tradição apocalíptica, é a natureza da própria escatologia que, de um momento para o outro, se converte no principal elemento transformador do género profético, cujo modelo fora inaugurado no século XI a. C. Enquanto doutrina dos fins últimos, a escatologia cristã entra no seio da própria história, concertando o futuro com o 'aqui e agora' humano. Tal como referiu Jacques Le Goff, a "história, veículo de eternidade, mantém-se história, pois que o Reino se desenvolve neste mundo e no tempo".[71]

Esta consciência do presente e a rejeição da iminência apocalíptica, de certo modo reatando uma lógica de proximidade semelhante à do período profético inicial, está ligada, contra ventos e marés,[72] à teologia de Eusébio de Cesareia (265-339), de São Jerónimo (347-420) e sobretudo de Santo Agostinho (304-438). Em *A Cidade de Deus*, Santo Agostinho ocupa-se do fim do mundo e do julgamento final, condenando claramente o milenarismo. Ao fazer da Igreja a encarnação da cidade de Deus, em contraste com a cidade terrena, o autor como que imobiliza a história (ainda que a sujeite a um cronograma no Livro XXII da obra[73]), perspectivando uma espera escatológica paciente.

3.2 A teo-semiose de Santo Agostinho

No que respeita a uma teoria da significação, a teo-semiose de Santo Agostinho projecta-se em todos os domínios da linguagem (verbal, gestual ou natural), ainda que separe muito bem o papel das causas primeiras (Deus) e das causas segundas. Para Santo Agostinho, o mundo é um mapa comunicacional sem fim (esta convicção de que a vida, no seu todo, é uma súmula de linguagens corresponde a uma visão "pan-semiótica"). É por isso que a noção de signo de Santo Agostinho se abre a todo o fluir do sentido, seja na paisagem, na comunicação não verbal e mesmo no que, nos nossos dias, se designa por zoo-semiótica. É também por essa razão que a noção de signo de Santo Agostinho se sobrepõe à própria natureza das funções significativas (e à divisão dos signos, que chegou a propor em naturais e convencionais), acabando por definir-se como algo que, "para além da impressão que produz nos sentidos, traz, em consequência, qualquer outra coisa ao pensamento".[74] Esta atenção por um despertar generalizado da comunicação (como se se entendesse subitamente o mundo como uma máquina maravilhada e falante), pode ser aferida num passo das *Confissões* (400 d. C.):

> Quando eles [os meus pais] diziam o nome de um objecto e, em seguida, se moviam na sua direcção, eu observava-os e compreendia que o objecto era designado pelo som que eles faziam, quando o queriam mostrar ostensivamente. A sua intenção era revelada pelos movimentos do corpo, como se estes fossem a linguagem natural de todos os povos: a expressão facial, o olhar, os movimentos das outras partes do corpo e o tom de voz, que exprime o estado de espírito ao desejar, ter, rejeitar ou evitar uma coisa qualquer. Assim, ao ouvir palavras repetidamente empregues nos seus devidos lugares em diversas frases, acabei por compreender que objectos é que estas palavras designavam. E depois de ter habituado a minha boca a articular estes sons, usava-os para exprimir os meus próprios desejos.[75]

De enfatizar, neste extracto de *Confissões* (com o qual Wittgenstein abre em 1949 as suas *Investigações Filosóficas*[76]), a visão muito pragmática da comunicação, ou seja, baseada no uso da linguagem e, portanto, no observar concreto do movimentar dos sentidos que vão recortando o significado. E isto acontece no plano da locução (tudo o que acontecia, quando os pais de Santo Agostinho diziam o nome de um objecto), da ilocução (o estado de espírito expresso e a intenção tal como é manifestada) e ainda da perlocução, ou seja, nos efeitos criados pela própria comunicação descrita. A natureza pan-semiótica de que é apologista Santo Agostinho, na linha epicurista (bastante *culturalizada*, quando se refere à "linguagem natural" dos "povos"), surge bem ilustrada neste trecho de *Confissões*, já que a atenção é levada, num discorrer bastante vivo, a situar a quinésica (a expressão facial, o olhar), a proxémica, as dimensões claramente não-verbais (os movimentos das outras partes do corpo) e a prosódica (o tom de voz). Santo Agostinho é sobretudo uma parte importantíssima da ponte que liga o mundo antigo à Idade Média. O autor empreende uma imensa crítica à Antiguidade (em *A Cidade de Deus*) e deixa no ar, para o futuro, a ideia de que existe um género de signos no seio do qual os signos linguísticos propriamente ditos constituem uma espécie (abrindo espaço para que esta espécie possa, um dia, vir a ser entendida, em certos meios, como "modelo semiótico por excelência"[77]). Para John Deely,[78] Santo Agostinho propagará até à actualidade o que designa por "alta semiótica", embora um projecto consistentemente semiótico ainda necessitasse, entre outras condições, de agrupar ou complementar "os meios internos de cognição" e "os meios externos de comunicação" numa perspectiva que fosse a de uma "*doctrina signorum*", liberta da indexicalidade divina pelo menos no sentido da abertura interpretativa ao provável, ao impreciso, ao indefinido.

3.3 A querela dos universais

A Querela dos Universais atravessa toda a baixa Idade Média, projecta-se depois na Renascença e há mesmo autores que ainda hoje sustentam a actualidade da questão.[79] De facto, a partir do século XI, desenvolve-se no panorama europeu um conjunto de apologias cruzadas acerca da relação que os *Universais* (termo que corresponde à designação de conceitos de natureza geral) e os *objectos empíricos* (termo que corresponde às entidades individuais) mantêm com os signos e com os objectos a que estes se referem. Na Querela dos Universais, há essencialmente três grandes correntes que tomam posição: a realista (de influência marcadamente platónica), a nominalista (objectores dos próprios Universais) e a conceptualista (defensores de uma estratégia que, no nosso tempo, diríamos ser de concertação). Ainda que esta questão possa parecer muito teórica e até críptica, ela é culturalmente importantíssima, pois dela depende tudo aquilo que no alvor moderno se tornará chave: a percepção de que o conhecimento advém da experiência, das matrizes desenvolvidas pela experimentação e não de algo abstracto e anterior à própria experiência. Além disso, no mundo global e tecnológico em que vivemos, a questão dos universais continua em aberto, na medida em que a relação entre os signos e o que eles designam é – e será sempre – uma questão aberta.

Comecemos pelo princípio: para os modelos realistas de raiz platónica, os correlatos do signo correspondem a entidades que não são mentais. O realismo mais extremo chegará mesmo a admitir que o significado e o referente dos signos poderiam existir, por si mesmo, ainda que não existissem seres e mentes humanas, neste mundo, para os interpretar e individualizar. No entanto, para além desta versão radical, designada *Universalia sunt ante res* (Universais existem antes das coisas), uma outra mais moderada defendeu que, embora os Universais constituam um facto iniludível, podem, apesar de tudo, ser reconhecíveis nas coisas concretas. Esta versão ficou conhecida por *Universalia sunt in rebus* (Universais existem nas coisas) e teve como mentores Guilherme de Champeaux (1070-1120) e Anselmo de Cantuária (1033-1109).[80]

Para a corrente nominalista, apenas as entidades individuais existem na natureza e, nessa medida, os Universais não se referem a nada (não têm, pois, qualquer referente), sendo considerados como meros nomes (*nomina*) ou simples emissões vocais dos homens (*flatus vocis*). Esta posição, designada *Universalia sunt post res* (Universais existem depois das coisas), foi adoptada, entre outros, por Guilherme de Ockham (1285-1349). Para os partidários do nominalismo, os Universais são, portanto, dependentes do mundo mental (*post res*), embora os conceitos aí elaborados acabem, enquanto figuras, por decorrer de homologias entre fenómenos. Uma iconicidade ainda mais radical foi a assumida pelos modistas, contemporâneos de Guilherme de Ockham, que defendiam a existência de uma similaridade essencial entre as coisas do mundo e a estrutura da linguagem. É evidente que, no quadro da visão nominalista, propriamente dita, a ideia geral de um referente, enquanto tal, não tem praticamente razão de ser, já que o mundo nominalista é constituído por objectos particulares, tornando-se o uso dos signos numa operação independente e de remissão individualizada.

Veja-se o que escreveu Guilherme de Ockham, na sua *Summa Totius Logicae*. Esta noção de um mundo mental enquanto signo privado iria sobreviver pelo menos até Thomas Hobbes: "A noção de Signo é tomada por nós de uma forma dupla, ou seja, a qualquer coisa apreendida corresponde uma outra coisa à cognição." Assim sendo, o signo "conduz ao conhecimento actualizado do que foi previamente adquirido. E é desta maneira que ele [o signo] significa naturalmente seja o que for [...] Daí que um dístico possa significar vinho na taberna." Contudo, noutra circunstância, esse mesmo signo pode significar outra coisa. A cada caso, portanto, a sua significação: "O signo é tomado por aquilo que transmite qualquer coisa à cognição, e que significa na medida em que está em vez dessa coisa." O signo é, portanto, "também significado a partir das partes em que é composto no discurso ou em proposições. Tomando a palavra signo neste sentido, [pode concluir-se que] a palavra não é nunca um signo natural seja para o que for".[81]

Por fim, para os modelos de raiz conceptual, o aspecto semântico do signo e a sua ligação aos Universais são inseridos numa lógica de dependência face às estruturas mentais humanas, o que quer dizer que estas acabam por ser construtoras autónomas de significado. São Tomás de Aquino (1224/5-1274) é o caso mais emblemático desta corrente de compromisso entre a aceitação tácita de uma Ideia (no sentido platónico), ou de um conjunto de Universais anteriores às coisas, e, ao mesmo tempo, a capacidade significativa e ordenadora da mente. Sigamos alguns dos escritos de São Tomás de Aquino, extraídos da sua obra, *De Veritate*, onde o autor colige o produto do seu magistério, de 1256 a 1259, ministrado na Universidade de Paris:

> 4. Se a verdade é primeiramente no intelecto, é necessário que na definição de verdade haja algo pertencente ao intelecto. Mas Agostinho *[Soliloquiorum*

II, 5] reprova definições tais como: "Verdadeiro é aquilo que é como aparece", porque deste modo não seria verdadeiro aquilo que não aparece, o que é evidentemente falso se considerarmos as mais ocultas pedras nas vísceras da terra. Analogamente reprova e confuta esta outra definição: "É verdadeiro aquilo que é assim como aparece ao cognoscente, caso queira e possa conhecer", porque então uma coisa não seria verdadeira no caso que o cognoscente não quisesse e pudesse conhecer.[82]

Neste primeiro extracto, São Tomás de Aquino confronta-se com Santo Agostinho enquanto, no segundo, acaba por definir a razão pela qual é possível a verdade encontrar-se primeiro no intelecto (e ser aí, também, mentalmente estruturada):

Assim como o verdadeiro se encontra antes no intelecto do que nas coisas, também se encontra antes no acto do intelecto componente e dividente do que no acto do intelecto que forma a quididade das coisas. A noção de verdadeiro consiste na adequação da coisa e do intelecto, mas nada tem adequação a si mesmo, pois a igualdade é própria das coisas distintas; daí que a noção de verdade no intelecto se encontra se tão logo o intelecto comece a ter algo próprio que a coisa fora da alma não tem, mas que lhe corresponda, de modo que entre as duas coisas possa aplicar-se a adequação. Mas o intelecto que forma a quididade das coisas tem somente a semelhança das coisas existentes fora da alma, como também o sentido enquanto recebe a espécie sensível.[83]

Já no século XVII, o português João de São Tomás, autor que estudaremos no Bloco 3, continuará a perseguir esta mesma Querela, sob a forma da *conaturalidade* entre os signos e o que eles mesmo designam, se designam:

[Há signos] que constituem com os seus objectos relações reais, caso dos naturais; e outros relações de razão, caso dos convencionais; mas todos são relações segundo o ser – isto é, a sua essência é serem para outra coisa.[84]

Esta acepção revela também um compromisso entre a versão *in rebus* e a versão *pos res*. Inserindo-se claramente ainda na Querela, João de São Tomás admite que existem signos naturais que criam relações "reais" e, portanto, no contexto em que o diz, tal remete para uma inevitável indexicalidade divina, o que significa que são signos para um dado objecto (pelo menos parcialmente) em função de algo que lhes é anterior (*in rebus*). Por outro lado, ao evidenciar a arbitrariedade sígnica com fundamentos racionais, e, portanto, ao atribuir-lhes a possibilidade de uma autonomia e abertura interpretativas, João de São Tomás abre nitidamente a porta à possibilidade nominalista.

NOTAS

1 Cf. Henri Pirenne. *Histoire économique et sociale du Moyen-Age.* Paris: PUF, 1963, p. 16, 25 e 34.
2 Cf. W. Lethaby. Medieval Architecture. *In* Charles George Crump; Ernest Fraser Jacob, org. *The Legacy of the Middle Ages.* Oxford: Clarendon Press, 1962, p. 218-219. Cf. Lowe, E. Handwriting, *In id.,* p. 323. Gabriel Le Bras. Canon Law. *In id.,* p. 471.
3 Hillel Schwartz. *Os Finais de Século: lenda, mito, história de 900 ao ano 2000.* Lisboa: Difusão Cultural, 1992, p. 51.
4 Frank Kermode. *A Sensibilidade Apocalíptica.* Lisboa: Século XXI, 1998, p. 104.
5 Bernard McGinn. *Visions of End: Apocalyptic Traditions in the Middle Ages:* New York: Colombia Un. Press, 1979. p. 82-87.
6 Cf. Luís Carmelo. *La Représentation du réel dans des textes prophétiques de la littérature aljamiado-morisque.* Utrecht: Universiteit Utrecht, 1995, p. 23-32.; Cf. id. *Anjos e Meteoros.* Lisboa: Editorial Notícias, 1999, p. 13-15.
7 A. A. Fulber Cayré. *Patrologie et histoire de Théologie.* Paris; Tournai; Rome: Société de S. Jean L'Évangeliste-Desclée et Cie.; Éditeurs Pontificaux, 1947-1953. T. 2, p. 24.
8 McGinn. *Op. cit.*
9 Norman Cohn. *Na Senda do Milénio: milenaristas revolucionários e anarquistas místicos da Idade Média.* Lisboa: Presença, 1981, p. 44.
10 Sulpicius Sverus. *La Fin du monde in* Vie de Saint Martin. Paris: Foi Vivante, 1996, p. 73.
11 McGinn. *Op. cit.,* p. 53-54.
12 *Ibid.,* p. 62.
13 Stephen Jay Gould. L´An 2000 et les échelles du temps. *In Entretiens sur la fin du temps.* Paris: Fayard, 1998, p. 23-24.
14 Georges Duby. *O Ano Mil.* Lisboa: Edições 70, 1986, p. 106.
15 *Ibid.,* p. 112.
16 *Ibid.,* p. 179.
17 Schwartz. *Op. cit.,* p. 52.
18 M. Sánchez Alvarez. *El Manuscrito misceláneo 774 de la Biblioteca Nacional de París.* Madrid: Colofón; Gredos, 1982, p. 317.
19 Armand Abel. Changements politiques et littérature eschatologique dans le monde musulman. *Studia Islamica.* Vol. 2 (1954), p. 23-45.
20 Muhammad ibn Jarír at-Tabarí. *Ta'ríkh al-rusul wa-al-mulúk.* Albany: State University of New York Press, 1989.
21 *Ibid.,* p. 165. Cap. General Introduction and From the Creation to the Flood.
22 Ibn Khaldún. *Discours sur l'Histoire Universelle (al-Muqaddima).* Beyrouth: Comission Internationale pour la traduction des Chefs d'œuvre, 1967-1968. Vol. 1, p. 248.
23 *Ibid.,* p. 249.
24 Em Manuscrito Árabe da Biblioteca Nacional de Paris, N.º 2602, Fol. 109 e sqqs.; G.A.L., I:800; publicado em Armand Abel. Un Hadith sur la prise de Rome dans la tradition eschatologique de l´Islam. *Arabica.* T. 5 (1958), p. 1-15.
25 Em Manuscrito Árabe da Biblioteca Nacional de Paris, N.º 2602, Fol. 128 e sqqs.; publicado em *Ibid.,* p. 7 e sqqs. Ka'b al-Ahbâr (m. 638) foi uma personalidade do início do

Islão, iemenita de origem e, depois, convertido do judaísmo. Devido ao seu prestígio, vários textos proféticos foram-lhe atribuídos, mesmo entre os *mourisco*s hispânicos.

26 M. Sánchez Alvarez. La lengua de los manuscritos aljamiado-moriscos como testemonio de la doble marginación de una minoría islâmica. *Nueva Revista de Filología Hispánica*. Madrid. N.º 30 (1981), p. 441-452.

27 Data da emigração do profeta Maomé de Meca para Yathrib, mais tarde chamada Medina, que teve lugar em Setembro de 622. Esta data é, ainda hoje, o ponto de partida oficial da cronologia histórica islâmica.

28 A. Bouchard. Les Conséquences socio-culturelles de la conquête ibèrique du litoral marocain. *In* COLOQUIO RELACIONES DE LA PENÍNSULE IBERICA CON EL MAGREB, Madrid, 1988. Actas. [Madrid: s.n., 1989?], p. 487-538.

29 Mercedes García Arenal. Mahdi, Murabit, Sharif: l'avènement de la dynastie sa'dienne. *Studia Islamica*. N.º 71 (1990), p. 77-114.

30 J. Deny. Les pseudo-prophéties concernant les turcs au XVIème siècle. *Révue des Études Islamiques*. N.º 10 (1936), Cahier 2, p. 205-220.

31 Mark K. Setton. *Western Hostility to Islam and Prophecies of Turkish Doom*. Philadelphia: American Philosophical Society, 1992, p. 132.

32 Esta ed. constituiu um entreposto fundamental para a transmissão dos conhecimentos na Europa. Los libros del saber de Astronomia do Rei Afonso X, o Sábio, (séc. XIII) inspiram-se nesta fonte.

33 McGinn. *Op. cit.*, p. 134.

34 Conquista de Granada e início do fim dos mudéjares. Os cristãos novos muçulmanos, designados tecnicamente por *mouriscos* a partir de 1501, passariam a existir, enquanto última herança islâmica, em terras ibéricas.

35 *Cf.* Ibn Khaldún. *Op. cit.* vol. 2, p. 692-694.

36 *Cf. ibid.*, p. 694-695.

37 O Manuscrito n.º 774 da Biblioteca Nacional de Paris foi referido, descrito, publicado e estudado linguisticamente por Eduardo Saavedra Y Moragas. Discursos: [Escritos de los musulmanes españoles sometidos al dominio cristiano, y sus descendientes públicamente convertidos à nuestra fe]. Madrid: Compañia de Impresores y Libreros, 1878, p. 143-4. John Lincoln. Aljamiado Prophecies. *Publications of the Modern Language Association of America*. Baltimore. N.º 52 (1937). Luce López Baralt; Awilda Irizarry. Dos itinerarios secretos de los moriscos del siglo XVI. Los manuscritos 774 de la Biblioteca Nacional de París y T-16 de la Real Academia de la Historia de Madrid. *In Homenaje a Alvaro Galmés de Fuentes*. Madrid: Univ. de Oviedo; Gredos, 1985, p. 547-584. e sobretudo por M. Sánchez Alvarez. *El Manuscrito misceláneo 774 de la Biblioteca Nacional de Paris*. Madrid: Colofón; Gredos, 1982, e foi considerado por diversos autores: Antonio Vespertino Rodríguez. Leyendas aljamiadas y moriscas sobre personajes biblicos. Madrid: Gredos, 1985, p. 581-4; Martín Fierro. El derecho Mâliki en al-Andalus: siglos II/VIII-V/XI. *al-Qantara*. Vol. 12, fasc. 1 (1994), p. 50-82 e L. Cardaillac. *Morisques et Chréthiens: Un Affrontement polèmique*. Paris: Librairie Klincksieck, 1977, p. 389, como uma obra especialíssima da literatura aljamiado-mourisca. A nossa investigação de doutoramento (*La représentation du réel...*) centrou-se sobretudo nos aspectos intersemióticos destas profecias do manuscrito da Biblioteca Nacional de Paris.

38 *Cf.* Reinhold Kontzi. Aspectos del estudio de textos aljamiados. *Thesaurus*, T. 25, n.º 2 (1970), p. 199.

39 "The word *segno* [...] occurs with overwhelming frequency [...] they were not simply extraordinary events, however; taken as a whole, they served as something like an elementary set of orally transmitted techniques common to both the learned and the unlettered and instrumental for predicting the future on the basis of changes in what was considered the natural course of things." Ottavia Niccoli. *Prophecy and People in Renaissance Italy*. Princeton, New Jersey: Princeton University Press, 1990, p. 31.

40 Os 83 anos compreendidos entre 1526 e 1609, data da expulsão dos mouriscos de Espanha, podem ser alinhados em duas fases, cuja fronteira é definida pelo limiar dos anos sessenta, altura a partir da qual se assiste a um crescente radicalizar da situação terminal mourisca. A primeira fase é, nos seus inícios, profundamente traumática devido a dois factos ocorridos em 1526: em primeiro lugar, a definitiva decisão imperial no sentido da conversão obrigatória dos, até então, mudéjares de Aragão, e, em segundo lugar, o estabelecimento da inquisição, igualmente em terras do Levante aragonês.

41 Em adenda parcial à minha investigação de doutoramento (*Op. cit.*), fiz publicar, em 1995, a trad. para francês dessas profecias, tarefa que levei pacientemente a cabo com a ajuda valiosa dos professores Reinhold Kontzi (Universidade de Tubingen, Alemanha), Christine Zurbac (Universidade de Évora, Portugal) e Jan F. de Jong (Universidade de Utreque, Holanda), aos quais aproveito a oportunidade para manifestar o meu público agradecimento.

42 Correspondência entre os grafemas árabes e latinos:

`Alif	` (apenas para o árabe)
Bâ`	v/b (para o aljamiado) b (para o árabe)
Bâ` (C/tashdíd)	p (para o aljamiado) bb (para o árabe)
Tâ`	t
Tâ`	t
jím	j
jím (C/tashdíd)	jj
Hâ`	h
Khâ`	Kh
Dâl	d
Dâl	d
Râ`	r
Râ` (C/tashdíd)	rr
Zây	z
Çín	ç
Shín	s (para o aljamiado) sh (para o árabe)
Shín (C/tashdíd)	x (para o aljamiado) shsh (para o árabe)
Sâd	s
Dâd	d
Tâ`	t
Zâ`	z
'Ain	'
Gain	g
Fâ`	f
Qâf	q
Kâf	k

Lâm	l
Lâm (C/tashdíd)	ll
Mím	m
Nún	n
Nún (C/tashdíd)	ñ (para o aljamiado) nn (para o árabe)
Hâ`	h
Wâw	w
Yâ	y
Hamza	`
Fatha	a
Fatha + Alif	e (para o aljamiado) â (para o árabe)
Kasra	i
Kasra + Yâ	í
Kasra	ii (apoiado por Hamza, sobre um Yâ)
Damma	u
Damma + Wâw	ú

43 De acordo com a transcrição de Sánchez Alvarez. *El Manuscrito misceláneo 774... Op. cit.*, p. 239, modelo que passamos a utilizar sistematicamente com todas as transcrições do Árabe.

44 Trad. em conformidade com o Alvaro Galmés de Fuentes [*et al.*], org. *Glosario de Voces Aljamiado-Moriscas*. Oviedo: Biblioteca Árabo-Românica, 1994, p. 741.

45 No contexto, "séquito" corresponde a "*Kompañas*", tal como em O. Hegyi. *Cinco leyendas y otros relatos moriscos (Ms. 4953 de la Bibl. Nac. Madrid)*. Madrid: Gredos, 1981. Vol. 1, p. 316.

46 O estranho latim aqui presente é assim comentado por Luci López Baralt. Mahomet: prophete et mythificateur de l'Andalousie Musulmane des derniers temps, dans un manuscrit aljamiado-morisque de la Bibliotheque National de Paris. *Revue de l'Histoire du Maghreb*. N.º 21-22 (1981-2), p. 364. "La frase latina está evidentemente, plagada de errores. El autor no declina y el término 'dobis' (del verbo *do, das*?) no existe en latín. Si entendemos 'bobis' como *vobis* = a (para) vosotros, y eliminando el 'dobis', vagamente podríamos intentar traducir por: 'Rogaré a mi Padre y Paráclito (o: a mi Padre y al Paráclito) (por vosotros?)' O: 'Yo vos rogaré, mi Padre y Paráclito (por vosotros)'. Acaso el problemático 'dobis' implique la petición de algo." Por outro lado, a autora refere o facto de "Paráclito" se poder identificar com o próprio profeta Maomé e não com o Espírito Santo.

47 Como em 2:290v, "p(a)lanto" é traduzido por lamento já que, enquanto termo literário se desvia da forma vizinha "llanto", no texto claramente identificado como choro. Sánchez Alvarez. *El Manuscrito misceláneo 774... Op. cit.*, p. 369.

48 Literalmente, deveria traduzir-se "com poder acto muito cristão". Acreditamos que a presente trad. – com a inclusão do original associando-se ao atributo "elevado", corresponde à intenção discursiva.

49 Segundo a versão de López Baralt. *Mahomet. Op. cit.*, o Árabe aqui referido é: "Wa-l-halu li-rabi `al-'alín (*sic*), sin vocalizar; debe querer decir: 'y la solución (hallu) está en manos del Señor elevado (o exaltado) ('alin; `a'âlin)."

50 No contexto transliterado por Sánchez Alvarez. *El Manuscrito misceláneo 774... Op. cit.*, p. 250; fol. 303v-1, as "dozes peregrinações" surgem através do registo "dozze ahacjjâs".

Dado que o "c" (que não corresponde ao *sin*/s) não integra o sistema de transliteração adoptada pela autora (*ibid.*, p. 387-390) e dado ainda o facto de que, no glossário da obra (*ibid*, p. 294 – fol. 311v-9), a mesma palavra aparecer sem o referido e enigmático "c" (respectivamente sob as formas al-hajjes e al-hajjâ), cremos tratar-se, neste caso concreto, de um erro de impressão e é, por essa razão, que a representamos entre aspas.

51 A este propósito, convirá assinalar que a imagem do monstro de Ravenna chegou a Espanha em apenas vinte dias. É o mesmo período que um texto profético enunciado em Cesena demora até chegar a Valladolid. Estes dois exemplos demonstram a agilidade comunicacional do fenómeno profético a nível popular. *Cf.* Niccoli. *Prophecy and People in Renaissance Italy. Op. cit.*, p. 36 e 61.

52 "Parece que algunos de estos opusculos ganaran el respeto de las autoridades: Pedro de Deza informa acerca de ellos directamente al presidente del Santo oficio. Fray Marcos de Guadalajara, en su *Prodición y destierro de los mouriscos de Castilla hasta el Valle de Ricote* (Pamplona, 1614) polemiza muy en serio contra los aljofores *mouriscos*, cuyas interpretaciones consideraba equivocadas". Luci López Baralt. Las problemáticas profecías de San Isidoro de Sevilla y de Ali Ibn Alferesiyo en torno al Islam Español del siglo XVI: tres aljofores del Ms.774 de la Biblioteca Nacional de Paris. *Nueva Revista de Filología Hispânica*. Madrid. N.º 29 (1980-2), p. 358.

53 Richard W. Southern. *Western Views of Islam in The Middle Ages*. Cambridge, Massachusetts: Harvard University Press, 1962, p. 27. Sobre a história literária e profética que espelha uma antiga alteridade islamo-cristã, ver também: Cohn. *Op. cit.*, p. 128-129; McGinn. *Op. cit.*, p. 154-155.

54 N. Daniel colocou esta questão de modo particularmente centrado: "No one could question that it was in Spain more than anywhere that for so long the cultures developed in parallel. There were indeed four lines in parallel, Europeans under European rule, Arabs under Arab rule, and the two converses, the Mozarabs and the mudejares." N. Daniel. *The Cultural Barrier: Problems in the Exchange of Ideas*. Edinburgh: Edinburgh Un. Press, 1975, p. 86.

55 Sobre o programa da conferência islamico-cristã de João de Segóvia, existe abundante bibliografia (v. p. ex.: Daniel. *Id.* Southern. *Op. cit.*

56 Southern. *Op. cit.*, p. 99.

57 *Cf.* Niccoli. *Op. cit.*, p. 29.

58 Cardaillac. *Morisques et Chréthiens... Op. cit.*, p. 401-406, R.A.H. – "Real Academia de História", Ms. T118, fls. 128r a 132v.

59 "E [seja] a sua fé humilhada e substituída pela fé e crença do *annabí* e grande profeta Maomé..."

60 Como veremos, o registo do tempo real e do tempo diegético nas profecias *mouriscas* é enunciado sob um verdadeiro *brouillage* de fundo. Através do confronto com os registos intertextuais da(s) profecia(s) cristã(s), é natural que a profecia mourisca seja do séc. XVI, talvez da década de vinte ou trinta, época em que, em Aragão (terra registada explicitamente na enunciação do texto), o horizonte de expectativas do profético foi fecundo.

61 "*La vera prophetia prophetizata dal glorioso Santo Anselmo la quale declara la venuta de uno imperatore: el quale mettera pace fra li christiani e conquistara infideli trovata in Roma*". Sobre outras eds., nomeadamente da *Profecia de Santo Anselmo* e da *Profecia de uno Imperatore*, surgidas por volta de 1520, v. Niccoli. *Op. cit.*, p. 19.

62 Esta transformação de factos em desejos confunde-se com a hermenêutica profética, tal como foi explicada por M. Herzfeld, sob a forma de "self-fulfilling prophecy". Segundo o autor, este aspecto da projecção do desejo é crucial para o estudo das "semiotics of culture", facto que é, também, confirmado por Mark K. Setton: "Prophecies are almost immortal; once born, they refuse to die. When time and circumstance render them obsolete, they come to life again like phoenix, with new plumage." Setton. *Op. cit.*, p. 35.; M. Herzfeld. Divining the past. *Semiotica*. N.º 38 (1-2) (1982), p. 172-173.

63 Tal como referiu A. Berthelot, o enunciado profético "conditionne le lecteur à se défier de ce qu'il croit comprendre, à postuler un sens caché qui déborde la lettre, bref, à adopter une attitude de lecture qui n'est plus, au xxème siècle, conforme à ses habitudes." A. Berthelot. Discours prophétique et fiction. *Poétique*. Paris. N.º 70 (Avr. 1987), p. 181.

64 Para C. Bowra, a visão profética difere da mística "in that it is concerned with the familiar world" bem como de "prognósticos sociológicos", pois não incorre em laboriosos processos de cálculo e análise, mas sim em "sudden moments of illumination, when what lies beyond argument is seen in a fierce and disturbing flash of light". Cf. Cecil Maurice Bowra. The prophetic element. *In General and Particular*. London: Weidenfeld and Nicolson, 1964, p. 226.

65 O campo da produção profética popular é oscilante, circulando "entre le réel et l'imaginaire" e colocando todas as expectativas numa região mista e ambígua "du toujours possible et de la certitude". Cf. D. Shepeard. Pour une poétique du genre oraculaire. *Revue de littérature comparée*. N.º 237 (1986), p. 64.

66 "[15]O que eu tenho a dizer em nome do Senhor é que nós, os que estivermos ainda vivos quando o Senhor vier, não precederemos os que já morreram. [16]O próprio Senhor, ao sinal dado pela voz do arcanjo e pela trombeta de Deus, descerá do céu, e os que morreram em união com Cristo ressuscitarão primeiro. [17]Depois nós, os que estivermos vivos, seremos conduzidos sobre as nuvens do céu, ao encontro do Senhor, juntamente com eles. E assim estaremos eternamente com o Senhor. [18]Por isso confortem-se uns aos outros com estas palavras." 1Th 4,15-18.

67 Segundo o autor, os textos de Mc estão organizados "according a three-act apocalyptic drama". McGinn. *Op. cit.*, p. 11.

68 Repare-se em Mc 13, 1-2: "[1]Jesus ia a sair do templo quando um dos discípulos lhe chamou à atenção: 'Mestre! Olha que belas pedras e que belas edificações!' [2]E Jesus disse-lhe: 'Estás a ver estas grandes construções? Pois nem uma só destas pedras ficará no seu lugar. Será tudo deitado abaixo.'". E de modo claro, também, em Mt 24,36-41: "[36]Sobre o dia e a hora destes acontecimentos é que ninguém sabe: nem os anjos no céu, nem o Filho. Só o Pai é que sabe. [37]Como aconteceu no tempo de Noé, assim vai acontecer com a vinda do Filho do Homem. [38]De facto, naqueles dias antes do dilúvio, as pessoas comiam e bebiam e casavam-se, até ao dia em que Noé entrou na arca. [39]Não se aperceberam de nada, até que veio o dilúvio e os levou a todos. Com a vinda do Filho do Homem acontecerá a mesma coisa. [40]Nessa altura, dois andarão no campo: um será levado e outro será deixado. [41]Estarão duas mulheres a moer trigo: uma será levada e outra deixada.'"

69 Apesar da óbvia recuperação de elementos diegéticos, de imagens e dos símbolos da tradição literária apocalíptica. Cf. Le Goff. Escatologia. *In op. cit.*, p. 440.; *Traduction Œcuménique de la Bible. Op. cit.*, p. 768-773.

70 O texto de Ap 20, 1-15 recodifica a escatologia em duas fases, facto que, como se viu na subsecção anterior, se tornará objecto de visões milenaristas ou espirituais: uma

primeira fase correspondendo à ressurreição dos santos e mártires que reinarão sobre a terra durante mil anos (leitmotiv das variadas visões milenaristas); e uma segunda fase correspondendo à ressurreição de todos os mortos, no quadro já de um "juízo final". O dramatismo dos acontecimentos caracterizará o período que precede a primeira ressurreição e que culminará com a vinda da figura do Anticristo; a segunda e derradeira ressurreição, por seu lado, encerrando a etapa dos fins últimos, culminará com o Juízo final. Então, Cristo reaparecerá sob o signo da *parousia*. Leia-se integralmente o texto de Ap 20, 1-15: "¹A seguir vi um anjo que descia do céu e na sua mão tinha a chave do abismo e uma grande corrente. ²Agarrou o dragão, a antiga serpente, que é o Diabo ou Satanás, e prendeu-o por mil anos. ³Lançou-o no abismo, que depois fechou e selou, para não enganar mais as nações, até que se cumpram os mil anos. Depois deste período, deve ser solto durante algum tempo. ⁴Vi também alguns tronos. Os que se sentaram neles receberam o poder de julgar. Vi ainda as almas daqueles a quem tinham cortado a cabeça por terem dado testemunho de Jesus e proclamado a palavra de Deus. São os que não adoraram a besta, nem a sua estátua, nem trouxeram na fronte ou na mão a sua marca e viveram e reinaram com Cristo durante mil anos. ⁵Os outros mortos não voltaram à vida a não ser depois dos mil anos. Esta é a primeira ressurreição. ⁶Felizes e santos os que tomam parte na primeira ressurreição. Sobre eles a segunda morte não tem qualquer poder. Eles serão sacerdotes de Deus e de Cristo e hão-de reinar com ele durante mil anos. ⁷Passados mil anos, Satanás será solto da prisão. ⁸Sairá para enganar as nações dos quatro cantos do mundo, para enganar Gog e Magog e reunir toda a gente para a batalha. São tão numerosos como a areia do mar. ⁹Subiram a planície e cercaram o acampamento dos santos e a cidade amada, mas Deus enviou fogo do céu que os devorou. ¹⁰O Diabo, que os tinha enganado, foi lançado no lago de fogo e de enxofre onde estão também a besta e o falso profeta. Hão-de ser atormentados de dia e de noite para sempre. ¹¹Depois vi um grande trono branco e aquele que estava sentado nele. A Terra e o céu fugiram da sua presença e ninguém mais os viu. ¹²Vi também todos os mortos, grandes e pequenos, que estavam de pé e diante do trono. Então abriram-se os livros e um outro livro foi aberto, que é o Livro da Vida. E os mortos foram julgados conforme o que está escrito nesses livros, segundo as suas obras. ¹³O mar entregou os mortos que possuía, a morte e o abismo entregaram também os seus mortos e cada um deles foi julgado segundo as suas obras. ¹⁴A morte e o abismo foram lançados no lago de fogo. Este lago de fogo é a segunda morte. ¹⁵E quem não tinha o seu nome escrito no Livro da Vida foi lançado no lago de fogo."

71 Le Goff. Escatologia. *In op. cit.*, p. 436.
72 Tal como vimos na subsecção anterior, uma imensa vaga de literatura popular profética estabeleceu sempre um contraponto fortíssimo face a esta visão baseada na paciência escatológica. Trata-se de uma tensão nunca realmente resolvida.
73 Santo Agostinho, em *A Cidade de Deus*, ataca o paganismo romano na primeira parte e expõe, na segunda parte, a doutrina das duas cidades. No Livro XXII, dá continuidade à "semana", enquanto divisão essencial do tempo. As grandes fases correspondem aos intervalos entre Adão e Noé, Noé e Abraão, Abraão e David, David e o cativeiro da babilónia, o cativeiro e o nascimento de Cristo e o nascimento de Cristo e o fim do mundo. O fim do mundo, por sua vez, subdividir-se-á em três partes: a vinda do Anticristo, o regresso de Cristo e o juízo final. Cayré. *Op. cit.*, vol. 1, p. 722-3.

74 Santo Agostinho aceita a visão epicurista, segundo a qual o signo pode ser uma coisa que está em vez de uma outra coisa, não directamente perceptível, embora, entre a coisa apreendida e a sua representação, o cérebro humano tenha alguns poderes próprios de interpretação. Seguindo a tradição estóica, Santo Agostinho inclui nesta definição a mente do próprio intérprete como terceiro correlato da semiose, na medida em que o signo surge (como entidade que representa) nos sentidos em vez de algo ausente (objecto), levando a mente a produzir "qualquer outra coisa". Sobre o tema v.: Winfried Noth. *Handbook of Semiotics*. Indianapolis: Indiana University Press, 1990, p. 16-17.

75 Santo Agostinho. *Confissões*. Lisboa: Fundação Calouste Gulbenkian, 2011.

76 Ludwig Wittgenstein. *Tratado Lógico-Filosófico*. *Investigações Filosóficas*. Lisboa: Fundação Calouste Gulbenkian, 1995.

77 Umberto Eco. *Signo, in Enciclopédia Einaudi*. Lisboa: Imprensa Nacional-Casa da Moeda, 1994. Vol. 31, p. 33.

78 John Deely. *Introdução à Semiótica: História e Doutrina*. Lisboa: Fundação Calouste Gulbenkian, 1995, p. 24-29.

79 Veja-se o interessante comentário de Anabela G. Alves, tradutora e estudiosa de João de São Tomás: "Note-se que o problema está longe de se encontrar resolvido, e ainda nos dias de hoje um semiólogo e medievalista tão conceituado como Umberto Eco opta, precisamente na questão da relação do signo natural ao objecto, por uma posição nominalista, ao defender a impossibilidade de distinguir signos motivados de imotivados." Anabela G. Alves. Prefácio. *In* João de São Tomás. *Tratado dos Signos*. Lisboa: Imprensa Nacional-Casa da Moeda, 2001, p. 9-34.

80 Anselmo de Cantuária (1033-1109) é autor de um rígido "quadrado semiótico" que dizia corresponder a modelos de Aristóteles e de Boécio. Maurice Beuchot. Le Carré de Saint Anselme et le carré de Greimas. *In* Eric Landowski, org. *Lire Greimas*. Limoges: Pulim, 1997, p. 15-29.

81 David Clarke Jr. *Sources of Semiotic*. Cabondale; Edwardsville: Southern Illinois University Press, 1990, p. 30-31.

82 São Tomás de Aquino. *Verdade e Conhecimento*. São Paulo: Martins Fontes, 1999, p. 159.

83 *Ibid.*, p. 167-168.

84 Alves. *Op. cit.*, p. 22.

BLOCO 3
A FICÇÃO.
A UTOPIA E A IDEALIDADE.
O APOCALIPSE INVERTIDO.

INTRODUÇÃO

A utopia corresponde a um espaço ficcional livre e autónomo que propõe um horizonte essencialmente perfectível. Se o apocalipse reivindica uma visão associada à transcendência, tendo como base uma urgência explicativa, a utopia reivindica uma visão inversa por ter como objecto um estado ideal de referência terrena que, sem constrangimentos, se explica a si próprio. À semelhança do apocalipse, a visão utópica não tem um tempo próprio, na medida em que os seus componentes se agenciam intemporalmente. No entanto, do mesmo modo que o apocalipse conheceu uma génese formativa, literária e imagética (do século II a. C ao século II d. C.), também a utopia se desenvolveu a partir de matrizes, embora bastante plurais, que ligam, por exemplo, Tomás More a Platão e a diversos autores do Iluminismo.

Neste Bloco 3, articularemos a *Utopia* de More com os sonhos utópicos presentes na *República* de Platão. Estenderemos estas abordagens seminais à utopia jurídica da paz, advogada por Kant, e às eco-utopias defensivas da contemporaneidade. Deixaremos para o Bloco 4 as tendências utópicas de seiscentos e de setecentos que trocaram, a pouco e pouco, o cenário ideal (o 'não lugar' tão caro a More e a Platão) pelos cenários do dia-a--dia e do presente imediato em ligação com o futuro.

Num derradeiro ponto, dedicado às estruturas discursivas e à significação, veremos como é que, nestas áreas específicas, é levada a cabo a ponte entre a Idade Média e a modernidade experimental. No centro da análise estarão João de São Tomás e John Locke e a produção de teorias que concedem às linguagens a maior das suas utopias, isto é, a capacidade de, arbitrária e autonomamente, criarem os seus próprios mundos.

1. O TERRENO FÉRTIL DA UTOPIA

1.1 A utopia ainda profética: Savonarola e João de Leiden

A crise do papado, a emergência otomana, os movimentos revolucionários milenaristas e a proximidade da reforma estão na base do renascer da expressão apocalíptica de finais do século XV. O concílio de Basileia (1431-1449) confirmou a impossibilidade de realização de uma reforma no âmbito do papado. S. Vicente Ferrer (1350-1419), numa carta ao Papa Benedicto XIII (de Avignon), registou, em 1412, o que pode ser interpretado como um verdadeiro sintoma da época: "Os tempos do fim do mundo são para breve, para muito breve"[1]. Esta tendência não se limita às profecias de corte e aos *paupere* dos campos. Também nas cidades as profecias circulam, integrando-se socialmente e reactivando um horizonte de expectativas de cariz apocalíptico.

Nos últimos anos do século XV, no coração da humanista Florença, é divulgada uma nova versão vernácula da já antiga *Profecia do Segundo Carlos Magno* (da autoria de Guilloche de Bordéus) que dá subitamente proeminência a Carlos VIII de França (1483-1498). Quando o Rei de França invade o Reino de Nápoles, em 1494, o acto é imediatamente interpretado, em certos meios, como o primeiro passo para a conquista da "Jerusalém" celeste, no que viria a ser o início das várias etapas escatológicas que culminariam no advento dos novos tempos e do tão augurado *eschatón*. O Rei Carlos VIII foi recebido euforicamente em Florença como se realmente protagonizasse o mito vivo do último imperador (uma permanência do género profético que remontava à *Sibila Tiburtina*, enunciada no fim do século IV d. C.[2]).

Dando corpo ao lado visível da manifestação messiânica, a chegada a Florença do "último imperador" na pessoa de Carlos VIII não foi interpretada como um mero sinal, mas realmente como signo de convicção escatológica. Girolamo Savonarola (1452-1498) foi o porta-voz (e também a vítima logo caída em desgraça) deste optimismo apocalíptico florentino que, tal como Bernard McGinn escreveu, transformou a capital da

Toscânia no "centro escolhido para a iluminação divina", tendo como objectivo não apenas "libertar a Itália das suas tribulações", mas sobretudo livrar o mundo da desolação e de toda a sua miséria espiritual[3]. Este tipo de manifestações teve continuidades conhecidas no século XVI, nomeadamente na Munster Anabaptista, tendo como protagonista o visionário João de Leiden[4] (as guerras valencianas do início dos anos vinte, onde ressurgem as profecias do "Encoberto" – mais tarde reactualizadas em Portugal por Bandarra – também reflectem este desígnio de iminência escatológica[5]).

Donald Weinstein caracterizou a época de transição entre o século XV e o século XVI como uma amálgama entre dois tipos de espera escatológica:

> [U]ma, optimista, que acreditava na proximidade do advento, duma idade de paz e felicidade, depois das tribulações da grande peste e do grande cisma e de algumas provações finais, em especial a batalha decisiva contra os turcos; outra, pessimista, que pregava a iminência do castigo e o fim do mundo não deixando escolha, além de um urgente arrependimento.[6]

Este renascimento do apocalíptico foi sublinhado por Richard W. Southern como o resultado de práticas proféticas populares acumuladas durante séculos:

> As the Turkish danger reached its height and Islam threatened to engulf Europe, there was one last *outburst* of the medieval apocalyptic prophesying, similar to that of Eulogius and Paulo Alvarus in the ninth century Spain and Joachim of Flora in Italy in the late twelfth century.[7]

Se a ressurreição de Cristo se constituiu como signo de domínio dos tempos finais, é esse mesmo domínio que os povos cristãos parece quererem afirmar e encarnar através da produção profética popular, muitas vezes enfatizando a catarse e o exorcismo do castigo muito ligados à teodiceia e, portanto, às crenças de iminência escatológica. Neste quadro, a produção profética acaba por jogar amiúde com figuras temerárias, caso do célebre monstro de Ravenna[8]. Como referiu A. Berthelot, as profecias deste período "fascinam essencialmente pela margem de incerteza que comportam, porque propõem uma abordagem do mundo ao mesmo tempo irreal, mas também muito centrada na realidade mais imediata".[9]

Este leque de imagens muito associadas à única e grande narrativa do mundo (relevadas ao longo dos séculos pelas escrituras, longamente interpretadas pela tradição patrística e veiculadas pelas profecias visuais e escritas de tradição cristã) está prestes a ceder lentamente o seu lugar a um outro tipo de imagens. O início desta metamorfose – que avançará de modo paulatino e discreto – redescobre-se através do nome da utopia. O terreno estava fértil, pois eram essencialmente as imagens que preenchiam o horizonte de caos que dominava, em boa parte, as expectativas de uma época de crise em que a escolástica, o experimentalismo, as viagens marítimas descobridoras, as guerras religiosas e as inquisições conviviam.

1.2 A utopia de More
A primeira mensagem autónoma e dissociada da vasta e pesada tradição do "grande código" escatológico é enunciada na *Utopia* de Tomás More (obra publicada em latim, na cidade de Lovaina, em 1516). Neste livro imagina-se um nenhures que idealiza uma ilha onde a vida comunitária é perfeita, de acordo com princípios de felicidade e da abundância. *Utopia* permite o acesso a uma sociedade que tem liberdade de culto religioso e que vive, ao nível dos seus costumes e instituições, em harmonia perfeita. A *Utopia* de More constrói um cenário de vida ideal (onde não existe dinheiro, nem propriedade privada) que rompe com o tradicional caudal de imagens e tradições escatológicas. A grande narrativa que propunha o paraíso é como que suspensa e substituída pela própria figuração do paraíso. Independentemente da pragmática e da hermenêutica do texto, ele corresponde, de modo afirmativo, a uma necessidade de ajustar a vida e o quotidiano a um plano visionário que os transcenda, mas que, ao mesmo tempo, lhes atribua um significado tangível

ou tão-só um quadro de possibilidades respirável e partilhável no imediato.

Não há relação entre as imagens que povoam o texto de More e as imagens ligadas aos muitos arautos do milénio igualitário que abundam na época (além dos já citados, refira-se ainda, por exemplo, Tomás Muntzer). A única similitude estará ao nível da construção de imagens particularmente incisivas sobre o devir humano[10]. Para Jean-Marie Goulemot, a diferença entre as mensagens de More e de Muntzer é grande: por um lado, Muntzer cria a ideia de uma "cidade nova, revelada e oferecida pelo verbo", enquanto que, por outro lado, para More, a "representação da alteridade social" é já "inventada, instituída pelo acto da escrita que funda e constrói, simultaneamente, aquilo que existe no espaço ficcional da narrativa, esse centro a partir do qual se organizam todas as redes" (diegéticas) "que unem as ideias utópicas às outras formas de imaginário"[11]. Muntzer é, pois, ainda inspirado pelo milenarismo escatológico, enquanto que More navega já numa nova forma de imaginação desprendida de horizontes prévios (o que não significa que não haja, naturalmente, no texto de *Utopia*, elementos simbólicos da Bíblia e outros de raiz platónica, mormente o eficaz princípio do diálogo).

Há um conjunto de elementos-chave que caracterizam este novo tipo de enunciado. *Utopia* reflecte, em primeiro lugar, uma imaginação activa e liberta de universais (ou seja, de princípios anteriores à enunciação), ficcionalmente autónoma e sobretudo 'desprogramada' (em contraste com as programações modernas que, dois a três séculos mais tarde, dominarão as sociedades). Além disso, a obra de More, no seu Livro II, coloca o essencial do relato utópico na boca de uma personagem curiosíssima (um experimentado viajante e marinheiro português chamado Rafael Hitlodeu), sugerindo ao leitor um princípio de verosimilhança que é raro na época. Este desiderato que tenta transformar um enredo num facto real prende-se com um desejo de reinvenção estética – daí a interpelação do leitor – e de reinício absoluto. Aliás, para Bronisław Baczko (1985)[12], a utopia funda-se num desejo de recomeçar a história, reatando mitos ligados ao ideário do paraíso perdido, ou de uma idade de ouro a revisitar. Para Karl Mannheim (1936), o olhar utópico é criado a partir de um lugar inexistente referencialmente – o "nenhures" – e tende a transcender a realidade que, através dele, se alegoriza, tornando-se realizável, na medida em que as realidades visionadas poderão "irromper a espessura da realidade". Por sua vez, para Clifford Geertz (1973)[13], a utopia é um "sistema simbólico abarcante" que, contudo, não obedece a um plano rígido, ou seja a "um conjunto de sentidos directamente inteligíveis". Este défice de consistência, ou seja, esta abertura, é também a sua força, a sua imensa virtude e a fonte de um dado de grande importância: o convite ao leitor para a partilha directa de um imaginário.

Mannheim, em *Ideology and Utopia* (1936)[14], descobriu no novo território da utopia aquilo que designou como sendo uma continuada "isotopia". O autor baseou-se num facto capital para esta descoberta – a "realização histórica" de um sonho (ainda que sem filiações milenaristas e escatológicas) associada a "estratos sociais oprimidos", capaz de interpelar as disforias do presente. Trata-se de um comentário pragmático que revê na possibilidade de enunciação de um sonho consequências sobre uma determinada "ordem" da realidade. Numa das lições de Paul Ricœur (proferidas na Universidade de Chicago) sobre Karl Mannheim[15], o autor comentou esta tese:

> O que confirma a escolha deste ponto de partida é a sua influência contínua, e esta inclui a sua ameaça persistente às outras formas de utopia. A utopia quiliástica desperta contra-utopias, mais ou menos dirigidas contra a ameaça do ressurgimento desta utopia fundamental. As utopias conservadoras, liberais e socialistas encontram todas elas no anarquismo da utopia quiliástica um inimigo comum. Para Mannheim, há uma linha que pode ser traçada de Muntzer a Bakunine [...] o que é específico ao sentido nesta utopia, e talvez em todas as utopias que dela decorrem, é o repentino caminho aberto entre o absoluto e o imediato aqui e agora.

Esta posição que salta de Karl Mannheim para Paul Ricœur coloca-nos no centro de um dos aspectos mais interessantes da nossa cultura (que aprofundaremos nos Blocos finais deste curso): o modo com que a exigência de cumprimento instantâneo de uma promessa acaba por interagir com as próprias formas de codificar a vida. Por outras palavras, pode afirmar-se que Mannheim sublinhou a existência de uma isotopia da instantaneidade (a tal exigência de cumprimento imediato da promessa), tendo como ponto de partida as profecias milenaristas (realizáveis porque sempre associadas a conturbações sociais) e como ponto de chegada a própria capacidade utópica de visionar (cujos impactos sobre a realidade se poderão tornar, segundo o autor e como a prática viria a verificar – relevantíssimos).

1.3 *Utopia* de More: o texto

A obra[16] começa por dar conta de uma deslocação do próprio autor a Bruges por causa de uma querela diplomática entre Inglaterra e Castela.[17] Na sequência dessa conferência, More relata uma posterior deslocação a Antuérpia onde acaba por encontrar na catedral uma das personagens do livro (Pedro Gil[18]) que, por sua vez, lhe apresenta Rafael Hitlodeu, o sábio e navegador português que, sobretudo no Livro II, se transformará no protagonista de *Utopia*.[19] O Livro I desenvolve-se através de diálogos, numa primeira fase entre More e Pedro Gil e, numa segunda fase, com activa participação de Rafael e ainda de uma quarta personagem: o "reverendíssimo padre João Morton, cardeal-arcebispo de Cantuária e chanceler da Inglaterra".[20] Mas é no Livro II que o projecto da obra de More ganha forma,[21] desenvolvendo-se em oito capítulos que descrevem o território onde pontuam cinquenta e quatro cidades, sendo Amaurota a capital. Os temas, organizados em pequenos capítulos, incidem na religião, na justiça, no trabalho sobretudo agrícola, nas viagens e noutros temas como os escravos e a guerra.

Ainda no primeiro livro de *Utopia*, Rafael estabelece um contraste entre as leis e a burocracia em geral, tal como são observadas no mundo ideal da Utopia e no mundo real que as personagens conhecem. A evocação de Platão nesse excerto estabelece, desde logo, uma relação não apenas intertextual com os precedentes utópicos de *A República*:

> Na Utopia, as leis são pouco numerosas; a administração distribui indistintamente os seus benefícios por todas as classes de cidadãos. O mérito é ali recompensado; e, ao mesmo tempo, a riqueza nacional é tão igualmente repartida que cada um goza abundantemente de todas as comodidades da vida. Alhures, o princípio do teu e do meu é consagrado por uma organização cujo mecanismo é tão complicado quão vicioso. Há milhares de leis, e que ainda não bastam, para que um indivíduo possa adquirir uma propriedade, defendê-la e distingui-la da propriedade de outrem. A prova é o número infinito de processos que surgem todos os dias e não terminam nunca. Quando me entrego a esses pensamentos, faço inteira justiça a Platão e não me admiro mais que ele tenha desdenhado legislar para os povos que não aceitam a comunidade dos bens. Esse grande génio previra facilmente que o único meio de organizar a felicidade pública, fora a aplicação do princípio da igualdade.[22]

O tempo e espaço utópicos surgem articulados na narrativa. De facto, os planos arquitectónicos e a antiguidade matemática da civilização descrita andam de par:

> Os utopianos atribuem a Utopus o plano geral de suas cidades. Este grande legislador não teve tempo de concluir as construções e embelezamentos que tinha projectado; isso demandava o trabalho de muitas gerações. Assim, legou à posteridade o cuidado de continuar e aperfeiçoar sua obra. Lê-se nos anais da Utopia, conservados religiosamente desde a conquista da ilha e que abarcam a história de mil setecentos e sessenta anos; lê-se que, no começo, as casas eram muito baixas, não havia senão choupanas, cabanas de madeira, com paredes de barro e tetos de palha, terminados em ponta. As casas, hoje, são elegantes edifícios de três andares, com paredes externas de pedra ou de tijolo e paredes internas de caliça.[23]

Esta interligação entre história e topografia tem um dado comum: a exactidão e a nitidez dos dados avançados ao leitor, factos que contribuem para a verosimilhança narrativa que tão cara seria para More.

O modo como a organização do trabalho é descrita evidencia um princípio de proporção e de racionalidade, embora submetido a uma monitorização sempre muito planeada. A exactidão dos pressupostos continua, deste modo, a comandar a enunciação do texto:

> Assim, todo mundo, na Utopia, vive ocupado em artes e ofícios realmente úteis. O trabalho material é de curta duração e mesmo assim produz a abundância e o supérfluo. Quando há acumulação de produtos, os trabalhos diários são suspensos e a população é transportada em massa para reparar as estradas esburacadas e estragadas. Na falta de obras comuns ou extraordinárias a realizar, um decreto autoriza uma diminuição nas horas de trabalho, porque o governo não procura fatigar seus cidadãos em labores inúteis.[24]

A economia é amiúde presenteada por sortilégios, mas esse facto não ensombra o modo como a educação é percebida pelos próprios jovens. A famosa passagem que se refere às pérolas (e às frivolidades por elas suscitadas) parece antecipar o famoso Émile de Rousseau:

> Os utopianos recolhem pérolas na sua costa, diamantes e pedras preciosas em certos rochedos. Sem ir à cata desses objectos raros, eles gostam de polir os que a sorte os presenteia, a fim de adornar os seus filhinhos, que ficam todos orgulhosos de trazer esses ornamentos. Mas, à medida que crescem, percebem logo que estas frivolidades não convêm senão às crianças pequenas. Então, não esperam pela observação dos pais; espontaneamente e por amor próprio livram-se desses enfeites. É como entre nós, quando as crianças que vão crescendo, abandonam as bolas e as bonecas.[25]

A justiça faz, sem quaisquer rodeios, eco da universalidade e da democraticidade:

> As leis são promulgadas, dizem os utopianos, com a única finalidade de que cada qual seja advertido de seus direitos e deveres. Ora, as subtilezas de vossos comentários são acessíveis a pouca gente e esclarecem apenas um punhado de sábios; ao passo que uma lei claramente formulada, cujo sentido não é equívoco e se apresenta naturalmente ao espírito, está ao alcance de todos.[26]

Uma actividade como a guerra – lembremo-nos que a época é de ebulição! – também é apresentada através de um filtro de justiça e de um acento contemporizador:

> Nunca maltratam um homem sem armas, a menos que seja espião. Conservam as cidades que se rendem e não abandonam à pilhagem as que tomam de assalto. Apenas, matam os principais chefes que puserem obstáculos à rendição da praça, e condenam à escravidão o resto dos que sustentaram o sítio. Quanto à massa indiferente e pacífica, deixam-na em paz. Se sabem que um ou mais sitiados haviam aconselhado a capitulação, dão-lhes uma parte dos bens dos condenados; a outra parte é para as tropas auxiliares. Não tocam no despojo.[27]

Por fim a religião dá mostras de pluralidade. O facto é extraordinário, pois a Europa vive um período de cismas e de rupturas que mergulharão o século numa guerra sem fim. Leia-se a serenidade do texto:

> Se bem que os utopianos não professem a mesma religião, entretanto todos os cultos desse país, em suas múltiplas variedades, convergem por diversos caminhos para o mesmo fim que é a adoração da natureza divina. É por isto que não se vê e não se encontra nada nos templos que não sirva a todas as crenças em conjunto. Cada um celebra em sua casa, em família, os mistérios particulares à sua fé. O culto público é organizado de maneira a não contradizer em nada o culto doméstico e privado. Não se encontra nos templos nenhuma imagem de deuses, a fim de que fique cada um livre de conceber a Divindade sob a forma que corresponda à sua crença.[28]

Ao fim e ao cabo, como bons pioneiros de um Iluminismo ainda distante, para os habitantes da Utopia a razão, a natureza e a religião convivem num mesmo espaço ao serviço da justa proporção:

> O homem que segue o impulso da natureza, é aquele que obedece à voz da razão, em seus ódios e seus apetites. Ora, a razão inspira, em primeiro lugar, a todos os mortais o amor e a adoração da majestade divina, à qual nós devemos o ser e o bem estar. Em segundo lugar, ela nos ensina e nos instiga a viver alegremente e sem lamentações, e a proporcionar aos nossos semelhantes, que são nossos irmãos, os mesmos benefícios.[29]

Autores como Émile Noel[30] ou Bronisław Baczko[31] descortinam em *O Príncipe* de Maquiavel um "esboço de utopia". O paralelo tem em conta a contemporaneidade dos textos (*O Príncipe* foi redigido em 1513, embora só publicado em 1532), mas também a projecção ideal de um estado na realidade terrena dissociada de uma visão teológica. De qualquer modo, a obra de Maquiavel está longe da profusão imaginária de More e os seus temas estão igualmente longe de se distanciarem da experiência e, portanto, de se constituírem como uma visão ao mesmo tempo ficcional e pragmaticamente partilhável (*O Príncipe* aborda os tipos de monarquias, os modos de governar, formas diversas de justiça que vão da crueldade à clemência, tudo centrado nas atribuições e deveres do príncipe, terminando com um quase manifesto que incide no real imediato "Exortação à libertação da Itália, dominada pelos bárbaros")[32].

2. OUTROS EMERGIRES DA UTOPIA

2.1 A utopia de Platão

No Livro I de *Utopia*, o protagonista Rafael Hitlodeu refere-se à verdade e à mentira, relacionando a questão com o tom discursivo a que recorre. A alegoria que possibilita o contraste entre o mundo ideal que é narrado e o mundo real que é vivido tem, segundo a personagem portuguesa criada por More, um pano de fundo comum à Utopia e às "teorias de *A República* de Platão"[33]:

> Rafael respondeu:
> Quereis saber o que me sucederia se assim procedesse? Ao querer curar a loucura dos outros, acabaria demente também. Mentiria, se falasse doutra maneira da que vos falei. A mentira é talvez permitida a certos filósofos, mas não está em minha natureza. Sei que minha linguagem parecerá dura e severa aos conselheiros do rei; apesar disso, não vejo por que sua novidade seja de tal modo estranha que toque ao absurdo. Se me referisse às teorias da república de Platão, ou aos usos actualmente em vigor entre os utopianos, coisas melhores e infinitamente superiores às nossas ideias e costumes, então, poder-se-ia crer que eu vinha de outro mundo, porque aqui o direito de possuir de seu pertence a cada um, enquanto que lá todos os bens são comuns.[34]

Neste excerto da obra de More, percebe-se que o texto também cria directamente os seus precursores.[35]

Existe, de qualquer modo, uma distância de quase dois mil anos entre Platão e More. Não há vestígios utópicos nesta longa travessia marcada pela teo-semiose e pela narrativa única. Lewis Mumford descobriu, apesar de tudo, algumas obras que se terão aproximado de algum (longínquo) devir utópico, caso de *A Vida de Licurgo* de Plutarco (recuando a um passado mítico), do ensaio de Cícero sobre o estado (esse sem qualquer relevância utópica) e de *A Cidade de Deus* de Santo Agostinho que se destaca sobretudo "pelo ataque jornalístico à velha ordem de Roma".[36] Regressando ao ambiente em que *A República* surgiu, convém reter o facto de Platão ter escrito a sua obra no contexto da guerra entre Atenas e Esparta, sendo esse o quadro – a de uma Ática inteiramente devastada – em que idealizou a sua cidade perfeita.[37] Não deixa de ser interessante que a redacção de *Utopia* de More também tenha conhecido à sua volta um mundo em crise, pleno de rupturas e em iminência de guerra.

A República segue a forma clássica de um diálogo, cabendo a narração, na primeira pessoa, a Sócrates. O tópico da justiça domina a obra que revela uma verdadeira obsessão pela vida em harmonia. No penúltimo Livro (o IX), Gláucon reconhece que a cidade, que ao longo dos diálogos, é longamente apreciada e descrita, tem óbvias características utópicas, marcando, de algum modo, o género: "Referes-te à cidade que edificámos há pouco na nossa exposição, àquela que está fundada só em palavras, pois creio bem que não se encontra em parte alguma da terra."[38]

Recuemos ao início, no entanto. O Livro I é sobretudo uma porta de entrada no texto que sublinha o tópico seminal da justiça. Ao argumento desproporcionado de Trasímaco ("a justiça é a mesma em toda a parte: a conveniência do mais forte")[39], responderá Sócrates, já no Livro II, repondo o tema na devida proporção:

> De maneira que, quando as pessoas praticam ou sofrem injustiças umas das outras, e provam de ambas, lhes parece vantajoso, quando não podem evitar uma coisa ou alcançar a outra, chegar a um acordo mútuo, para não cometerem injustiças nem serem vítimas delas. Daí se originou o estabelecimento de leis e convenções entre elas e a designação de legal e justo para as prescrições da lei. Tal seria a génese ou essência da justiça, que se situa a meio caminho entre o maior bem – não pagar a pena das injustiças – e o maior mal – ser incapaz de se vingar de uma injustiça.[40]

Este pensamento particularmente centrado, como se se ajustasse ao fiel de uma balança, impõe-se ao longo de *A República*.

O Livro III inicia-se com outro tópico forte da obra que, tal como acontece com a justiça, será reatado várias vezes nos diálogos[41]: a educação visando a harmonia e o ritmo perfeito ("[...] a educação pela música é capital, porque o ritmo e a harmonia penetram mais fundo na alma e afectam-na mais fortemente"[42]). Neste mesmo Livro III são depois descritas as quatro grandes virtudes da cidade perfeita: a sabedoria, colocando em evidência o papel dos guardiões da cidade; a coragem, convocando as funções próprias dos guerreiros; a temperança, propondo um esquema de harmonia geral entre as classes sociais; e, por fim e de novo, a justiça, cujas consequências remetem para uma sociedade em que cada um desempenha a função para a qual estará mais vocacionado: "[C]ada um deve ocupar-se de uma função na cidade, aquela para a qual a sua natureza é mais adequada."[43]

No Livro IV, a isotopia da harmonia e da proporção adequada ressurge amiúde. Há dois momentos que convém assinalar e que reflectem esta preocupação permanente na edificação da cidade perfeita. O primeiro ocupa-se da dimensão ideal das cidades: "Que limite para as cidades? Em minha opinião, o seguinte: até onde puder aumentar permanecendo unida, até aí pode crescer, para além disso não"[44]; e o segundo da geometria com que é metaforizada a própria ideia de república ("[...] a república, uma vez que esteja bem lançada, irá alargando como um círculo")[45]. Refira-se que os metaforizantes geométricos perpassam toda a obra; veja-se, por exemplo, como tal é explicitado neste passo do Livro VII: "Prescreveremos afincadamente aos habitantes do nosso belo estado que não deixem, de modo algum, a geometria").[46]

No Livro V, após a chamada "grande digressão", Sócrates volta a ocupar-se da comunidade de mulheres e filhos, tema que fora encetado no livro anterior. A abordagem encara a vida como um palco aberto ao uso adequado das funções (e das "qualidades naturais"), argumento que não escapa, muito curiosamente, à questão do género:

> Dizes a verdade, ao afirmar que em tudo, por assim dizer, um sexo sobreleva em muito o outro. Contudo há muitas mulheres que são melhores que os homens para numerosas tarefas. No entanto, de um modo geral, é como tu dizes Logo, não há na administração da cidade nenhuma ocupação, meu amigo, própria da mulher, enquanto mulher, nem do homem, enquanto homem, mas as qualidades naturais estão distribuídas de modo semelhante em ambos os seres, e a mulher participa de todas as actividades, de acordo com a natureza, e o homem também, conquanto em todas elas a mulher seja mais débil do que o homem.[47]

O Livro VI enfatiza uma das matrizes da obra: o *design* perfeito do mundo, quer ao nível do estado, quer ao nível da perfeição humana:

> – [...] jamais um Estado poderá ser feliz, se não tiver sido delineado por esses pintores que utilizam o modelo divino?
> – Não lhes serão hostis, se sentirem que assim é. Mas depois, qual será a maneira de traçar esse desenho que dizes?
> – Pegarão no Estado e nos caracteres dos homens, como se fosse uma tábua de pintura; primeiro torná-la-iam limpa, coisa que não é lá muito fácil. Sabes, no entanto, que seriam diferentes dos outros logo neste ponto: não quererem ocupar-se de um particular, nem de um Estado, nem de delinear as leis antes de a receberem limpa ou limparem eles.
> – Com razão.
> – Não achas que depois disso farão o esboço da forma da constituição?
> – Sem dúvida.
> – Seguidamente, penso que, aperfeiçoando o seu trabalho, olharão frequentemente para um lado e para outro, para a essência da justiça, da beleza, da temperança e virtudes congéneres, e para a representação que delas estão a fazer nos seres humanos, compondo e misturando as cores, segundo as profissões, para obter uma forma humana divina, baseando-se naquilo que Homero, quando o encontrou nos homens, apelidou de "divino e semelhante aos deuses".[48]

O mais conhecido Livro de *A República* é o VII. Tentando evidenciar as componentes deste Livro que são realmente utópicas, comecemos pela importância que a educação volta a merecer:

> [...] formámo-vos para vosso bem e do resto da cidade, para serdes como os chefes e os reis nos enxames de abelhas, depois de vos termos dado uma educação melhor e mais completa do que a deles [referência às pessoas de outras cidades que se fizeram por si mesmas] e de vos tornarmos mais capazes de tomar parte em todas as actividades. Deve portanto cada um por sua vez descer à habitação comum dos outros e habituar-se a observar as trevas. Com efeito, uma vez habituados, sereis mil vezes melhores do que os que lá estão e reconhecereis cada imagem, o que ela é e o que representa, devido a terdes contemplado a verdade relativa ao belo, ao justo e ao bom. E assim teremos uma cidade para nós e para vós, que é uma realidade, e não um sonho,[49] como actualmente sucede na maioria delas onde combatem por sombras uns contra os outros e disputam o poder como se ela fosse um grande bem.[50]

As Ilhas dos Bem-Aventurados aparecem por duas vezes no Livro VII.[51] Este local paradisíaco surge como recompensa para os homens que tomarão conta da cidade:

> Depois de terem visto o bem em si, usá-lo-ão como paradigma, para ordenar a cidade, os particulares e a si mesmos, cada um por sua vez, para o resto da vida, mas consagrando a maior parte dela à filosofia; porém, quando chegar a vez deles, aguentarão os embates da política, e assumirão cada um deles a chefia do governo, por amor à cidade, fazendo assim, não porque é bonito, mas porque é necessário. Depois de terem ensinado continuamente outros assim, para sempre como eles, e de os terem deixado como guardiões da cidade, na vez deles retirar-se-ão para habitar nas Ilhas dos Bem-Aventurados. A cidade erigir-lhes-á monumentos e sacrifícios públicos, na qualidade de divindades, se a Pítia o autorizar, caso contrário, de bem-aventurados e divinos.[52]

Um pouco antes, o mesmo imaginário insular é reservado aos que passaram toda a vida a aprender:

> Não é natural, e não é forçoso, de acordo com o que anteriormente dissemos, que nem os que não receberam educação nem experiência da verdade jamais serão capazes de administrar satisfatoriamente a cidade, nem tão-pouco aqueles a quem se consentiu que passassem toda a vida a aprender – os primeiros porque não têm nenhuma finalidade na sua vida, em vista da qual devam executar todos os seus actos, particulares e públicos; os segundos porque não exercerão voluntariamente essa actividade, supondo-se transladados, ainda em vida, para as Ilhas dos Bem-Aventurados.[53]

No Livro VIII Sócrates repõe e confirma o quadro legal apropriado a uma cidade ideal. Logo na abertura refere-se:

> – Ora bem! Concordámos então, ó Gláucon, que, na cidade que quiser ser administrada na perfeição, haverá comunidade de mulheres, comunidade de filhos e de toda a educação, e do mesmo modo comunidade de ocupações na guerra e na paz, e que dentre eles serão soberanos aqueles que mais se distinguiram na filosofia e na guerra.[54]

Mais à frente relembra-se o princípio – sempre sublinhado – da proporção:

> – Decerto que me lembro que, em nosso entender, nenhum devia possuir nada do que actualmente têm os demais, mas que, como atletas, guerreiros

e guardiões, receberão dos outros, como salário da sua guarda, a alimentação necessária para um ano, enquanto eles velam por si e por toda a cidade."[55]

O modelo da cidade perfeita contrasta com outras formas "defeituosas" de estado: "Se esta cidade era perfeita, as outras, dizias tu, eram defeituosas." Essas quatro formas de governo que se afastam da perfeita são referidas uma a uma: a "constituição de Creta e da Lacedemónia", a oligarquia (considerada "um estado repleto de males") e "aquela que lhe é oposta", ou seja, a democracia. A quarta é designada por "altaneira tirania" (equiparada à "última das enfermidades do estado"). É ainda referida uma quinta espécie que acumularia defeitos: "[A]s monarquias hereditárias ou adquiridas, caso de Cartago."[56]

No Livro final, o décimo, a discussão termina reiterando o debate em torno do contraste entre o homem justo e o homem injusto. Mas há um derradeiro tópico que é abordado delongadamente: a importância da doutrina sobre a poesia que deverá ser observada na cidade ideal; "[E]ntre muitas razões que tenho para pensar que estivemos a fundar uma cidade mais perfeita do que tudo, não é das menores a nossa doutrina sobre a poesia."[57] A tese passa pela recusa da mimese na arte poética (mas também na pintura e na arte dramática): "[N]ão aceitar a parte da poesia de carácter mimético."[58] Esta referência prende-se com a reacção de 'pathos' motivada pelas descrições literárias, já que esse tipo de reacções, em casos reais, é socialmente condenada por falta de contenção e, sobretudo, por contrariar "a força que impele a resistir".[59] O estado sóbrio e comedido é claramente preferido em contraste com a inflamada reacção aos "suspiros" motivada pelo ímpeto literário ou dramático. Esta doutrina do despojamento ideal é defendida pela sua quase inimitabilidade: "[O] carácter sensato e calmo, sempre igual a si mesmo, nem é fácil de imitar nem, quando se imita, é fácil de compreender, sobretudo num festival" – alusão aos festivais dramáticos, como as Grandes Dionísias – "e perante homens de todas as proveniências, reunidos no teatro".[60] O trabalho dos actores que suscitam estados de mimese é minorado: esse tipo de actores faz "trabalho de pouca monta em relação à verdade", pois o "poeta imitador instaura na alma de cada indivíduo um mau governo, lisonjeando a parte irracional que não distingue entre o que é maior e o que é menor".[61]

A utopia platónica, enunciada ao longo de *A República*, inaugura a ideia de uma perfectibilidade que é perseguida através de princípios como os da harmonia e da proporção, baseados, no entanto, na persistência e no trabalho (com grande destaque para a educação) e, também, na apreensão do bem e da justiça plena, factores decisivos para o bom governo da cidade que, tal como é referido no Livro IX, é claramente utópica e ideal, já que se funda "só em palavras", não se encontrando fisicamente "em parte alguma da terra".[62]

2.2 A utopia pura de Kant

No ano de 1795, após o período crítico e perto já do final da sua vida, Immanuel Kant fez publicar uma obra de características utópicas e que, por isso mesmo, permanece actualíssima. Trata-se de *A Paz Perpétua. Um Projecto Filosófico*.[63] O livro defende uma constituição universal e a existência de uma instituição supranacional capazes de garantir a paz entre todos os estados do mundo. Todas as realidades que potencialmente poderiam impedir a paz perpétua são analisadas (exércitos permanentes, espionagem, terrorismo ou as interferências das potências nos assuntos internos e soberanos de países terceiros).

O texto acaba por situar uma verdadeira utopia baseada no contrato e na lei, projectando assim a imagem de um mundo perfeito. Um mundo que não é deste mundo, convenhamos, tal como aconteceu com as visões de More e com o diálogo platónico de *A República*. Contudo, se nestas duas últimas obras existe a consciência da separação entre o real e o ideal, a obra de Kant revela uma ficcionalidade que de si não se distancia. Daí, também, a sua carga utópica única. Além do mais, do discurso com que *A Paz Perpétua. Um Projecto Filosófico* é enunciado irradia o carácter lógico que é próprio da filosofia do autor e não outros modelos que formalmente se aproximariam mais de uma natureza utópica. Este duplo paradoxo[64] que, ao fim e ao cabo, traça a fronteira entre o que se diz e as práticas efectivas do mundo, constitui-se como uma das grandes virtudes da obra de Kant.

A obra é prescritiva e de interpretação bastante denotativa. Na "Primeira secção que contém os artigos preliminares para a paz perpétua entre os estados"[65] podem ler-se os seguintes itens (na obra devidamente aprofundados):

> 1. "Não deve considerar-se como válido nenhum tratado de paz que se tenha feito com a reserva secreta de elementos para uma guerra futura."[66] [...]
> 2. "Nenhum Estado independente (grande ou pequeno, aqui tanto faz) poderá ser adquirido por outro mediante herança, troca, compra ou doação."[67] [...]
> 3. "Os exércitos permanentes (*miles perpetuus*) devem, com o tempo, de todo desaparecer."[68] [...]
> 4. "Não se devem emitir dívidas públicas em relação aos assuntos de política exterior."[69] [...]
> 5. "Nenhum Estado se deve imiscuir pela força na constituição e no governo de outro Estado."[70] [...]
> 6. "Nenhum Estado em guerra com outro deve permitir tais hostilidades que tornem impossível a confiança mútua na paz futura [...]"[71]

Na segunda secção da obra, dão-se a conhecer os três "Artigos definitivos para a Paz Perpétua", nomeadamente o Primeiro Artigo definitivo para a Paz Perpétua: "A Constituição civil em cada Estado deve ser republicana"[72], o Segundo Artigo definitivo para a Paz Perpétua: "O direito das gentes deve fundar-se numa federação de Estados livres"[73], o Terceiro Artigo definitivo para a Paz Perpétua: "O direito cosmopolita deve limitar-se às condições da hospitalidade universal."[74] Estas três condições (republicana, federativa e boa vizinhança) constituir-se-ão, portanto, como a base de um necessário estado de paz no mundo. O argumento que consolida esta visão prende-se com a consciência de fundo iluminista, segundo a qual homem e natureza são universos claramente dissociados:

> O estado de paz entre os homens que vivem juntos não é um estado de natureza (*status naturalis*), o qual é antes um estado de guerra, isto é, um estado

em que, embora não exista sempre uma explosão das hostilidades, há sempre todavia uma ameaça constante. Deve, pois, instaurar-se o estado de paz; a omissão de hostilidades não é ainda a garantia de paz e, se um vizinho não proporcionar segurança a outro (o que só pode acontecer num estado legal), cada um pode considerar como inimigo a quem lhe exigiu tal segurança.[75]

A obra termina com dois Suplementos ("Da garantia da paz perpétua"[76] e "Artigo secreto para a paz perpétua"[77]) e dois Apêndices ("Sobre discrepância entre moral e política a respeito da paz perpétua"[78] e "Da Harmonia da política com a moral segundo o conceito transcendental no direito público"[79]). No final do primeiro apêndice o marco jurídico da utopia de Kant é realçado de modo inabalável:

> O direito dos homens deve considerar-se sagrado, por maiores que sejam os sacrifícios que ele custa ao poder dominante; aqui não se pode realizar uma divisão em duas partes e inventar a coisa intermédia (entre direito e utilidade) de um direito pragmaticamente condicionado, mas toda a política deve dobrar os seus joelhos diante do direito, podendo, no entanto, esperar alcançar, embora lentamente, um estádio em que ela brilhará com firmeza.[80]

*

Duzentos anos depois de Immanuel Kant, este olhar visionário em direcção ao futuro refluiu de modo clamoroso. Vale a pena seguir duas obras dos anos noventa do século XX. Por um lado, Philippe Breton que, no final de *Utopia da Comunicação*, se referiu a quatro diferentes representações que temos acerca "do que será o futuro". As primeiras três (as ideologias de exclusão, as utopias verdes e as teorias do liberalismo, entre elas a de Francis Fukuyama) ficam-se, segundo o autor, pelo presente e apenas a quarta parece iluminar um ténue caminho de um futuro pressentido: "A única imagem do futuro de que ainda dispomos é justamente a de uma sociedade de comunicação hipertecnológica."[81] Por outro lado, nas últimas páginas de *As Consequências da Modernidade* (1991) de Anthony Giddens, a época actual aparece rodeada "de altos riscos", o que faz com que as utopias se tornem sobretudo *defensivas*, ou seja, que se limitem a incidir no presente e não já no futuro. Os quatro exemplos avançados por Giddens são, em jeito de círculo fechado, o desastre ecológico, o conflito nuclear, o totalitarismo procedente da globalização (gerador de "eventos onde o risco e o acaso assumem uma nova natureza") e, por fim, os potenciais colapsos dos mecanismos económicos.[82]

Convém referir que duas das quatro previsões de Anthony Giddens acertaram realmente no alvo (a crise política iniciada com o 11 Setembro de 2001 e o estado de turbulência financeira iniciado em 2007 enquadram-se perfeitamente em dois dos diagnósticos do sociólogo inglês). É um facto que o realismo utópico de Giddens tem como base a convicção de que "a história não está do nosso lado" por não "ter uma teleologia e não nos dar garantias". Ao contrário do largo fôlego demonstrado por Kant, dois séculos depois, a história parece realmente ter refluído de vez, possivelmente para que se pudesse salvar a esfera do presente. Tal como adiantou Jean Baudrillard, a história parece ter-se tornado no "nosso referencial perdido", ou seja, no "nosso mito".[83]

3. JOÃO DE SÃO TOMÁS E JOHN LOCKE: O OUTRO LADO DA UTOPIA

A criação de utopias é essencialmente um desafio ficcional ou, se se preferir, um modo de suspender o real, cortando-o e recortando-o através de visões que não necessitam da transcendência para se enunciarem. Numa entrevista realizada em 1998, Jacques Derrida condensou os trajectos fundamentais da imaginação utópica. Segundo o autor, há, por um lado, no discurso utópico, uma tendência para "apagar desigualdades", convertendo-se a "homogeneidade num dos elementos-chave" do percurso, e, por outro, não deixa de ser curioso como a ideia de felicidade aparece construída a partir da "incapacidade de leitura de disparidades". Por fim, o autor adaptou a motivação utópica essencialmente ao terreno do presente (em conjunção com Philippe Breton ou Anthony Giddens): "[S]e o desejo utópico pressupõe a renúncia, a própria concepção de utopia, enquanto perfeição, pressupõe a imobilidade e, portanto, o desaparecimento de um tempo futuro."[84] Já o território apocalíptico, ao contrário do período profético inicial, tinha investido na descontinuidade face ao futuro, transformando o poder da visão na catarse projectiva do presente.

No capítulo semiótico e discursivo, este Bloco 3 analisa o modo como se criou uma ponte efectiva entre a teo-semiose da Idade Média e a modernidade experimental. O caminho proposto coloca em cena a dupla João de São Tomás/John Locke. Ainda que em planos distintos, verifica-se na transição que ambos protagonizam uma produção teórica que abre a porta à maior das utopias da linguagem: a possibilidade de autonomamente criarem os seus próprios mundos.

3.1 João de São Tomás (1589-1644)

Partindo da constatação de que os textos de lógica do seu tempo se tornaram "complicados"[85] dada a crescente discussão acerca da noção de signo, João de São Tomás decidiu justapor (prefaciar) a um texto de lógica de sua autoria aquele que viria a ser o famoso *Tractatus de signis (Tratado dos Signos* – 1632). Para este pensador, a interpretação lógica era apenas um modo particular de interpretação, enquanto a interpretação em si mesma devia sobretudo ser "coextensiva com a vida *cognitiva* dos organismos". Independentemente desse facto, Tomás acrescentava ainda que a lógica, ao "alcançar as suas formas específicas de interpretação", o fazia "inteiramente através de signos."[86] Estes princípios conduziriam-no a definir signo, não como algo à partida "apreendido", mas como algo que traz "alguma outra coisa além de si mesmo à percepção de um organismo [...]" o que é "exactamente [o modo] como as ideias funcionam dentro da mente", i. e., "trazem à mente algo mais do que elas próprias".[87]

Esta definição liberta o aparecer do signo face a qualquer ideia previamente cristalizada na mente. Aliás, João de São Tomás, nessa mesma linha, acaba também por superar a divisão entre *"ens reale"* e *"ens rationis"* (experiência dependente ou não da mente), já que ambas as ordens partilham inevitavelmente uma mesma dimensão humana. Por fim, o luso-borgonhês, não apenas delimita o campo da significação e o campo da representação, como os separa irredutivelmente. Defende o autor que um objecto pode representar-se a si mesmo e pode também representar um outro. Contudo, considerar um signo de si mesmo seria pura contradição, razão pela qual um signo só o é, se for um signo de alguma *outra* coisa (só Charles Sanders Peirce, mais tarde, entenderá o contrário, ao entrever o pensamento como séries ilimitadas de signos que representam outros signos, no quadro de uma sequência ininterrupta). O raciocínio de Tomás é explicado através de uma tríade, veiculada por uma tradição latina de Boécio, segundo a qual existe sempre:

1) uma causa ou fundamento (alguma característica de um ente);
2) a relação ela-mesma – independente – que está acima do ente e, por fim;
3) aquilo com que a coisa se relaciona através do seu fundamento (o *terminus* da relação).

Para João de São Tomás, o signo é, pois, apenas a relação, independentemente dos termos e dos atributos do agente.

Sintetizando: a consciência de que existe uma relação independente do agenciamento e dos processos que conduzem à significação, a convicção de que o signo terá de produzir mentalmente algo mais do que o seu simples aparecer[88] e, finalmente, a recusa de uma realidade prévia ou adquirida à semiose, fazem deste autor um *pré-moderno* que acabará por ter, segundo John Deely, decisiva influência na constituição semiótica de John Locke.[89]

3.2 John Locke (1632-1704)

Na sua conhecida divisão dos saberes, John Locke separa aparentemente o conhecimento especulativo (coisas da natureza que estão na base do entendimento especulativo – descendência do *Ens reale*) do conhecimento prático (as coisas tal como são, devido ao pensar e ao agir humanos – descendência do *Ens rationis*), mas, no fundo, essa divisão conflui no conhecimento geral (no topo do seu diagrama), até porque ambos os conhecimentos particulares se interpenetram na experiência, o que acaba por corresponder a uma visão que, como vimos, já havia aparecido inscrita no *Tratado dos Signos* de João de São Tomás. No lado inferior do diagrama, surge então a semiótica como um novo saber, entendido como *mediação* que se propõe descrever e elucidar os meios através dos quais "o conhecimento, tanto especulativo como prático, é adquirido, elaborado e partilhado".[90]

A concepção de signo de Locke, baseada na tradição da tríade, contempla "ideias", "coisas" e "palavras": as primeiras no vértice e as outras duas na base. Nesta sintaxe, as ideias, na linha de Tomás, não correspondem jamais a um adquirido[91] (ou a uma reflexo realista da coisa representada), mas antes a uma condensação selectiva de atributos, elaborados a partir da observação das coisas. Por consequência, John Locke postula uma ligação arbitrária entre coisas e palavras e, portanto, a estas (e a outros signos) mais não resta do que traduzir as ideias simples e complexas que, por sua vez, se geram umas às outras na mente humana.[92] O conceito deixa, portanto, de corresponder a uma dada imagem da coisa, do mesmo modo que as ideias abstractas deixam de reflectir escolasticamente a essência das coisas. Neste tipo de descrição, tudo se torna relacionalmente independente e por si mesmo se constrói. Como Umberto Eco reflectiu, em *O Signo*, bastaria "substituir" a "noção de ideia" de Locke por uma noção de "unidade semântica, identificada não na mente humana, mas no tecido da cultura que define as próprias unidades de conteúdo" e o campo semiótico moderno estaria prestes a enunciar-se.[93]

A dupla João de São Tomás/John Locke prefigura, segundo John Deely, o que se considera ser o despontar de "uma nova linha na antiga tradição". O estudioso de Tomás concluiu a este respeito:

> [A] preocupação básica – da semiótica – é com aquilo que é o que é independentemente do homem e, em segundo lugar, com as coisas que são produzidas pelo homem e dele dependem. Na semiótica, a preocupação é com ambos igualmente.[94]

Locke é, deste modo, situado na historiografia semiótica como o ponto de chegada de uma longa tradição, cuja herança *sigilosa* e próxima se chama João de São Tomás, e deixa de ser o simples *pioneiro solitário* que redescobriu, um dia, o étimo da palavra "semiótica", enquanto "terceiro ramo do saber" humano[95] (note-se que 1632 é o ano simbólico do nascimento de Locke e também, curiosamente, o ano da publicação do *Tratado* de Tomás).

NOTAS

1 N. Daniel. *The Cultural Barrier: Problems in the Exchange of Ideas*. Edinburgh: Edinburg Un. Press, 1975, p. 126.
2 Profecia do fim do século IV d. C. redigida muito provavelmente na sequência da derrota militar romana em Adrianópolis (378 d. C.). A figura do último imperador escatológico surge no texto, reactualizando lendas e símbolos do tempo ainda de Alexandre-o-Magno, em luta contra o Anti-Cristo nas derradeiras batalhas escatológicas. Esta figura tornar-se-á recorrente em toda a Idade Média (desde logo, também, no *Pseudo-Methodius* – século VII d. C. – e nas muitas versões, por exemplo, da *Profecia Segundo Carlos Magno*). A partir do original grego de *Sibila Tiburtina*, variadíssimas traduções e reactualizações tornaram-na num corpo profético particularmente vivo até ao século XVI. Luís Carmelo. *La Représentation du réel dans des textes prophétiques de la littérature aljamiado-morisque*. Utrecht: Universiteit Utrecht, 1995, p. 37-65.
3 A Florença de Girolamo Savonarola foi o "chosen center of divine illumination [...] not only to warn Italy of the tribulations which had now come, but also to lead her uot of the abdomination of desolation" (Bernard McGinn. *Visions of End: Apocalyptic Traditions in the Middle Ages*. New York: Columbia Un. Press, 1979, p. 278.
4 João de Leiden (Jan Bockelson) é um dos mentores da reviravolta de Munster que teve lugar em meados dos anos trinta do século XVI. Num ambiente dominado pelo crescendo dos anabaptistas e pelas visões apocalípticas, a cidade foi profetizada como a Nova Jerusalém, uma espécie de oásis espiritual em contraste com o resto do mundo que, em breve, seria destruído liminarmente. João de Leiden chegou mesmo a ser coroado como o messias dos últimos dias e "rei de todo o mundo" Norman Cohn. *Na Senda do Milénio: milenaristas revolucionários e anarquistas místicos da Idade Média*. Lisboa: Presença, 1981, p. 214-229.
5 *O Encoberto* surge em Jativa após a morte dos principais líderes da rebelião "agermanada", nomeadamente o famoso pedreiro Vicente Peris (um dos treze membros dos grémios que formaram a Junta). Tal como é descrito, ele encarnaria o "inomeável", não podendo descobrir-se quem realmente era, embora se dissesse ser "filho póstumo do Infante D. João de Castela que, votado à morte por tenebrosas forças inimigas, fora raptado por uma pastora; crescera em terras de Gibraltar e *Dios lo enbiava para remediar los pueblos*". A nova cidade imaginada na revolução valenciana – e que se virava contra o imaginário de uma Espanha centralista, subitamente unida sob a pressão estrangeira – converte-se numa espécie de aura para o novo *Encoberto* que "conhece profecias antigas" e "fala sobre a fraternidade universal". Este quase Savonarola valenciano, "o irmão de todos", converte-se numa espécie de messias "predestinado que arrasaria o Império Otomano e inauguraria a monarquia universal." Natália Correia. Somos todos hispanos. *O Jornal*. Lisboa. (1988), p. 73-74. A. Temini. Le Gouvernement ottoman face au problème morisque. *In Les Morisques et leur temps*. Paris: CNRS, 1983, p. 297-313.
6 Donald Weinstein. *Savonarola and Florence: Prophecy and Patriotism in the Renaissance*. Princeton, New Jersey: Princeton Univesity Press, 1970, p. 66.
7 Richard W. Southern. *Western Views of Islam in the Middle Ages*. Cambridge, Massachusetts: Harvard University Press, 1962, p. 92.

8 Figura de homem com asas, apresentando uma perna com escamas e a outra com um olho no joelho. A figura tem ainda um pé de ave gigante e um corno na parte de cima da cabeça e apareceu publicada na profecia *Les Avertissements es trois estatz du monde selon la signification de ung monstre ne lan mille.v.cens et xij par lequelz on pourra prendre avis a soy regir a tousioursmais*, editada em Valença no ano de 1513. Há várias fontes relativas ao aparecimento deste monstro. Uma delas é a interessante descrição levada a cabo pelo farmacêutico florentino Luca Landucci que já em 1512, no seu diário, dá conta do monstro de Ravenna como um facto real. Como se a personagem de carne e osso tivesse nascido na cidade das duas pombas e vagueasse perigosamente entre o Veneto e as cidades da Emília Romana. Otavia Niccoli deu o exemplo desta imagem como prova da rápida circulação de figurações deste tipo na época (em duas semanas chegou... a Valladolid). As guerras itálicas (envolvendo espanhóis e franceses) e o pano de fundo da colisão otomano-cristã foram um território fértil para a utilização – dir-se-ia hoje "mediática" – desta cativante literatura profética (visual e escrita), muita dela carregada de imagens com funções de aviso, dissimulação, criação de alarme e, também, naturalmente, de catarse. *Cf.* Ottavia Niccoli. *Prophecy and People in Renaissance Italy*. Princeton, New Jersey: Princeton University Press, 1990, p. 39.

9 As profecias deste período "fascinent essentiellement par la marge d'incertitude qu'elles comportent, parce qu'elles proposent un aperçu sur un univers à la fois irréel et en prise sur le réel." A. Berthelot. Discours Prophétique et ficion. *Poétique*. Paris. N.º 70 (Avr. 1987), p. 181.

10 "Há, no entanto, autores que estabelecem uma relação directa entre More e Muntzer que, na década de vinte do século XVI, passou pelas cidades de Zwickau, Praga e Allsted (na Turíngia), apresentando-se como 'Mensageiro de Cristo' e defendendo que os pobres eram os eleitos, tendo como missão 'inaugurar o Milénio igualitário.'." Cohn. *Op. cit.*

11 Jean-Marie Goulemot. *La Littérature des lumières*. Paris: Armand Colin, 2005, p. 43.

12 Bronisław Baczko. Imaginação social. In *Enciclopedia Einaudi*. Lisboa: Imprensa Nacional-Casa da Moeda, 1985. Vol. 5, p. 296.

13 Clifford Geertz. *The Interpretation of Cultures*. New York: Basic Books, 1973, p. 209.

14 Karl Mannheim. *Ideology and Utopia*. New York: Harcourt, Brace, 1936, p. 58.

15 Paul Ricœur. *Ideologia e utopia*. Lisboa: Edições 70, 1991, p. 445-466.

16 Todas as citações de *Utopia* de Thomas More foram feitas a partir de http://www.dominiopublico.gov.br/pesquisa/DetalheObraForm.do?select_action=&co_obra=167168 [Consult. 17 Out. 2013]; ed. consultada em papel: Tomás More. *Utopia*. Mem Martins: Publicações Europa-América, 1995.

17 "O invencível rei da Inglaterra, Henrique, oitavo do nome, príncipe de um génio raro e superior, teve, não faz muito tempo, uma querela de certa importância com o sereníssimo Carlos, príncipe de Castela. Eu fui, então, enviado às Flandres, como parlamentar, com a missão de tratar e resolver essa questão". Tomás More. *Op. cit.*, p. 5.

18 A personagem é apresentada de um modo extremamente positivo: "[Pedro Gil] desfruta de honrosa posição entre os seus concidadãos, merece, realmente, uma das mais elevadas, já pelos seus conhecimentos, já por sua moralidade, pois a erudição que possui iguala à qualidade do caráter. Sua alma está aberta a todos; mas nutre por seus amigos tanta benevolência, amor, fidelidade e devotamento que poder-se-ia qualificá-lo, muito justamente, como o perfeito modelo da amizade. Modesto e sem fingimentos, simples e

prudente, sabe falar com espírito, e seu gracejo não é nunca uma injúria. Em suma, a intimidade que se estabeleceu entre nós foi tão cheia de prazer e encanto, que suavizou em mim a saudade da pátria, do lar, de minha mulher, de meus filhos, e acalmou as inquietações de uma ausência de mais de quatro meses." *Ibid.*

19 "Um dia, estava eu na Notre-Dame, igreja da grande devoção do povo, e uma das obras primas mais belas da arquitetura; depois de ter assistido ao ofício divino, dispunha-me a voltar para o hotel, quando, de repente, dou de cara com Pedro Gil, que conversava com um estrangeiro já idoso. A tez trigueira do desconhecido, sua longa barba, a capa, quase a cair-lhe, negligentemente, sua aparência e aspeto revelavam um patrão de navio. / Logo que Pedro deu comigo, aproximou-se, e, saudando-me, afastou-se um pouco de seu interlocutor que iniciava uma resposta, e, a propósito deste, me disse:/ – Vede este homem, pois bem, ia levá-lo diretamente à vossa casa. / – Meu amigo, respondi-lhe, por vossa causa, ele seria benvindo. / – É mesmo por causa dele, replicou Pedro, se o conhecêsseis. Não há sobre a terra outro ser vivo que possa vos dar detalhes tão completos e tão interessantes sobre os homens e os países desconhecidos. Ora, eu sei que sois excessivamente curioso por essa espécie de notícias. / – Não tinha adivinhado muito mal, disse eu, então, pois que, logo à primeira vista, tomei o desconhecido por um patrão de navio. / – Enganai-vos estranhamente; ele navegou, é certo; mas não como Palinuro. Navegou como Ulisses, e até mesmo como Platão. Escutai sua história: / Rafael Hitlodeu [o primeiro destes nomes é o de sua família] conhece bastante bem o latim e domina o grego com perfeição. O estudo da filosofia ao qual se devotou exclusivamente, fê-lo cultivar a língua de Atenas de preferência à de Roma. E, por isso, sobre assuntos de alguma importância, só vos citará passagens de Sêneca e de Cícero. Portugal é o seu país. Jovem ainda, abandonou seu cabedal aos irmãos; e, devorado pela paixão de correr mundo, amarrou-se à pessoa e à fortuna de Américo Vespúcio." *Ibid.*, p. 5-6.

20 A personagem é apresentada como "um homem ainda mais venerável por seu caráter e virtude do que por suas altas dignidades. Sua estatura mediana não se curvava ao peso da idade; sua fisionomia, sem ser dura, impunha respeito; era de trato fácil, mas severo e majestoso. Sentia prazer em experimentar os solicitantes com apóstrofes por vezes um tanto rudes, embora nunca ofensivas, mostrando-se encantado se percebia neles presença de espírito e respostas prontas, mas sem impertinência...." *Ibid.*, p. 7.

21 O final do livro primeiro define o modo com que o discurso é enunciado: "– Pois então, disse eu a Rafael, fazei-nos a descrição desta ilha maravilhosa. Não suprimais nenhum detalhe, suplico-vos. Descrevei-nos os campos, os rios, as cidades, os homens, os costumes, as instituições, as leis, tudo o que pensais que desejamos saber, e, acreditai-me, esse desejo abarca tudo que ignoramos. / – Com muito gosto, respondeu Rafael; essas coisas estão sempre presentes à minha memória; mas a narrativa exige tempo." *Ibid.*, p. 22.

22 *Ibid.*, p. 17.
23 *Ibid.*, p. 25.
24 *Ibid.*, p. 27.
25 *Ibid.*, p. 34.
26 *Ibid.*, p. 26.
27 *Ibid.*, p. 49.
28 *Ibid.*, p. 54.
29 *Ibid.*, p. 31.

30 François Châtelet. *Uma história da razão: Entrevistas com Émile Noel*. Lisboa: Presença, 1993.
31 Baczko. *Op. cit.*, p. 296-335.
32 Citações a partir de Nicolau Maquiavel. *O Príncipe*. [Em linha.] Disponível em http://www.ebooksbrasil.org/adobeebook/principe.pdf, p. 151. [Consult. 17 Out. 2013]. Ed. consult. em papel: *Ibid*. Mem Martins: Publicações Europa-América, 1995.
33 Platão. *República*. Lisboa: Fundação Calouste Gulbenkian, 2001.
34 More. *Op. cit.*, p. 19.
35 Curiosamente, Borges, num texto de 1952, desenvolveu este tema, referindo que a singularidade da ficção de Kafka não apenas criou uma nova matriz imaginária, como também e sobretudo gerou um grande conjunto de precursores (autores e textos muito anteriores a Kafka que, sem o saberem, já eram kafkianos). O paralelo com *A utopia* de More é interessante neste particular, na medida em que a ficção de More transformou *A República* numa espécie de precursora da ilha dos utopianos. Jorge Luis Borges. Kafka y sus precursores. *In Prosa completa*. Barcelona: Brugera, 1980. 2.º vol., p. 226--228.
36 Lewis Mumford. *História das utopias*. Antígona: Lisboa, 2007, p. 57.
37 A afirmação é de Mumford. *Id.*, p. 35. De qualquer modo, a Guerra do Peloponeso teve lugar entre 431 e 404 a. C., tendo Platão vivido entre 428-427 e 348-347 a. C.
38 Platão. *A República. Op. cit.*, 592b, p. 447.
39 *Ibid.*, 339a, p. 24.
40 *Ibid.*, 358e-359a, p. 55.
41 Veja-se, por exemplo, no Livro VII: "Mas, se bem te lembras, ela [a música] era a réplica da ginástica, que ensinava os guardiões em matéria de costumes, proporcionando-lhes, por meio da harmonia, a perfeita concórdia, não a ciência; por meio do ritmo, a regularidade; e outros hábitos gémeos destes, nas narrativas, quer míticas, quer verdadeiras." *Ibid.*, 522a, p. 327.
42 *Ibid.*, 401d, p. 413.
43 *Ibid.*, 433a, p. 185.
44 *Ibid.*, 423b, p. 167.
45 *Ibid.*, 424a, p. 168.
46 *Ibid.*, 527c, p. 336-337.
47 *Ibid.*, 455cde, p. 220.
48 *Ibid.*, 500e, 501ab, p. 294-295.
49 Saliente-se a Nota 4 do Livro VII, da responsabilidade de Maria Helena da Rocha Pereira: "A palavra sonho é uma alusão ao verso de Homero da Odisseia (XIX, 547) – 'não é um sonho, mas uma visão autêntica, que há-de cumprir-se'." *Ibid.*, n. 4, Livro 7, p. 324.
50 *Ibid.*, 520bcd, p. 323-324.
51 As "Ilhas dos Bem-Aventurados" surgem, em primeiro lugar, em *Trabalhos e Dias* de Hesíodo (750-650 a. C.). Na obra, as Ilhas dos Bem-Aventurados correspondem a um 'não lugar' de "delícias" muito virado para a ideia da agricultura que produz em abundância e sem necessitar de qualquer trabalho. Mais tarde, a partir do "mito de *Górgias*", diálogo escrito em 387 a. C., Platão conferir-lhe-á um sentido ético de recompensa para todos aqueles que praticam o bem. *Ibid.*, n. 2, Livro 7, p. 322.
52 *Ibid.*, 539e e 540abc, p. 357-358.

53 *Ibid.*, 519bc, p. 322.
54 *Ibid.*, 543a, p. 361.
55 *Ibid.*, 543bc.
56 *Ibid.*, 544abc, p. 362-363.
57 *Ibid.*, 592a.
58 *Ibid.*, 595a,p. 449.
59 *Ibid.*, 604a, p. 467.
60 *Ibid.*, 605b, p. 469.
61 *Ibid.*, 605bc.
62 *Ibid.*, 592b, p. 447.
63 Immanuel Kant. *A Paz Perpétua. Um Projecto Filosófico*. [Em linha.] Covilhã: Universidade da Beira Interior, 2008. Disponível em http://www.lusosofia.net/textos/kant_immanuel_paz_perpetua.pdf. [Consult. 18 Out. 2013].
64 O final da obra confirma esta disposição de crença na realização material da utopia, dissociando-se da ficcionalidade que revê, na sua própria enunciação, uma distância entre o real e o discurso: "Se existe um dever e, ao mesmo tempo, uma esperança fundada de tornar efectivo o estado de um direito público, ainda que apenas numa aproximação que progride até ao infinito, então a paz perpétua, que se segue aos até agora falsamente chamados tratados de paz (na realidade, armistícios), não é uma ideia vazia, mas uma tarefa que, a pouco e pouco resolvida, se aproxima constantemente do seu fim (pois é de esperar que os tempos em que se produzem semelhantes progressos se tornem cada vez mais curtos)." *Ibid.*, p. 48.
65 *Ibid.*, p. 6.
66 *Ibid.*
67 *Ibid.*, p. 7.
68 *Ibid.*, p. 8.
69 *Ibid.*
70 *Ibid.*, p. 9.
71 *Ibid.*, p. 9-10.
72 *Ibid.*, p. 13.
73 *Ibid.*, p. 17.
74 *Ibid.*, p. 22.
75 *Ibid.*, p. 12. Texto introdutório da segunda secção da obra.
76 *Ibid.*, p. 25.
77 *Ibid.*, p. 34. Kant refere: "[...] um único artigo desta espécie está contido na proposição: 'As máximas dos filósofos sobre as condições de possibilidade da paz pública devem ser tomadas em consideração pelos Estados preparados para a guerra.'."
78 *Ibid.*, p. 36.
79 *Ibid.*, p. 48.
80 *Ibid.*, p. 47.
81 Philippe Breton. *A Utopia da Comunicação*. Lisboa: Instituto Piaget, 1994, p. 140.
82 Anthony Giddens. *Consequências da Modernidade*. Oeiras: Celta, 1995, p. 120-125.
83 Jean Baudrillard. *Simulacros e Simulação*. Lisboa: Relógio d´Água, 1984, p. 47.
84 Jacques Derrida. *Intellectual Courage: An Interview*. [Em linha.] 1998. Disponível em http://culturemachine.tees.ac.uk/Cmach/Backissues/j002/Articles/art_derr.htm

85 *Cf.* John Deely. *Introdução à Semiótica: história e doutrina.* Lisboa: Fundação Calouste Gulbenkian, 1995, p. 75
86 *Ibid.*, p. 76.
87 *Ibid.*, p. 77.
88 No entanto, o autor divide os signos em várias famílias ou possibilidades, "conforme o signo se ordena à potência, divide-se em signo formal e instrumental; mas enquanto se ordena ao objecto (referente), divide-se, segundo a causa daquela ordenação, em natural, convencional e consuetudinário. O signo formal é a percepção formal (*notitia*), a qual a partir de si própria, não mediante outro, representa. O signo instrumental é aquele que, a partir da cognição preexistente de si, representa alguma coisa diferente de si, como o vestígio do boi representa o boi. E esta é a definição que geralmente costuma ser dada acerca do signo. O signo natural é aquele que representa pela natureza da coisa, independentemente de qualquer imposição ou costume; e assim, representa o mesmo junto de todos os homens, como o fumo representa o fogo. O signo convencional é o que representa alguma coisa a partir da imposição da vontade, por autoridade pública, como a palavra 'homem'. O signo consuetudinário é aquilo que só pelo uso representa, sem imposição pública, assim como os guardanapos em cima da mesa significam refeição." João de São Tomás. *Tratado dos Signos.* Lisboa: Imprensa Nacional-Casa da Moeda, 2001, p. 52-54.
89 Anabela G. Alves estudou e traduziu, no ano de 2001, a importante obra de João de São Tomás. Eis o modo como a autora apresenta o *Tratado dos Signos*: "Quanto à originalidade [desta obra] podemos considerar que a sua inovação mais radical está em ter, pela primeira vez, encarado a semiótica como uma problemática autónoma da qual todos os outros tipos de conhecimento dependem: as modelizações do mundo dependem do uso adequado de signos formais, enquanto os domínios que se prendem com a intersubjectividade e com as formas de comunicação estão dependentes dos signos instrumentais. A semiose é então condição prévia à interacção com o mundo e, já num patamar superior de percepção, à comunicação entre indivíduos. / João de São Tomás compreendeu, e isso nunca até então sucedera, que a Lógica precisava de recuar para um ponto anterior ao que era o tratamento habitual, de inspiração aristotélica, dado a esta ciência: análise dos termos e proposições, das categorias e tipos de raciocínio. / É nova esta tomada de consciência do carácter propedêutico da semiótica relativamente a todas as outras ciências, bem como a identificação, por via dos signos formais, de toda a vida psíquica com processos de semiose. João irá subsumir toda a vida mental à utilização de signos, por meio dos quais, e meio exclusivo pelo qual, o homem conhece. E esta é a razão da importância fundadora que atribui à semiologia, e que o motiva para escrever o tratado. / Por outro lado, e fruto da importância que lhe atribui, é notável a extensão e o vigor da sua preocupação semiológica, e esta é também uma inovação radical inteiramente da lavra de João de São Tomás. O *Tratado dos Signos* ocupa perto de centena e meia de páginas do *Curso Filosófico,* facto que só assume o devido relevo se se recordar que, pouco antes, Pedro da Fonseca, nas *Instituições Dialécticas,* dedica perto de cinco páginas a analisar o signo e os problemas a ele atinentes, ao passo que Sebastião do Couto e Pedro Margalho lhe concedem ainda menos espaço. / A primeira preocupação do *Tratado dos Signos,* seguindo aliás uma terminologia já estabelecida na escolástica peninsular, é taxinómica. Os tipos e qualidades de signos segundo João de São Tomás são analisados no segundo artigo das Súmulas, no início da *Ars Logicae.* Signo é definido como aquilo que representa apetência cognoscente alguma coisa diferente de si,

fórmula que encerra uma crítica explícita à definição agostiniana de signo, a qual ao invocar uma forma *(species)* presente aos sentidos, se refere ao signo instrumental, mas não ao formal, que é interior ao cognoscente e portanto nada acrescenta aos sentidos. É assim que, no domínio da significação, aquele onde surgem os diversos tipos de signos, só se pode operar formal e instrumentalmente, porque significar é tomar alguma coisa distinta de si presente ao intelecto, e desta forma o acto de significar exclui a representação, porque aí uma coisa 'significa-se' a si própria. / É nesta crítica explícita a Agostinho que o projecto de João se virá a assumir como uma proposta semiológica suficientemente abrangente para ser considerada moderna, pois pela primeira vez se intenta fornecer uma explicação completa dos fenómenos semióticos. Ao considerar estas duas e tão distintas espécies de signos, o trabalho do Doutor Profundo contempla, simultaneamente, a vertente da significação – aquilo pelo que o signo significa algo e a forma como nos permite estruturar a experiência humana – e a da comunicação – enquanto veículos que servem a tomar o objectivo e o subjectivo intersubjectivos. Ao estabelecer que nem só aquilo que representa outro de forma sensível é signo, consegue-se unir na mesma ordem de fenómenos semióticos palavras e ideias, vestígios e conceitos, os quais servem, respectivamente, para comunicar e para estruturar uma imagem do mundo." Anabela G. Alves. Prefácio. *In ibid.*, p. 19-20.

90 O diagrama que traduz este despertar autónomo da semiótica aparece, desde logo, na conhecida divisão das ciências proposta por John Locke: por baixo, a semiótica (referindo--se aos "meios através dos quais o conhecimento, tanto especulativo como prático, é adquirido, elaborado e partilhado"); ao meio, do lado esquerdo, a área "especulativa" (de coisas que são o que são por natureza); ainda ao meio, mas do lado direito, a área "prática" (das coisas que "são o que são devido ao agir e pensamento humano") e, por fim, em cima, o conhecimento. Este losango completa-se com a substituição de semiose por conhecimento (ligação entre experiência e as relações sígnicas) e, no lado inferior, com a presença da semiótica, enquanto conjunto de "reflexões sobre o papel dos signos na estruturação da experiência e na revelação da natureza e da cultura ao nosso conhecimento". V. Deely. *Op. cit.*, p. 80-84.

91 Para o filósofo inglês, no *Essay Concerning Human Understanding (Ensaio sobre o Entendimento Humano)*, as ideias simples derivavam de sensações e de reflexões (ou seja, da experiência própria, externa e interna), o que significa que nenhuma abstracção lhes podia ser anterior. O uso do cérebro, para Locke, é, nesta linha, o uso simples ou complexo de uma escolha permanente e claramente autónoma: "At it is in the motions of the body, so it is in the thoughts of our minds: where anyone is such that we have power to take it up, or lay it by, according to the preference of the mind, there we are at liberty [...] And if I can, by a like thought of my mind, preferring one to the other, produce either words or silence, I am at liberty to speak or hold my peace. And as far as this power reaches, of acting or not acting, by the determination of his own thought preferring either so far is a man free." John Locke. Essay Concerning Human Understanding. *In Modern Philosophy: An Anthology of Primary Sources.* Cambridge; Indianapolis: Hackett Publishing Company, 1998, p. 262-270.

92 No seu *Essay Concerning the Human Understanding*, Locke situa a reflexão e a sensação como origem de todas as ideias (II.1, p. 276). Estas podem ser simples como a percepção ("a primeira ideia simples de reflexão" e, portanto, "a primeira faculdade da mente 'exercised' acerca das nossas ideias" – IX.1, p. 290) e complexas, quando formadas a partir daquelas e que, por sua vez, podem ser "ideias compostas", "ideias de relação" e produtos de "abstracção" (XII.1, p. 293-4). As ideias são, portanto, signo das coisas e de outras ideias (por estarem em vez delas por uma qualquer disposição de relação ou de abstracção) e, no seu carácter não inato, mantêm uma clara relação de separação face à esfera das palavras que, por sua vez, são signos das ideias. Umberto Eco no seu *O Signo* sintetiza: "As palavras não exprimem as coisas, porque as coisas são conhecidas mediante a construção de ideias complexas, através da combinação de ideias simples. As palavras remetem, quanto ao seu significado imediato, para as ideias. E por isso há uma ligação arbitrária entre as palavras e coisas." *Cf.* Locke. *Id.*, p. 276, 290, 293-294. Umberto Eco. *O Signo*. Lisboa: Presença, 1981, p. 115.

93 Eco. *Id.*, p. 116.

94 Deely. *Op. cit.*, p. 82.

95 No Livro IV do *Essay Concerning the Human Understanding*, escreve Locke: "O terceiro ramo pode ser chamado *Semeiotik*, ou Doutrina dos Signos." Tratará de "considerar a Natureza dos Signos de que a mente faz uso para a compreensão das Coisas, ou para a transmissão de [do seu] conhecimento aos outros. Já que nenhuma das Coisas que a Mente contempla está para além de si mesma presente à [Compreensão], é necessário que qualquer outra coisa, tal como um Signo ou [uma] Representação da coisa considerada, possa ser presente a ela [à Compreensão]: e estas [coisas] são as *Ideias*. E porque a cena das ideias que faz um pensamento do homem não se pode abrir à vista imediata de outro, nem acumulada a não ser na Memória, [é ele mesmo um] repositório incerto: daí que para comunicar os nossos pensamentos aos outros, assim como [para] guardá-los para o nosso próprio uso, os Signos das nossas Ideias também sejam necessários. Aqueles que os Homens acharam mais convenientes, e que usam de modo mais geral, são Sons articulados." Locke. *Op. cit.*, p. 342.

BLOCO 4
A EXPERIÊNCIA.
A UTOPIA E A ANCORAGEM NO TEMPO.
UMA VISÃO ABERTA.

INTRODUÇÃO

A tentação de domínio do todo da história data do período formador da literatura apocalíptica.[1] O modo como a escatologia cristã inicialmente se foi enunciando viria a favorecer, mais tarde, a expansão dos mais diversos milenarismos, tal como analisámos pormenorizadamente no Bloco 2.

Houve, no entanto, uma tentativa de descodificar o cronograma divino em articulação com o tempo histórico que, na transição do século XII para o século XIII, se constituiu como uma matriz de relevo. Foi o caso de Joaquim de Flora, o último pré-moderno que sonhou de forma consistente que era possível domar a história, impondo-lhe um calendário imanente.

Cinco séculos mais tarde, na ponte experimental que ligou o século XVII ao século XVIII, o napolitano Giambattista Vico, numa obra por vezes interpretada como fundadora da ciência histórica moderna,[2] propôs um novo modelo de domesticação da história (ou de moldagem da temporalidade[3]). As três idades de Vico (Deuses/Heróis/Homens), que nada têm que ver com os três estados de Flora (Pai/Filho/Espírito Santo), reflectem uma dimensão lógica que aproxima a "ordem das coisas" da "ordem das ideias"[4] e divergem umas das outras por questões de índole racional (costumes, governo, direito, etc.).

Estas marcações do tempo histórico definem uma intenção de fundo que, quer no mundo pré-moderno, quer já no alvor do mundo moderno, passa pela tentativa de significação do presente. Muito curiosamente, a redacção de utopias, concebidas de início como puras idealizações de um nenhures (cidade ou ilha imaginária), foram ancorando, ao longo dos séculos XVII e XVIII, na realidade terrena. Esta tendência de obrigar a imaginação visionária a colocar os 'pés na terra' não deixa de se fundar, igualmente, num desejo irreparável de compreender e significar o presente.

Neste Bloco 4, analisaremos, num primeiro momento, as codificações do tempo de Flora e de Vico, assim como a produção profética que não se cansou de propor cenários perfectíveis na Terra. Num segundo momento, analisaremos as figuras que compõem a afirmação iluminista da modernidade e o modo como, na época, os discursos reflectem uma afirmação autónoma do sentido.

1. FORMATOS DE ANCORAGEM NO TEMPO

1.1 Joaquim de Flora e os três estados

Flora (c. 1135-1202)[5] deu corpo no seu tempo a uma visão completamente nova das relações entre as inquietações escatológico-apocalípticas e o sentido da própria continuidade histórica. Para Joaquim de Flora, o curso da "História" não podia ser dissociado do mistério da trindade. Foi a partir desta pressuposição que considerou existirem três diferentes estados, o do Pai, o do Filho e o do Espírito Santo, cada um correspondendo a sete idades históricas diferentes. O estado do Pai ter-se-ia iniciado com Adão e prolongar-se-ia até ao século VII a. C. (tempo de Uzias, Rei de Judá[6]); o estado do Filho – centrado, naturalmente, em torno do papel de Jesus – ter-se-ia iniciado no século VII a. C. e consumar-se-ia num futuro muito próximo (1260 d. C.). Ao primeiro estado corresponderia, no essencial, um diálogo entre a lei divina e o temor humano; já ao segundo estado corresponderia um diálogo entre a encarnação divina e a obediência confiante da humanidade. Para Flora, a derrota da figura do Anti-Cristo caracterizaria o fim do segundo estado e a introdução do terceiro e último: o estado de uma Igreja renovada, em torno da qual um novo Reino de contemplação e paz se desenvolveria.

A homologia foi o princípio seguido por Joaquim de Flora para explicar as sete idades que integrariam cada um destes estados. Ou seja: a estrutura interna de cada uma das idades propostas denotaria claras similaridades com a idade que lhe corresponderia num estado imediatamente anterior (ou posterior). A cada facto e actante, num dado estado, corresponderiam outros tantos proporcionais, noutro estado. A história desenvolver-se-ia como que em espiral, dentro de um esquema tipológico que permitiria prever, rever e, sobretudo, encontrar a chave para determinar o significado (escondido) da "História", no quadro da escatologia anunciada pela revelação de Cristo. Este tipo de esquema significativo implicava, segundo Northrop Frye,

> une théorie de l'histoire, ou plus exactement du processus historique: l'hypothèse que l'histoire a une certaine signification et une certaine raison d'être et que, tôt ou tard, il se produira un certain événement [...] qui deviendra ainsi un *antitype* de ce qui est arrivé auparavant.[7]

Toda esta concepção responde a uma necessidade de ordenação (e de codificação) da experiência e do tempo humanos em conformidade com os anúncios sempre (necessariamente) ambíguos da revelação.[8]

Este reatar particularmente ordenado do milenarismo não é alheio à visão iminente dos fins. Vivendo no tempo da disputa *regnum-sacerdocium*, Joaquim de Flora acredita na chegada, para breve, do Anti-Cristo, e reserva para um *Papa angélico* e para grupos de espirituais (padres e eremitas) o protagonismo da vitória sobre o mal. Todo o esquema tipológico de Flora irá constituir-se como uma espécie de matriz ou metatexto para novos textos e especulações. As actualizações transformadoras da profecia de Joaquim de Flora adaptar-se-ão às situações mais diversas, colocando amiúde em causa o *status quo* estabelecido.

Na conclusão do seu estudo *The Pursuit of the Millenium*, onde se ocupa dos movimentos milenaristas, Norman Cohn refere a tradição joaquinita como integrando a primeira linha metatextual[9] da transformação profética entre os séculos XI e XVI:

> Os *prophetae* construíram o seu aparato apocalíptico a partir dos mais variados materiais – *O Livro de Daniel*, o *Livro do Apocalipse* [de João], os Oráculos sibilinos, as *especulações* de Joaquim de Flora, a doutrina do Estado Natural igualitário – todos eles elaborados, reinterpretados e vulgarizados [...] esse aparato [profético] seria transmitido aos pobres – e o resultado seria ao mesmo tempo um movimento revolucionário e um despertar de salvacionismo quase religioso.[10]

Há duas características fundamentais que seriam intensamente retrabalhadas a partir dos textos de Flora, durante mais de dois séculos. A primeira incidiu na reformulação e ajuste das temporalidades joaquinitas; a segunda sublinhou e prefigurou o papel escatológico e messiânico da figura do Papa angélico.

Quanto à primeira dessas duas características, deve referir-se um conjunto de obras que tenta antecipar os acontecimentos previstos para 1260, nomeadamente a chegada do Anti-Cristo e o advento do terceiro estado. Entre essas obras, contam-se o *Comentário sobre Jeremias*[11] (1260) e a *A Introdução ao Evangelho Eterno*, de Gerardo de Borgo San Donnino[12] (1254). Um dos aspectos focados nestas obras (e noutras já posteriores a 1260) tem que ver com a visão dupla do Anticristo (um primeiro falso e perseguidor dos franciscanos e um segundo, esse já real e prenunciador definitivo do termo do segundo estado joaquinita). No horizonte da intensa produção profética da época, saliente-se, também, o papel de São Francisco de Assis, que surge muitas vezes como um verdadeiro marco escatológico entre os espirituais franciscanos adeptos da teologia da pobreza. É o caso de Pedro Olivi (1248-1298), autor de *Comentário ao Livro da Revelação*[13], e de Angelo de Clareno (1255-1337), autor de *História das Sete Atribulações das Ordens Menores*[14]. Incluem-se ainda nestas tendências de ampliação joaquinita o papel de Giovanni de Fidanza Bonaventura (1221-1274)[15] e, durante a crise de Avignon, do franciscano Jean de Roquetaillade (1308-1377).[16] A ligação a um primeiro Anti-Cristo, na pessoa do Papa João XXII, e a defesa de um *apocalipticismo* muito ligado a São Francisco de Assis foi, também, apanágio dos *Fraticelli* (dissidentes dos Franciscanos que viviam à margem da ortodoxia e que eram muito perseguidos pelas inquisições).[17] O próprio movimento Hussita – movimento germânico radical e pré-reformador de inícios do século XV – demonstrou afinidades com o joaquinismo, nomeadamente através da reactivação da teoria dos três estados.

Quanto à segunda das características da ampliação do joaquinismo – a expectativa da vinda de um Papa angélico restaurador dos novos tempos (o terceiro estado) – também ela conheceu inúmeros adeptos e uma profusão grande de obras. É o caso do *Oráculo* de Angélico de Ciril (*Oraculum Cyrilli cum Expositione Abbatis Joachim*[18]), das *Visiones* do dominicano Roberto de Uzes (dos últimos anos do século XIII[19]), da profecia anónima *Salimbene* sobre o Papa

Gregório X[20] (1270) e ainda de uma série de profecias anónimas associadas a vários papas – as chamadas *Vaticinia de summis pontificibus* que seguiram a apurada técnica de *vaticinium ex eventu* – entre Nicloau III (1277-1280) e Benedito XI (1303-1304). Em 1304 surge o chamado *Pseudo-Livro de Flora*[21] (difundido sobretudo através da edição dos *fraticelli* de 1340), que é um documento importante na propagação messiânica do joaquinismo. Refira-se igualmente o exemplo de Ubertino de Casale (1259-1330) e da sua *Árvore da Vida* que, na opinião de Leff Gordon, constitui "a complete Franciscanizing of the apocalypse".[22] Para Ubertino, a derrota final do Anti-Cristo, associada ao ressurgir da nova Jerusalém, teria como guia supremo um Papa angélico. O já acima referido *Comentário sobre Jeremias* também se insere na expectativa da chegada de um Papa angélico e é aludido, ainda que indirectamente, por Roger Bacon.[23] Toda esta insistente permanência, no quadro da modalização do género profético, continuará viva em pleno século XVI, apesar das mudanças que Roma irá sofrer até essa data. As *Profecias de S. Malaquias* (1590), que previam a chegada iminente de um Papa angélico, ao cabo de uma interminável lista de mais de cem papas, é disso um exemplo claro.[24]

1.2 Giambattista Vico e as três idades

Vico (1668–1744) publicou em 1725 a sua obra mais marcante: *Scienza Nuova*.[25] Trata-se de uma obra que divide a vida humana em três fases, cada uma geradora de uma determinada ordem a todos os níveis. Estamos face a uma divisão tipológica que reflecte uma visão moderna do homem, na medida em que as três idades se justapõem progressivamente, a partir de:

    a) uma etapa histórica primitiva: em que o homem não passa de uma sombra no meio dos deuses;

    b) seguida por uma segunda idade: em que a realidade se mitifica (daí a natureza narrativa dos heróis tão sublinhada por Vico); e

    c) culminando numa idade da razão: em que o homem é já senhor de si próprio.

Esta "história ideal eterna" defendida por Giambattista Vico corresponde a uma sucessão constante e gradativa de fases que todas as nações teriam percorrido ao longo do tempo. É deste modo um tanto esquemático, mas à época revolucionário, que, no início do Livro Quarto ("Do curso que fazem as nações"), depois de reatar as famosas três idades – "a dos deuses, a dos heróis e a dos homens" –, Vico explique o que delas efectivamente decorre e aquilo que as funda. Vale a pena ler com atenção o trecho:

> [...] através desta divisão ver-se-á que as nações se regem, com constante e jamais ininterrupta ordem de causas e efeitos, sempre andante, por três espécies de naturezas; e que dessas naturezas surgiram três espécies de costumes; desses costumes observados, três espécies de direitos naturais das gentes; e que, em consequência desses direitos, se ordenaram três espécies de Estados civis, ou seja, de repúblicas; e para que os homens chegados à sociedade humana comunicassem entre si todas estas três espécies de coisas máximas já referidas, foram formadas três espécies de línguas e outras tantas de caracteres; e, para as justificar, três espécies de jurisprudências, assistidas por três espécies de autoridades e por outras tantas de direitos, em outras tantas espécies de juízos; jurisprudências essas que foram praticadas ao longo de três ordens dos tempos que as nações professam ao longo de todo o curso das suas vidas. Três unidades especiais essas que, com muitas outras que lhes sucedem e que serão também enumeradas neste livro, confinam todas numa grande unidade geral, que é a unidade da religião de uma divindade providente, a qual é a unidade do espírito, que informa e dá vida a este mundo de nações.[26]

Este modo de integrar a dimensão divina num quadro mental de índole totalmente racional é próprio do Iluminismo. O diagrama de Giambattista Vico, ao mesmo tempo que é tipológico e homológico (cada idade mantém, em todas as áreas expressivas e institucionais, as mesmas invariantes), também se baseia numa sequência de causalidades, ou seja, em cada uma das três idades há certas invariantes que dão sempre origem a outras tantas invariantes (a natureza gera os costumes, e estes geram os direitos naturais, e estes geram as espécies de governo, e estes geram as espécies de línguas, etc., etc.). Vale a pena analisar, uma a uma, estas sequências que, ao fim e ao cabo, substancializam e dão conteúdo às três idades consideradas por Vico.

Comecemos pelas três espécies de naturezas[27], através das quais as nações são indelevelmente regidas:

> A primeira natureza [...] foi uma natureza poética, ou seja, criadora, seja-nos lícito dizer divina, que deu aos corpos o ser de substâncias animadas por deuses, e deu-o a partir da sua ideia. Essa natureza foi a dos poetas teólogos que foram os mais antigos sábios de todas as nações gentias! [...]
> A segunda foi a natureza heróica, que esses heróis acreditaram ser de origem divina: porque acreditando que tudo era feito por deuses, consideravam-se filhos de Júpiter, tal como aqueles que tinham sido gerados sob os auspícios de Júpiter: heroísmo no qual esses, com justo sentido, assentavam a nobreza natural: – porquanto eram da espécie humana: – razão pela qual foram eles os príncipes da geração humana. [...]
> A terceira foi a natureza humana, inteligente e, portanto, modesta, benigna e razoável, a qual reconhece por leis a consciência, a razão e o dever.

Os costumes surgem como uma resultante das naturezas em que a cada idade assenta a sua razão de ser. Daí as três espécies de costumes[28]:

> Os primeiros costumes [foram] todos impregnados de religião e de piedade, como são relatados os de Deucalião e Pirra, surgidos logo após o dilúvio. [...]
> Os segundos foram coléricos e caprichosos, como são relatados os de Aquiles. [...
> E os] terceiros são oficiosos, ensinados precisamente a partir dos direitos civis.[29]

Por seu lado, é o modo como os costumes se afirmam nas nações, ao longo das três fases históricas, que origina as três espécies de direitos naturais. Deste modo, o

> primeiro direito foi divino, pelo qual acreditavam que eles próprios e as suas coisas pertenciam todos por direito aos deuses, baseados na opinião de que tudo o que era o faziam os deuses [...
> o] segundo foi o heróico, ou seja, da força, porém, provista já pela religião, a única que se pode submeter ao dever a força, quando não existem, ou se existem, não servem as leis humanas para a refrearem [...
> e, finalmente, o] terceiro é o direito humano, ditado pela razão humana completamente desenvolvida.[31]

A governação da coisa pública adveio dos direitos naturais e é desse modo que, em toda a vida humana, se consideram universalmente três espécies de "Estados civis" ou de "repúblicas", que são desenvolvidas com a designação "três espécies de governos"[32]:

> Os primeiros foram os divinos, que os gregos denominariam teocráticos, nos quais os homens acreditaram que os deuses ordenavam as coisas. [...]
> Os segundos foram os governos heróicos, ou seja, aristocráticos [...] Nesses governos todos os direitos civis quedavam dentro das ordens reinantes desses mesmo heróis, e aos plebeus, porque reputados de origem bestial, eram permitidos apenas os usos da vida e da liberdade natural [...]
> Os terceiros são os governos humanos, nos quais, devido à igualdade dessa natureza inteligente, que é a própria natureza do homem, todos são igualizados pelas leis, porquanto todos nascem livres nas suas cidades, igualmente livres e populares, onde todos, ou a maior parte, constituem essas forças justas da cidade, forças justas pelas quais são esses os senhores da liberdade popular; ou nas monarquias, nas quais os monarcas igualizam todos os sujeitos com as suas leis e, detendo apenas eles em suas mãos toda a força das armas, se distinguem unicamente na natureza civil.

Muito curioso é o aparecimento das linguagens humanas neste plano histórico integrado. A necessidade de os homens comunicarem surge como um efeito da vida comunitária (ou seja, o acto de 'dizer o mundo' surge como posterior e/ou consequente do acto de 'governar o mundo'). Seja como for, Giambattista Vico considera existirem três espécies de línguas,[33] cada uma correspondendo, como sempre, a um dado estádio de desenvolvimento:

> [...] a primeira foi uma língua divina mental, por meio de actos mudos religiosos, ou seja, cerimónias divinas, donde, em direito civil, quedaram, entre Romanos, os actos legítimos, com os quais celebravam todos os assuntos da sua utilidade civil.

Neste primeiro estádio, convém salientar esta ideia extraordinária de que os "gentios" não articulariam as palavras:

> Língua essa que convém às religiões, devido a essa propriedade: que mais lhes importa serem reverenciadas do que reflectidas; e foi necessário nos primeiros tempos, em que os homens gentios não sabiam ainda articular a fala.

A segunda espécie de língua manifestou-se através de "insígnias heróicas, com as quais falam as armas; fala essa que, como acima dissemos, quedou na disciplina militar". Por fim, a "terceira é por meio de falares articulados, que hoje são usadas por todas as nações".

Os caracteres que correspondem à dimensão formal, expressiva e grafemática das linguagens aparecem neste esquema como gerados pelo uso das línguas. Esta precedência logocêntrica do som à forma é assumida de modo natural por Vico nas suas três espécies de caracteres[34]:

> os primeiros foram os divinos, que foram propriamente denominados "hieroglíficos" [...] ditados naturalmente por aquela propriedade inata à mente humana de se deleitar com o uniforme, o que, não podendo fazer com a abstracção por géneros, fizeram com a fantasia por meio de retratos. Universais poéticos aos quais convertiam todas as espécies particulares pertencentes a cada género.

Por sua vez, os segundos

> foram os caracteres heróicos, que eram também universais fantásticos, aos quais convertiam as várias espécies das coisas heróicas: como a Aquiles todos os factos dos fortes combatentes, a Ulisses todos os conselhos dos sábios.

Continuando a citar a obra de Giambattista Vico, foram finalmente

> inventados os caracteres vulgares, que caminharam a par das línguas vulgares: porque, assim como estas, são compostas por palavras, que são quase géneros dos particulares com os quais tinham anteriormente falado as línguas heróicas.

Deve ser enfatizado o modo como Vico se demarca das correntes que atribuem a inevitabilidade de uma origem sagrada aos alfabetos:

> [E]sta invenção é, certamente, um trabalho de mente que teria algo mais do que a humana; pelo que, acima, ouvimos que Bernard von Mallinckrot e

Ingewald Elingius o crêem invenção divina. E é fácil que esse senso comum de admiração tenha levado as nações a acreditar que homens excelentes em divindade tivessem inventado essas referidas letras, como São Jerónimo para os Ilírios, como São Cirilo para os Eslavos, como vários para tantos outros [...] Opiniões essas que se revelam manifestamente falsas [...] tais línguas e tais letras são propriedade do vulgo dos povos, pelo que, tanto umas como as outras, são denominadas vulgares.

Uma defesa da arbitrariedade formal e, sobretudo, da criatividade humana.

Nesta sucessão de cadeias, Giambattista Vico desenvolve ainda as três espécies de jurisprudências e as três espécies de autoridades.[35] Só na secção nona atingem as três espécies de razões.[36] E neste topo da pirâmide, ao falar-se da razão, é como se regressássemos às naturezas, primeira das invariantes. Aí encontramos, de novo, uma primeira razão que é a divina ("que unicamente Deus compreende"), uma segunda razão designada razão de estado (também "denominada pelos Romanos *civilis Aequitas*") e a terceira razão, o chamado *aequum bonum* que se "denomina razão natural".

O impacto da obra e da visão da história de Vico não tem, nem poderia ter comparação com a que Joaquim de Flora teve no seu tempo. A racionalidade progressiva do primeiro não se compara realmente com o sentido de iminência escatológica do segundo. No entanto, a ideia de "ciência nova" teria os seus efeitos nas epistemologias modernas e é um facto que Johann von Herder, Immanuel Kant[37], Wilhelm Dilthey, Auguste Comte, Karl Marx[38], Friedrich Engels ou Robin Collingwood tiveram conhecimento da obra de Giambattista Vico[39] e nela, de modos diversos, terão encontrado formas teleológicas e/ou tipológicas de significar o *continuum* temporal numa perspectiva moderna. Muito curiosamente, num quadro criativo e contemporâneo, James Joyce recorreu à estrutura de *Ciência Nova* na sua conhecida obra *Finnegans Wake*.

Ao longo do século XX, a obra de Vico foi recuperada e, actualmente, tornou-se numa leitura referencial e sobretudo singular pelo modo como multidisciplinarmente interpreta o fazer humano.[40] Em grande parte, a cultura semítico-ocidental nasce de um clímax desenhado pela relação tensional entre a temporalidade e a necessidade humana de projectar. Giambattista Vico, embora situado nos inícios da modernidade, soube dar um corpo consistente a esta relação, articulando um esquema à partida rígido com o uso de uma interpretação flexível e transversal.

2. A UTOPIA E A ANCORAGEM NO TEMPO

2.1 Cenários perfectíveis com os pés na Terra

É no século XVIII que o *código* utópico define novas perspectivas de domínio do tempo futuro. Louis-Sébastien Mercier propôs mesmo o termo "fictionner" para o acto genérico de escrever utopias. Um dos tradutores de Tomás More (Nicolas Guedeville – 1652-1721) desenvolveu o conceito de utopia como uma "operação pela qual o real se transformaria em ideal".[41] Para além deste impulso de recodificação profunda do termo, tentando aproximar a utopia da ucronia (ou seja, situando-a no tempo e ancorando-a no vivido), há que considerar um outro aspecto vital da transformação do género, nomeadamente a sua integração em narrativas com uma diegese autónoma. É o caso de *Candide* de Voltaire (1759), *Nouvelle Héloise* de Jean-Jacques Rousseau (1761), *L'An 2440* de Mercier (1770), *Aline et Valcour* de Sade (1788) ou das *Viagens de Gulliver* de Jonathan Swift (1726). A expressão de Rousseau, no final do "Deuxième Promenade" de *Les Rêveries du promeneur solitaire* (1770) – "Laissons donc faire les hommes et la destinée"[42] – é um indicador claro da ancoragem das utopias no tempo e não mais no nenhures imaginário da matriz de More.

Esta disposição ao mesmo tempo ficcional e marcada pelo crivo do real sobressai no conhecido livro de Louis-Sébastien Mercier, *L'An 2440*[43]. Literariamente sem grande interesse, a obra descreve com afectação e adjectivação um mundo não muito diverso daquele que o autor tinha diante dos seus olhos. Contudo, na introdução, Mercier (1740-1814) tenta definir uma distância entre o seu mundo e aquele que é prenunciado no texto: "Le génie de mon siècle me presse et m'environne; la stupeur regne. La calme de ma patrie ressemble à celui des tombeaux."[44] O registo tem quase sempre como base um discurso onírico e visionário. As realidades aparecem no texto como um verdadeiro encanto que é recebido pela mediação – algo ingénua – que tem acesso às sucessivas visões (um pouco como no discurso apocalíptico, embora com uma retórica barroca). Veja-se esta exaltação da iluminação urbana: "Je vis les rues parfaitement éclairées. Les lanternes étaient appliquées à la muraille, et leurs feux combinés ne laissaient aucune ombre"[45]; ou esta outra relativa aos jornais: "Je vis sur la table des larges feuilles de papier, deux fois plus longues que les gazettes anglaises [...] La langue française est commune à Pékin depuis deux cents ans..."[46] A capacidade de invenção é, em larga parte do livro, bastante limitada. Um exemplo desse facto é a forma de governo "[i]l n´est ni monarchique, ni démocratique, ni aristocratique: il est raisonnable et fait pour les hommes".[47] Este governo apresentado como racional é, no entanto, assumido por um rei filósofo inteiramente devotado à felicidade humana: "Un roi philosophe, digne du trône puisqu´il le dédaignait, plus jaloux du bonheur des hommes que de ce fantôme de pouvoir."[48] Seja como for, a obra concede ao leitor uma imaginação livre e um cenário irreal que são colocados na boca de cena de uma percepção imediata que é tida como possível (ou real).

Cionaresco traduziu este novo modo de escrever utopias como uma inevitabilidade, associada ao que designou por "futurible", e que teria como matriz precisamente a obra de Louis--Sébastien Mercier:

> Pour mesurer utopiquement le progrès, l´accession du genre à l´avenir était indispensable. Le futurible, qui manquait aux dimensions de l´utopie, fit enfin son apparition en 1770, avec Louis-Sébastien Mercier.[49]

Esta transformação do modelo da utopia chegaria ao século XIX, como referiu Bronisław Baczko, através de uma

> grande massa de textos utópicos [...] constituída por livros, ensaios, jornais, etc., que expõem sistemas de reformas sociais apoiados numa crítica mais ou menos radical da sociedade contemporânea, numa filosofia da história, numa reflexão religiosa ou ainda em análises económicas.

De qualquer modo, há nestas novas tendências utópicas do início de oitocentos ingredientes inovadores que advêm das novas necessidades da época:

> As utopias são agora avançadas como outras tantas soluções a aplicar *hic et nunc*, a fim de responder à crise que aflige a sociedade e, designadamente, às consequências nefastas da urbanização crescente e da industrialização.[50]

Tentando responder aos novos problemas suscitados pela crescente industrialização, o conde Saint-Simon (1760-1825) agitou, pela primeira vez, a ideia do fim de Estado, no quadro de uma utopia que acabaria por ser "canalizada através do programa de Bakunine" e que continuaria a "fazer parte do horizonte utópico do marxismo ortodoxo".[51] Por seu lado, Charles Fourrier (1762--1837) surgiu na mesma altura como apologista da restauração de uma natureza inicial que teria sido subvertida e corrompida. A ideia de que as paixões e o prazer deveriam no futuro governar a vida consagraria, segundo o autor, a restauração paradisíaca de um estado puro e original (ao contrário de Saint-Simon, que se limitou a projectar esse estado no futuro, reinventando, para tal, a dimensão teleológica do cristianismo[52]).

Esta vaga discursiva, com todas as inovações que comporta, foi sempre acompanhada na realidade por movimentos sem grande sintaxe programática e, por isso, claramente utópicos. A articulação entre o papel da imaginação e o papel prático desempenhado por sujeitos sociais é, nesta fase, particularmente relevante e como que evoca a ligação íntima entre movimentos escatológicos e milenaristas e os discursos proféticos de raiz popular que os acompanhavam e mobilizavam. Estes movimentos sociais remetem, tal como no mundo profético, curiosamente, para o protagonismo de figuras anónimas, como aconteceu no caso da sublevação *Nus-pieds* (1639) que foi assim anunciada: "João Pé-Descalço é o vosso apoio. / Ele vingará a vossa disputa / Libertando-vos do imposto [...] Para impor na Normandia / Uma perfeita liberdade."[53] Desde os anos vinte do século XVII que um conjunto vasto de rebeliões (*Croquants* na região de Quercy em 1624, as revoltas de *Périgord* em 1637 e as de *Quercy* já em 1707) reivindicava o cumprimento dos mais diversos anseios comunitários, reflectindo desse modo a ideia de que o mundo não é algo já dado e consumado, mas antes uma estrutura (ou uma cultura) em permanente construção. Esta postura moderna é própria do ambiente que antecedeu a Revolução Francesa e correspondeu a uma imensa súmula de contrastes, descontentamentos e afirmações diversas (muito pouco orgânicas na sua constituição) prestes a gerar, a todo o momento, uma ruptura.

A Revolução Francesa sinalizará, ao fim e ao cabo, o que Mircea Eliade designou por "utopia", enquanto "puro desejo de recomeçar a história" e, portanto, de abruptamente reinstaurar um novo início.[54] O dia 14 de Julho, data da tomada da Bastilha, marca simbolicamente o dia emblemático da grande viragem, embora a revolução se propagasse com veemência até ao Outono de 1789. Os impactos foram imediatos: a contagem do tempo adquiriu um novo sentido, sendo legalmente instituído através de dois decretos de Outubro de 1793.[55] O domingo foi suprimido e uma nova noção de semana criada. Novos símbolos acompanharam todo este desejo de recomeço absoluto, entre os quais figuram a insígnia (*cocarde*), os altares da pátria ou a árvore da liberdade. As comemorações dos primeiros anos pós-evento tenderam a ritualizar e a interiorizar uma nova ideia utópica de fraternidade geral. A construção da cultura foi, neste processo, codificada por decreto, de modo muitas vezes arbitrário e violento. Embora as noções englobantes que remetiam para o todo da comunidade (povo, Pátria, etc.) fervilhassem como uma evidência nos manifestos e discursos descobridores da época.

2.2 A afirmação da modernidade; as figuras do povo e da nação

Da Revolução Francesa emerge o novo conceito de Pátria, muito associado ao 'Estado-nação', que atribuirá uma dimensão utópico-épica às comunidades, conduzindo-as a um súbito esforço de inventário e pesquisa às suas raízes e componentes. A vaga de auto-representação no início da modernidade (fundação de museus, investigações em torno de tradições populares, catalogação da cultura material, etc.) articula-se com as mais diversas lutas em nome da afirmação das Pátrias. Segundo Franklin Baumer, as "lutas pela independência da Grécia", o movimento "nacionalista polaco" (posterior à insurreição de

1830), os tratados utópicos que desenvolvem visões de uma futura pátria judaica (caso de *Roma e Jerusalém* de Moses Hess – 1862) e ainda "as utopias de Herzl" (relativas aos *kibbutz*) são disso exemplo. A sequência imparável dos nacionalismos desenvolve-se sobretudo desde o início do século XIX:

> Para a maior parte dos românticos, especialmente depois da Revolução Francesa, a nação ou o Estado-nação constituía a forma mais elevada de organismo social. Por isso, o Romantismo contribuiu mais para a ascensão do nacionalismo, que se tornaria em breve um dos maiores mitos modernos, do que os Jacobinos ou Napoleão.[56]

A consciência linguística torna-se num factor muito específico de identidade, a par de outros elementos que convergem no sentido de tentar delimitar os atributos que caracterizam os povos e as suas heranças concretas (tangíveis ou imateriais). A definição da cultura enuncia-se meteoricamente no terreno e no dia-a-dia. Hegel, nas lições que haviam de conduzir a *A Razão na História* (1822-27), refere-se ao "mundo novo" e à Europa, mas também à Ásia e à África, tentando em todos os casos situar particularidades 'culturais'. Para o diagnóstico em construção, são também convocados aspectos naturais que recortam a individualidade dos espíritos, tais como o clima, o território ou a proximidade do mar ou dos grandes rios. Num exemplo perscrutador, o autor estabelece um paralelo entre a Prússia e Portugal:

> A Prússia constitui assim a orla marítima que domina a desembocadura do Vístula face à Polónia, ao passo que a Polónia interior é de natureza inteiramente diversa e desenvolveu outra conformação e necessidades distintas das que tem o litoral, que fomentou o laço com o mar. Em Portugal, os rios de Espanha vão desembocar no mar. Poderia crer-se que a Espanha, por ter os rios, deveria igualmente ter a ligação com o mar; mas neste contexto, Portugal desenvolveu-se muito mais.[57]

No entanto, para Hegel, o povo é sobretudo a entidade que partilha a caminhada metafísica do espírito: "Um povo só é em geral histórico-universal quando, no seu elemento e fim fundamental, possui um princípio universal."⁵⁸ O sentido que é atribuído às nações, ausente por exemplo em Giambattista Vico um século antes, transforma-se abruptamente numa procura fundamental e convoca o passado como um esteio a preencher (quer na perspectiva científica, quer na perspectiva ficcional). A domesticação do passado ao serviço da caracterização da cultura acaba também por projectar uma ideia de futuro a construir (o *eschatón* transforma-se, a pouco e pouco, num fio de horizonte associado ao progresso e à "História"). No mesmo ano em que Hegel concluiu *A Razão na História*, Almeida Garrett escrevia, como um verdadeiro sinal da época, em o *Cronista*:

> Rara vez na história do Universo apareceu época mais importante, fértil de mais extraordinários sucessos, pejada dos mais transcendentes resultados: nunca o olho do observador político se volveu para o passado com mais espanto, nunca repousou no presente com menos quitação, nunca se estendeu pelo futuro com tanta incerteza. O homem de Estado, suspenso entre o porvir e o pretérito, sente fugir-lhe o momento actual [...] O povo português, que tem a ventura, sem exemplo na história moderna, de ser guiado neste grande e magnífico certame por seu grande Rei, o povo português, digno desta glória por sua docilidade e moderação, caminha lento, é certo, rodeado de embaraços, por uma estrada minada, semeada de estrepes, bordada de ciladas, mas caminha todavia apesar de tudo isso.⁵⁹

O texto de Garrett testemunha uma época de vertigem que aproxima o panorama do presente ao futuro projectado, ao mesmo tempo que descreve alguns dos atributos que caracterizam o povo português. De qualquer modo, a consciência de que o povo concentra em si uma espécie de devir moderno (como se fosse um novo 'macro-sujeito' em caminhada ascendente pronto a destronar a figura de Sísifo) corresponde mais a um processo do que a um ditame. Alexis C. de Tocqueville, em *De La Démocratie en Amerique*, recorreu à metáfora da língua para ilustrar o modo como as novas realidades imparavelmente se processam:

> Quand les hommes, n'etant plus tenus à leur place, se voient et se communiquent sans cesse, que les castes sont détruites et que les classes se renouvellent

et se confondent, tous les mots de la langue se mêlent. Ceux qui ne peuvent pas contenir au plus grand nombre pérrissent; le reste forme une masse commune où chacun prend à peu près au hasard. Presque tous les différents dialectes qui divisaient les idiomes de l'Europe tendent visiblement à s'effacer; il n'y a pas de patois dans le nouveau monde, et ils disparaissent chaque jour de l'ancien.⁶⁰

Esta descrição é económica e extremamente funcional, pois dá a ver o modo, por vezes tumultuoso, como o auto--reconhecimento das comunidades se estava a construir nos primeiros anos da modernidade. Apesar de algum cariz premonitório de Tocqueville no que toca à uniformização social (tema mais tarde desenvolvido, por exemplo, por Jose Ortega Y Gasset), o fundamental deste breve texto é a preocupação em torno da simetria entre povos e línguas, enquanto cimento do novo e sacralizado espírito das nações.

Uma década mais tarde, as reflexões do jovem Karl Marx parecem querer alterar os caminhos de identidade que remetem para a própria noção de povo. A modernidade expandiu-se originalmente através de clivagens e disjunções profundas e foi nessa crise do sentido – ou melhor, da significação do fazer do homem no mundo – que surgem novos parâmetros de análise na relação entre condição real e ideal:

> La philosophie allemande du droit et de l'État est la seule histoire allemande qui soit à la hauteur de l'actualité moderne officielle. Le peuple alleman est ainsi amené à lier son histoire rêvèe à ses conditions actuelles d'existence; il doit passer aux cribles de la critique non seulement ces conditions réelles mais encore leur transposition abstraite. Son avenir ne peut pas se limiter à la négation immédiate de ces conditions de vie réelle; il ne peut pas non plus se limiter à l'accomplissement immédiat des conditions politiques et juridiques idéales. En effet, il possède déjà la négation immédiate de sa condition réelle dans sa condition ideale; il survit déjà en un sens à la réalisation de sa condition idéale dans la vision des peuples voisins.⁶¹

O texto do jovem Marx data de 1843 e concede à figura colectiva do povo um efectivo papel de 'macro-sujeito' histórico. A palavra "nação" não surge praticamente nestes textos, já que as "condições de vida real", pela sua carência ou excesso, passam a estabelecer, na visão do autor, um novo padrão que dividirá a entidade abstracta "povo" em 'povo' (oprimidos) e 'não-povo' (pivilegiados). Por outro lado, a designação "actualidade moderna" aparece a par do "passado sonhado", enquanto a ideia de futuro se limita a denegar a tradição ou a reivindicar a superação do idealismo filosófico germânico.

Quase quatro décadas mais tarde, mais concretamente em 1881, Karl Marx escreveu uma carta a Friedrich Sorge, na qual aludia aos "radicais franceses" que tinham acabado de aderir às ideias socialistas. Os termos utilizados são curiosos: "Tu connais le chauvinisme français. Quand on veut aider ces messieurs les Français, il faut le faire anonymement pour ne pas choquer le sentiment national."[62] Neste extracto, Marx, embora irónico, refere-se com transparência ao sentimento nacional sem sequer permanecer indiferente aos atributos gerais e universais dos povos (caso do "chauvinismo" francês). Dois anos depois, em *A Gaia Ciência* (1882), Frederich Nietzsche, no seu estilo cáustico, refere-se à nação alemã no seu todo. A caracterização reflecte já, tal como na epístola de Karl Marx, um olhar que faz dos povos actores com atributos muito específicos e marcados:

> Nem Bahnsen, nem Mainlander, nem sequer Hartman trazem dados seguros à questão de saber se o pessimismo de Schopenhauer, o seu olhar horrorizado sobre um mundo sem deus, tornado estúpido, cego, louco e duvidoso, o seu *honesto* horror... não foram meramente um caso de excepção entre os Alemães, mas sim um acontecimento *alemão*: enquanto tudo o mais que está em primeiro plano, a nossa valorosa política, o nosso alegre patrioteirismo, o qual muito decididamente observa todas as coisas tendo em vista um princípio pouco filosófico ('Alemanha, Alemanha acima de tudo!') portanto *sub specie speiei*, quer dizer, do ponto de vista da espécie alemã, com grande nitidez testemunha o contrário. Não! Os Alemães de hoje *não* são pessimistas! E Schopenhauer era pessimista, repito, como bom europeu e *não* como alemão.[63]

O discurso de Nietzsche torna clara a reversibilidade entre a Europa pessimista e a Alemanha optimista, do mesmo modo que a designação "espécie alemã" (em contraste com a humana) e a subliminar evocação patriótica remetem para um tempo de alteridade consolidada entre povos e nações, estando devidamente inventariados e interiorizados os seus atributos, obras e 'essências'. Por outras palavras: a cultura surge já aqui como um território descritível e expressivamente moldado.

2.3 Auto-enunciação de uma era: literatura e narrações

A lenta instituição por *ratio facilis*[64] de novos conteúdos como 'cultura', 'povo' e 'nações' não aconteceu de modo impositivo. A utopia maior da modernidade, como acima se referiu, identificou-se com um verdadeiro projecto de reinício da "História". Embora rápido na sua formação, este projecto que alterou profundamente modos e horizontes de vida teve origens variadas. Para tal contribuíram as recodificações técnico-científicas, as transformações sociais ligadas à industrialização, as emergências revolucionárias, as grandes concentrações urbanas ou ainda os novos dispositivos legais. O fazer do homem adquiriu uma nova auto-imagem, assim como um renovado ímpeto e crença (ideológica ou utópica). O auto-olhar moderno chega a disputar a finitude e a trocar o advento do sujeito individual pela força "perpétua" da "Humanidade". Hugues de Lamennais deu corpo a esta ideia, em 1834, de um modo avassalador:

> O homem sozinho não passa de um fragmento de ser – o ser verdadeiro e o ser colectivo, a Humanidade, que nunca morre, que, na sua unidade, continuamente se desenvolve, recebendo de cada um dos seus membros o resultado da sua actividade específica e transmitindo-lhe, na medida das suas capacidades, o resultado da actividade de todos –, o corpo cujo crescimento não possui qualquer limite previamente assinalado, que, segundo as leis imutáveis da sua conservação e da sua evolução, distribui a vida pelos diversos órgãos que perpetuamente a renovam, a si próprios perpetuamente se renovando.[65]

Todo este fulgor que crê no reinício do projecto humano se fica a dever, também, em muito, à produção de imaginário.

Neste âmbito, a reinvenção da expressão literária e a afirmação da jovem ciência histórica instituir-se-iam como factores constituintes vitais do novo recomeço da "Humanidade".

Na dominante ocidental, a literatura havia sido sempre um espaço em que a linguagem se conformara com o fechamento dos géneros e agora passava subitamente a exacerbar-se e a imitar, ao sabor da invenção mais radical, o próprio exacerbar da natureza. Friedrich Schlegel disse-o com clareza em *Lucinda* (1799): "Estamos contentes e gratos para com a vontade dos deuses, estamos satisfeitos e agradecidos com o que eles nos indicaram tão claramente nas Sagradas Escrituras da bela Natureza."[66] A literatura, enquanto "linguagem produzindo-se a si mesma, isto é, como *poiesis*"[67] propunha-se agora ser um receptáculo para todos os géneros e expressões, no entrecruzar de novos públicos, auditórios e espaços críticos. Em *Os Universos da Crítica* (1982), Eduardo Prado Coelho desenvolveu uma síntese muito funcional da emergência romântica. Destaque-se esta breve passagem que ilustra a nova abertura:

> O romance inventa a literatura. A literatura é o produto da idade crítica. A idade crítica é a literatura como auto-crítica e a crítica como literatura [...] O romantismo inventa a literatura que está sempre além de qualquer literatura.[68]

O Romantismo, embora respirando nos reversos das afirmações técnicas da modernidade, traduziu com esplendor a enunciação deste novíssimo espaço literário de liberdade e de reinvenção da linguagem, enquanto expressão estética e autónoma. Por outro lado, o Romantismo foi também o reflexo profundo das novas almas nacionais.[69] De algum modo, dado o seu esteio cumulativo, o Romantismo terá sido o início e a iniciação da própria modernidade.

No despontar romântico português, o tema Camões tornou-se numa verdadeira isotopia. As múltiplas abordagens preencheram os vazios lusitanos da época, ao mesmo tempo que criavam novos valores que se sedimentariam até hoje na nossa cultura. Esta operação foi vasta e estendeu-se muito para além das fronteiras do País. Em Paris, em 1817, editaram-se *Os Lusíadas* pela mão de Morgado Mateus, enquanto Domingos Bomtempo compunha o famoso *Requiem* em memória de Camões. Em 1822, também em Paris, Joseph Vernet expôs *Le Naufrage de Camoens*, seguido de Henri Serrur, já em 1824, ano em que Ferdinand Denis publicou *Scènes de la nature sous les tropiques et leur influence sur la poésie suivis de Camoens et Jozé Índio*. Em 1825, surgiu o famoso poema *Camões* de Almeida Garrett (que contaria com novas edições em 1839 e em 1844).[70] O texto inicia-se com uma tentativa de caracterização do ser português – "Saudade!" – e, embora algo contido ao nível da enunciação, não deixa de se sentir nos versos de Garrett uma imensa liberdade no modo como o jogo pronominal 'eu-tu' se amplia:

Saudade! gosto amargo de infelizes,
Delicioso pungir de acerbo espinho,
Que me estás repassando o íntimo peito
Com dor que os seios d'alma dilacera.
– Mas dor que tem prazeres – Saudade!
Misterioso númen que aviventas
Corações que estalaram, e gotejam
Não já sangue da vida, mas delgado
Soro de estanques lágrimas – Saudade![71]

A linguagem deste primeiro (e tardio) Romantismo português parece estalar no seio da sua própria construção: a plasticidade dos versos conduz à fusão entre a natureza e o corpo ("corações"/"gotejam"), entre o espírito e a carne ("seios d'alma dilacera") e entre gostos de sentido oposto ("infelizes"/"delicioso"). Este contrastar de sensações culmina numa exaltação (em que o prazer e a dor como que pactuam) que reconduz o leitor ao refrão sem fim da "saudade".

Noutras latitudes, a mesma intenção de reapropriação heróica e simbólica andará a par com o ímpeto nacionalista. Napoleão surge neste contexto como um dos privilegiados apóstolos da boa nova moderna. Leia-se, por exemplo, o poema *Bonaparte* de Friedrich Hölderlin (1770-1843):

> Vasos sagrados são os poetas
> Em que o vinho da vida, o espírito
> Dos heróis se preserva.
>
> Mas o espírito desse jovem, o Rápido, não explodiria
> O vaso que tentasse contê-lo?
>
> Que o poeta o largue intacto com o espírito da natureza,
> em tal matéria torna-se aprendiz o mestre.
>
> No poema ele não pode viver e ficar:
> Ele vive e fica no mundo.[72]

No texto de Hölderlin, os poetas são convertidos no novo *graal* criador e transfigurador e Napoleão, símbolo maior das metamorfoses do mundo, excede todos os limites. Num diálogo entre Johann Wolfgang von Goethe (1749-1832) e Johann Peter Eckermann (1792-1854), Napoleão é debatido como um iluminado que está muito para além do seu tempo, um verdadeiro símbolo fáustico da asserção moderna.[73] A mitificação de Bonaparte passaria mesmo pelo reavivar das memórias clássicas e é por isso que, em 1839, Stendhal, em *La Chartreuse de Parme* (*A Cartuxa de Parma*), o revê, nas ruas de Milão, como o grande sucessor de César e Alexandre.[74]

Do outro lado da literatura, na produção de imaginário, a redescoberta e a sistematização do passado fez da ciência histórica um novo modelo identitário de narrativa. Em toda a Europa, o novo discurso descobre-se na legitimidade científica, afasta-se das teses seiscentistas de Jacques-Bénigne Bossuet (1627-1704) segundo o qual "a História foi escrita pela mão de Deus" e dá origem a volumes de inquirição local, nacional ou universal. É o caso, entre muitos outros, de Edward Gibbon (1737-1794), de Alexandre Herculano (1810-1877), de Jules Michelet (1798-1874) ou do Marquês de Condorcet (1743-1794). Os grandes factos passados são revisitados e colocados sob perspectivas adequadas às lógicas nacionalistas do presente. No final de doze anos de trabalho, Gibbon escrevia, em Lausanne, na última página do seu imenso volume – *The History of The Decline and Fall of the Roman Empire* (1776-1788):

> The attention will be excited by a History of the Decline and Fall of the Roman Empire; the greatest, perhaps, and most awful scene in the history of mankind. The various causes and progressive effects are connected with many of the events most interesting in human annals.[75]

As causalidades e as articulações axiais são, desta forma, reformatadas e recolocadas em cena (do mesmo modo que a história, validada como saber científico, codificou as eras históricas e fez dos tempos pós-Revolução Francesa os tempos designados por "contemporâneos"; como se a contemporaneidade fosse um 'aqui e agora' sem fim).

Esta verdadeira sede de construção narrativa também não escapou à infância da fotografia. Quando o deputado François Arago apresentou ao parlamento francês o relatório que dava conta da invenção de Louis Daguerre (1839),[76] referiu de modo exaltado:

> Enquanto estas imagens vos são exibidas, qualquer um imaginará as extraordinárias vantagens que poderiam ter sido retiradas de um meio de reprodução tão exacto e tão rápido durante a expedição ao Egipto; qualquer um será abalado por esta reflexão, que se tivéssemos tido a fotografia em 1798, possuiríamos hoje imagens fiéis de alguns quadros emblemáticos, dos quais a cupidez dos árabes e o vandalismo de certos viajantes privaram para sempre o mundo do saber.[77]

As novas imagens eram assim recebidas como avatares das grandezas de que os homens – uns mais do que outros – eram anfitriões e sobretudo autores. O homem celebrava-se a si próprio e redescobria-se como o único protagonista de um fazer acumulado (a cultura) que parecia não ter limites, embora, percorrendo as clivagens doutrinárias, divergisse nas finalidades.

3. O DISCURSO COMO AFIRMAÇÃO AUTÓNOMA DO SENTIDO
3.1 Iluminismo e o devir antropológico de Kant

Na primeira parte do seu livro *A Arte do Romance*, Milan Kundera escreveu que Dom Quixote "partiu para um mundo que se abria vagamente à sua frente". A mesma ideia de abertura e de percurso livre entre possibilidades atribui Kundera ao início de *Jacques, o Fatalista* de Denis Diderot:

> Os seus heróis não sabem de onde vêm nem para onde vão. Encontram-se num tempo que não tem princípio nem fim, num espaço que não conhece fronteiras, no meio da Europa para a qual o futuro nunca mais pode acabar. Meio século depois de Diderot, em Balzac, o horizonte longínquo desapareceu como uma paisagem por detrás dos edifícios modernos que são as instituições sociais: a polícia, a justiça, o mundo das finanças e do crime, o exército, o Estado.[78]

Esta passagem de Milan Kundera ilustra dois momentos-chave: um primeiro que sinaliza a abertura à modernidade e, portanto, do próprio reatar iluminista da humanidade; e um segundo em que a realidade aparece já hipercodificada a todos os níveis, ou seja, a nível lógico, social, estético, político, jurídico, etc.

Muitos autores do século XVIII, num percurso não linear e cosmopolita, contribuíram para que o primeiro momento de criação e significação de uma nova ordem se tornasse um dado efectivo: Pierre Bayle, Bernard le Bovier de Fontenelle, Boulanger, César Chesneau Du Marsais, Jean-Baptiste de Mirabaud, Nicolas Fréret, Montesquieu, Étienne de Condillac, Pierre-Louis Maupertuis, Conde de Buffon, Julien La Mettrie, Jean Meslier, Étienne-Gabriel Morelly, Jean-Jacques Rousseau, Turgot, Voltaire, Jean d'Alembert, Denis Diderot, Barão d'Holbach, Marquês de Condorcet, etc. Neste movimento estava em jogo uma nova forma de sujeitar e expor o mundo à semiose. Esta nova forma de significar e interpretar ir-se-á essencialmente projectar em dois domínios: na entrada em cena da imaginação autonomizada (tarefa que une filosoficamente David Hume e Immanuel Kant e que, a nível ficcional, uniu, como vimos, Voltaire, Rousseau, Louis-Sébastien Mercier ou Marquês de Sade) e na descoberta do sujeito e de uma nova objectividade experimental. O século da *Aufklarung* acabou por se converter na longa gestação, no seio da qual a exigência de uma sociabilidade organizada se tornou tão importante quanto a própria demanda da razão. Max Horkheimer adoptou nitidamente este sentido de conexão entre razão e cultura na relação que estabelece entre Thomas Hobbes, o arauto da nova ordem (*Leviatã*, 1651), e a esfera das Luzes de setecentos:

> Aquele acreditava ingenuamente que a razão como que teria sido dada pronta no início [...] enquanto que para os filósofos da *Aufklarung*, à excepção de Rousseau, só se consegue a razão com base na experiência socialmente organizada.[79]

Para ilustrar esta sequência de avanços, passamos a dar conta da proposta semiótica de Immanuel Kant. O modo como o mundo é significado ainda não corresponde a um saber francamente autonomizado. No entanto, tal como acontece em Kant, essa preocupação tem respostas francamente enriquecedoras.

3.1.1 Immanuel Kant

Na *Anthropologie et pédagogie* de Kant (1798), obra que corresponde a textos utilizados em cursos desde o início da década de setenta (1772-1773), existem conteúdos semióticos de realce, nomeadamente na secção dedicada à "faculdade de designação (*facultas signatrix*)" que o autor define como "faculdade de conhecimento do presente, enquanto forma de religar a representação do previsto com a do passado". Por sua vez, "a operação através da qual o espírito leva a cabo esta ligação" corresponderia à designação (ou sinalização).[80] Para além da análise da designação (onde surgem referidos diversos tipos de signos e uma interessante proposta de divisão), reservamos ainda, nesta brevíssima abordagem, algum espaço aos esquemas e aos exemplos, na sua relação com a significação simbólica e com o papel da imaginação, desta vez tendo como fontes os textos críticos do autor.

3.1.1.1 Símbolos, signos discursivos e caracteres

Quando as formas, investidas de funções de representação, remetem para algo por via conceptual, são designadas por símbolos:

> As formas das coisas (intuições), na medida em que não servem senão de meios de representação através de conceitos, são símbolos; o conhecimento que estes últimos procuram é chamado simbólico ou *figurado* (*speciosa*).[81]

Para além desta articulação entre os níveis intuitivo e simbólico, Immanuel Kant pondera igualmente o discursivo. Neste último, os signos são definidos a título apenas de guardiães (*custos*) que reproduzem o conhecimento discursivo e apenas de modo ocasional. Assim sendo, o conhecimento simbólico opõe-se ao intelectual, que é realizado através de conceitos:

> É também necessário opor o conhecimento *simbólico*, não ao conhecimento intuitivo, mas sim ao conhecimento *discursivo* onde o signo [...] não acompanha o conceito senão a título de guardião (*custos*), para o reproduzir ocasionalmente.[82]

Para além dos símbolos e do signo discursivo definido a título de "guardião", Kant refere-se ainda a outro tipo de signos que, embora indirectos e capazes de estimular entidades formais por associação, não significam nada por si próprios. O exemplo recai nos caracteres que, justamente, não podem ser tomados como símbolos por poderem

> ser também signos puramente mediatos (indirectos) que, por eles mesmos, nada significam e, pelo contrário, não conduzem às intuições senão através do caminho da associação e, através destas intuições, aos conceitos.[83]

Por contraste com estas marcas designativas, guardiões ou caracteres, os símbolos acabam por ser caracterizados como

> meios de entendimento, de natureza indirecta, através do jogo de uma analogia com certas intuições às quais se pode aplicar um conceito, para conferir àquele, pela apresentação de um objecto, uma significação.[84]

Após esta reflexão, Kant dá o exemplo dos povos selvagens (da América) como constituindo paradigma da expressão essencialmente simbólica (recorrendo a fórmulas tais como: "Enterremos o machado de guerra" para significar "façamos a paz"), e refere-se ainda aos textos escriturais religiosos e às suas leituras literais e simbólicas, opondo, nesse quadro, "a veracidade do mestre" hermeneuta "à veracidade da doutrina".[85]

3.1.1.2 Símbolos, esquemas e exemplos

Immanuel Kant enfrentou o problema da *natureza do conhecimento* como uma questão acerca da possibilidade do conhecimento. Deste modo, o "eu-pensante" de Kant acaba por se tornar numa espécie de reflector de si próprio, embora com a salvaguarda de que apenas conhece (o mundo, os objectos e o seu próprio pensamento), na medida em que emerge a partir dessa *moldura* que constitui o conjunto dos elementos puros do conhecimento e, entre eles, das categorias. Veja-se o que diz o autor a este respeito na *Crítica da Razão Pura*:

> Pode-se, por isso, dizer do eu-pensante [...] que, em vez de se conhecer a si próprio pelas categorias, conhece as categorias e, mediante elas, todos os objectos na unidade absoluta da apercepção [...] Ora, é bem evidente, que aquilo que devo pressupor para conhecer em geral um objecto, não o posso, por sua vez, conhecer como objecto e que o eu determinante (o pensamento) deve ser distinto do eu determinável (o sujeito pensante), como conhecimento distinto do objecto.[86]

Por outro lado, para Kant, a actividade da "faculdade do juízo" é significada através da "apresentação" (*dartsellung*) – sempre que "o conceito de um objecto é dado" – e, na prática, isso consiste em colocar ao lado desse conceito "uma intuição correspondente"[87] (se faço corresponder à ideia de brancura, por exemplo, uma certa imagem formal de muro branco). Deste modo, os conceitos tornam-se objectivos – objectivam-se –, o que acontece de dois modos: ou através de "esquemas", caso a intuição[88] seja dada *a priori* (um certo *mise-en-scène esquemático* de muro branco); ou simbolicamente, caso a intuição se submeta a um conceito que apenas a razão pode pensar (um certo *mise-en-scène formal* de brancura). Por outras palavras, tal com o autor escreve na *Crítica da Faculdade do Juízo*:

> A prova da realidade dos nossos conceitos requer sempre intuições. Se se trata de conceitos empíricos, as intuições chamam-se *exemplos*. Se aqueles são conceitos de entendimento puros, elas chamam-se *esquemas*. Se além disso se pretende que seja provada a realidade objectiva dos conceitos da razão, isto é das ideias, e na verdade com vista ao conhecimento teórico das mesmas, então deseja-se algo impossível, porque absolutamente nenhuma intuição pode ser--lhes dada adequadamente. Toda a hipotipose [apresentação[89], *subjectio sub adspectum*] enquanto sensificação é dupla: ou esquemática, em cujo caso a intuição correspondente a um conceito que o entendimento capta é dada *a priori*; ou simbólica, em cujo caso é submetida a um conceito, que somente a razão pode pensar e ao qual nenhuma intuição sensível pode ser adequada, uma intuição tal que o procedimento da faculdade do juízo é simplesmente analógico ao que ela observa no esquematismo, isto é concorda com ele simplesmente segundo a regra deste procedimento e não da própria intuição, por conseguinte segundo a forma a reflexão, não o conteúdo.[90]

3.1.1.3 Divisão dos signos

Regressando à *Anthropologie et pédagogie*, percorramos de seguida o raciocínio de Immanuel Kant na sua proposta de divisão de signos: "Os signos podem ser divididos em signos *arbitrários* (artificiais), *naturais* e *prodigiosos*." Os primeiros, os signos arbitrários, são:

1. os *signos da fisionomia* (signos *mímicos* que, por um lado são também naturais);
2. os *signos escritos* (caracteres que servem de signos aos sons);
3. os *signos sonoros* (notas);
4. *os signos convencionados* entre indivíduos que não tocam senão o olhar (*números*);
5. os *signos da condição* reservados aos homens livres honrados por precedência hereditária (brasões, armas);
6. os *signos da função*, sob forma de uniforme;
7. as *insígnias* por serviço cumprido (decorações);
8. os *signos de infâmia* (marcas de ferro queimado, etc.).

Também integram esta lista, no domínio da escritura, os signos da demora, da interrogação ou da admiração (pontuação).[91] Os segundos, os signos designados por "naturais" pressupõem um entendimento tácito entre pensamento e expressão. Kant dá o exemplo das línguas:

> Qualquer língua é designação de pensamentos, e, inversamente, o modo por excelência da designação dos pensamentos é aquele que procura a linguagem, meio supremo de compreensão de si mesmo e dos outros. Pensar é falar consigo próprio (os índios de Tahiti usam para o pensamento a expressão falar no seu ventre) e, também, entender-se a si próprio interiormente (através da imaginação reprodutora). Falar, para o surdo de nascença, identifica-se com o próprio jogo dos seus lábios, da sua língua, da sua maxila, e não é concebível que possa fazer mais, ao falar, do que jogar com as (suas) impressões corporais sem pensar e sem estar munido de verdadeiros conceitos. Mas também aqueles que falam e que entendem não compreendem sempre nem eles próprios nem os outros, e é pelo defeito da faculdade de designação ou pelo seu uso deficiente (sendo os signos tomados pelas coisas e inversamente) que, sobretudo no domínio da razão, os homens, no perfeito uso do plano da linguagem, se situam nos antípodas uns dos outros no que diz respeito aos conceitos; o que não se revela senão ocasionalmente, quando cada um age segundo os seus conceitos particulares.[92]

Já os signos designados por "naturais", na sua relação com as coisas, podem ser considerados do tipo "demonstrativo, rememorativo ou prognóstico". No que reporta aos signos demonstrativos, Kant dá o exemplo da pulsação como índice de "um estado febril", como acontece "com o fumo para o fogo". Quanto aos signos rememorativos, o autor dá o exemplo das "tumbas e mausoléus", enquanto "signos da memória dos mortos". Já os signos prognósticos correspondem aos mecanismos semióticos mânticos[93] (a astrologia e outras formas premonitórias) e também aos chamados "signos prognósticos naturais" que referem os casos de doença ou de morte iminente segundo o exemplo da *facies hipocratica*.

A reflexão de Kant sobre os tipos comunicacionais, sobretudo a presente na *Anthropologie et pédagogie*, ilustra claramente o entendimento de que a significação é sempre uma construção humana. Esta ancoragem no homem do fazer do próprio homem é, sem dúvida nenhuma, um desiderato moderno. No entanto, se estamos perante uma auto-suficiência, também é verdade que a análise de Kant confere às linguagens agenciadas pelo homem, nas mais variadas culturas, um grande grau de autonomia e de diferenciação (que merece um olhar atento, cirúrgico e racional). Lentamente, a modernidade foi descobrindo o sujeito e as linguagens como entidades que apenas de si dependiam.

NOTAS

1 Tal como se viu no Bloco 1: "The desire to understand history [is] a perennial human concern. A sense of belonging in time, as well as the need to understand the special significance of the present, is the anthropological root of the apocaliptic systems of thought." Bernard McGinn. *Vision of End: Apocalyptic Traditions in the Middle Ages*. New York: Columbia Un. Press, 1979, p. 31.

2 Giambattista Vico. *Ciência Nova*. Lisboa: Fundação Calouste Gulbenkian, 2005.

3 Para Martin Heidegger, a "temporalidade" corresponde a uma espécie de molde vazio que pode ser temporizado de vários modos. É por isso que o autor afirmou que o "tempo é a temporalização da temporalidade". *Cf.* Martin Heidegger. *Ser e Tempo*. Petrópolis: Vozes, 1977, p. 125.

4 António M. Barbosa de Melo. Palavra Preliminar. *In* Vico. *Op. cit.*, p. XVII.

5 Segundo Bernard McGinn, é o autor mais importante da apocalíptica medieval. No âmbito da disputa *regnum-sacerdocium*, Flora, consciente de uma ruptura iminente, acreditou profundamente que a igreja deveria assumir "the role of a suffering servant rather than that of a belligerent in the face of the imperial attack". McGinn. *Op. cit.*, p. 126-127. "São escassíssimas as notícias biográficas fidedignas sobre o abade de Flora. O que existe de facto são testemunhos póstumos, muitas vezes vagos e contraditórios. Teria nascido na Calábria, entre os anos de 1130-1135. Em 1167 – também sobre esta referência não há unanimidade... –, na altura um jovem funcionário de chancelaria, resolve deixar carreira e bens, e peregrinar até à Terra Santa. Em certa ocasião, estando no monte Tabor a meditar sobre o sentido das escrituras, sentiu um sono profundo, e teve a visão de um rio de azeite e de uma personagem que o convidava a beber daquela torrente. Depois de fazer o que lhe solicitavam, acordou, e sentiu-se senhor de uma compreensão global de toda a Sagrada Escritura. Regressado da Palestina, passou a levar uma vida de eremita perto de um mosteiro grego no Etna, e, mais tarde, foi para a Calábria, onde viveu numa gruta nos arredores da localidade de Cosenza [...] / Dez anos mais tarde, em 1177, é eleito abade do mosteiro cisterciense de S. Maria de Corazzo, e depois de conseguir a incorporação do mosteiro na ordem cisterciense – 1183 –, não consegue evitar alguns atritos com o capítulo geral. É decisivo o ano de 1186, em que passa por uma espécie de 'crise espiritual' – renunciando a todas as dignidades, e convencido de que estava iminente um período de grandes tribulações, retira-se de novo no ermo de 'Petra Lata' dedicando-se ao estudo e à conclusão das suas obras maiores. Nesta altura, tinha já claro que o 'monaquismo tradicional' não servia para enfrentar a crise que a Igreja vivia na época [...] Recorde-se que Joaquim de Flora, sempre inconformado, morre em 1202, num ermo que começara a construir um ano antes, junto à localidade de Petrafita, numa capela que lhe fora cedida pelo Arcebispo de Cosenza [...] / O início da vida de Joaquim de Flora corresponde ao apogeu da Ordem de Cister – período que vai, grosso modo, da fundação de Clairvaux em 1115, até 1153 ano da morte do seu fundador, S. Bernardo de Clairvaux –, mas em pouco tempo a ordem vê-se atacada pelas mesmas contingências que estiveram por trás da sua génese no seio da família cluniacense. Não haviam conseguido encontrar solução para conciliar a pobreza individual que se propunham viver com a riqueza colectiva que possuíam... Tinha-se frustrado a tentativa de congeminar um modo de ajustar a recusa do mundo com a presença entre os homens...

/ Como a vida, também a obra de Joaquim de Flora é subversiva ao sugerir a metamorfose do monge em eremita, e do estudioso da 'lectio divina' em 'profeta'... Na parte sexta da *Expositio*, por exemplo, fala no aparecimento de duas novas ordens que conseguiriam a consolidação na sétima 'idade'. Seriam *viri spirituales* que Deus enviaria para que, graças à sua 'inteligência espiritual' – que estaria muito para além da sabedoria livresca [...] – decifrassem os mistérios escondidos e mostrassem os eventos futuros. A sua doutrina, portanto, é uma proposta de 'reforma': conciliando a *Ecclesia Spiritualis* com a *experimentum mundi*, defendendo o ideal eremita como forma de 'fuga' ao modelo do *abbas* cisterciense, antecipa, de certa forma, os movimentos espirituais do século XIII. / Pouco tempo depois da sua morte, além das quatro obras consideradas autênticas, apareceram outras nove que lhe foram atribuídas, e cerca de vinte claramente apócrifas." João Carlos Serafim. Eremitismo, Profecia e Poder: o caso do Libellus do "pseudo-eremita" Telésforo de Cosenza. *Via Spiritus*. N.º 9 (2002), p. 63-64. As três obras maiores de Joaquim de Flora: *Concordia Novi ac Veteris Testamenti*. Ed. fac-sim. Frankfurt: Minerva, 1964. *Expositio in apocalypsim (com Liber introductorius in apocalypsis)*. Ed. fac-sim. Frankfurt: Minerva, 1964. *Psalterium decem chordarum*. Ed. fac-sim. Frankfurt: Minerva, 1964.

6 Leia-se em Es 7,1: "No tempo em que Acaz, filho de Jotam e neto de Uzias, era rei de Judá, aconteceu que o rei da Síria, chamado Recin, e o rei de Israel, chamado Peca, que era filho de Remalias, vieram atacar a cidade de Jerusalém. Mas não a conseguiram conquistar."

7 Northrop Frye. *Le Grand Code: la Bible et la littérature*. Paris: Seuil, 1984, p. 133.

8 V. por ex., Mt 24,36 (aliás na linha de Mc 13,32-37 ou de Lc 17,26-30-34-36): "'Sobre o dia e a hora destes acontecimentos é que ninguém sabe: nem os anjos no céu, nem o Filho. Só o Pai é que sabe.'

9 Entende-se por "metatextualidade" a relação baseada no comentário que "une um texto a um outro acerca do qual ele fala, sem necessariamente o citar" e até, em casos-limites, sem o nomear; *trad. nossa*. Gérard Genette. *Palimpsestes: la littérature au second degré*. Paris: Seuil, 1982, p. 10.

10 Norman Cohn. *Na Senda do Milénio: milenaristas revolucionários e anarquistas míticos da Idade Média*. Lisboa: Presença, 1981, p. 231.

11 Atribuído a Flora, trata-se de um dos livros mais difundidos na época. A obra, dedicada ao Imperador Henrique VI (m. 1197), teve uma recepção longa e particularmente actuante (segundo Bernard McGinn, o *Comentário sobre Jeremias* "was accepted as authentic until de mid-nineteenth century".) McGinn. *Op. cit.*, p. 159.

12 Gerardo de Borgo San Donnino (m. 1276) estudou teologia em Paris em meados do séc. XIII. Para o autor, o terceiro Estado, na acepção joaquinita, estaria prestes a ser atingido em 1260.

13 Pedro Juan Olivi (1248-1298) nasceu em Sérignan (França) e estudou em Paris com Buenaventura, Guillermo de la Mare, João Peckham e Matteo de Acquasparta. Franciscano espiritual e autor de uma obra vasta, como *Commentaria in IV libros Sententiarum, Quaestiones ordinatae* o *Summa super Sententias, Quaestiones de Trinitate* ou *De perlegendis philosophorum libris*, dividiu a história da Igreja em sete períodos. Para Olivi, Francisco de Assis inicia o sexto estado do calendário escatológico.

14 Angelo de Clareno (1255-1337), natural da região de Ancona, foi, a par de Ubertino Casale, um dos maiores representantes dos espirituais franciscanos dos sécs. XIII e XIV.

As atribulações evocadas na obra de Clareno dizem respeito ao sacrifício por que teriam inevitavelmente que passar os franciscanos, já que o último período (o sétimo) da história da Igreja seria caracterizado por perseguições. A esse período, seguir-se-ia um estado definitivo de paz e contemplação. As práticas de autoflagelação dos espirituais visavam antecipar os caminhos da salvação. Norman Cohn descreveu estas práticas que tiveram a sua origem no séc. XI, na região toscana, e que conheceram posteriormente dois pontos altos, nomeadamente no início da década de sessenta do séc. XIII (o ano joaquinita de 1260) e, já no séc. XIV aquando da peste negra. Cohn. *Op. cit.*, p. 105-122.

15 Depois do abandono forçado de João de Parma, em 1257, Giovanni de Fidanza Bonaventura (1221-1274) dirige a ordem franciscana. Muito influenciado pela tradição joaquinita, tenta encontrar um meio termo entre as ideias radicais de Gerardo de Borgo San Donnino e a rejeição do joaquinismo protagonizada por São Tomás de Aquino. O autor produziu uma obra vasta, onde pontuam volumes dedicados à exegese, opúsculos sobre a espiritualidade da ordem franciscana e livros de teologia com destaque para *Comentários sobre os IV Livros das Sentenças*. A. A. Fulber Cayré. *Patrologie et histoire de Théologie*. Paris; Tournai; Rome: Société de S. Jean Evangeliste-Desclée; Editeurs Pontificaux, 1947--1957. T. 2, Livre 4, p. 522 e ss.

16 Jean de Roquetaillade (1308-1377) pertenceu também à ordem franciscana, mas entrou em processo de ruptura a partir de 1340, devido às visões que teve. Passa por prisões e opõe-se aos dominicanos, atitude que Bernard McGinn caracteriza como uma "proclamation of a highly politicized and radical apocalyptic program". As suas obras mais conhecidas são o *Comentário ao Oráculo Angélico de Ciril* e *Liber Ostensor*, em que profetiza a iminência dos tempos finais com a chegada prevista para 1365 do Anti-Cristo que viria do Oriente. Estes tempos finais seriam precedidos por sinais considerados terríveis. McGinn. *Op. cit.*, p. 230; F. M. Rudge. John of Roquetaillade (de Rupescissa). In *The Catholic Encyclopedia*. [Em linha]. New York: Robert Appleton Company, 1910. Disponível em http://www.newadvent.org/cathen/08477a.htm

17 A partir de meados do séc. XIV, os *fraticelli* dividem-se em duas categorias: os de *paupere vita* e os de *michaelistas*, adeptos de Miguel de Cesena (tido como verdadeiro defensor da causa franciscana). Os *fraticelli* estarão activos até 1568, ano em que foram definitivamente proibidos pelo Papa Pio V. Cf. Cohn. *Op. cit.*

18 Oraculum Cyrilli cum Expositione Abbatis Joachim. In Marjorie Reeves. *The Influence of Prophecy in the Later Middle Ages*. Oxford: Oxford University Press, 1969, p. 522. Sobre esta obra escreveu João Carlos Serafim: "Em paralelo com este trabalho exegético, escreveram também muitas profecias a que várias vezes deram a paternidade de Joaquim de Flora, criando uma literatura pseudo-joaquimita que terá uma influência importantíssima em toda a Europa. Um exemplo destes textos é o 'Oraculo de Cirilo'. / O autor – uma simples ficção literária – é apresentado como um eremita do monte Carmelo que teria tido uma enigmática revelação por intermédio de um anjo, e, incapaz de lhe perceber o sentido, tê-la-ia enviado a Joaquim de Flora para que a comentasse. Geralmente – apesar de se poderem encontrar pequenas variantes nos inúmeros manuscritos que existem – a obra é constituída por uma carta inicial de Cirilo para Joaquim de Flora – em que conta a manifestação de um anjo que lhe entregou duas placas de prata com uma profecia escrita em língua grega, pedindo ao Abade que lhe fizesse um pequeno comentário; pela resposta de Joaquim de Flora, em que diz ter recebido o oráculo por intermédio de um certo 'Telésforo'

– repare-se como é curioso... –, que vinha acompanhado por um intérprete, e que fará um comentário diligente como lhe era solicitado; e, finalmente, pelo comentário propriamente dito[...]" Serafim. *Op. cit.*, p. 65.

19 Trata-se de uma visão onírica publicada em *Livre des Paroles* de Robert d´Uzès que coloca em cena o papa Bonifácio VIII no interior de uma alegoria onde se propõe a subida de uma montanha (texto com trad. de J. Bignami-Odier publicada na secção antológica de McGinn. *Op. cit.*, p. 193.)

20 *Ibid.*, p. 191.

21 *Ibid.*, p. 181.

22 Gordon Leff. *Heresy in the Later Middle Ages: The Relation of Heterodoxy to Dissent c. 1250-c. 1450*. New York: Manchester University Press, 1967. Vol. 1, p. 65.

23 Roger Bacon. *The Opus Majus of Roger Bacon*. [Em linha]. London: Williams and Norgate, 1900. Disponível em http://www.geography.wisc.edu/histcart/bacon.html

24 Sobre esta questão, v. Bernard McGinn. Angel Pope and Papal Antichrist. *Church History*. N.º 45 (1978), p. 155-173.

25 A obra editada em 1725 (*Scienza Nuova Prima)* foi republicada em versão mais alargada em 1730. A terceira edição de 1744 reapareceria em 1928, embora muito marcada em termos formais pelo editor Fausto Nicolini (o que é extensivo à actual estrutura de capítulos, secções e até numeração dos parágrafos), daí a sua designação técnica de *Scienza Nuova seconda-Second*.

26 Vico. *Op.cit.*, § 915, p. 667-668.

27 *Ibid.*, § 916-918, p. 669-670.

28 *Ibid.*, § 919-921, p. 671-672.

29 *Ibid.*, § 922-924, p. 673.

30 *Ibid.*

31 *Ibid.*, § 925-927, p. 675-676.

32 *Ibid.*, § 929-931, p. 677.

33 *Ibid.*, § 932-936, p. 679-681.

34 "A primeira foi uma sabedoria divina, denominada 'teologia mística', que quer dizer 'ciência dos falares divinos', ou de entender os divinos mistérios da adivinhação [...] da qual foram sábios os poetas teólogos. [...] A segunda foi a jurisprudência heróica, a de ter cautela com certas palavras apropriadas, como é a sabedoria de Ulisses que, em Homero, fala sempre com tanta prudência, que consegue a utilidade proposta, conservando sempre a propriedade das suas palavras. [...] A terceira é a jurisprudência humana, que examina a verdade desses factos e cede benignamente a razão das leis a tudo aquilo que requer a igualdade das causas." *Ibid.*, § 937-941, p. 683-684.

35 As três espécies de autoridades correspondem, respectivamente, à divina, ("pela qual se não pede razão à providência"), à heróica ("fundada nas fórmulas solenes das leis") e à humana (fundada no crédito das pessoas experimentadas"). *Ibid.*, § 942, p. 685.

36 *Ibid.*, § 947-951, p. 689-693.

37 "Este ensaio ['A Ideia de uma História Universal de um Ponto de Vista Cosmopolita'] tem interesse por uma série de razões. Exprime muito claramente os motivos que deram origem a muitas e mais complicadas filosofias da história. Ao longo de todo o ensaio Kant sugere que se pretendemos que o curso da história humana tenha sentido, temos que pressupor a acção de um plano secreto, ou de um princípio teleológico, segundo o qual os males imediatos da história humana podem ser justificados por aquilo que finalmente ajudaram a promover: ideia que provou ter grandes atractivos para muitos sucessores de Kant (incluindo Hegel)." Patrick Gardiner. *Teorias da História*. Lisboa: Fundação Calouste Gulbenkian, 2004, p. 27.

38 "O próprio Marx leu a *Scienza Nuova* numa tradução francesa – que é de 1844. Mas é provável que ele tenha lido Vico muito após esta data. Assim, não se pode dizer que Marx fora influenciado por ele (porém, a influência direta entre os dois é o que menos interessa na minha perspetiva). Marx fala de Vico numa nota de *O Capital* e em duas cartas de 28 de abril do 1862, a primeira para Lassalle e a segunda para Engels." Marco Vanzulli. A contribuição de Giambattista Vico para o Marxismo Contemporâneo. *Cadernos Cemarx*. [Em linha]. N.º 2 (2005), p. 107-108. Disponível em http://www.ifch.unicamp.br/ojs/index.php/cemarx/article/download/1323/901.

39 A obra de Vico foi traduzida para alemão por W. E. Weber em 1822 e para francês por Jules Michelet em 1824.

40 "Twentieth century scholarship has established illuminating comparisons with the tradition of Hegelian idealism, and taken up the relationship between Vico's thought and that of philosophers in the western tradition and beyond, including Plato, Aristotle, Ibn Khaldun, Thomas Hobbes, Benedict de Spinoza, David Hume, Immanuel Kant, and Friedrich Nietzsche. Comparisons and connections have also been drawn between Vichean themes and the work of various modern and contemporary thinkers, *inter alia* W.B. Yeats, Friedrich Froebel, Max Horkheimer, Walter Benjamin, Martin Heidegger, Hans-Georg Gadamer, Jürgen Habermas, Paul Ricœur, Jean-Francois Lyotard, and Alisdair MacIntyre. As a review of recent and current literature demonstrates, an appreciation of Vico's thought has spread far beyond philosophy, and his ideas have been taken up by scholars within a range of contemporary disciplines, including anthropology, cultural theory, education, hermeneutics, history, literary criticism, psychology, and sociology. Thus despite obscure beginnings, Vico is now widely regarded as a highly original thinker who anticipated central currents in later philosophy and the human sciences." Timothy Costelloe. Giambattista Vico. *In The Stanford Encyclopedia of Philosophy*. [Em linha]. (Spring 2012.) Substantive rev. Feb. 14, 2012. Disponível em http://plato.stanford.edu/archives/spr2012/entries/vico/

41 Alexandre Cionaresco. *L'Avenir du passé*. Paris: Gallimard, 1972, p. 184.

42 Jean-Jacques Rousseau. Deuxième Promenade. *In Les Rêveries du promeneur solitaire*. [Em linha]. Disponível em http://mecaniqueuniverselle.net/textes-philosophiques/rousseau-2.php [Consult. 20 Ago. 2013].

43 Louis-Sébastien Mercier. *L'An 2240*. Montrouge: Burozoique, 2009.

44 *Ibid.*, p. 14.

45 *Ibid.*, p. 142.

46 *Ibid.*, p. 284-285.

47 *Ibid.*, p. 228.

48 *Ibid.*, p. 232.

49 Cionaresco. *Op. cit.*, p. 193.

50 Bronisław Baczko. Utopia. *In Enciclopédia Einaudi*. Lisboa: Imprensa Nacional-Casa da Moeda, 1985, p. 365-366.

51 Paul Ricœur. *Ideologia e Utopia*. Lisboa: Edições 70, 1991, p. 484.

52 Curiosamente, Paul Ricœur designou esta tendência de restauração original como uma "antecipação" do *id* freudiano. Cf. *ibid.*, p. 494.
53 Bronisław Baczko. Imaginação social. In *Enciclopédia Einaudi*. Lisboa: Imprensa Nacional-Casa da Moeda, 1985. Vol. 5, p. 317.
54 Mircea Eliade. *La Nostalgie des origines*. Paris: Gallimard, 1970, p. 54.
55 Emmanuel Berl. *Le 9 Thermidor*. Paris: Hachette, 1965, p. 5.
56 Franklin Baumer. *O Pensamento Moderno Europeu*. Lisboa: Edições 70, 1990. Vol. 2, p. 23-27.
57 Gerg Wilhelm Friedrich Hegel. *A Razão na História: introdução à filosofia da História Universal*. Lisboa: Edições 70, 1995, p. 163.
58 *Ibid.*, p. 148.
59 Almeida Garrett. Crónica da Semana. *O Cronista*. Lisboa. Vol. 2, n.º 21 (22-28 Jul. 1827).
60 Alexis C. de Tocqueville. *De la Democratie en Amerique*. Paris: Flammarion, Vrin, 1981-1990. Vol. 2, p. 70.
61 Karl Marx. *Critique de la philosophie hégélienne du droit*. Paris: Allia, 1998, p. 7.
62 Id. *Karl Marx and Frederick Engels: Selected Correspondence*. [Em linha]. Moscow: Progress Publishers, 1975. Disponível em http://www.marxists.org/archive/marx/works/1881/letters/81_06_20.htm
63 Frederich Nietzsche. *A Gaia Ciência*. Lisboa: Relógio d'Água, 1988, § 357/1998B, p. 281.
64 "Para estabelecer um padrão de correlação geral entre expressão e conteúdo, U. Eco recorreu às noções de *ratio facilis* e de *ratio difficilis*. A primeira refere-se a um tipo expressivo que já está preformado, enquanto a segunda, pelo contrário, se refere à ausência desse tipo expressivo preformado e, portanto, corresponde a um tipo necessariamente mais ideal de conteúdo. / É *ratio facilis* a correlação, entre um conteúdo geralmente bastante codificado, como por exemplo o conteúdo /cidade/, ou o conteúdo /concordância/. Ao primeiro corresponderão os mais diversificados tipos expressivos, desde logo os que são traduzidos através das línguas naturais (*stad*, cidade, etc.), ou até no quadro de um mesmo sistema linguístico (*burg*, urbe, etc.), como aqueles que são traduzidos, por exemplo, nas linguagens cartográficas (um círculo negro, dois círculos concêntricos ou apenas um ponto), ou ainda nas sinaléticas de trânsito e turísticas. Ao segundo também correspondem os mais diversos tipos expressivos já formados: formas diferenciadas de acenar com a cabeça, expressões linguísticas generalizadas (sim, claro, obviamente, etc.), o próprio silêncio, ou a ovação entusiasmada e ainda outras situações recortadas nas linguagens corporais e, entre outras, nas linguagens matemáticas (sinal de igual, =). / É *ratio difficilis*, por exemplo, a correlação possível entre um conteúdo bastante abstracto para o qual não existem expressões já devidamente formadas e, portanto, adequadas. As relações entre vários locais existentes (por exemplo, a relação entre três bairros de uma mesma cidade) só podem ser traduzidas por sequências discursivas que são sempre naturalmente diferentes, devido ao tipo de actualização, enunciação, sintaxe e dimensão pragmática em que se inserem. O conteúdo /Rinoceronte/ para Marco Pólo, o conteúdo /Ornitorinco/ para os europeus inventores da modernidade e, por exemplo, o conteúdo /Cavalo/ para as civilizações pré-colombianas eram, todos eles, conteúdos tão abstractos que, quando observados pela primeira vez, acabaram por ser traduzidos por aproximações, geralmente de tipo icónico, através da projecção de factos similares já conhecidos. Este é, aliás, o tema do livro de 1997 de U. Eco,

Kant e l'ornitorinco. Outro exemplos poderão ser os mapas do /sistema solar/, as representações possíveis do /centro do planeta terra/, a tradução do /paraíso/ ou do /limbo/ por signos diversos e ainda todas as expressões e estruturas criadas pelos seres humanos (esquemas, imagens, etc.) que traduzam situações muito complexas, isto é, conteúdos do tipo relacional, diagnóstico, conjectural, imprevisível e prognóstico." Luís Carmelo. *Semiótica: uma introdução*. Mem Martins: Publicações Europa-América, 2003, p. 94-95.

65 Hugues de Lamennais. De la Société Première et de Ses Lois. *In Œuvres Complètes*. Genève: Le Guilon, 1981. Livre 10, p. 16.

66 Friedrich Schlegel. *Lucinda*. Lisboa: Guimarães, 1979, p. 131-132.

67 Eduardo Prado Coelho. *Os Universos da Crítica*. Lisboa: Edições 70, 1982, p. 182.

68 *Ibid*. V. sobre o tema: Vítor Manuel de Aguiar e Silva. *Teoria da Literatura*. Coimbra: Almedina, 1993, p. 543-559.

69 O Romantismo entreviu nos nacionalismos um pressuposto de tipo oracular que seria desvelado por um 'eu' livre, sensorial e imaginativo. Nestes três exemplos, respectivamente de Ferenc Kolcsey, de Alphonse de Lamartine e de A. Kalvas, o apelo espiritual incide na construção nacionalista e na dimensão aventurosa que ela comporta: "Bénis le Hongrois, ô Seigneur, / Fais qu'il soit heureux prospère, / Tends vers lui ton bras protecteur [...]" (Kolcsey, *Hymne*, 1823); "Route libre et souperbe entre tes larges rives / Rhin, Nil de l'Occident, coupe des nations / Et des peuples assis qui boivent tes eaux vives" (Lamartine, *La Marseillaise de la paix, 1840*); "A pesé sur le Grèce, – / Une nuit de longue servitude, – / Honte des hommes, ou volonté – / Des immortels". (Kalvas, "La lyre", *Odes*, 1829) C. Biet; J. P. Brigheli orgs. *Anthologie des littératures européennes: mémoires d'Europe – 1789-1900*. Paris: Folio/Inédit, 1993, p. 93-158.

70 V. sobre o tema: José-Augusto França. *O Romantismo em Portugal*. Lisboa: Livros Horizonte, 1974. Vol. 1, p. 93-115.

71 Almeida Garrett. *Camões*. Lisboa: Editorial Comunicação, 1986, p. 55.

72 Friedrich Hölderlin. Bonaparte. [Em linha]. *Acontecimento*. Disponível em blogspot.pt/2007/05/hlderlin-buonaparte.html

73 "Il me semble toutefois, commence-je, que Napoléon s'est trouvé sous le coup de cette illumination perpétuelle surtout lorsqu'il était jeune et en position d'une énergie croissante; à ce moment-là, nous voyons à ses côtés un dieu protecteur et un bonheur constant. Sur le tard, au contraire, il semble que cette illumination l'ait abandonné, de même que sa chance et as bonne étoile. / – Que voulez-vous! repartit Goethe. Mais non plus je n'ai pas recommencé une seconde fois mes chansons d'amour et mon *Werther*. Cette divine illumination qui fait jaillir l'extraordinaire, nous le trouverons toujours unie à la jeunesse et à la puissance de production. C'est ainsi que Napoléon fut un des hommes les plus productifs qui aient jamais vécu." Biet; Brigheli, orgs. *Op. cit.*, p. 49-50.

74 Leia-se o texto de Stendhal (nome real – Henri-Marie Beyle – 1783-1842) retirado de *La Chartreuse de Parme* (1839): "Le 15 mai 1796, le général Bonapart fit son entrée dans Milan à la tête de cette jeune armée qui venait de passer le pont Lodi, et d'apprendre au monde qu'après tant de siècles César et Alexandre avaient un sucesseur." *Ibid.*, p. 158. De referir que o autor escreveu em 1837 *Napoleão*.

75 Edward Gibbon. *The History of The Decline and Fall of the Roman Empire*. Oxford: The Folio Society, 1990. Vol. 1, cap. 8, p. 352.

76 A ideia de invenção é muito relativa, tendo em conta os daguerreotipos anteriores ou contemporâneos de William Talbot (os *"photogenic drawing"* de 1839), as impressões directas de Hippolyte Bayard (p. ex. o "Auto-retrato" de 1840), além do pioneiro de facto, Nicéphore Nièpce, que fixou o seu "Point de vue près d´une fenêtre du Gras, Saint-Loup-de--Varennes" no ano de 1826. R. Delpire; M. Frizot, orgs. *Histoire de Voir*. Paris: PhotoPoche, 1989. Vol. 1, p. 10-21.

77 François Arago *apud* Pedro Miguel Frade. *Figuras de Espanto: a fotografia antes da sua cultura*. Porto: Asa, 1992, p. 47.

78 Milan Kundera. *A Arte do Romance*. Lisboa: Dom Quixote, 1988, p. 20-21.

79 Max Horkheimer. *Origens da Filosofia Burguesa da História*. Lisboa: Presença, 1984, p. 67.

80 Imannuel Kant. Anthropologie et pégadogie. *In Oeuvres Philosophiques III: Derniers Écrits*. Paris: Gallimard, 1986, p. 931-1205.

81 *Ibid.*, p. 1008.

82 *Ibid.*, p. 1008-1009.

83 *Ibid.*, p. 1009.

84 *Ibid.*

85 *Ibid.*

86 *Id. Crítica da Razão Pura*. Lisboa: Fundação Calouste Gulbenkian, 1994, A402, p. 375.

87 V. *id. Crítica da Faculdade do Juízo*. Lisboa: Imprensa Nacional-Casa da Moeda, 1988, cap. 8, § 69, p. 78. Tal acontece "através da nossa própria faculdade da imaginação, como na arte" ou "mediante a natureza na técnica da mesma [– da arte –] quando lhe atribuímos o nosso conceito de fim para o julgamento dos seus produtos".

88 Intuições são formas da sensibilidade que contêm "apenas a maneira pela qual somos afectados pelos objectos, ao passo que o entendimento é a capacidade de pensar o objecto da intuição sensível." *Ibid*. B75, p. 89.

89 "Darstellung", um termo introduzido por Kant "para designar precisamente o carácter encenado de toda a objectividade". António Marques. Introdução. *In Crítica da Faculdade do Juízo. Op. cit.*, p. 236. Em B/249 desta obra, Kant compara "Darstellung" e o verbo "Darstellen" com a actividade anatomista: "*Conceitos do entendimento*, enquanto tais têm que ser sempre demonstráveis (se por demonstrar se entender, como na anatomia, simplesmente *o exibir*); isto é, o objecto correspondente a eles tem que poder ser sempre dado na intuição (pura ou empírica), pois unicamente através dela eles podem tornar-se conhecimento."

90 Kant. *Crítica da Faculdade do Juízo. Op. cit.* 59/B255, p. 260-261.

91 Leia-se aqui o desenvolvimento dos signos designados por "arbitrários" de Kant, tal como consta da *Antropologia*...: "Qualquer língua é designação de pensamentos, e, inversamente, o modo por excelência da designação dos pensamentos é aquele que procura a linguagem, meio supremo de compreensão de si mesmo e dos outros. Pensar é falar consigo próprio (os índios de Tahiti usam para o pensamento a expressão falar no seu ventre) e, também, entender-se a si próprio interiormente (através da imaginação reprodutora). Falar, para o surdo de nascença, identifica-se com o próprio jogo dos seus lábios, da sua língua, da sua maxila, e não é concebível que possa fazer mais, ao falar, do que jogar com as (suas) impressões corporais sem pensar e sem estar munido de verdadeiros conceitos. Mas também aqueles que falam e que entendem não compreendem sempre nem eles

próprios nem os outros, e é pelo defeito da faculdade de designação ou pelo seu uso deficiente (sendo os signos tomados pelas coisas e inversamente) que, sobretudo no domínio da razão, os homens, no perfeito uso do plano da linguagem, se situam nos antípodas uns dos outros no que diz respeito aos conceitos; o que não se revela senão ocasionalmente, quando cada um age segundo os seus conceitos particulares." Kant. *Anthropologie et pégadogie. In op. cit.* p. 1010.

92 *Ibid.*

93 Na avaliação deste tipo de signos, Kant demarca-se, com alguma ironia, da atitude interpretativa da grande "massa dominada por assombros". Ora leia-se esta passagem: quanto aos "signos prodigiosos (eventos onde a natureza das coisas põe em causa o seu curso normal), para além dos mais habituais (nascimentos de monstros humanos ou animais), os signos e os prodígios aparecem no céu, nos cometas, nos globos que atravessam a atmosfera, nas auroras boreais e até mesmo nos eclipses do Sol ou na Lua, sobretudo quando vários destes signos coincidem ou se fazem mesmo acompanhar de guerra, de peste e doutras calamidades. [...] São coisas que parecem anunciar à grande massa, dominada por assombros, a proximidade do julgamento final e do fim do mundo". *Ibid.*, p. 1011.

BLOCO 5
INVENÇÃO.
PROJECTOS MODERNOS. O HOMEM COMO OBJECTO EPISTÉMICO: O CASO DA ESTÉTICA.

INTRODUÇÃO

Neste Bloco 5, debatemo-nos com projectos modernos. A dupla 'ciência/arte' faz parte essencial destes projectos e da perspectiva que vai sendo traçada, no Ocidente, a partir de meados de setecentos. A ciência e o mundo experimental dependendo dos factos e da realidade, a criatividade artística e estética criando factos e gerando realidade. Este entrosar de natureza essencialmente inventiva, ainda que mais ou menos referencial, sucede às teo-semioses que entendiam o universo como um dado adquirido e (sempre e já) por si explicado. Dois modos de significar a vida que se cruzam lentamente e que espelham o modo como o homem se vai impondo como sujeito criador ao longo da modernidade.

Contudo, as primeiras teorizações da arte e da estética e posteriores aprofundamentos (associados a aspectos como a criação, a inspiração, a imaginação, etc.) mantiveram um vínculo profundo (por vezes invisível) com formas espirituais de significar o mundo. Para Charles Baudelaire, a conquista do belo – o primeiro grande elemento da estética – continua a situar-se na linha da ancestral "cultura da promessa",[1] do mesmo modo que, para Wassily Kandisky, a consciência da criação artística é uma "operação" associada ao "novo *Reino do Espírito*".[2] Este é um tema capital que perseguiremos neste Bloco 5, sobretudo na sua primeira parte, e que se desdobrará, depois, na fundação da própria estética no século XVII, nas codificações românticas e em várias outras consideradas relevantes (Immanuel Kant, Georg Hegel, Martin Heidegger, etc.).

Na segunda parte deste Bloco analisaremos algumas noções de criação artística (incluindo o seu legado gnóstico), para além de outras ideias contíguas, como são o "génio" de Kant e a renovação pressuposta pelo "acto criativo" de Marcel Duchamp (um dos porta-vozes de um conjunto de inovações do século XX no campo da criatividade artística, nomeadamente o papel do público, as funções da criação enquanto processo e sobretudo a abertura ao estético traduzida através de um conjunto de relações construtoras que ligam o artista ao mundo). Na terceira parte, passaremos para o nível dos discursos, colocando, por um lado, em evidência as práticas intertextuais e paródicas, centrais na cultura do século XX e na actualidade, e, por outro, analisando a morfologia e a génese de uma linguagem moderna que se tornou no símbolo maior do século passado: o cinema.

1. ESTÉTICA: A ESPIRITUALIDADE DOS MODERNOS

1.1 Salões, história e estética

Nas arejadas páginas de *Lucinda* (1799), livro que gerou alguns escândalos no seu tempo, escreveu Friedrich Schlegel:

> Há poemas na antiga religião que, em si próprios, possuem uma beleza, uma santidade e uma delicadeza únicas. A poesia formando-os e transformando-os, deu-lhes tanta riqueza e tanta fineza que a significação deles, já de si tão bela, ficou imprecisa e permite interpretações e formações sempre novas.[3]

Neste passo entende-se muito bem o que significa a autonomia da arte face aos mundos que circunstancialmente a acompanham. A ideia de que os poemas existem "em si próprios" e que poderão até "dar riqueza" às entidades (religiosas ou outras) que possam agenciá-los é fulcral para a compreensão da estética moderna.

Gotthold Lessing afirmou em *Laocoonte* (1766) que apenas pretendia reconhecer como arte "aquelas obras em que o artista se podia manifestar em pleno" ou, por outras palavras, "aquelas obras em que a beleza terá sido para o artista a primeira e última intenção". Todas as demais obras, continuava Lessing, nomeadamente "as que aparecem marcadas por convenções religiosas", ou outras, não corresponderiam a arte, pois "dependiam mais do simbólico do que do belo".[4] Esta convicção de que a arte não é um auxiliar mas uma função em si define o fundamental da sua autonomia e, portanto, do seu cariz autotélico. Os primeiros textos teóricos modernos que se consideram fundadores da estética, tal como ainda a significamos hoje, e que entendem a arte como uma actividade essencialmente autónoma (devedora da *poiesis*), surgem em meados do século XVIII. Estão neste caso a *Estética* de Alexander Baumgarten (1750), mas também a *História da Arte na Antiguidade* de Johann Winckelmann (1764) ou os famosos textos de Denis Diderot escritos a propósito dos *Salões* do Louvre (1759 a 1763), para além de "textos anteriores de autores ingleses como Joseph Addison (1672-1719), Francis Hutcheson (1694-1746) ou Anthony Ashley-Cooper (Conde de Shaftesbury – 1671-1713)".[5]

A afirmação da autonomia da arte é um processo que avançou em várias frentes a par da afirmação da autonomia do discurso científico. Há neste processo diversos factores a considerar, entre os quais se encontram o

a) desenvolvimento da crítica de arte;
b) a redacção de histórias de arte; e
c) a própria teoria estética.

É difícil dissociar a matriz da crítica de arte dos "Salões" que se iniciaram no Louvre no ano de 1725 e que, um quarto de século mais tarde, em 1751, tiveram um grande impulso no momento em que passaram ao regime de Bienal. Depois da revolução de 1789, o espaço foi aberto a não académicos e o impacto além fronteiras foi imenso. O primeiro dos *Salões* de Denis Diderot, sob forma epistolar (como se fosse uma carta dirigida a F. Grimm) data de Setembro de 1759. O género adoptado pelo autor é inovador e pressupõe um estilo breve, vivo e não exaustivo, tendo como horizonte a existência de novos media (as gazetas e outros veículos que circulavam já no ainda incipiente espaço público). Os textos visam a obra, o artista, e desenvolvem-se em jeito de comentário. A perspectiva é claramente intersubjectiva ao nível da interpretação, quer das mensagens artísticas, quer das implicações teóricas subjacentes. Os "Salões" criam um público específico, difundem tendências, propõem modalidades de gosto e novas formas de ajuizar, para além de promoverem a autonomia da linguagem crítica.

No Salão de 1759, ao analisar um quadro de Carle Vanloo, Diderot distancia-se do que entende por "falsidade", referindo-se à pose hierática que cerceia a naturalidade e a espontaneidade do gesto ("C'est une décoration théâtrale avec toute sa fausseté")[6]. Na crítica a um outro quadro, neste caso da autoria de G. Chardin, o autor sublinha o modo como a representação expande com virtude as linhas de força da natureza: "Il y a de Chardin un retour de chasse [...] C'est toujours la nature et la verité; vous prendriez les bouteilles par le goulot [gargalo], si vous avez soif..."[7] O juízo aplaude a empatia criativa e não apenas a mimese[8] e acaba por exigir à obra de arte que crie as suas próprias formas livremente, sem que se faça notar o pendor "decorativo" que se fecha em si mesmo (como se esse pendor correspondesse a uma fachada anterior ao próprio acto criativo).

No Salão de 1761, Denis Diderot separa claramente a educação e o contacto com a arte do rasgo criativo, mas fá-lo sem deixar no texto qualquer resposta. O questionamento sobre o quadro *Le Songe de Joseph* de Etienne Jeaurat domina claramente o juízo crítico: "Il a eu de l´education. Il a fait le voyage de Rome. On lui donne de l´esprit; rien ne le presse de finir une ouvrage. Doù vient donc la médiocrité de presque toutes ses compositions?"[9] Ainda no mesmo Salão de 1761, Diderot pára diante de uma obra de Gabriel-François Doyen e refere-se de forma positiva ao impacto geral gerado ("Le tableau de Mr. Doyen produit un grand effect"[10]). Na análise que se segue a esta primeira impressão, o autor desmonta o modo como o pintor tentou deslocar a grandeza dos deuses para os homens. Para o fazer, com a devida funcionalidade, Denis Diderot defende uma autêntica via expressionista (através da inscrição de uma renovada energia, de uma "étrangeté", em suma, teria sido preciso coragem para pintar verdadeiros "demónios"[11]).

No final do longo texto do Salão de 1763, Diderot sublinha o carácter (como nos nossos dias se diria) de *work-in-progress* que é próprio da crítica e admite que o "gosto" é um valor que pressupõe educação e saber: "Je vous écris au courant de la plume. Corrigez, réformez, allongez, raccourcissez; j´approuve tout ce que vous ferez. Je puis m´être trompé dans mes jugements, soit par défaut de connaissance, soit par défaut de goût..."[12]

Em segundo lugar, a redacção de histórias de arte insere-se, por seu lado, na tendência moderna de sistematizar o passado, colocando a inquirição ao serviço do presente. Esta procura de sentido – que é também parte da criação morfológica da cultura, enquanto fazer do homem[13] – aparece em muitos volumes, de que se destaca a obra de Francis Haskell e Nicholas Penny[14] ou a já citada *História* de Johann Joachim Winckelmann (1717-1768)[15].

Para este autor, a história não pressupõe apenas uma ordenação racional de dados, de acordo com uma cronologia, mas sobretudo um conceito de beleza que é a base do encadeamento das relações de causa efeito, a partir das quais se valorizam estilos e épocas. Na obra de Winckelmann, a "existência de um sujeito histórico (que não se dissolve num sujeito providencial) é a condição essencial de todas as transformações" e é nele, e através dele, que se revelam obras que traduzem "grandeza, desejo de felicidade" e, objectivamente, a constatação da "existência do progresso".[16]

Em terceiro lugar, a estética, enquanto teoria geral centrada no belo e noutros valores constituintes da arte, encontra em Alexander Baumgarten (1714-1762) o seu pioneiro orgânico. Na primeira parte da *Aesthetica*,[17] o autor une num único *corpo* um conjunto de actividades até então consideradas, por um lado, de ordem eminentemente prática e, por outro, de ordem contemplativa e lúdica. Este núcleo de actividades correspondia à tradição das 'artes' (referência ao legado técnico e mecânico, sob a égide do 'fazer', de que são exemplo a escultura, a arquitectura e todos os produtos oriundos da manufactura); em segundo lugar, a tradição metafórica, tal como Aristóteles a caracterizou na *Poética*,[18] que se pretendia afirmar em disjunção com o finalismo prático e imediato das novas ciências; e, por fim, o belo concebido, raciocinado e disposto ("*de signis pulchre cogitatorum et dispositorum*"[19]), também entendido como uma espécie de racionalidade virada essencialmente para a "livre e gratuita finalidade do belo".[20] Ao articular esta tríade – o fazer, o significar e o expressar de uma essência (neste caso do "belo") –, a obra de Alexander Baumgarten propunha a codificação de uma realidade nova, designada por *ratio facilis*, a partir da raiz verbal do Grego 'Aisth' (ligada à ideia de 'sentir' com toda a rede de "percepções físicas" e "não com o coração ou com o sentimento"[21]).

A codificação da beleza transformou-se então no grande objectivo deste novo saber, cuja manifestação decorria de um "acordo de pensamentos" capaz de produzir fenómenos que se constituiriam como "objecto de sensação".²² Este acordo interno a partir das "coisas belamente pensadas" teria como base uma adequação de tipo icónico entre expressão e pensamentos (ou, se se preferir, entre expressões e conteúdos).²³ Uma tal crença optimista na inclinação natural do homem para "belos pensamentos" tornava-se vital para a própria fundação da nova disciplina. Na mesma época, quer em *Recherches sur l´origine et la nature du beau* de Diderot (1751), quer no *Dictionnaire philosophique* de Voltaire (1769), o belo foi inevitavelmente convocado como o parâmetro caracterizador do valor estético.²⁴ No primeiro caso, o belo identificava-se com as grandes obras de génio, mas não com as obras de mera finalidade técnica; no segundo caso, a diferença entre "literato" e "génio" passava pela inscrição do belo neste último. Este quadro de referências prova-nos que, no início da segunda metade do século XVIII, estava já desenhada uma moldura de valores que prometia novas formas de comunicar e de perceber o mundo. O objecto deste novo julgar, condensado no "belo", evoluiria rapidamente para uma metalinguagem da própria arte: actividade e crítica ou arte e estética, viriam, deste modo, a formar uma hermenêutica moderna que teria pela frente um grande futuro.

1.2 A estética como *mise en abyme*

Uma das preocupações originais da estética passou por situar o que é a actividade artística e, nesse discurso, ou seja, na tensão entre crítica e criação saber delimitar um espaço próprio e autónomo. É o que se reflecte num grande corpo de teorias mais ou menos estáticas que liga o final de setecentos ao início do século XX, independentemente da perspectiva que é assumida à partida. Nesta subsecção, o trajecto que propomos obedece a este propósito: Immanuel Kant parte do juízo para chegar ao gosto; Friedrich Hegel parte daquilo que a arte visa para chegar ao espírito; e, por fim, Martin Heidegger partirá da procedência da arte para chegar ao ente e à sua desocultação. Como veremos mais à frente neste estudo, sobretudo no pós-Primeira Guerra

Mundial, o curso acelerado da modernidade acabaria por se aliar à sucessão de vanguardas, à desintegração de linhas de sentido e às rupturas formais e performativas. Esta verdadeira voragem feita de denegações obrigaria, naturalmente, a repensar as perspectivas essencialmente lineares e explicativas. A estética começa por ver o mundo ao longe para, num segundo momento, nele imergir e com ele divergir. Um requintado *mise en abyme*.

1.2.1 O gosto em Immanuel Kant

A *Crítica da Faculdade do Juízo* (1790) corresponde ao culminar do período crítico de Kant. Foi em finais de Dezembro do ano de 1787 que o autor admitiu em carta[25] estar ocupado com uma nova "crítica do gosto", justificando a tarefa pela "necessidade de encontrar os princípios que regem aquela parte do ânimo (*Gemuet*)" situada entre as duas faculdades estudadas em críticas anteriores, nomeadamente, o "conhecimento" (na *Crítica da Razão Pura*) e a "apetição" (na *Crítica da Razão Prática*). O âmbito da terceira abordagem crítica de Immanuel Kant circunscrever-se-ia, portanto, ao "*Gefuel der lust un Unlust*", ou seja, ao "sentimento de prazer e de desprazer", desenvolvendo na sua primeira parte ("Crítica da faculdade de juízo estética") a "analítica do belo" e a "analítica do sublime".[26]

Na "Analítica do Belo", Kant prescreveu quatro diferentes momentos do "juízo do gosto". No primeiro, a percepção do belo advém de uma representação que se alicerça na "faculdade da imaginação". Isto significa que o sujeito sente uma afectação que não provém de uma realidade de "representação empírica", mas antes do puro "sentimento de prazer e desprazer". Por outro lado, complementando, o autor define "interesse" como "comprazimento que ligamos à representação da existência de um objecto"; nesta medida, no caso da determinção do belo, em nada interessa a "existência da coisa, mas sim como a ajuizamos na simples contemplação".[27] O objecto que se representa, ou que se pode representar, torna-se, pois, secundário face à satisfação. A *imanência* deste movimento caracteriza, assim, a reflexividade ou o ensimesmamento que o sujeito pratica. Desinteressado, por via do comprazimento (ou do seu oposto), o sujeito julga, assim, uma dada representação, e é nesse acontecer que define o gosto:

> Gosto é a faculdade de julgamento de um objecto ou de um modo de representação mediante um comprazimento ou descomprazimento (*independente de todo o interesse*). O objecto de tal comprazimento chama-se belo.[28] ["Explicação do Belo Inferida do Primeiro Momento"].

Theodor Adorno viu neste primeiro momento dos juízos do gosto uma "antítese da teoria freudiana da arte"[29] já que, nele, o comportamento estético está isento de "desejos imediatos", o que significa que a ausência de interesse se "afasta do efeito imediato, que a satisfação quer conservar". Este "hedonismo castrado" da estética de Immanuel Kant conduziria, ainda segundo Adorno, à "concepção filistina da obra de arte" entendida como harmonia pacífica e morna de contrários – prenúncio do futuro *kitsch* –, no seio da qual a liberdade se referiria apenas à "imanência psíquica" do sujeito face ao objecto.

No segundo momento dos juízos do gosto, aquilo que era considerado em Alexander Baumgarten como 'universalidade do conhecimento sensível', associa-se agora à universalidade do prazer desinteressado do belo. Quer isto dizer que o apuramento do belo, realizado com radical independência face a qualquer interesse, passa a motivar no sujeito kantiano – naquele que julga – uma liberdade *apenas* "com respeito ao comprazimento que dedica ao objecto". Esta entrega que, por sua vez, não se funda em conceitos ou em "qualquer inclinação" privada do mesmo sujeito, tem como base uma espécie de exigência de concordância do outro. Uma tal expectativa significa que, na liberdade do julgamento do belo, o sujeito, "pressupõe" ou "pretende" que um outro sujeito, como ele próprio, possa também levar a cabo um "comprazimento semelhante" ao seu. Este 'aprazer-se' que proclama (ou quase exige) a adesão do outro convoca a ideia de universalidade, tal como sucintamente surge caracterizada no "segundo momento do juízo do gosto": "Belo é o que apraz universalmente sem conceito" ("Explicação do Belo Inferida do Segundo Momento"[30]).

Esta procura do belo, assente num subjectivismo que é empreendido através de juízos de gosto, independentemente de conceitos ou interesses, está ligada a finalidades muito distintas das que estão associadas, por exemplo, à vontade. Note-se que a vontade é, segundo o autor, uma "faculdade da apetição" (determinada por conceitos) que age conformemente a fins práticos, tendo como base efeitos e causalidades. Contudo, uma tal "conformidade a fins [...] pode ser sem fim", como adianta Kant, se não se encontrarem "as causas desta forma numa vontade", o que acaba por acontecer, na medida em que os juízos de gosto "repousam sobre fundamentos *a priori*". É por isso que é impossível associar relações de causa efeito a sentimentos de prazer ou desprazer. Deste modo, ainda que a beleza desvelada num objecto possa ser encarada "conforme a fins", a sua presença, todavia, tornar-se-á sempre incompatível com quaisquer finalidades práticas (ou com efeitos de causalidade): "Beleza é forma da *conformidade a fins* de um objecto, na medida em que ela é percebida nele *sem representação de um fim*" ("Explicação Deduzida deste Terceiro Momento"[31]).

Reiterada a ideia de que a obra de arte não se dirige a fins práticos, no início do quarto momento dos juízos de gosto Immanuel Kant faz notar que o "agradável" gera prazer de modo quase imediato. No entanto, dada a sua distinta natureza, o belo implica antes uma "referência necessária ao comprazimento". Esta necessidade não pode ser deduzida de conceitos determinados, nem pode ser inferida da "universalidade da experiência". Denominada pelo autor como "exemplar", esta necessidade do comprazimento (que pressupõe o belo) acabará por corresponder – citamos integralmente – ao "assentimento de todos a um juízo que é considerado como exemplo de uma regra universal que não se pode indicar". Esta universalidade, recheada de subjectividade, é, ao mesmo tempo, um assentimento silencioso de todos os que julgam e, por outro lado, uma espécie de reflexividade (não conceptual) levada a cabo individualmente por cada sujeito no seu próprio julgamento: "Belo é o que é conhecido sem conceito como objecto de um comprazimento necessário." ("Explicação do Belo Inferida do Quarto Momento"[32]).

Os quatro juízos do gosto fundam-se, desta forma, de modo articulado, em outras tantas *categorias*, a saber: a *relação* (desinteressada); a *quantidade* (assentimento universal subjectivo); a *qualidade* (inexistência de fins práticos) e, por fim, a *modalidade* (ou a relação necessária entre a beleza e a própria satisfação).

1.2.2 O espírito em Friedrich Hegel

O idealismo hegeliano foi pensado de um modo histórico e, por isso, o seu "ideal da arte" decorre do movimento diacrónico que pressupõe o "decurso" do "desenvolvimento".[33] Foi neste quadro que Hegel atribuiu ao arcaísmo inicial do mundo a fruição e o prazer imediatos da arte (facto totalmente ausente em Immanuel Kant). Ou seja, nos alvores da humanidade, a arte teria como missão "tornar presente, de um modo concreto, aquilo que possui um conteúdo rico". É na prospecção deste conteúdo que Friedrich Hegel acabaria por postular as três conhecidas fases do incremento da arte: a arte simbólica, a arte clássica e a arte romântica[34].

Para Hegel, o "início da arte foi caracterizado pela tendência da imaginação para se separar da natureza a fim de se orientar para a espiritualidade". Este ponto de partida revela uma dupla tendência do ser humano. Por um lado, prescreve uma dissociação original face à natureza; por outro, define uma via autónoma da imaginação humana que se perspectivaria na meta que Friedrich Hegel designou por "espiritualidade". No fundo, é como se uma providência anterior encaminhasse o homem para uma tarefa irrecusável. Na primeira fase dessa longa tarefa – a arte simbólica – apenas se tratava ainda "de uma tentativa do espírito" que,

> por não ter encontrado o verdadeiro conteúdo a dar à arte, era obrigado a contentar-se com revestir as significações naturais de formas exteriores ou as interioridades substanciais de abstracções que não possuem subjectividade, de fazer de tais formas exteriores e de tais abstracções o centro da arte.[35]

A arte era nesta primeira fase um simples revestimento, já que o espírito não havia ainda descoberto conteúdos adequados à grande tarefa humana. Este processo evolui para uma segunda fase, a da arte clássica, tendo a espiritualidade "como base e princípio do conteúdo". As formas clássicas (na Grécia ou na Roma antigas) deixam de se reduzir ao revestimento para se elevar, sendo penetradas pela "espiritualidade". É assim atingida a "perfeição" e no que Hegel designa como uma "realidade adequada ao espírito". A época clássica é para o autor a fase da "representação mais autêntica do ideal" e, ao mesmo tempo, a "implantação do reino da beleza".[36]

Segundo Friedrich Hegel, esta idealidade clássica ("sólida e simples" em que o "elemento exterior" imprimia "à realidade sensível uma existência conforme e adequada") acabaria por se desenvolver em oposição ao "verdadeiro conceito de espírito". O colapso do clássico, ou a "desagregação do ideal", teria a sua origem nesta oposição que, por sua vez, teria originado uma cisão insanável. De um lado deste divórcio surgiria o ideal subjectivo e, do outro, uma espécie de alteridade em que "o espírito adquire a consciência de ter em si mesmo o seu 'outro', a sua existência enquanto espírito e de gozar a sua infinitude e a sua liberdade". O princípio em que se funda a terceira fase da grande tarefa humana – a fase romântica – alicerça-se justamente no âmago desta cisão, onde se descobre, quer o novo horizonte do sujeito autónomo e livre, quer "a objectividade que até então tinha sido" apenas procurada "no mundo sensível". Este duplo lance, que consubstancia a "elevação do espírito para si mesmo" traduz também o próprio "princípio fundamental da arte romântica".[37]

Quebrado o fechamento das formas clássicas, surge assim do seu seio o sujeito que julga e age, mas também o universo que ele deverá desvelar e recriar. Uma abertura nova que é entendida como a caminhada do espírito para a sua realização ou redenção maior. Porventura, o dado mais relevante deste caminho histórico do espírito para a perfeição tem que ver com o facto de a beleza, enquanto expressão adequada do conteúdo clássico, deixar de ser, na fase romântica, o "fim supremo" da procura artística. Como Hegel refere, "na fase romântica, o espírito sabe que a sua verdade não consiste em mergulhar no corpóreo", encontrando a sua verdade apenas "quando se retira do que é exterior para regressar a si mesmo". Deste modo, a beleza, antes entendida como marco da idealidade clássica, passa subitamente a atributo secundário. No entanto, é neste movimento do exterior em direcção ao interior que a beleza, por outro lado, se agiganta e continua a ser um elemento vital "da subjectividade infinita e espiritual em si mesma".[38] No projecto de Friedrich Hegel, a arte é tão efémera quanto é vocacionada para o absoluto. É por isso que deverá "instalar-se no infinito", enquanto o espírito que ela persegue se deverá erguer "no sentido do Absoluto, acima da personalidade formal e finita".[39]

1.2.3 A desocultação em Martin Heidegger
No primeiro parágrafo de *A Origem da Obra de Arte* (1931-1932)[40], Heidegger começa por definir essência: "Ao que uma coisa é como é chamamos essência." De acordo com esta noção, a origem teria como significado "aquilo a partir do qual e através do qual uma coisa é o que é". O "como é" da essência de uma coisa passa a ter, deste modo, a sua origem naquilo de onde a coisa viria a ser "o que é", isto é, voltando a citar: "[A] origem de algo é a proveniência da sua essência." No entanto, a coisa que é obra de arte não é definível, nem pela "soma de atributos" que a definiriam enquanto tal, nem pela simples "dedução de princípios" que a legitimassem como arte. Segundo Martin Heidegger, há que "circular na coisa que é obra de arte" para entender esse facto aparentemente oculto.

Sem semelhanças com o *"outro"* que a fase romântica de Friedrich Hegel teria desvelado[41], também em Heidegger se constata que a obra de arte comporta em si "um outro" que acaba por ser o elemento que se constituir como "o artístico". Tentando investigar a natureza desse *"outro"*, o autor referiu que é no seio do binómio forma-expressão[42] ("matéria", no texto de Martin Heidegger) que toda a reflexão "sobre a estética e teoria da arte" deverá ser enquadrada. Será, pois, o binómio forma-expressão (que corresponde à amálgama de que são feitos e significados os objectos) que "determina" o ser da coisa (nuvem, pedra ou apetrecho, se entendido enquanto artefacto fabricado pelo homem) e que se institui como base da "constituição do ente" (no caso, da coisa que é artefacto), para o qual o homem contribuiu no modo como este "veio ao ser" (na medida em que o fabricou).

A ideia de criação reside, para qualquer objecto, mesmo num objecto não artístico, nesta contribuição humana que consiste em "trazer ao ser". No entanto, segundo o autor, a ideia de criação tem sido acompanhada no Ocidente de cenografias históricas complexas, já que, pelo menos desde o "Tomismo", que se "funda" na "fé", tendo em conta que o *ens creadum* é aí pensado "a partir da unidade-matéria forma". É por isso que a interpretação corrente se limita a chamar "às coisas propriamente ditas meras coisas" (um mero cesto, uma mera mesa, um mero candeeiro, o que, por sua vez, comprova que o Ocidente se limitou a pensar, "até hoje, no ser do ente" e não no ente, ele mesmo, isto é, a "mera coisa").

Para ilustrar este facto tido como óbvio, o autor apresenta o exemplo dos sapatos da camponesa que vivem com ela, que ela calça e que estão, nesse acto do quotidiano, no 'aí' da sua função concreta.[43] No entanto, se, de repente, esses mesmos sapatos (meras coisas) surgirem evocados numa tela de Van Gogh e, portanto, surgirem suspensos da sua instrumentalidade, uso e função, logo, nesse preciso momento de *desnudação*, como que se repõe, "no indefinido", o ser do que eram, até então, esses meros sapatos. A essência, ou "o ser como é" dos sapatos, recoloca-se, emerge e transforma-se, assim, subitamente, naquilo que é. Nesta medida, a representação dos sapatos, no óleo de Van Gogh, "constitui a abertura do que o apetrecho, o par de sapatos da camponesa, na verdade é"; ou melhor: "[N]a obra, não é da reprodução do ente singular que cada vez está aí presente, que se trata, mas sim da reprodução da essência geral das coisas." Isto significa que o despertar da essência das coisas (a designação do que uma coisa é como é) traduz a natureza do *outro* que, ao fim e ao cabo, faz da 'mera coisa' uma 'coisa de arte'. Nesta ordem de ideias, como acrescenta Martin Heidegger, a "verdade" que acontece na obra, quando esse "*outro*" que nela está se desoculta, torna-se "intemporal e supranatural".[44]

Um segundo exemplo, o do templo grego, várias vezes evocado na *Introdução à Metafísica*, aparece depois para demonstrar como é que o "*outro*" presente nas obras de arte se funda nesta ocultação fundamental que é a aparição da essência da coisa. O autor refere que "o templo grego", no seu sítio, "não imita nada", ao contrário do que acontece nas superfícies pintadas por Van Gogh. Contudo, o edifício encerra em si a "clara forma do deus e nesta ocultação [*verbergung*] deixa-a assomar através do pórtico para o recinto sagrado. Graças ao templo, o deus advém no templo". Este advento do deus "é em si mesmo o estender-se e o demarcar-se [*die Ausbreitung und Ausgrenzung*] do recinto como sagrado [...] A obra que é templo, ali de pé, abre um mundo e ao mesmo tempo repõe-no sobre a terra".[45]

A desocultação das coisas é, pois, uma tarefa do próprio ser. No caso da obra de arte, o "ser-criado da obra" é o ser "estabelecido na verdade da forma", o que se traduz através do combate entre a 'expressão' e o *vir a ser* da forma, naquilo que Heidegger designou por "juntura de traçado e risco fundamental, de diâmetro e de contorno".[46] Por outras palavras, dir-se-á que é na luta com os materiais que o ente (a coisa) acaba por ocupar, de forma autónoma, "o aberto da verdade", desocultando-se, dando a ver o seu "*outro*" e, deste modo, criando o seu mundo. A obra de arte significará, portanto, a sua própria realidade e, enquanto pura expressão, desocultar-se-á por si própria. Por outras palavras ainda: é a obra de arte que impõe e ostenta, ela mesma, o "*outro*", facto que não acontece com todas as outras 'meras' coisas quotidianas, embora, como se viu, devido a uma simples aparência que algumas arreigadas tradições ocidentais explicarão (e que se reduziriam ao facto de se ter tornado difícil, culturalmente, separar a 'coisa' ou o ente da 'coisa a ser'). Seja como for, para Martin Heidegger, a arte "procede do ente" (da coisa e não da coisa a ser) que, como ente, por si, se abre.[47]

2. A CRIAÇÃO COMO SIMULAÇÃO DO DIVINO

2.1 Herança gnóstica e desconotação

Tal como vimos no Bloco 1,[48] a imaginação é um conceito moderno por excelência que se traduz em dispositivos de produção ficcional que visam, a partir da conotação ou da *tabula rasa* (António Damásio refere-se à mente como "contadora de histórias"[49]), a possibilidade de tornar real dados sondados pelo sujeito. É este o alicerce do artista – que tem acesso a visões de completude ou de totalidade – sonhado pelos românticos alemães. No entanto, para que a estética pudesse ter aparecido, tal como apareceu ao longo de setecentos, é porque antes já haviam sido criadas condições para tal.

Maria Teresa Cruz situou esta questão, articulando-a com a tradição gnosiológica. Segundo a autora, a emergência da estética

> liga-se à lenta aquisição de um estatuto ontológico por parte da arte, preparado, no fundo, desde o dualismo dos gnósticos, e relacionado com transformações tão profundas quanto as do conceito de realidade, de natureza e de verdade.

Por outro lado, Cruz enfatizou igualmente as lentas transformações no domínio da *aisthesis*,

> desde a quase total desvalorização dos sentidos até à sua ascensão ao campo do juízo, gradualmente aproximado das faculdades superiores da razão, até se chegar a constituir em Kant como um campo de articulação chave no interior da própria razão. Este percurso, que vem complementar as operações das faculdades superiores (distinguir o verdadeiro do falso e o bom do mau) deve-se, em grande parte, à evolução do papel dado à imaginação como ponto crucial de articulação entre a razão e os sentidos.[50]

Regressemos à questão gnosiológica, visto que o domínio da *aisthesis* foi abordado na subsecção anterior. Seguindo a perspectiva de Januário Torgal Ferreira,[51] o gnosticismo foi um movimento de muitas proveniências, embora com duas características essenciais: por um lado, uma dimensão eminentemente salvífica e, por outro, a "clara aceitação da gnose como conhecimento dos mistérios divinos reservados a uma elite". As descobertas de Nag-Hamâdi vieram comprovar que os gnósticos não se limitavam a um conjunto de seitas cristãs que terão florescido nos primeiros três séculos d. C. Ao invés, os gnósticos constituíram um terreno híbrido e fértil que recebeu contribuições de origens plurais, quer da especulação filosófica grega (platonismo valentiniano), quer de movimentos judaicos marginalizados, quer ainda de variadas correntes orientais. Neste caldo de cultura mediterrânico, os gnósticos "interrogavam-se se seria a gnose um puro movimento de salvação" ou antes "um movimento hermético-místico, onde a dimensão privilegiada da gnose estaria aparentada com terrenos especificamente filosóficos".

De qualquer modo, é a perspectiva ontológica que fundamenta a concepção antropológica dos gnósticos:

> Diferente ontologicamente do mundo e aparentado com a realidade superior, o homem, pela consciência desta distância, assume o seu verdadeiro horizonte ontológico e torna-se um projecto de superação. Por outras palavras, o homem delimita o estatuto do seu ser quando, pela contraposição com o ser dado, se constitui no projecto do ser possível que o caracteriza. Desta forma a perspectiva gnosiológica define o seu estatuto ontológico a partir da contraposição do que ele não é [...] Do não mundo que é, o homem torna-se o mundo que projecta ser.

O dualismo homem-mundo opõe, desta forma, o ilimitado do pensamento ao limitado do mundo. O projecto de superação do homem e de procura do real estaria, portanto, no centro das preocupações dos gnósticos.

Esta genealogia gnóstica da arte e do discurso estético que Maria Teresa Cruz propôs estará subliminarmente ligada a uma dimensão salvífica (uma espécie de redenção sem transcedência que funciona por denegação face ao real), mas também à dimensão de um fazer-saber reservado, circunscrito e tendencialmente inefável (recuperando a ideia dos "mistérios divinos reservados a uma elite"). Theodor Adorno aproximou, na sua *Teoria Estética* (1968), a obra de arte de uma "mónada" (lembremo-nos que, para Gottfried Leibniz, uma mónada "é, a seu modo, um espelho do universo"[52]) que habita o mundo de modo hermético, dando-se, no entanto, a ver no exterior sem jamais se explicar. Esta tese, como o autor reconhece, é tão "verdadeira" quanto "problemática", mas prova que a arte procede de uma efectiva "dominação espiritual sobre a realidade". Leiamos integralmente a reflexão:

> A obra de arte é o resultado do processo tanto quanto este mesmo processo se encontra em repouso. Como proclamava a metafísica racionalista no seu apogeu como princípio do mundo, ela é uma mónada: centro de forças e coisa [*Ding*] ao mesmo tempo. As obras de arte estão fechadas umas para as outras, são cegas e, apesar de tudo, representam no seu hermetismo o que se encontra no exterior. Em todo o caso, é assim que elas se apresentam à tradição como aquele elemento vivo e autárcito a que Goethe gostava de chamar entelequia, como um sinónimo de mónada. É possível que quanto mais problemático se torna o conceito de finalidade na natureza orgânica tanto mais ele se condense intensivamente nas obras de arte. Enquanto momento de um contexto englobante do espírito de uma época, imbricado na história e na sociedade, as obras de arte ultrapassam o seu elemento monádico sem possuir janelas. A interpretação das obras de arte como interpretação de um processo em si imobilizado, cristalizado, imanente, aproxima-se do conceito de mónada. A tese do carácter monadológico é tão verdadeira quanto problemática. Elas foram buscar o seu rigor e a sua estruturação interna à dominação espiritual sobre a realidade.[53]

Este jogo de heranças da arte e da estética que não é mediatamente perceptível pressupõe uma inflexão lógica que podia ser descrita do seguinte modo: herdar um mundo, silenciando-o, é uma tarefa que passa sobretudo pela simulação. No caso da estética e da arte, passará pela simulação do divino, sem contudo nunca o expressar. Trata-se, em suma, de uma operação de desconotação. Por outras palavras, se a conotação é a passagem de um signo a um outro, através da transposição de uma forma de expressão do primeiro signo a uma dupla formal de expressão e de conteúdo do segundo signo (a passagem que se efectua de //o gato preto é um animal que está no meu quintal// – a – //o mesmo gato preto está possesso por ser preto//), no caso da desconotação temos o processo inverso em que uma nova forma expressiva (a nova forma de expressão artística) é constituída através do legado de uma prévia dupla formal de conteúdo e expressão (a expressão da liturgia e o conteúdo da liturgia pré--modernos).

O *"outro"* heideggeriano, o espírito hegeliano, ou seja, tudo aquilo que se pretende ver desocultado como um brilho (ou como uma aura) na obra de arte moderna residiria nesse conteúdo intrínseco (recebido da experiência histórica do divino e depois dissimulado) que a forma de expressão artística libertaria a cada momento. No entanto, a obra de arte, para além de conter, em si, este resíduo espiritual de conteúdo, não deixa, por outro lado, de criar a sua realidade autónoma, dando-se ao ininterrupto jogo da interpretação. Neste sentido, a obra de arte torna-se numa forma de expressão que conota semioticamente conteúdos variados (como tudo na vida), embora, por outro lado, contenha, na sua mais recôndita intimidade, um halo de transcendência que é o seu conteúdo *"outro"* (não localizável, intransitivo, ocultado e, por isso mesmo, dissimulado).

Esta notação de duplos conteúdos corresponde à noção de desconotação e pode ser exemplificada nos autores que revisitámos até agora neste Bloco 5 do nosso estudo. No caso de Immanuel Kant, estes duplos conteúdos ressaltam do lugar da 'imanência desinteressada' e, por outro lado, da 'pressuposição' de uma comunhão com o julgamento dos outros. Em Friedrich Hegel, esse desdobrar é visível com o advento da fase romântica, no momento em que, segundo o autor, a beleza reflui para a "interioridade" e aspira ao absoluto e, por outro lado, no momento em que surge a "objectividade" que, até então, "tinha sido apenas procurada no mundo sensível". Em Martin Heidegger este mesmo desdobrar liga, por um lado, o *"outro"*, esse *locus* misterioso que permite reconhecer "o artístico" e, por outro, a interpretação da "mera coisa" que se torna invisível dado o facto de a atenção, no Ocidente, se centrar, não na coisa (ou no ente), mas sobretudo no "ser do ente" (na coisa a ser, isto é, na coisa agenciada). A prática de desconotação é também visível em Percy Shelley, quando, por um lado, afirma que "o poeta participa do eterno, do infinito e do uno; não existem, pois, tempo, lugar e número que determinem as suas concepções", e por outro, noutro nível de conteúdo, quando afirma que as "formas gramaticais, que exprimem modos de tempo [...] são convertíveis à suprema poesia".[54] Entre o divino explícito e augurado e, por outro lado, a interpretação retórica, o desdobrar de conteúdos também aqui se torna evidente.

Em Jose Ortega y Gasset parece-se igualmente descobrir o conteúdo intrínseco das obras de arte, quando o autor comenta o conceito de *Einfuhlung*, ou "simpatia", de Teodoro Lipps:

> Y aquello que acaso era un montón inerte de pidras, puestas las unas sobre las otras, se levanta ante nosotros como dotado de una vitalid propia [...] En realidad somos nosotros mismos quienes gozamos de nuestra actividad, de sentirnos poseedores de poderes vitales triunfantes, pero lo atribuimos al objeto.[55]

Também aqui nos surge, ao mesmo tempo, quer o labirinto conotativo (suscitado pelo "montón de piedras" nu e cru), quer o reconhecimento de se ter escavado, ou procurado, um *"outro"* conteúdo, cuja génese não é realmente assinalável. Este desdobrar dos conteúdos veiculados pela arte acabaria por re-sacralizar uma época em que a aparição do sujeito se traduzira pela aparente saída de cena da transcendência (pelo menos enquanto matriz de significação do mundo). A criação artística reacendeu esse fôlego profundo, ou essa gnose subterrânea, nunca dando, no entanto, a ver o seu fumo e o seu fogo.

2.2 A palavra dos criadores e dos estetas

O movimento romântico, no final do século XVIII, iniciou um novo modo de entender a actividade criadora. A sua influência, *grosso modo*, ainda hoje perdura. Quer isso dizer que a "criação", tal como a entendemos nos nossos dias, corresponde a um significado muito razoavelmente datado e com origens românticas. Isaiah Berlin caracterizou com uma acuidade muito especial a essência do movimento romântico em *The Roots of Romanticism* (2001).[56] O autor sublinhou nessa sua obra o embate que, na segunda metade do século XVIII e no início do século seguinte, opôs, por um lado, a pesquisa experimental e científica e, por outro, a pesquisa de natureza estética e artística. Uma e outra aventuravam-se com grande fôlego na tentativa de recodificar a realidade, através de vias e horizontes muitíssimo distintos. Para Berlin, a ciência exigia sobretudo um esforço permanente de submissão aos factos,[57] enquanto o movimento romântico (o primeiro movimento estético e artístico do mundo moderno) proclamava outro tipo de caminhos que dividiu em duas grandes linhas.

A primeira dessas linhas assenta na força indomável da vontade e do desejo. Daí que, para os românticos, o importante fosse, não a dependência face a prescrições, mas a criação em si mesma. O importante passaria sobretudo por criar objectivos, criar visões, criar, enfim, o próprio universo em que se desejaria viver, em analogia com o que, para o artista, era – e é ainda hoje – a criação de uma obra de arte. E este processo de criação deveria caminhar com toda a autonomia, sem explicações, sem avaliações externas decisivas e sem quaisquer adaptações a estruturas exteriores. O importante era realmente o primado da invenção, da criação e do fazer (*"making"*) a partir do zero. Para os românticos, a vida que se desejaria viver deveria nascer de uma escolha, de um sortilégio criativo e, portanto, tal como um sortilégio em que se crê, estaria muito para além dos princípios da objectividade. Segundo, Isaiah Berlin, este é, em grande parte, o fundamento das filosofias de Percy Shelley e de Johann Fitche.[58]

A segunda dessas linhas, embora bastante próxima da primeira, prende-se com o facto de o movimento romântico ser, por natureza, desprendido de padrões, ou mesmo insusceptível de ancorar numa realidade pré-determinada. O relevante para os românticos era, ao invés, a "autocriatividade" sem fim de todos os seus processos, facto que correspondia visceralmente aos antípodas da visão científica que era – e é – centrada na interacção orgânica entre os fenómenos observáveis na realidade. Esta aposta numa criatividade sem limites nem ponderações tanto apareceu, segundo Berlin, muito ligada a um universo que, inevitavelmente, se tornava hostil ao homem (era esse horizonte que o autor associava a Arthur Schopenhauer ou a Frederich Nietzsche), ou que, pelo contrário, se tornava amigo do ser humano, através da identificação entre a criação própria e a da natureza (desta filosofia mais optimista não deu, curiosamente, Isaiah Berlin, quaisquer exemplos).[59]

Este modo de o movimento artístico e estético se afirmar pressupõe a ideia de que o artista é efectivamente um visionário. No entanto, ainda que a tentação de explicar a vida, no início da modernidade, tivesse 'descido' de Deus para os homens (enquanto sujeitos), a verdade é que a fé não estava em causa muitas vezes neste processo. Numa obra em que analisa a criatividade dos românticos franceses, Henry F. Majewsky exemplificou estes factos com o pensamento de Theophile Gautier (1811-1872):

> Gautier beleives that the true artist is endowed with a special intuition of ideal beauty; his role is to transform real forms into his own image of this ideal. Consequently, the artist remains a visionary, capable of intuiting absolute beauty, which seems to exist as a Neoplatonic universal, or rather as an attribute of God's world; for beauty in its essence – he declares (Gautier) – is God: "Le beau dans son essence absolue, c'est Dieu. Il est aussi impossible de le chercher hors de la sphère divine, qu'il est impossible de trouver hors de cette sphère le vrai e le bon absolu."[60]

Esta dimensão do artista insubmisso, maldito e visionário chegou mesmo a criar alguns mitos. Um desses mitos, tal como Timothy Clark referiu, prende-se, justamente, com o mito da inspiração. Para o autor, um dos arquétipos do "poeta inspirado" reside em Friedrich Hölderlin, o que, por extensão, se poderia alargar a Arthur Rimbaud e, mais tarde, a um Jim Morrison ou a um Al Berto:

> Friedrich Hölderlin has served modern Europe as the archetype of the inspired poet. There is a Hölderlin myth. It is that of a young poet, destitute, painfully in love and grief-stricken, who loses his mind through too immediate a contact with the language of the gods. This myth has been reworked many times in the twentieth century – in Hölderlin's appropriation by Steven George, by Heidegger, as by existencialists and theologians. In his *Blanche ou l'oubli* (1967), the surrealist Louis Aragon places Hölderlin with Arthur Rimbaud: "[T]wo poets have pushed the spiritual existence to its extreme. One drew his message in the face of the world and broke his pen; the other became mad. At the borders of intelligence and reason, they made the same discoveries."[61]

O mito da inspiração reatou, nem sempre de modo discreto, dados platónicos e outros ligados à revelação profética, embora a sua exegese apenas se tivesse tornado possível devido ao valor que os modernos atribuíam ao papel da imaginação. Para um poeta como William Wordsworth (1770-1850), a imaginação correspondia a um "poder que congregava todas as coisas numa única", podendo tornar as realidades "animadas ou inanimadas" e criar os atributos que se desejasse para os seres.[62] A imaginação é entendida pelos modernos como uma faculdade que permite conjugar, através de uma ordem inédita e inexplicável, as imagens apresentadas aos sentidos de maneira a construir uma nova realidade. Por outro lado, a imaginação permitiria separar os elementos da experiência sensível da restante experiência do vivido, agregando as suas diversas partes num novo objecto: um objecto poético, cuja montagem 'inspirada' corresponderia, tal como referiu Isaiah Berlin, ao "processo criativo sem fim" tão típico dos românticos e, mais tarde, do vasto paradigma da chamada 'arte pela arte'.

Samuel Taylor Coleridge, em *Biographia Literaria* (1817), chegou mesmo a definir a imaginação como "o fundamento da arte" que proporciona uma forma superior de conhecimento, já que, "através dela, o espírito penetra na realidade, lê a natureza como símbolo de algo que está para além ou dentro da própria natureza".[63] Por outro lado, Coleridge dissociou a fantasia da imaginação, caracterizando a primeira como "uma forma de memória emancipada da ordem do tempo e do espaço" que "recebe os seus materiais já preparados através da lei da associação mental". Já a imaginação corresponderia à "verdadeira potencialidade criadora", mãe de toda a "inspiração" e atributo dos "génios".[64] Também Percy Shelley, na sua *Defesa da Poesia* (1821), definiu a poesia como "expressão da imaginação". Segundo o autor, "o poeta participa do eterno, do infinito, do uno: relativamente às suas concepções, não existe tempo, nem espaço, nem medida." A criação como que funde a imaginação com uma verdadeira *visão (à imagem de "um vento instável que revela um brilho passageiro"*[65]).

2.3 O génio de Immanuel Kant

Na "Analítica do sublime", Kant refere-se ao belo como um adjuvante do "sublime", devido ao facto de ambos "aprazerem por si próprios", ainda que este último traduza uma ideia de satisfação que tanto pode ser originada na razão, quanto no "destino moral humano". O sublime refere-se a tudo "o que é absolutamente grande".[66] Kant adianta ainda que o sublime se pode tornar num "sentimento de desprazer a partir da inadequação da faculdade da imaginação" para poder avaliar (esteticamente) essa mesma vastidão ou grandeza. Imagine-se o homem a olhar para o cosmos e a sentir-se pequeno diante de tal quadro.[67] Por outro lado, o autor considera que a razão se pode sobrepor à natureza, na medida em que é capaz de conceber ou pensar o infinito. Esta duplicidade do sujeito (consciência de escala da subjectividade e consciência da objectividade) é importante para definir os limites da actividade criadora no caso da arte.

Nesta mesma secção da *Crítica da Faculdade do Juízo*, depois de uma referência à arte em geral, Immanuel Kant define 'bela arte' como parte da "arte estética", não a abrangendo, portanto, no que designou como sendo a "arte agradável" (onde o autor inclui o entretenimento das narrações, a "conversação franca" ou os próprios jogos lúdicos "de deixar passar o tempo"). A 'bela arte' é considerada como "um modo de representação que é por si própria conforme a fins e, embora sem fim, todavia promove a cultura das faculdades do ânimo à comunicação em sociedade".[68] Desligada de finalidades práticas e induzindo a partilhas fluidamente codificadas, a arte surge dividida, na *Crítica da Faculdade do Juízo*, em "artes elocutivas" (eloquência e poesia), "artes figurativas" (correspondendo às artes plásticas com mediação da "vista e tacto"), "pintura" (como mediação exclusiva da vista, ainda que partilhe com as artes figurativas a criação de figuras no espaço para a expressão de ideias) e, por fim, "a arte do belo jogo das sensações" (caso da "música" e da "arte das cores").[69]

Na secção dedicada à "Dedução dos juízos estéticos puros"[70] surgirá a noção de génio que é associada à ideia de originalidade criadora da arte:

> 1) é um *talento* para produzir aquilo para o qual não se pode fornecer nenhuma regra determinada, e não uma disposição de habilidade para o que possa ser apreendido segundo qualquer regra; consequentemente que a *originalidade* tem que ser a sua primeira propriedade; [...]
> 2) os seus produtos têm que ser ao mesmo tempo modelos, isto é *exemplares*; por conseguinte eles próprios não surgiram por imitação e têm que servir a outros como padrão de medida ou regra de julgamento;
> 3) que ele próprio não pode descrever ou indicar cientificamente como realiza o seu produto, mas que, como *natureza*, fornece a regra; e por isso o próprio autor de um produto, que ele deve ao seu génio, não sabe como para isso as ideias se encontram nele e tão pouco tem em seu poder imaginá-las arbitrária ou planeadamente e comunicá-las a outros em tais prescrições, que as põem em condição de produzir produtos homogéneos.

O sujeito criador de Kant, que emerge a partir deste binómio génio *vs* dom, é um sujeito que encontra na regra com que significa a obra de arte uma espécie de *não-regra*, ou, por outras palavras, um normativo que é, na sua natureza, volúvel, indeterminado e quase inefável. Ao mesmo tempo, este sujeito criador encontra na (beleza da sua) obra de arte finalidades, mas que não são conforme a fins de índole prática (isto é envolvidos numa teia de causalidades). O sujeito criador é sobretudo povoado por um "dom" da natureza, anterior a ele – o génio – que determinará a originalidade do seu produto e que o tornará num mediador por excelência entre, por um lado, a matriz que a obra de arte enforma e, por outro lado, a natureza (que lhe terá conferido esse dom insondável). Nesta óptica, a obra de arte é sempre geradora de um padrão original e não pode ser entendida como reprodutível ou imitativa.

Todo este processo que teoriza a noção de génio e a criação artística não se inclui no quadro de uma explicação lógica e científica. Há, de facto, um halo de mistério que acaba por legitimar as teses da inspiração, embora se inclua numa esquematização de formato racional. É por isso que todo este mistério criativo (este dom inato que é o "génio") aparece incluído no terreno que é aberto por esta nova faculdade autónoma do "ânimo", caracterizada pela capacidade de julgar a beleza do mundo a partir da liberdade imaginativa (ainda que a "liberdade da faculdade da imaginação" seja "concordante com a legalidade do entendimento"[71]).

2.4 O acto criativo de Marcel Duchamp

Duchamp (1889-1968) é dos artistas modernos que mais radicalmente redefiniu o fazer artístico. Num mundo dominado pela eficácia técnica da produção, o autor recriou a ideia de criação, parodiou a "inspiração" romântica e fez das realidades vistas e vividas o sumo da *coisa* artística. A ideia mediúnica que ressalta da proposta de Immanuel Kant, na *Crítica da Faculdade do Juízo*, e na tradição romântica em geral, é admitida por Duchamp como uma mera aparência a que deverá, no entanto, ser dado o benefício da dúvida: "Aparentemente, o artista age como um ser mediúnico que, do labirinto para além do tempo e do espaço, abre o seu caminho até uma clareira."[72] Contudo, a existir algum dom anterior à experiência do artista, esta implicaria, segundo

Marcel Duchamp, negar a sua consciência do estético e a valorização apenas vitalista e intuitiva da própria criação:

> Mas, se concedermos ao artista atributos de médium, devemos então negar-lhe o estado de consciência, no plano estético, acerca do que faz ou por que o faz. Todas as suas decisões na execução artística da obra permanecem no campo da pura intuição e não podem ser traduzidas numa auto-análise falada, escrita ou mesmo pensada.[73]

Tentando colocar os pés na terra, Duchamp releva a questão da recepção (o "veredicto do espectador") como vital para a abertura da criação ao estético:

> Milhões de artistas criam; apenas uns escassos milhares são discutidos ou aceites pelo espectador, e muitos menos ainda são consagrados pela posteridade [...] O artista pode gritar aos quatro ventos que é um génio; no entanto terá de aguardar o veredicto do espectador, de forma a que as suas declarações ganhem valor social e para que, finalmente, a posteridade o cite nos manuais de História de Arte.

A relação da obra de arte com o público é interpretada por Marcel Duchamp como decorrendo de uma curiosa "osmose estética":

> Como se poderá explicar o fenómeno que impele o espectador a reagir criticamente à obra de arte? [...] Este fenómeno é comparável a uma transferência do artista para o espectador, sob a forma de uma osmose estética que ocorre através da matéria inerte: pigmento, piano ou mármore.[74]

Nesta curta mas importante obra, Duchamp caminha, numa segunda parte, para a descrição da noção de "coeficiente de arte" que aplica a todo o tipo de artes:

> Quero, simplesmente, dizer que a arte pode ser má, boa ou indiferente mas, qualquer que seja o adjectivo usado, temos de lhe chamar arte e uma arte má continua a ser arte, tanto quanto uma má emoção não deixa de ser uma emoção [...] portanto, quando me refiro a 'coeficiente de arte', compreender-se-á que me refiro não apenas à grande arte, mas que tento descrever o mecanismo subjectivo que produz arte em estado bruto – *à l'état brut* – má, boa ou indiferente.

Esta noção que enquadra todos os tipos de arte, sejam mais ou menos "geniais" ou inspirados, sejam mais ou menos valorizados pelo público, sejam mais ou menos avaliados pela "pouca racionalidade da crítica",[75] suplanta a codificação artística de tipo restritivo que a modernidade herdava do fim de setecentos e do início do século seguinte.

A criação artística abre-se, portanto, em Marcel Duchamp a vários campos e possibilidades, ou seja: durante o acto criativo, o artista vai da intenção à realização através de uma cadeia de reacções totalmente subjectivas:

> A sua luta no sentido da realização superior consiste numa série de esforços, dores, satisfações, recusas, decisões, que também não podem, e não devem, ser completamente conscientes, pelo menos no plano estético.

Estamos aqui no território de um processo que se joga e que se constrói, e não mais no território de um sortilégio inspirador. É da auto-análise desse processo e das falhas, lapsos e contingências que convoca que surgirá a noção de coeficiente de arte:

> Na cadeia de reacções que acompanham o acto criativo, há um elo que falta. Essa falha, que representa a incapacidade do artista em explicar totalmente a sua intenção; esta diferença entre o que tencionava realizar e o que, de facto, é realizado, é o 'coeficiente de arte' pessoal contido na obra.[76]

Reatando a definição de 'coeficiente de arte', Duchamp sintetiza: "Por outras palavras, o 'coeficiente de arte' pessoal é como uma relação aritmética entre *o não-expresso mas intencionado* e *o que é expresso sem intenção*." A arte é, deste modo, não apenas revista como um processo em que intervêm aspectos que são dominados e outros que o não são, mas também como uma relação que, por si só, se torna numa entidade autónoma e criadora. Esta relação intervém no seio da criação artística e, além disso, expande-se até ao coração do público que a transmuta e amplia:[77]

> O acto criativo assume um outro aspecto quando o espectador experimenta o fenómeno da transmutação; através da mutação da matéria inerte em obra de

arte ocorre uma efectiva transubstanciação e o papel do espectador é, então, o de determinar o peso da obra na escala estética.

A dimensão estética salta, desta forma, do sortilégio para a sociabilidade, ou seja, da imanência inspiradora e mediúnica para o mundo, no quadro de um processo aberto e sempre por reescrever:

> Ao fim e ao cabo, o acto criativo não é desempenhado apenas pelo artista; o espectador põe a obra em contacto com o mundo exterior ao decifrar e interpretar as suas qualidades internas e, acrescentando, assim, a sua contribuição ao acto criativo.[78]

3. DISCURSOS, NOVAS LINGUAGENS E DIALOGISMOS
3.1 Intertextualidade e paródia: o outro lado da criação

Marcel Duchamp trouxe para o campo da criatividade artística um conjunto de factos novos e relevantes, nomeadamente o papel do público, as funções da criação enquanto processo e sobretudo a abertura ao estético, traduzida através de um conjunto de relações construtoras que ligam o artista ao mundo. Estes caminhos estão, naturalmente, presentes na produção prática e teórica do século XX, desde as primeiras vanguardas às mais diversas reflexões como as que estiveram, por exemplo, no centro do formalismo russo. Como se viu no caso de Duchamp, a criação torna-se ao mesmo tempo num acto único de cariz subjectivo e num acto social de cariz cumulativo. A obra de arte aproxima-se, pois, de uma espécie de interface propício a contágios e ao ininterrupto exercício conotativo. Os limites e as fronteiras da produção artística deixam de ser estritos, para passarem a reconhecer-se em zonas de confluências e de partilhas. Estes desenvolvimentos são colocados em prática muitas vezes de modo paradoxal, na medida em que as tendências e as escolas rivalizam, tentando definir compartimentos e identidades estanques, ao mesmo tempo que se apropriam de aspectos umas das outras, criando territórios mistos, híbridos e rescritos (por outras palavras: desterritorializando-se[79]).

É nesta óptica de enunciação múltipla que passamos a apresentar três teorias diferentes (respectivamente dos anos vinte, sessenta e oitenta do século XX) que acabam por convergir na consciência de que o diálogo e a concatenação entre enunciados, textos, mensagens e imagens de todo o tipo passou a constituir um novo modo de significar (que antecipou a comunicação contemporânea, muito dominada por estruturas descentradas, espontâneas e hiper-reais).

É um facto que a ideia de palimpsesto procede da Idade Média, embora a sua precedência face aos fenómenos de paródia do século XX seja apenas formal. De qualquer modo, quem não teve já a oportunidade de ver *n* paródias do enigmático sorriso de *Mona Lisa* (1503-1506)? Quem não tentou já entender as relações entre *Ulisses* de James Joyce (1914-1921) e a *Odisseia* atribuída a Homero (finais do século VIII a. C.)? Quem não achou natural ver o filme *Casablanca* de Michael Curtiz (1942) retomado num romance *Pedro e Paula* (1998) de Helder Macedo? Quem não se entreteve a ver o *Anjo Azul* de Josef von Sternberg (1930) nas suas relações com *Lola* (1981) de Rainer Werner Fassbinder?

Este interessantíssimo tipo de conexões que transpõe e veicula as suas dimensões canónicas noutras obras, escritas ou não, corresponde a um fenómeno, ou mesmo a um desígnio, que não se enunciou de modo despercebido, acabando por ser teorizado na primeira metade do século por Mikhail Bakhtin (1895-1975) e, mais tarde, por Gérard Genette (1930) e Linda Hutcheon (1947), entre outros autores.

3.1.1 O caso de Mikhail Bakhtin

Nesta área específica, Bakhtin teve uma importância pioneira, já que foi devido aos seus estudos que as práticas significativas intertextuais apareceram, não apenas como um facto textual, mas sobretudo como um desiderato para a compreensão da cultura. Foi Tzvetan Todorov quem deu a conhecer ao Ocidente o trabalho de Bakhtin, entre outras obras, em *Mikhail Bakhtine: Le Principe dialogique – suivi de Écrits du Cercle de Bakhtine* (1981). A mais antiga noção de diálogo ou de relação entre textos (dialogismo) é, de facto, de sua autoria:

> Essas relações (entre o discurso do outro e discurso do eu) são análogas (mas, bem entendido, não idênticas) às relações entre as réplicas de um diálogo [...] duas obras verbais, dois enunciados, justapostos um ao outro, entram numa espécie particular de relações semânticas que designamos por dialógicas. As reacções dialógicas são relações entre todos os enunciados no seio da comunicação verbal.[80]

O dialogismo de Mikhail Bakhtin adquire, deste modo, uma amplitude que, embora se circunscreva, de modo taxativo, ao domínio verbal (linguístico, mas também, necessariamente, paralinguístico e auxiliar das linguagens[81]), estabelece, por outro lado, um fundamento relacional e semântico que lhe permite adaptar-se a outros tipos comunicacionais mais vastos.

3.1.2 O caso de Gérard Genette

Em 1982, Genette deu à estampa *Palimpsestes – la littérature au second degré*[82] e, nesse volume, nas primeiras páginas, aparecem estabelecidas novas codificações do fenómeno dialógico. Para Gérard Genette, a "transtextualidade" corresponde a tudo aquilo que coloca um texto "em relação, manifesta ou secreta, com outros textos". Esta "transcendência textual do texto" subdivide-se, segundo o autor, em cinco tipos de relações particulares:
 1. Intertextualidade: "Relação de correspondência entre dois ou mais textos", através da presença efectiva de um texto no outro, seja alusão, plágio, citação ou outro tipo de *enxerto* evidente;
 2. Paratexto: "Relação geralmente menos explícita e mais distante" entre dois textos, tais como epígrafes, ilustrações, notas marginais ou outro tipo de sinais acessórios;
 3. Metatextualidade: Relação baseada no comentário que "une um texto a um outro acerca do qual ele fala, sem necessariamente o citar" e até, em casos-limite, sem o nomear; por exemplo o texto teórico desta exposição de Gérard Genette na sua relação com os textos teóricos de Mikhail Bakhtin;
 4. Hipertextualidade: "Toda a relação unindo um texto B [chamado hipertexto] a um texto anterior A" (chamado hipotexto), desde que definida de uma maneira que não seja a do comentário; por exemplo, a *Eneida* e *Ulisses* "são dois hipertextos de um mesmo hipotexto: a Odisseia";
 5. Arquitextualidade: Conjunto de categorias gerais ou transcendentes – tipos de discurso, modos de enunciação, géneros literários, etc. – de que releva cada texto singular.

O mérito de Genette, nesta taxinomia, foi a de ter encarado o dialogismo propriamente textual como um objecto específico de análise. Contudo, o grau de aplicabilidade torna-se bastante mais geral, devido ao tipo de categorização utilizada que remete sempre para a ordem da espécie ou do género (alusão, citação, ilustração, tipo discursivo, mudez relacional, relações hipo-hipertexto, etc.).

3.1.3 O caso de Linda Hutcheon

Já em meados dos anos oitenta do século XX, Hutcheon, em *A Theory of Parody* (1985), desenvolveu este mesmo *topic* intertextual, mas agora projectando-o, pela primeira vez de modo explícito, como um procedimento constitutivo da própria cultura ocidental. Nessa medida, alargou este tipo de práticas significativas da literatura à arquitectura e, por exemplo, da pintura a muitos outros jogos de natureza comunicacional. A autora designou este procedimento por "paródia", que definiu do seguinte modo: "Paródia é, ao mesmo tempo, *textual doubling* (o que unifica e reconcilia) e diferenciação (o que pressupõe uma oposição irreconciliável entre textos e, por outro lado, entre textos e o mundo)".[83]

O *textual doubling* é porventura a solução paródica (e intertextual) mais subtil e, por isso mesmo, mais operativa no quadro das poli-significações que são comuns na actualidade. Um exemplo literário onde convivem duas eras, dois estilos e duas enunciações condensadas numa só é o romance *Cavaleiro Andante* de Almeida Faria (romance que, em 1983, conclui a *Tetralogia Lusitana*), onde o protagonista, João Carlos, durante a revolução portuguesa, celebra, de modo hilariante e a sós, o 10 de Junho, dia de Portugal, através de um curioso monólogo:

> Quão diferentes acho teu fado e o meu, quando os cotejo: outra causa nos fez, perdendo o Tejo, encontrar novos aires e desaires; e versos tão diversos escrevemos, os teus famosos e heróicos, a mim cabendo a vez da negativa epopeia; não te imito nos dons da natureza, nem as eras são de igual grandeza, mas ambos regressamos à lusitana praia e hoje penso em ti junto ao teu mar.[84]

No reverso do *textual doubling*, ou seja, no caso concreto da diferenciação, os procedimentos paródicos expandiram-se imenso, sobretudo após o eclodir da Pop Art, através de um conjunto de cruzamentos e de sobreposições que acabaram por se tornar num novo modo de ver e, sobretudo, numa nova visibilidade e compreensão do mundo [neste caso, são tão válidos os exemplos de Andy Warhol (1928-1987) e das suas oito *Marylin* de 1962,[85] como o são os exemplos da publicidade da *Benetton* dos anos de 1990, ou, numa escala mais actual, os próprios cibertextos contemporâneos].

3.2 O emergir do cinema: o exemplo da criação de uma nova linguagem
Uma linguagem é um corpo de possibilidades que permite, através de escolhas adequadas, dar conta de mundos. A modernidade foi e tem sido uma máquina criadora de linguagens que, quase sempre, num dado momento da sua existência, se abismaram entre a sua aplicação instrumental ou estética. Muitas vezes as polémicas emergiram nestes abismos, mas o processo acabou amiúde por superar as vozes mais truculentas. A aparição do cinematógrafo e, mais tarde, do cinema, é um óptimo exemplo de como essa separação se tornou vincada num determinado ensejo histórico, sobretudo pelo encantamento da enunciação original, para depois se diluir em todo o mundo de modo aberto, particularmente dialógico e plural.

O cinema é uma linguagem ainda suficientemente jovem para podermos aquilatar do modo como nasceu e se tornou num esteio de fruição para vastos auditórios que passaram a partilhar regras e expectativas. Por outro lado, o cinema é uma linguagem já suficientemente histórica para que nela possamos entrever o modo como as nostalgias das origens se foram transformando em pontos de partida para a sua ininterrupta renovação. Esta simultânea juventude e maturação do cinema fez com que o século XX o encarnasse como símbolo maior que foi, com o tempo, esfumando a oposição de carácter estrito e restritivo entre arte *vs* 'não arte'.

3.2.1 Os quatro marcos iniciais do cinematógrafo
Como em tudo na vida, também o cinema tem direito a uma cosmogonia. Esta proto-história cinematográfica só se tornou,

de facto, possível, devido à conjugação de vários factores que a precederam, entre eles a fotografia, a estroboscopia inerente ao princípio de Joseph Plateau (ou a simulação do movimento, de acordo com as leis da persistência retiniana) e, por fim, a lógica da projecção que advinha já da tradição secular da lanterna mágica. Convém destacar, dentro deste universo inicial do cinematógrafo, quatro marcos que correspondem à silhueta de uma cosmogonia. Referimo-nos a quatro lugares da infância deste tipo de imagem móvel que se materializaram num momento em que a linguagem não estava dotada de uma retórica e de uma codificação plena, nomeadamente:

a) o "deslumbramento face à realidade do quotidiano";

b) a "redescoberta do efeitismo imediato";

c) as "metamorfoses inevitáveis da iniciação"; e, por fim

d) o que se poderá designar por "mudez narrativa".

O deslumbramento face à realidade do quotidiano é, em primeiro lugar, uma das características marcantes dos enunciadores e espectadores das primeiras imagens móveis projectadas. As chegadas de comboio, as saídas das fábricas, as tomadas de vista de Picadilly Circus ou as regatas de Henley; os areais da praia de Brighton, as vistas ferroviárias do porto de Liverpool ou até o Alasca de Robert Bonine (1862-1923) geraram uma vaga fotogénica original que se traduziu por um fascínio, apenas motivado pelo espectáculo imprevisto que resulta da aparência dos lugares perceptivos do dia-a-dia. De certa forma, a realidade revia-se agora ao espelho na sua autenticidade mais primária e infantil, movendo-se com a força de uma omnipresença e de uma intemporalidade que era até então desconhecida. Este novíssimo olhar que, de fora, dava a ver uma inovadora perspectiva reflexiva (um 'outro' que dá renovadamente a ver um 'eu'), proporcionava, ao mesmo tempo, uma desafiadora revisitação de gestos, pormenores, sorrisos, sombras, passos e lugares que eram, ao fim e ao cabo, familiares.

Em segundo lugar, a redescoberta dos efeitismos imediatos só pode ser entendida no âmbito de uma tradição anterior ao cinematógrafo, mais propriamente a tradição do espectáculo prestidigitador, que era típica das feiras e, em geral, do universo da lanterna mágica. Esta actividade corresponde ao espaço dos subúrbios das grandes cidades e é nas nuvens de poeira dos seus terreiros mágicos – tão bem representados em *Sorriso ao Pé das Escadas* de Henry Miller (1948) ou em *Les Enfants du paradis* de Marcel Carné (1945) – que o cinematógrafo nascente irá conquistar os seus primeiros públicos. Sobretudo no meio circence de Georges Méliès (1861-1938), a procura de efeitos imediatos capazes de fazer rir, tremer, aterrorizar, deliciar ou comover arrastam estas primeiras imagens móveis para um tipo de sintaxe que é cúmplice da tradição fantasmagórica. O homem que se transforma em caveira, a guilhotina que corta cabeças, o rosto que se sobrepõe à parede para depois rebentar ou a mulher que desaparece sob o pano branco... constituem experiências ilusionistas que sugerem a primeira construção de planos e, com eles, não ainda uma retórica comunicacional consistente, mas, antes de tudo, a fruição de efeitos imediatos e efémeros (dotados de uma infância, por vezes, maravilhosamente inocente).

Em terceiro lugar, as "metamorfoses inevitáveis da iniciação do cinema" correspondem ao que, para uma criança, significa 'aprender a andar'. De facto, os pioneiros do cinema foram, muitas vezes por acidente, descobrindo gradualmente o que viria a ser o sistema (e o processo) sígnico cinematográfico, mediante sucessivas *aparições* que a nova tecnologia lhes ia proporcionando. Por outras palavras, do mesmo modo que uma criança aprende a andar através de quedas, corridas e sortilégios imprevisíveis, também, por exemplo, Alexandre Promio desvendou, um dia, o primeiro *travelling* como consequência de um passeio de barco em Veneza (1896); também, por exemplo, uma simples avaria da máquina de filmar de Georges Méliès, junto à Opera de Paris, contribuiu para esboçar uma primeira gramaticalização do *continuum* visual. Com o tempo, a apreensão de diversas lógicas, tais como a autonomização do tempo ficcional face ao tempo real, a ubiquidade do olhar da câmara, a interiorização de diferentes tipos de planos, o ritmo ainda experimental do que viria a ser a montagem, ou o domínio das sobreposições e truncagens... terão contribuído decisivamente para a rápida conversão do primeiro cinematógrafo em cinema.

Em quarto lugar, refira-se o que acima se traduziu por "mudez narrativa". Entenda-se este atributo do início do cinema enquanto incapacidade dos pioneiros em decifrarem a indução narrativa como um dos pilares essenciais do que, no futuro, viria a ser a leitura e o *leitmotiv* semiótico do cinema. Para os irmãos Lumière, por exemplo, a nova máquina mais não era do que um microscópio ao serviço da observação da sociedade, com fins, portanto, apenas laboratoriais. Méliès, por seu lado, já se propunha contar histórias rudimentares, embora, no fundo, não passassem senão de evocações de imaginários mágicos e juvenis ou de fabulosas visões fantasmáticas. É do seio das primeiras produtoras francesas, a Pathé e a Gaumond, já na primeira década do século XX, e de precursores como Edwin Porter de *The Great Train Robbery* (1903) no outro lado do Atlântico, que o cinema insinua tornar-se num simulacro pronto a cumprir uma função narrativa. E é, sobretudo, já no início da segunda década do século XX, a partir de Itália, de David Griffith ou de Thomas H. Ince, entre outros, que o cinema parece finalmente reencontrar-se com o seu destino quase incontornável de linguagem essencialmente narrativa.

3.2.2 O papel actualizador das vanguardas

Quando a guerra de 1914-1918 terminou, surgiu uma primeira geração que podia já ter saudades deste maravilhoso início do cinema. Trata-se de uma geração que nasce com o próprio cinema e que o acompanha ao longo da sua juventude *tratando-o por tu*. Trata-se de uma geração que acompanha o esgotamento das fórmulas cinematográficas europeias do pós-guerra, sobretudo quando a invasão do novo 'cinema americano de produtor' quase domesticou irreversivelmente o velho continente. Trata-se, por fim, de uma geração que, pela primeira vez, está em posição de poder reflectir sobre o fenómeno cinematográfico. Esta geração revolucionará uma Europa ainda a respirar ao ritmo de oitocentos. Passamos a descrever o modo como esta nova geração, repartida por diversas vanguardas, reactualizou, de modo ecléctico e aberto, estes quatro marcos da génese do cinema.

Em primeiro lugar, assinalemos o caso do impressionismo cinematográfico francês que, na expressão de um dos seus maiores teóricos, Louis Delluc (1890-1924), se dispôs a aliar a fotogenia (ou o aspecto poético das coisas e seres susceptíveis de serem colocados à luz pelo novo meio de expressão) ao visualismo (transposição do estado de alma e das emoções, através de jogos de imagens). Esta corrente, sobretudo nos filmes de Germaine Dulac (1882-1942), parece voltar a abraçar um cinema fascinado pelo real, embora este real se transfigure e aceda à prospecção dos enigmas do ser humano. Ao contrário do que aconteceu no expressionismo alemão, o impressionismo cinematográfico francês jamais colocará em causa as aparências (ainda que fluidas) do real perceptivo, havendo até alguns dos seus realizadores, como o Jean Epstein de *Finis Terrae* (1919), que chegou a prefigurar novos realismos (que, mais tarde, viriam a ser apanágio, por exemplo, de um Roberto Rossellini – 1906-1977).

Apesar dos simbolismos e da construção da montagem em Abel Gance (1889-1981), das reedições esteticizadas dos *film d'art* (caso de *L'Inhumaine* de Marcel L'Herbier – 1924) e dos vanguardismos abstractos de Fernand Léger, o impressionismo cinematográfico francês retoma o encantamento fotogénico inicial, como aliás Louis Delluc referiu: "Nous assistons à la naissance d'un art extraordinaire: le seul art moderne peut-être parce qu'il est en même temps fils de la machine et de l'idéal humain."[86] A defesa do cinema puro, como Germaine Dulac enfatizou na senda de Ricciotto Canudo (1877-1923) – conceito que implicava a auto-suficiência do cinema para dar conta do mundo e ainda a identificação entre a acção cinematográfica e a vida – é talvez o sinal mais vincado de uma nostalgia que avança a par das inovações.

Se a ausência de planos e, por conseguinte, de montagem constituiu um dos *estados puros* do cinematógrafo, é curioso verificar os antípodas que ligam, nesta época, um Luis Buñuel (1900-1983), para quem a montagem é uma mera operação póstuma e sem grande significado, ou um Serguei Eisenstein (1898-1948), para quem a montagem é a matriz de toda a história de arte e, através da qual, se torna agora possível condicionar a conotação de valores ideológicos. Segundo Buñuel, a tradição da montagem griffithiana e o simbolismo épico de Gance não são senão processos retóricos que desvirtuam a natureza primordial do cinema. Apesar do programa desconstrutor, metalógico e surreal de Luis Buñuel, a verdade é que, em *L'Age d'Or* (1930), por exemplo, é recusada a prática de artifícios, enquanto as metáforas fantasiosas e oníricas parecem, noutra dimensão e escala, corresponder ao paradigma fantasmagórico de um Georges Méliès. Esta nostalgia apenas implícita poderia ser completada nas fitas de René Clair, seja através da ubiquidade de *Paris qui dort* (1925) seja através do encanto dos cenários de *Entre'acte* (1924).

Se a nostalgia – jamais denunciada mas sempre pressentida – é um apanágio desta geração do pós-1918 (quer pela reposição dos fascínios fotogénicos, quer pelo culto da linguagem pura, quer ainda pela depuração dos excessos de artifício), deverá referir-se que o desenvolvimento de processos narrativos, embora já constituísse a teia fundamental do futuro do cinema, é, nesta época, para alguns, ainda um motivo de reserva. É sobretudo nas complexas obras dos expressionistas alemães que a primeira de todas as narrações – o mito – se transforma em tema, transfigurando a indução que parecia ser já parte da fisiologia da linguagem. *Fausto* (1926) e *Nosferatu* (1922) de Friedrich Murnau ou *Die Niebelungen* (1924) e *Metropolis* (1927) de Fritz Lang constituem parte substancial desta galeria mitológica, embora com raízes e referentes muito diversos. Assente num regresso ao estúdio e na objectualização das emoções, o expressionismo alemão dá sobretudo corpo à angústia e à catarse quase apocalíptica do homem moderno perdido numa rede global de aparências, do mesmo modo como, no início, os pioneiros do cinema se sentiam perdidos na rede (ainda por explorar) desta novíssima linguagem. Cosmomorfismo e antropomorfismo, sempre de mãos dadas.[87]

Neste contexto de diálogo entre as origens cinematográficas e as primeiras vanguardas, deverá igualmente mencionar-se a épica proveniente de Turim (por exemplo, *Quo Vadis* de Enrico Guazzoni – 1912 – e *Cabiria* de Giovanni Pastrone – 1914) que se constituiu como uma matriz para tentativas futuras do género. Abel Gance com o seu majestoso *Napoléon* (1927-1981) e Carl Theodor Dreyer com *Passion de Jeanne d´Arc* (1928) são exemplos desta retoma do histórico, ainda que numa perspectiva simbólica, no seio da qual a arena do mundo já não é desenhada, nem pela diacronia, nem pelo mito, mas sim pelo princípio da alegoria da humanidade. Se no início do cinema era a mudez narrativa que enunciava as mais do que inocentes sequências das imagens, agora, pouco mais de duas décadas depois, a par das tendências da época (Marcel Proust, Virginia Woolf, Fernando Pessoa, James Joyce ou Franz Kafka), era sobretudo a interrogação (por vezes nostálgica) do sentido da própria narração que estava em causa.

Refira-se por fim que, na altura em que Dziga Vertov (1896--1954) percorria uma União Soviética onde toda a vida parecia de repente ter renascido do nada, o seu papel quase correspondeu ao dos apóstolos da família Lumière, nomeadamente Alexandre Promio ou Félix Mesguich, quando, após o Natal de 1895, partiram para levar a boa nova a todo o mundo. Também neste aspecto, a revolução soviética da famosa 'montagem-rei' e da engenharia mística dos seus manifestos se tornou activamente nostálgica, ainda que, porventura, de um modo que simularia precisamente o contrário. De qualquer modo, Serguei Eisenstein referiu-o de uma forma quase cristalina: "O nosso povo e o nosso tempo determinam a nossa visão dos factos."[88] A moldagem do real adaptava-se de facto, de todas as maneiras, às boas novas veiculadas pela imagem móvel, fosse na perspectiva tecnológica, narrativa e, claro, ideológica.

NOTAS

1 Charles Baudelaire. O Belo, a Moda e a Felicidade. In *O Pintor da Vida Moderna*. Lisboa: Vega, 2004, p. 10.

2 São estas as últimas palavras de Wassily Kandisky na sua obra *Do Espiritual na Arte* (1910): "Para terminar, observemos como cada dia nos aproximamos mais da época da composição consciente e racional em que o pintor explicará orgulhosamente as suas obras (atitude inversa à dos impressionistas que se vangloriam de nada poderem explicar), e onde o criar se tornará uma operação consciente; digamos que este espírito novo da pintura está já orgânica e directamente associada ao despertar do novo *Reino do Espírito* que, sob os nossos olhos, se prepara, já que esse Espírito será a alma da época da grande Espiritualidade." Wassily Kandisky. *Do Espiritual na Arte*. Lisboa: Dom Quixote, 2006, p. 122-123.

3 Friedrich Schlegel. *Lucinda*. Lisboa: Guimarães, 1979, p. 133-134.

4 Gotthold Lessing. *Laocoonte*. Madrid: Editora Nacional, 1977, p. 124.

5 Valeriano Bozal. Las orígenes de la estética moderna. In *Historia de las ideias estéticas y de las teorías artísticas contemporáneas*. Madrid: Visor, 2000. Vol. 1, p. 19-31.

6 Denis Diderot. *Essais sur la peinture: Salons de 1759, 1761, 1763*. Paris: Hermann, 1998, p. 91-92.

7 *Ibid.*, p. 92.

8 "Uma releitura do conceito de *mimesis* apresenta-se em *Reflexões sobre a Imitação das Obras Gregas na Pintura e na Escultura* (1999), na qual Winckelmann estimula os jovens artistas a imitarem não a natureza, mas a arte grega, caminho seguido por Goethe, sobretudo em sua fase clássica. Na mesma linha, Schelling, ao responder à pergunta sobre se o discípulo da natureza deveria imitar todas e cada uma das coisas da natureza, sem distinção, atribui um papel mais relevante à arte, à qual caberia selecionar na natureza somente os objetos belos, reproduzir somente 'o que há de belo e perfeito', reconhecendo assim que 'na natureza, está mesclado o perfeito com o imperfeito, o belo com o feio' (Schelling). De acordo com esta reflexão, cabe à arte ordenar as regras, fazer a seleção do belo da natureza, pois o belo natural apenas casualmente é belo. Aqui, a arte enobrece o natural. Nestes julgamentos sugere-se, pois, uma hierarquia, um juízo valorativo entre a esfera da arte e a esfera da natureza. Também Goethe o diz: 'Diz-se: artista, estude a Natureza! Mas não é nenhuma insignificância desenvolver o nobre a partir do ordinário e a beleza a partir do informe.'" M. Guidotti. Imbricações entre Goethe e Kant: arte, natureza e sublime. *Pandaemonium*. [Em linha.] São Paulo. N.º 17 (Jul. 2011), p. 118-131 Disponível em www.fflch.usp.br/dlm/alemao/pandaemoniumgermanicum

9 Diderot. *Op. cit.*, p. 121.

10 *Ibid.*, p. 153.

11 "Ayant à donner l'avantage de la grandeur à ses héros sur se dieux, que vouliez-vous que le peintre fit de ceux-ci, sinon des génies, des ombres, des démons. Ce n'est pas l'idée qui a péché. C'est l'exécution. Il fallait racheter la légèreté, la transparence et la fluidité de ces figures, par une énergie, une étrangeté, et une vie toute extraordinaire. En un mot, c'étaient des démons qu'il fallait faire." *Ibid.*, p. 154.

12 *Ibid.*, p. 254.

13 Larry Shiner. *The Invention of Art: A Cultural History*. Chicago: University of Chicago Press, 2003.
14 Francis Haskell; Nicholas Penny. *El Gusto e el arte de la Antigüedad*. Madrid: Alianza, 1990.
15 Johann Joachim Winckelmann. *Historia del Arte en la antigüedad*. Madrid: Aguilar, 1989.
16 Valeriano Bozal. J. J. Winckelmann. In *Historia de las ideias estéticas... Op. cit.* vol. 1, p. 150-171.
17 Alexander Gottlieb Baumgarten. *Aesthetica*. Hildesheim: Georg Olms AG, 1986. *Id. Theoretische Asthetik*. Hamburg: Meiner, 1983, § 1-2, 9 e 13, p. 7-46.
18 No capítulo XXI § 128 da *Poética* de Aristóteles, sobre a "elocução poética", a metáfora surge como uma forma de mobilidade significativa que não visa uma realidade instrumental imediata, mas sim a definição de um campo semântico necessariamente aberto e cuja referência estará sempre mais presa à realidade criada pela linguagem do que à realidade imediata do vivido: "A metáfora consiste no transportar para uma coisa o nome da outra, ou do género para a espécie, ou da espécie para o género, ou da espécie de uma para a espécie de outra, ou por analogia." Aristóteles. *Poética*. Lisboa: Imprensa Nacional-Casa da Moeda, 1998, p. 134.
19 Winfried Noth. *Handbook of Semiotics*. Bloomington, Indianapolis: Indiana University Press, 1990, p. 421.
20 Renato Barilli. *Curso de Estética*. Lisboa: Estampa, 1992, p. 26.
21 *Ibid.*, p. 21.
22 *Id. História da Estética*. Lisboa: Estampa, 1995, p. 180.
23 Na linguagem da semiótica de Charles Sanders Peirce, ícone é "um signo que se refere ao objecto que denota apenas em virtude dos seus caracteres próprios, caracteres que ele igualmente possui quer um tal objecto exista ou não". Tudo pode ser ícone de qualquer coisa, desde que seja "semelhante a essa coisa e utilizado como seu signo". Exemplo: imagens (fotografia), diagramas (gráficos) e metáforas (similitudes por via da identificação entre semas ao mesmo tempo presentes na coisa e no ícone). O ícone é, desta forma, um signo actual que liga dois aspectos qualitativos, embora não o faça a partir da presença efectiva de ambos." Luís Carmelo. *Semiótica: uma introdução*. Mem Martins: Publicações Europa-América, 2003, p. 119-120.
24 V. sobre o tema: Vítor Manuel de Aguiar e Silva. *Teoria da Literatura*. Coimbra: Almedina, 1993, p. 2-9.
25 António Marques. Sujeito/objecto: Carta a Carl Leonhard Reinhold de 28-31 de Dezembro de 1787. In *Enciclopédia Eunaudi*. Lisboa: Imprensa Nacional-Casa da Moeda, 1997, p. 231-249.
26 Immanuel Kant. *Crítica da Faculdade do Juízo*. Lisboa: Imprensa Nacional-Casa da Moeda, 1988, p. 89-136 e 137-272.
27 *Ibid.*, p. 89-91.
28 *Ibid.*, p. 98.
29 "Para Freud as obras de arte não são imediatamente realização de desejos, mas transformam a libido primeiramente insatisfeita em realização socialmente produtiva, em que o valor social da arte persiste às claras, incontestado no respeito acrítico da sua validade pública." Theodor Adorno. *Teoria Estética*. Lisboa: Edições 70, 1993, p. 21-22.
30 Kant. *Op. cit.*, p. 99 e 108.

31 *Ibid.*, p. 109-111 e 127.
32 *Ibid.*, p. 128 e 132.
33 Georg Wilhelm Friedrich Hegel. *Estética: A Arte Clássica e a Arte Romântica*. Lisboa: Guimarães, 1972. Vol. 4, p. 331. Faça-se notar que os volumes de Estética de Hegel correspondem a uma vasta recolha de apontamentos das suas aulas dadas em Heidelberg em 1818 e em Berlim entre 1820 e 1829. A recolha só seria completada quatro anos após a morte do autor, em 1835, pelas mãos do seu editor Heinrich Hotho. Para a análise desta breve secção recorremos ao acima citado IV Volume da obra editada pela Guimarães, ao longo dos anos 70 e 80 do século xx.
34 *Ibid.*, p. 167.
35 *Ibid.*, p. 168.
36 *Ibid.*, p. 169.
37 *Ibid.*, p. 170-171.
38 *Ibid.*, p. 172.
39 *Ibid.*, p. 173-174.
40 Martin Heidegger. *A Origem da Obra de Arte*. Lisboa: Edições 70, 1991.
41 "O espírito adquire a consciência de ter em si mesmo o seu 'outro', a sua existência enquanto espírito[...]" Hegel. *Op. cit.*, p. 170-171.
42 Por uma questão de consistência terminológica, utilizamos o termo 'expressão' em vez de matéria, para traduzir, segundo a proposta de Louis Hjelmslev, ou a materialidade sígnica (forma de expressão), ou a materialidade substancial (substância de expressão), ou a materialidade total (*continuum* de expressão). Heidegger. *Op. cit.*, p. 21.
43 *Ibid.*, p. 22-24.
44 *Ibid.*, p. 27-28.
45 *Ibid.*, p. 32-33.
46 *Ibid.*, p. 51.
47 *Ibid.*, p. 60.
48 O percurso que liga David Hume a Immanuel Kant na valorização do papel da imaginação foi abordado no Bloco 1 em "2.2 Sujeito e representação".
49 António Damásio. *O Sentimento de Si: o corpo, a emoção e a neurobiologia da consciência*. Mem Martins: Publicações Europa-América, 2000, p. 221.
50 Maria Teresa Cruz. Arte, Mito e Modernidade. Sobre a Metaforologia de Hans Blumenberg. *Revista de Comunicação e Linguagens*. [Em linha.] Lisboa: Cosmos; Centro de Estudos de Comunicação e Linguagem. N.os 6-7 (1988), p. 173-190. Disponível em http://www.cecl.com.pt/rcl/06/rcl|06-17.html
51 Januário Torgal Ferreira. O Significado do Gnosticismo: uma tentativa de interpretação filosófica. *Revista da Faculdade de Letras: Filosofia*. [Em linha.] Porto: Universidade do Porto. S. 1, vol. 2, n.º 3-4 (1973), p. 251-267. Disponível em http://ler.letras.up.pt/uploads/ficheiros/1299.pdf
52 "[...] every monad is a mirror of the universe in its way." Gottfried Leibniz. The Principles of Philosophy or the Monadology. *In Modern Philosophy: An Anthology of Primary Sources*. Indianapolis; Cambridge: Hackett Publishing Company, 1988, p. 235.
53 Adorno. *Teoria Estética. Op. cit.*, p. 204.
54 "A razão está para a imaginação como o instrumento para o agente, o corpo para o espírito, a sombra para a substância." Percy Shelley. *Defesa da Poesia*. Lisboa: Guimarães, 1986, p. 37-8.

55 Jose Ortega y Gasset. *La Desumanización del Arte y otros ensayos de Estética*. Barcelona: Optima, 1988, p. 112.
56 Isaiah Berlin. *The Roots of Romanticism*. Princeton, New Jersey: Princeton University Press, 2001.
57 "The essence of this view is that there is a body of facts to which we must submit. Science is submission, science is being guided by the nature of things, scrupulous regard for what there is, non-deviation from the facts, understanding, knowledge, adaptation. The opposite of this, which is what the romantic movement proclaimed, may be summarised under two heads." *Ibid.*, p. 119.
58 "One of these will by now be familiar, namely the notion of the indomitable will: not knowledge of values, but their creation, is what men achieve. You create values, you create goals, you create ends, and in the end you create your own vision of the universe, exactly as artist create works of art – and before the artist has create a work of art, it does not exist, is is not anywhere. There is no copying, there is no adaptation, there is no learning of the rules, there is no external check, there is no structure you must understand and adapt yourself to before you can proceed. The heart of the entire process is invention, creating, making, out of literally nothing, or out of any materials that may be to hand. The must central aspect of this view is that your universe is as you choose to make it, to some degree at any rate; that is the philosophy of Fitche, that is to some extent the philosophy of Shelley, that is the insight, indeed, in our century even of such psychologists as Freud, who maintain that the universe of people possessed by one set of illusions of fantasies will be different from the universe of those possessed by another." *Ibid.*, p. 119.
59 "The second proposition – connected with the first – is that there is no structure of things. There is no pattern to which you must adapt yourself. There is only, if not the flow, the endless self-creativity of the universe. The universe must not be conceived of as a set of facts, as a pattern of events, as a collection of lumps in space, three-dimensional entities bound together be certain unbreakable relations, as taught to us by physics, chemistry an other sciences; the universe is a process of perpetual forward self-thrusting, perpetual self--creation, which can be conceived of either as hostile to man, as by Schopenhauer or even to some extent to Nietzsche, so that is will be overthrow all humans efforts to check it, to organise it, to feel at home in it, to make oneself some kind of cosy pattern in which one can rest – either in that way, or as friendly, because by identifying yourself with it, by creating with it, by throwing yourself into this great process, indeed by discovering in yourself those very creative forces which you also descover outside, by identifying on the one hand spirit, on the hand matter, by seeing the whole thing as a vast self-organizing and self-creative process, you will at last be free" *Ibid.*, p. 119-120.
60 Henry F. Majewsky. *Paradigm & Parody*. Charlotteville: University Press of Virginia, 1989, p. 117.
61 Thimothy Clark. *The Theory of Inspiration*. Manchester; New York: Manchester University Press, 1997, p. 115.
62 "[...] the power which draws all things to one; which makes things animate or inanimate, beings with their attributes, subjects with their acessaries, take one colour and serve to one effect." C. Lamb. Preface to Poems. *In The Prose Works of William Wordsworth*. Oxford: Oxford Clarendon Press, 1974. Vol. 3, p. 34.

63 No final do cap. 7, Coleridge afirmava: "There are evidently two powers at work, which relatively to each other are active and passive; and this is not possible without an intermediate faculty, which is at once both active and passive. In philosophical language, we must denominate this intermediate faculty in all its degrees and determinations, the IMAGINATION. But, in common language, and especially on the subject of poetry, we appropriate the name to a superior degree of the faculty, joined to a superior voluntary control over it." Samuel Taylor Coleridge. *Biographia Literaria*. [Em linha.] Project Gutenberg's Biographia Literaria. (July 2004) EBook n.º 6081. Disponível em http://www.gutenberg.org/files/6081/6081-h/6081-h.htm

64 No início do cap. II da obra, escreve Samuel Coleridge: "I am well aware, that in advanced stages of literature, when there exist many and excellent models, a high degree of talent, combined with taste and judgment, and employed in works of imagination, will acquire for a man the name of a great genius..." *Ibid.*

65 "Poetry is not like reasoning, a power to be exerted as the determination of the will. A man cannot say, 'I will compose poetry'. The greatest poet even cannot say it: for the mind in creation is as a fading coal which some invisible influence, like an inconstant wind, awakens to transitory brightness: this power arises from within, like the colour of a flower which fades and changes as it is developed, and the conscious portions of our natures are unprophetic or either its approach or its departure." Shelley. *Op. cit.*, p. 478-479.

66 Kant. *Crítica da Faculdade do Juízo. Op. cit.*, p. 196.

67 Um tal "respeito", ou consideração, diante do cenário da própria grandeza, levará Kant a considerar a natureza como "dinamicamente sublime", na medida em que, pelo menos aparentemente, se impõe ao homem com todo o seu "poder". *Ibid.*, p. 157.

68 *Ibid.*, p. 209.

69 *Ibid.*, p. 227-230.

70 *Ibid.*, §44, p. 208-212.

71 *Ibid.*, p. 263.

72 Marcel Duchamp. *O Acto Criativo de Duchamp*. Lisboa: Águaforte, 1997, p. 3.

73 *Ibid.*, p. 4.

74 *Ibid.*, p. 7-8.

75 "Sei que esta afirmação não merecerá a aprovação de muitos artistas que recusam esse papel mediúnico e insistem no valor criativo. No entanto a História de Arte tem, inúmeras vezes, baseado as virtudes de uma obra em considerações completamente independentes das explicações racionais do artista." *Ibid.*, p. 9.

76 *Ibid.*, p. 13.

77 Para tentar comprovar esta sua tese, Duchamp acrescenta: "Isto torna-se ainda mais óbvio quando a posteridade estabelece o seu veredicto final e, por vezes, reabilita artistas esquecidos." *Ibid.*, p. 17.

78 *Ibid.*, p. 17.

79 "A desterritorialização é definida por G. Deleuze como o operar das linhas de fuga. As linhas de fuga, por natureza própria, não têm qualquer território. Mantendo a metáfora de Kafka, a ligação entre homens e animais, para além da hibridez dos bestiários, pressupõe que nem um nem o outro se imitam, embora existam linhas de fuga que atravessam ambos, por via da proximidade estabelecida. Por outras palavras, cada um deles desterritorializa o outro. Trata-se, neste caso, do '*devenir* – animal do homem e o *devenir*

– homem do animal'. É, portanto, pela intermediária daquilo que seria o pretenso território de ambos, que se escavam e fundam as linhas de fuga que definem a própria proximidade e, naturalmente, a interacção. / A partir daqui, outros exemplos poderiam recobrir todo o tipo de proximidades e interacções possíveis do mundo físico ou imaginário, entre identidades e sistemas que são, permanentemente, atravessados uns pelos outros. Não existem, pois, elementos que não desterritorializem outros. Desterritorializar coincide, em termos semióticos, com o próprio percurso labiríntico e actuante do sentido." Carmelo. *Op. cit.*, p. 205-206.

80 Tzvetan Todorov. *Mikhail Bakhtine: le principe dialogique suivi de* Ecrits du cercle *de Bakhtine*. Paris: Seuil, 1981, p. 95-96.

81 "Pierre Guiraud desenvolveu uma metodologia simples, sucinta, mas, ao mesmo tempo, muito prática para a compreensão da natureza dos códigos. A repartição clássica de Guiraud cria três grandes famílias de códigos, nomeadamente, os códigos lógicos, estéticos e sociais. Quanto aos primeiros, a sua função é 'significar a experiência objectiva e a relação do homem com o mundo, enquanto [que] aos códigos estéticos compete significar a experiência subjectiva e autotélica na relação do homem com o mundo e, por fim, aos códigos sociais cumpre significar a relação entre os homens, na sua dimensão de portadores e veículos de signos.' Pierre Guiraud subdividiu 'os códigos lógicos em três grandes categorias, a saber, os códigos paralinguísticos, ligados directa e indirectamente a aspectos da linguagem verbal (aí se inclui os apoios de linguagem, nomeadamente as escritas alfabéticas; os substitutos da linguagem, ou seja todo o tipo de escritas ideogramáticas, e ainda os «auxiliares de linguagem», onde se inserem os níveis prosódicos, quinésicos e proxémicos), os códigos práticos, ligados às sinaléticas e às programações, e os códigos do conhecimento, directamente ligados aos modelos epistemológicos (quer os que decorrem da pragmática científica, quer os que se associam ao saber mágico e mântico, isto é, entre outros, a astrologia, a oniromancia, a paromancia, etc.)'" Carmelo. *Op. cit.*, p. 92-93.

82 Gérard Genette. *Palimpsestes: la littérature au second degré*. Paris: Seuil, 1982, p. 8-12.

83 Linda Hutcheon. *A Theory of Parody: The Teachings of Twentieth-Century Art Forms*. London: Metheun, 1985, p. 101.

84 Almeida Faria. *Cavaleiro Andante*. Lisboa: Imprensa Nacional-Casa da Moeda, 1983, p. 43.

85 Poucos dias depois da morte de Marilyn Monroe, que teve lugar a 5 de Agosto de 1962, Andy Warhol trabalhou uma imagem da famosa artista de cinema presente na publicidade do filme *Niagara* de 1953 (pertença da Fox Studios). Daí nasceram os oito óleos que constituíram o núcleo temático da primeira exposição individual de Warhol, organizada por Eleanor Ward na Stable Gallery de Nova Iorque nesse mesmo ano de 1962. ABOUT.com Art History [Em linha.] Disponível em http://arthistory.about.com/od/spec_events/ig/Christies-Evening-Sale-051607/christies_051607_02.htm

86 René Jeanne; Charles Ford. *História Ilustrada do Cinema*. Lisboa: Bertrand, [D.L. 1972], p. 37.

87 A descrição de paisagens, mas também a de ambientes, vive muito a partir do chamado "complexo de projecção/identificação". Este complexo reflecte um vaivém permanente que assume grande importância na panorâmica descritiva (descrição em campo aberto): por um lado, o descritor projecta o seu mundo na natureza: o lado antropomórfico do complexo

de projecção/identificação; por outro, a natureza é interiorizada pelo descritor: o lado cosmomórfico da projecção/identificação. Geralmente, é na fusão desses dois movimentos que se situa a linha de fuga da descrição de campo aberto. V. sobre este curioso complexo: Edgar Morin. *Le Cinema et l'homme imaginaire*. Paris: Minuit, 1956.

[88] Serguei Eisenstein. Ecrits d'Eisenstsein (10) – La Non-indiferente nature/Post-Scriptum. *Cahiers du Cinema*. Paris. N.º 219 (Avr. 1970), p. 9.

BLOCO 6
NORMATIVO.
A IDEOLOGIA COMO
NEO-ESCATOLOGIA.
A IRREDUTIBILIDADE DO CÓDIGO.
O HOMEM PROGRAMA.

INTRODUÇÃO

Nos nossos dias, habituámo-nos a máquinas perfeitas. Gostamos de telemóveis e de computadores sem falhas, adoramos motores de automóveis e casas inteligentes. Por outro lado, pensamos a vida de modo particularmente programado, tentando rentabilizar o tempo da maneira mais ágil e eficaz possível. Tornámo-nos na osmose da quase perfeição, embora haja algo que deixámos de desejar: projectar esse desígnio de completude numa ordem ou numa engenharia social. No final de oitocentos e no início do século passado, o homem moderno almejava também quadros perfectíveis. No entanto, perseguia-os com o objectivo de os fazer corresponder a uma ordem mais geral, fosse política ou epistemológica.

O homem-programa do final de oitocentos estabeleceu a curiosa mediação entre a criatividade (ou a inventividade) ilimitada e o desejo profundo de chegar a soluções totalizantes (que tudo explicassem ou significassem). Inimigos também do fragmentário, duas dezenas de séculos antes, os apocalípticos sonharam com o domínio da totalidade da história, tendo em vista entender as revelações que recebiam através de visões. Os modernos, na sua fase madura, sonharam com a mesma ansiedade. Contudo, preferiram concentrar-se na totalidade do saber e em todo o tipo de programas holísticos, entre os quais, na sua qualidade de grande código, se destacou a ideologia.

    Neste Bloco 6 seguiremos os caminhos do homem-programa, focando-nos, em primeiro lugar, na emergência ideológica; em segundo lugar, nas relações entre a cultura da promessa utópica e a cultura da promessa ideológica; e, em terceiro lugar, revisitando a prática dos discursos sistemáticos e percorrendo, nesse sentido, o exemplo enciclopédico de Charles Sanders Peirce. A lógica do receituário total pode estruturar-se de modo aberto ou fechado. Nesta fase que analisamos e de que nos distanciamos apenas um século, o fechamento e a irredutibilidade transformaram-se em sinal dos tempos. Desse legado, ter-nos-á ficado a tentação de Sísifo ou a metáfora do infinitésimo, isto é: desejar abraçar a totalidade e a harmonia possíveis, sabendo, no entanto, que é a excepção e o mais imprevisível dos caos que, muitas vezes, dominam o mundo.

1. A EMERGÊNCIA IDEOLÓGICA

O período compreendido entre 1848 e 1859 foi considerado por Franklin Baumer como o mais optimista de todo o século XIX no Ocidente.[1] Trata-se, segundo o autor, de uma década em que a interiorização da ideia de progresso se consolidou a par da esperança crescente nas possibilidades da ciência. Nesta fase de meados de oitocentos, o positivismo marcava a sua influência, os jovens hegelianos insistiam em reformas sociais e, na literatura, o realismo abria campo ao relato crítico do quotidiano e à denúncia.

Em 1842 surgem as primeiras obras de Karl Marx, tendo o *Manifesto Comunista* sido publicado pouco depois, ou seja, em 1848. O crescimento das cidades e a industrialização tinham criado problemas novos e a turbulência social era manifesta. A famosa "teoria das duas idades", advogada pelos apocalipticistas,[2] não colhia nesta fase de grande clivagem entre um presente que projectava grande confiança no futuro (daí o optimismo reinante) e as injustiças sociais gritantes que eram visíveis. Os tempos eram realmente propícios ao aparecimento de normativos fortes que alimentassem, ao mesmo tempo, uma proposta científica de progresso e uma solução radical para as iniquidades. Esta ilusão, ou esta "relação invertida" entre realidades e desejos, tal como Louis Althusser referiu, foi traduzida através das ideologias.[3]

Para Karl Mannheim, a teorização de Marx contribuiu decisivamente para uma concepção "abarcante" de ideologia,[4] ou, por outras palavras, para a definição de um grande código que, à imagem das escatologias, se propunha explicar o mundo de uma forma plena e totalizante. A ideologia deixa, pelo menos aparentemente, de se relacionar com o espírito dos *idéologues* franceses que, em setecentos, defendiam que a filosofia se devia apenas fundar em ideias e não nas coisas. Ao invés, a ideologia passava agora, em meados do século XIX, a corporizar a ideia de uma visão global do mundo, opondo-se a todas as visões históricas anteriormente alicerçadas. Este corte surgirá desenvolvido de modo particularmente estruturado, sendo atribuído a uma formação específica (incluindo uma classe) o papel de redenção social.

Na terceira parte do terceiro capítulo do *Manifesto do Partido Comunista*, da autoria de Karl Marx e de Friedrich Engels "O Socialismo e Comunismo Crítico-Utópicos" (1848),[5] o carácter "fantástico" da mensagem deriva sobretudo do modo ainda utópico com que os princípios programáticos estariam a ser apreendidos:

> A descrição fantástica da sociedade futura brota – num tempo em que o proletariado ainda está sumamente pouco desenvolvido, e por isso, apreende a sua própria posição de um modo ainda fantástico – da sua primeira aspiração, cheia de imagens vagas, de uma reconfiguração geral da sociedade.

Este sentido "puramente utópico" que se reconhece na "crítica" dos "escritos socialistas e comunistas" decorre, em boa parte, da falta de preparação expressa dos seus destinatários ("os operários"). A doutrina reconhece os seus anfitriões ideais, mas enuncia-se mantendo uma distância entre quem proclama e teoriza e o público-alvo a quem realmente se destina:

> [...] os escritos socialistas e comunistas consistem também em elementos críticos. Atacam todas as bases da sociedade existente. Por isso forneceram material altamente valioso para o esclarecimento dos operários. As suas proposições positivas sobre sociedade futura, por exemplo, supressão da oposição entre cidade e campo, da família, do proveito privado, do trabalho assalariado, a proclamação da harmonia social, a transformação do Estado numa mera administração da produção – todas estas suas proposições exprimem meramente o desaparecimento da oposição de classes[,] que só agora começa a desenvolver-se, que eles não conhecem senão na sua primeira indeterminidade sem figura. Por isso mesmo estas proposições têm ainda um sentido "puramente utópico".

O determinismo histórico advogado no manifesto, vago nas suas etapas como acontecera nos escritos de Joaquim Flora ou nos Evangelhos,[6] contrasta com a racionalidade semiótica ("a significação do socialismo e comunismo crítico-utópicos...") com que o "desenvolvimento" no tempo e a idealidade (a chamada "elevação fantástica") se contrapõem. As correntes que não entendem esta relação são descritas como utópicas, deixando-se guiar através de impulsos meramente casuísticos (agindo "a título experimental" como se, ao jeito de Girolamo Savonarola, desejassem um "formato reduzido da nova Jerusalém"). No final desta terceira parte, antes de o manifesto se comparar ao "novo evangelho", é curioso o modo como a enunciação do texto ilustra, de um modo claro, o cariz irredutível e antitético que irradia ("Por isso se opõem com exasperação a todo o movimento político dos operários..."):

> A significação do socialismo e comunismo crítico-utópicos está na proporção inversa do seu desenvolvimento histórico. Na medida em que se desenvolve e configura a luta de classes, perde esta elevação fantástica acima dela, esta luta fantástica contra ela, todo o valor prático, toda a justificação teórica. Se, por isso, os autores destes sistemas foram, em muitos aspectos, revolucionários, os seus discípulos formaram sempre seitas reaccionárias. Perante o desenvolvimento histórico continuado do proletariado ativeram-se às velhas intuições dos mestres. Por isso procuram consequentemente embotar de novo a luta de classes e mediar as oposições. Continuam ainda a sonhar com a realização, a título experimental, das suas utopias sociais, com a instituição de falanstérios isolados, com a fundação de colónias no país, com o estabelecimento de uma pequena Icária – edição de formato reduzido da nova Jerusalém –, e para a construção de todos estes castelos no ar têm de apelar à filantropia dos corações e bolsas burgueses. A pouco e pouco vão caindo na categoria dos socialistas reaccionários ou conservadores acima descritos, e deles se diferenciam apenas por um pedantismo mais sistemático, pela superstição fanática nos efeitos milagreiros da sua ciência social.
> Por isso se opõem com exasperação a todo o movimento político dos operários, movimento que só podia decorrer de uma descrença cega no novo evangelho.

Estamos perante uma nova concepção de sistema geral de ideias e valores, ou seja, um autêntico programa sintacticamente arrumado, hierarquizado e fundamentado que se destina a legitimar uma autoridade e um poder. Neste sentido, regressando a Louis Althusser, a ideologia constitui-se sobretudo como uma distorção que leva os homens a expressarem, "não as suas relações, reflectindo as condições efectivas da sua existência", mas sim uma panóplia de relações ao mesmo tempo "reais e imaginárias". Por outro lado, ao configurar um sistema de representações que "na maioria das vezes se resume a imagens e a conceitos que nada têm que ver com a consciência", a ideologia torna-se, na prática, num conjunto de "estruturas que se impõe à imensa maioria dos homens sem passar para a sua consciência individual".[7] Estes factos explicam a razão por que a ideologia faz sobrepor aos sujeitos individuais o fulgor de um macro-sujeito histórico.

Ao projectar-se axialmente no futuro, revendo de modo brusco todo o passado e reatando o presente como um palco seguro, a ideologia adequa-se, de modo perfeito, quer à historicidade das escatologias, quer à ancoragem das utopias na realidade do dia-a-dia, processo que, como vimos, já vinha acontecendo desde o início de setecentos. As ideologias, enquanto mediação social que articula uma dada representação da sociedade com interacções condicionadas que lhe são próprias, tende igualmente a assegurar uma integração social e imaginária que é vital para o equilíbrio do presente e para a ininterrupta construção de uma crença num futuro perfectível.

Bronisław Baczko acentuou o facto de o "termo ideologia" apenas ter adquirido o seu sentido actual por volta de 1850, do mesmo modo que a noção de "progresso" só foi colectivamente interiorizada já no terceiro quartel do século XIX.[8] No entanto, a legitimação de um normativo como o ideológico é muito anterior. Desde Nicolau Maquiavel (1469-1527) a John Locke (1632-1704) e até Friedrich Hegel (1770-1831) que a visão da autoridade e do poder se vinha deslocando no sentido da inevitável inversão ideológica. Karl Mannheim, na sua análise, recua mesmo até às dissimulações do profeta Baal do *Antigo Testamento*, encontrando aí uma matriz da futura cristalização ideológica.[9]

Entre as ideologias que se foram afirmando, entre o terceiro quartel do século XIX e o início do século XX, contam-se o comunismo, o liberalismo e o fascismo.[10] Entre si, as ideologias desenvolvem relações de carácter intolerante e irredutível, transformando o sentido no mesmo tipo de ruptura que antes, sob domínio escatológico, definira em grande parte as relações entre o Cristianismo e o Islão. O final do século XIX, pautado pelas clivagens, pelas dúvidas, pelo agnosticismo, pela "morte de Deus", reservava o século XX como receptáculo ideal das grandes esperanças e realizações do "progresso". O domínio da natureza e do tempo, o incremento industrial, científico e artístico disso eram, ou pareciam ser, garantias em princípio credíveis.

2. RELAÇÕES ENTRE A CULTURA DA PROMESSA UTÓPICA E A CULTURA DA PROMESSA IDEOLÓGICA

2.1. As incorporações e a resistência das distopias

A relação entre os modos de codificar a realidade, próprios da utopia e da ideologia, nunca foi linear. A utopia sempre codificou através de modalidades voláteis e generalistas, propondo horizontes de enquadramento incerto e moldando desejos através de figuras que iam ligando o imediato ao perfectível. Ao invés, a ideologia sempre codificou através de modalidades precisas e determinadas, propondo metas sistemáticas e cientificamente ancoradas (ainda que vagas ao nível do tempo histórico) e moldando desejos através de figuras que iam ligando um cânone escrito à prescrição de um estado perfectível. Ainda que estes modos de codificar reflictam perfis de redenção muito diferenciados, a verdade é que, na prática, se entrecruzaram através de incorporações passageiras e inevitavelmente pragmáticas.

A utopia foi, de facto, sendo incorporada nos vários sistemas ideológicos, na medida em que se tornou em adjuvante dos sonhos que acompanharam, em jeito de retórica meramente auxiliar, a racionalidade dos programas. Nesta medida, a utopia tornou-se num instrumento ao serviço das ideologias que acabaria por valorizar as suas vertentes imaginárias e ficcionais, constituindo-se, além disso, como um precioso factor de difusão e de mobilização. Num discurso de Lenine, num congresso da organização da juventude comunista, a dimensão antitética 'antes-depois' é realçada e valorizada com conteúdos utópicos, nomeadamente na "capacidade" de os futuros comunistas se apropriarem "de toda a soma de conhecimentos humanos":

> No lugar do antigo amestramento, que se praticava na sociedade burguesa, apesar da vontade da maioria, nós colocamos a disciplina consciente dos operários e camponeses, que unem ao seu ódio contra a velha sociedade a decisão, a capacidade e a disposição de unir e organizar as forças para essa luta, a fim de criar, da vontade de milhões e centenas de milhões de pessoas isoladas, divididas e dispersas pela extensão de um país imenso, uma vontade única, pois sem esta vontade única seremos inevitavelmente vencidos. Sem

essa coesão, sem essa disciplina consciente dos operários e dos camponeses, a nossa causa é uma causa sem esperança. Sem isto não poderemos vencer os capitalistas e latifundiários de todo o mundo. Nem sequer consolidaremos os alicerces, para não falar já da construção sobre estes alicerces da nova sociedade comunista. Do mesmo modo, rejeitando a velha escola, alimentando contra esta velha escola um ódio absolutamente legítimo e necessário, apreciando a disposição de destruir a velha escola, devemos compreender que o velho ensino livresco, a velha aprendizagem de cor e o velho amestramento devem ser substituídos pela capacidade de se apropriar de toda a soma de conhecimentos humanos, e apropriar-se deles de tal modo que o comunismo não seja em vós algo aprendido de memória, mas seja pensado por vós mesmos, seja uma conclusão necessária do ponto de vista da educação moderna.[11]

Para além deste uso instrumental (o de uma engenharia social que enverga, por vezes, a máscara de poeta lírico), convirá ainda sublinhar que a estratégia da ideologia contribuiu, por vezes directamente, para a autonomia da enunciação utópica. Esta autonomia relativa traduziu-se por uma reserva geralmente convocada em momentos de dúvida ou de crise. Por exemplo, num discurso orientado para a necessidade de firmeza ideológica, será possível ouvir o ideólogo reportar-se a um discurso vago, onírico e ficcional e não tanto a uma mensagem arreigada em princípios programáticos (do género: "– Não foi para isto, camaradas, que, durante tanto tempo, lutámos por tais e tais ideais, pois, se nos lembrarmos, sempre defendemos x, y e z..."; estes constituintes – x, y, z – traduzirão o elemento imaginário e autónomo que contribuirá para revalidar o aparelho ideológico em pretenso estado de crise). Este tipo aparente de autonomia, que passa por uma sobreposição intencional de discursos e de modos de codificar a realidade, espelha, por outro lado, a fluidez das fronteiras entre ambos os códigos.

Karl Mannheim referiu, a propósito dos encontros entre utopias e ideologias, que enquanto a ideologia é (por razão de ser) "estéril" ou estática, já a utopia é sobretudo animada por uma dinâmica que é capaz de alterar o estado de coisas real, ou seja, por outras palavras, a utopia é, na sua essência, "realizável".[12] A explicação para este facto é clara: se a ideologia está condicionada por uma lógica de poder e, portanto, por um certo imobilismo, já a utopia apenas se encontra ligada a valores pouco fixos, embora sejam susceptíveis de inclusão nos sistemas ideológicos. Estaremos, assim, face a *Janus* bifronte: de um lado, a ideologia com a sua actividade preservadora e dissimuladora, velando por uma ordem proposicional de valores; por outro, a utopia com o seu dom de escape, de desejo e de crença construtiva.

O caso da ideologia liberal é interessante, neste particular. Trata-se de uma construção ideológica que acredita num sistema maduro, equilibrado e algo determinista, na medida em que as utopias liberais se fundam, também elas, numa noção de tempo em que "a história é [vista] como a vida individual, com infância e maturidade, mas sem velhice e morte. A ideia é a de que há um crescimento no sentido da maturidade".[13] O mesmo se poderia dizer da própria noção moderna de liberdade (um conceito utópico e construtor do sujeito que, como vimos no Bloco 1, evoluiu lentamente desde o século XVII) que, a pouco e pouco, com resistências inevitáveis, foi sendo inscrita em aparelhos conceptuais ideológicos, ainda que com sentidos por vezes opostos, devido à monopolização que a ideologia opera sobre a espontaneidade e a inventividade utópicas.

Salientemos um último aspecto neste interface histórico onde a ideologia e a utopia se cruzaram. Após 1918, o campo utópico evoluiu em várias frentes, desdobrando-se criativamente. Como um fluxo que se tornou imparável e que, à imagem do que acontecera na tradição de setecentos, se projectou também nas linguagens estéticas – caso da literatura, mas também do cinema ou do teatro. As ideologias, na sua imobilidade, passaram a contar com utopias que lhes correspondiam instrumentalmente, mas também com as chamadas anti-utopias ou distopias que se lhes opunham. O novo século emerge, desta forma, após a Primeira Guerra Mundial, como uma arena de oposições irreconciliáveis. De um lado, as ideologias opondo-se irredutivelmente; do outro, as utopias e as anti-utopias digladiando-se intensamente.

É neste quadro que é possível reler as obras, por exemplo, de Aldous Huxley (1894-1963), George Orwell (1903-1950), Fritz Lang (1890-1976) ou de Frank Kafka (1883-1924). Todas elas redescobrem o homem anónimo, descrente e criador de sonhos deformados e deformadores dos valores dominantes. A integração do sonho e do imaginário na ideologia passa, de um momento para o outro, a ser, ao mesmo tempo, uma forma de desintegração e de desmontagem. À simulação própria da ideologia opõe-se agora a simulação do caos ou do delírio. As implicações das ideologias são interpretadas pelos escritores e realizadores distópicos sob a forma de territórios abjectos que condenam o ser humano à uniformização e ao fechamento. Esta tendência de constituição de um verdadeiro *alter ego* da nova modernidade é fundamental, enquanto aspecto nuclear da cultura no século XX, que, como acima se referiu, chegou a constituir-se, para os homens de finais de oitocentos, como um tempo ideal para a concretização de todas as esperanças e sonhos associados ao "progresso".

2.2 O relativismo face às promessas utópicas e ideológicas

Convém referir que as clivagens nas sociedades ocidentais do início do século XX se manifestaram muitas vezes de modo complexo. Os horizontes ideológicos e os sonhos utópicos foram sendo sempre interpelados, quer pelas realidades mais imediatas (o desenvolvimento das comunicações, as vagas de industrialização, as novidades da vida urbana, o florescer das opiniões públicas, o culto da velocidade, as novas linguagens e os novos media), quer por manifestações variadíssimas de desencanto para com os próprios caminhos assumidos pelo mundo moderno (tal como vimos, na segunda parte do Bloco 1, em "Sujeitos e multiplicidade"). Esta interpelação dos grandes códigos correspondeu a uma constante da modernidade e não apenas a um artifício muito posterior do foro pós-moderno.

Jose Ortega y Gasset sentiu claramente este desfasamento entre um mundo, por um lado imerso em vanguardas, ideologias e visões utópicas e, por outro, dominado por cenários massificados e distantes de qualquer sentido de redenção ou de realização. O passado saíra da vida e do quotidiano como um modelo e o presente correspondia sobretudo a uma disforia sem saída. Foi deste modo que o autor compreendeu, em *A Rebelião de Massas* (1930), a crise de finalidade que, na sua opinião, era um dos sinais da época: "[...] o homem tornou-se num ser detentor de grande poder", mas "sem saber o que dele fazer" e mergulhado num permanente "sentimento de perda e de insegurança".[14]

O expressionismo alemão desenhou, com cristalina precisão, este homem céptico e preso a um mundo que parecia dirigido por poderes ocultos. Para Ernst Cassirer (1874-1945), o autor de (*La Philosophie des formes symboliques* (1923), o que se havia perdido era sobretudo uma "energia central", fosse de ordem teológica, metafísica ou mesmo científica, que funcionasse como ponto de referência[15] (para além do vazio deixado pelas antíteses ideológicas e utópicas). O imediatismo dadaísta, a transmutação surrealista, as ironias futuristas ou as desmontagens freudianas remetiam, de modos diversos, para um estado permanente de questionamento.

O mundo que Kafka concebeu em *A Metamorfose* (1915)[16] é, em grande parte, uma sátira a um poder de natureza invisível e indescortinável. A obra coloca em cena o mundo irreal de Gregor Samsa que pensa e que se exprime, transformado em monstro, como se nada à sua volta tivesse mudado; mesmo quando aparece diante do pai, da mãe, da irmã e do gerente, gerando horrores, mas nunca desistindo de pegar nas suas amostras para ir para o emprego (como se fosse um sonâmbulo da sua própria história). Esta alergia a um real que se questiona atravessa também *A Náusea* de Jean-Paul Sartre (1938),[17] pelo modo como o seu protagonista, Antoine Roquentin, se relaciona com a cidade ficcional a que chega (o nome "Bouville" alude a lama e a impureza) e com o estado de aversão ao humano em que se sente envolvido. Entre a falta de signos de identidade e o limiar da loucura, Roquentin sinaliza sobretudo a vacuidade existencial do mundo que o rodeia e que, a seu modo, interpela.

Quase meio século depois, em 1985, no momento em que se vivia o derradeiro suspiro da guerra-fria e, portanto, do oxímoro ideológico, o escritor Milan Kundera escrevia:

> A Europa não se apercebeu do desaparecimento do seu grande foco cultural porque, para a Europa, a sua unidade já não simboliza a sua unidade cultural. Em que bases assenta então a unidade da Europa? Na Idade Média assentava numa religião comum. Nos tempos modernos, numa altura em que o Deus medieval se transformou em Deus *absconditus*, a religião cedeu o seu lugar à cultura, que passou a significar a concretização dos valores mais elevados [...] Da mesma forma que, em tempos passados, Deus cedeu o seu lugar à cultura, é agora a vez d[e a] cultura ceder o seu lugar. Mas a quê e a quem?[18]

A pergunta continuará sem resposta, até porque o entendimento da cultura não é, nem nunca será, de natureza transitiva. Entre a vertigem dos sonhos e dos simulacros e a resistência à ilusão, a ideia de cultura evoluiria, diante do seu próprio espelho, para uma noção cada vez mais plural e cada vez menos territorial de comunidade.

2.3 O cumprimento instantâneo das promessas utópicas e ideológicas

A cultura da promessa sempre projectou um desejo de ver cumprido, de modo imediato e sem quaisquer liturgias de espera, o que os grandes códigos representavam. Foi essa a tensão essencial entre o período profético inicial (século XI a. C – século IV a. C.) e o período apocalíptico (século II a. C – século II d. C.) e foi também essa a tensão mais sentida entre os adeptos dos milenarismos medievais e as teologias escatológicas da esperança (de que Santo Agostinho é um dos epónimos mais relevantes). Esta mesma tensão vai recrudescer, a partir do final de oitocentos e ao longo de boa parte do século XX, entre os visionários (ideológicos ou utópicos) e as máquinas de poder insufladas sobretudo pela ideologia. Neste vastíssimo movimento, cabem fracturas de índole muito diversa: revoluções nacionalistas de cariz utópico, revoltas de teor híbrido (misto de anarquismo e de ideologia comunista), rupturas eminentemente ideológicas, ou simultaneamente nacionalistas, ideológicas e místicas e ainda utopias de reconstrução.

As revoluções nacionalistas, de formato essencialmente utópico, eclodiram ao longo de oitocentos, quer através de processos de refundação (caso da Grécia 1821-1829), quer através de processos de unificação, de que é exemplo o *rissorgimento* italiano sob o símbolo de Garibaldi que, a partir de 1861, conduziria à criação de uma nova ordem pátria. Uma outra utopia realizável, muito cantada por poetas, foi a que culminou na unificação da Alemanha, já em 1871, com a entronização imperial de Guilherme da Prússia em Versailles. Outros nacionalismos, como o checo ou o húngaro, acompanharam este plano de realização utópica.

Entre 1848 e 1860, um outro tipo de manifestações invadiu a cena europeia. Quatro meses após a revolução de Fevereiro de 1848, Paris enche-se de barricadas e os revoltosos não dispõem de um programa político concreto, limitando-se a exigir o fim da miséria.[19] Este vazio programático repetir-se-ia na Alemanha uma dúzia de anos depois, através do movimento que ficou conhecido por "Niilismo", termo criado, em 1860, pelo escritor Ivan Turguenien no seu romance *Pais e Filhos*.[20] O escritor identificou os niilistas com os opositores de tudo aquilo que teria como base a tradição, a autoridade ou qualquer forma precisa de validação. Frederich Nietzsche reapropriar-se-ia do termo, em 1877, na sua obra *A Genealogia da Moral*, sublinhando sobretudo a "falta de sentido" e o "cansaço" dos sonhos do homem.[21] Não se pode dissociar este tipo de movimentos, aparentemente desprovidos de programa, do anarquismo. Pierre-Joseph Proudhon morreu em 1864, mas a produção teórico-prática do movimento seria assegurada posteriormente pelos russos Mikhail Bakunin (1814-1876) e Piotr Kropotkin (1842-1921), que preconizariam "uma acção imediata, contra a opressão marxista e o capitalismo liberal burguês".[22]

A comuna de Paris, entre Março e Maio de 1871, correspondeu ao auge do instantanismo oitocentista. Na sequência das humilhações sofridas pela França diante dos prussianos, Paris fecha-se de novo sobre si mesma e, tal como acontecera em 1793, o levantamento de massas impõe uma nova ordem. Durante dois meses, a revolta tenta recriar um estado nacional composto por várias comunas, acabando a cidade de Paris por ficar irremediavelmente isolada. Uma mistura de blanquistas, anarquistas e jacobinos integra a sublevação utópica que conta com uma residual influência marxista. O mesmo não acontece, em 1905, na Rússia, quando, por oposição à revolução democrática, os revolucionários marxistas lutam pelo desígnio de uma "ditadura do proletariado", assumindo a divisa ideológica 'classe contra classe', ainda que sejam derrotados na insurreição em Moscovo. Doze anos depois, a revolução vitoriosa de Outubro e Novembro de 1917 acabará por se tornar num marco histórico fundamental da primeira metade do século XX.

Tal como acontecera na Bastilha, tudo subitamente parece possível e é por isso que uma imensa vaga de utopias envolve o programa ideológico que, de forma por vezes acrobática, se tenta adequar a uma nova lógica de poder. A exaltação instantanista tem irradiação planetária ao longo de décadas. *Os Dez Dias que Abalaram o Mundo* de John Reed (1919) e o filme *O Couraçado Potemkine* de Serguei Eisenstein (1925) são relatos que ilustram o purismo revolucionário da época e que evocam, a seu modo, a iminência das grandes revelações. O vórtice histórico prefigura a imagem joaquinita de um igualitarismo imediato, embora o cânone se dissocie ostensivamente das metáforas celestes. No entanto, a guerra civil (1918-1921), as divisões entre facções, as depurações estalinistas e o fim dos sovietes livres (de que a revolta de Kronstad, em 1921, foi símbolo maior) esfumam a miragem de uma revolução mundial. No entanto, a bola de neve de movimentos revolucionários faz-se sentir (entre muitos outros, as revoltas da Liga Spartacus em 1918 e 1919, a sublevação da Saxónia e o soviete de Hamburgo em 1923 e a insurreição de Sófia de 1525, são disso exemplo).

A década de vinte do século passado torna-se num período de radicalização em toda a Europa. A grande participação popular e a disseminação utópica são o reverso de uma crise com dimensão económica e política, mas também muito ligada às tensões entre as culturas nacionais e os propósitos civilizacionais. O campo de possibilidades abre-se como nunca e cria condições para a ascensão do nazismo. No centro deste cenário cruzado de exaltações, o fascista Mussolini define nação como uma "multidão unida por uma só ideia, que é o desejo de existência e de poder" e caracteriza o estado como "desejo ético universal".[23] Os nacional-socialistas alemães, instrumentalizando discursos do romantismo alemão, associam o misticismo ariano ao racismo biológico. Estes pontos de partida cristalizam-se em ideologias esquemáticas e em utopias de forte exclusão que acabam por mover influências muito diversas nos Balcãs, na Polónia ou na Península Ibérica. O princípio milenarista da redenção de todos os males surge como pano de fundo das clivagens particularmente violentas que atravessam o mundo e que culminarão, depois da Guerra Civil de Espanha, na Segunda Guerra Mundial.

As utopias liberais apenas encontraram espaço efectivo de afirmação após 1945. Jean Monnet contextualizou o estado de necessidade em que o sonho de reconstrução da Europa se impôs, tendo em vista "eliminar os vestígios de outra época, o medo mútuo e a protecção de pequenos mercados fechados",[24] valorizando, deste modo, uma visão integrada, ao mesmo tempo económica, política e cultural, e derrogando o espectro das fissuras civilizacionais. A utopia da Comunidade Europeia domina esta época e projectar-se-á durante quase meio século com renovado vigor.[25] Logo após a queda do muro de Berlim, momento em que foi colocada a nu a fragilidade ideológica do século, Jacques Derrida, numa conferência realizada em Turim (1990), sinalizou, com senha algo profética, a delicadeza das utopias democráticas e liberais:

> A eminência em 1939 [...] foi também a de uma guerra e de uma vitória, depois das quais uma partilha da cultura europeia iria cristalizar-se [...] O dia

de hoje, com a destruição do muro de Berlim [...] é a reabertura, a desnaturalização destas partilhas monstruosas. É hoje o mesmo sentimento de iminência, de esperança e de ameaça, a angústia diante da possibilidade de outras guerras com formas desconhecidas, o retorno a velhas formas de fanatismo religioso, de nacionalismo ou de racismo.[26]

A perda de protagonismo do debate ideológico levaria Alvin Toffler, em 1980, a redigir uma (quase) utopia que designou por *A Terceira Vaga* e onde se referiu a poderes acentrados:

> [...] as forças da Terceira Vaga favorecem uma democracia de poder minoritário compartilhado; estão preparadas para experimentar uma democracia mais directa; favorecem tanto o transnacionalismo como uma devolução fundamental do poder [...] exigem um sistema energético renovável e menos centralizado. Querem legitimar as opções de alternativa à família nuclear [...] Reconhecem a necessidade de reestruturar a economia mundial numa base mais equilibrada e mais justa.[27]

Na sua obra, Alvin Toffler equipara a segunda vaga à nova modernidade e cria a imagem de uma futura e terceira vaga, onde um novo sentido de comunidade deverá ser readquirido, de acordo com o primado de que "uma única perspectiva do mundo não poderá nunca apreender toda a verdade. Só aplicando múltiplas e temporárias metáforas poderemos alcançar uma imagem razoável (ainda que incompleta) do mundo". Toffler via na pluralidade e na desintegração social e na massificação, não um alarme, mas uma "oportunidade de desenvolvimento humano".[28]

Na última década do século XX, o paradigma moderno fundado em antíteses utópicas e ideológicas apresentava já sintomas de grave crise. A instantaneidade das imagens da guerra do Golfo (1991), que chegariam à Europa através de directos globalizados, sinalizou um momento de exigências novas a que não eram alheios a falência da própria ideia de "grandes códigos" e o advento das novas possibilidades tecnológicas. Era patente a consciência histórica de que se estava a entrar, de facto, numa nova época, designada por certas correntes como "pós-moderna".

3. O TEMPO DOS DISCURSOS SISTEMÁTICOS

3.1 A época holística

A segunda metade de oitocentos e o início do século XX foram tempos de discursos programáticos e de sistematização do saber. O pensamento ideológico é um componente desta tendência holística mais geral que articulou um estado de inventividade sem limites com a necessidade de um ponto de chegada totalizante. De acordo com este desígnio, as ciências criavam, redefiniam ou encetavam caminhos. Em 1889, Sidney Webb escreveu de forma ilustrativa:

> Devido, sobretudo, aos esforços de Comte, Darwin e Herbert Spencer, já não podemos pensar na sociedade ideal como um Estado imutável. A ideia social de estática tornou-se dinâmica. A necessidade de crescimento e desenvolvimento constante do organismo social tornou-se axiomática. Nenhum filósofo procura outra coisa, a não ser a evolução gradual da nova ordem, a partir da antiga...[29]

Este apelo direccionado para o saber total reflectiu-se na obra de muitos cientistas da época, alguns dos quais fundaram novas ciências e correntes. É o caso de Charles Sanders Peirce (1839--1914) que, além de fundador da filosofia pragmática a par de William James, fundou a semiótica moderna. O itinerário deste, simultaneamente, pensador, matemático, astrónomo, lógico e profissional da geodésica, traduz um modelo de sistematicidade programática que ilustrará, neste Bloco 6, o tipo de discurso centrado no homem programa.

Peirce, filho de um professor de Matemática, nasceu em 1839 e, entre 1859 e 1863, recebeu formação na Universidade de Harvard. Durante cerca de três décadas, entre 1861 e 1891, Charles Sanders Peirce esteve ligado à United States Coast Survey, trabalhando em actividades do campo astronómico e geodésico, embora, durante cinco anos (entre 1879 e 1884) tenha sido professor (*lecturer*) de Lógica na Universidade de Johns Hopkins em regime de tempo parcial. Seja como for, a formação de Peirce excede em muito o perfil destes brevíssimos traços biográficos.

Estudioso da obra de Immanuel Kant e de Friedrich Hegel, admirador da filosofia de John Duns Scotus, co-fundador do pragmatismo contra as tradições cartesianas, platónicas e nominalistas, Charles Sanders Peirce foi ainda autor de inúmeras contribuições nas áreas da Matemática, da Astronomia e da Lógica. No âmbito que particularmente nos interessa, Peirce foi sobretudo um dos fundadores da Semiótica, tal como a entendemos hoje. Ao contrário das teorias europeias, muito centradas na linguagem, Charles Sanders Peirce defendeu que o pensamento é um processo indissociável dos signos e, portanto, apenas reconhecível e cognoscível através de mecanismos de ordem semiótica. Deste modo, para Peirce, a filosofia em geral é inseparável da interpretação de signos. Uma nova proposta de categorias, um novo entendimento do processo sígnico (a semiose) e uma nova proposta de divisão e adequação dos signos à experiência faz da semiótica de Charles Sanders Peirce um marco fundamental do saber.

Refira-se ainda que, em vida, Peirce apenas publicou um livro, curiosamente ligado à astronomia (*Photometric Researches*). A sua vastíssima obra apenas viria a tornar-se conhecida a partir do trabalho de organização do imenso espólio a que Charles Hartshorne e Paul Weiss se dedicaram durante quase trinta anos. Os *Collected Papers* (1935-1958)[30] foram o resultado dessa ordenação, nem sempre amiga da clareza e, portanto, muitas vezes indutora de formulações e conclusões algo apressadas.

3.2 Charles Sanders Peirce e o Pragmatismo

Ao lado de William James, Peirce foi um dos fundadores do pragmatismo. Para esta corrente, o mundo é o resultado das relações entre fenómenos e, portanto, todas as explicações se devem encontrar no uso da experiência, na dúvida e jamais em qualquer princípio anterior e metafísico que explicasse os factos sem conexão directa com estes. É em dois conhecidos ensaios, escritos uns anos após a criação do *Clube Metafísico* (criado em parceria com William James em 1871), que Charles Sanders Peirce desenvolve a base para o seu pragmatismo, nomeadamente *The Fixation of Belief* (1877) e *How to Make Our Ideas Clear* (1888).[31] Aí, a ideia de dúvida torna-se num eixo fundamental de questionamento. No primeiro desses ensaios, Peirce distingue a crença da dúvida e interpõe a ambas o inquérito. Vejamos como, nesse mesmo ano de 1877, o autor entendia o triângulo dúvida – crença – inquérito (em artigo escrito no *Popular Science Monthly*):

> A irritação da dúvida é o único motivo imediato para desencadear a luta através da qual se visa atingir a crença. É certamente melhor para nós que as nossas crenças orientem as nossas acções de modo a satisfazerem adequadamente os nossos desejos; e esta reflexão levar-nos-á a rejeitar toda a crença que não foi formada de modo a assegurar esse resultado. Essa rejeição apenas será efectiva se se criar uma dúvida no lugar dessa crença. Portanto, a luta começa com a dúvida e termina com a cessação da dúvida. Assim, o único objecto do inquérito é a fixação da opinião. Podemos imaginar que isso não é suficiente, e que não buscamos apenas uma opinião mas igualmente uma opinião verdadeira. Mas se se submeter essa imaginação a um teste, ela revelar-se-á sem fundamento; de facto, assim que uma crença sólida é atingida nós ficamos completamente satisfeitos, seja essa crença verdadeira ou falsa. E é claro que nada que esteja fora da esfera do pensamento pode ser o nosso objecto, pois aquilo que não afecta a mente não pode ser um motivo para um esforço mental. Quando muito, poder-se-á dizer que visamos uma crença que *pensaremos* que é verdadeira.[32]

É de salientar a ideia de que a fixação da opinião é a única finalidade do inquérito. A crença torna-se, assim, na opinião a que o pensamento chega através da permanente pressão da dúvida. Deste modo, o único critério de verdade para Peirce é aquele que se submete à intersubjectividade com que a comunidade, no tempo, vai seriando o mundo à sua disposição, excluindo-se, portanto, nesta óptica, qualquer via ligada a subjectivismos particulares. Charles Sanders Peirce explica: "O real é aquilo em que a informação e o raciocínio acabarão por resultar e que é, portanto, independente de qualquer tipo de devaneios."[33]

Num texto seu, divulgado na investigação de John Murphy sobre o pragmatismo de Peirce,[34] o autor refere que diferentes homens podem estudar, durante anos, um mesmo fenómeno, confrontando-se com dúvidas de vária ordem. Contudo, ainda que possam "à primeira vista obter resultados diferentes", a verdade é que, à medida que se aperfeiçoam os métodos e que a crença se estabiliza e adapta ao objecto observado, "os resultados revelam moverem-se firmemente, em conjunto, em direcção a um centro destinado". Quer isto dizer que, devido a uma "força situada no seu exterior", os pontos de vista inicialmente diferenciados, ou mesmo "antagónicos", acabam por convergir numa mesma conclusão. E esta opinião que acaba por estar "destinada a merecer o acordo de todos os que investigam" é precisamente o que Charles Sanders Peirce define como verdade (do mesmo modo que o "objecto representado nessa opinião" corresponde ao objecto real). Estas premissas de Peirce definem a natureza do seu pragmatismo. De nada vale uma verdade proclamar-se verdade, se não for aceite por todos. É a intersubjectividade que há-de definir o que é verdade, real, referencial e, portanto, válido.

3.3 As categorias, segundo Charles Sanders Peirce
Influenciado pela elaboração categorial de Immanuel Kant, Peirce procedeu a uma sistematização lógica do que definiu por "modos de ser", tendo em vista situar os fenómenos (o autor preferiu a palavra grega *phaneron*) que estão presentes na mente (*spirit*) dos seres humanos, independentemente da natureza do seu estatuto de realidade. Estas categorias conduziriam Charles Sanders Peirce a uma tríade onde desvendou três aspectos: o aspecto daquilo que é potencial e qualitativo (*firstness*), o aspecto daquilo que é actual e sensível (*secondness*) e, por fim, o aspecto daquilo que é matricial e indutor de previsões (*thirdess*).

A *firstness* diz respeito a todas as qualidades puras que, naturalmente, não estabelecem entre si qualquer tipo de relação. Estas qualidades puras traduzem-se por um conjunto de possibilidades de algo vir a acontecer, ou a ser, como por exemplo /chuva/, /calor/, /beleza/ e /textura de granito/, independentemente do momento em que se venha a realizar a manifestação ou o acontecimento concreto: /chove muito hoje/, /já atingimos os trinta graus/, /que bela que é esta vista!/ e /o muro é mesmo resistente!/. A *secondness* diz respeito à ocorrência, ao agora-aqui, ao estar a ser. É portanto a categoria da actualidade. Cada acto do presente é sempre uma actualização de qualidades da *firstness*. Por fim, a *thirdness* compreende a nossa capacidade de previsão e prognóstico de futuras ocorrências (futuras *secondness*), na medida em que o hábito, o código e as crenças estabilizadas permitem antecipar o que, no tempo, poderá vir a acontecer.

Peirce caracterizou, portanto, a *thirdness* como um "modo de ser", ou categoria, que institui signos que são matriz de todos os outros que ocorrem na experiência no dia-a-dia. Por exemplo, o signo mental complexo que corresponde à ideia – Na proximidade do equinócio de Setembro, os dias vão diminuindo em relação às noites – converte-se numa matriz para os passeios diários de A, ao fim da tarde, em finais de Agosto, quando o Sol se começa a pôr cada vez mais cedo. Isto significa que a nossa interpretação é muitas vezes sustentada em signos complexos que actualizam, no quotidiano, o modo de ser da *thirdness* (e que advêm do conhecimento e do hábito pré-adquirido na comunidade onde nos integramos): "If you take any ordinary triadic relation" – por exemplo dúvida, crença, inquérito – "you will always find a *mental* element in it. Brute action is *secondness*, any mentality envolves *thirdness*"[35]; de um lado, temos, portanto, signos complexos que são como matrizes da própria comunidade onde nos inserimos, a *thirdness*; de outro, temos as ocorrências particulares que se sucedem, ou seja, o próprio uso corrente e "bruto" dos signos, a *secondness*.

Toda esta ligação entre actual e previsão (*secondness* e *thirdness*) seria impraticável, se não se tivesse em conta o nível das qualidades puras da *firstness*. Estas constituem, de facto, uma espécie de repertório potencial e passivo a que recorremos para comunicar e significar as expressões elementares que actualizamos na *secondness* (exemplo: todos os sons particulares e possíveis da minha língua-mãe; todos os gestos discretos e potenciais; ou cada cor singular que possa plasmar-se no tecido que envolverá o corpo de A). Munidos com estes três modos, operamos na arena da comunicação e da significação constituindo a nossa *performance* uma oscilação vitalícia entre o espaço genérico do código (genoma e cultura), o acto concreto vivido (*secondness*) e as potências individualizadas que nos permitem agir e ser, a cada momento (*firstness*).

Contudo, a interpretação sujeita-se sempre a demarcações, a fronteiras, ou a zonas de escuridão semântica. Quer isto dizer que, numa dada comunidade, os signos que traduzem ideias complexas (crenças) encontram-se amalgamados sob formas que não coincidem, nem com o "hábito" nem com as "regras gerais" dominantes de outras comunidades ("the essencial function of a sign is [...] to establish a habit or general rule whereby they will act on occasion"[36]). Por exemplo, a ideia complexa – quando o falcão negro surge no deserto é sinal de chuva – funciona matricialmente no Sul da Líbia, mas não tem correspondência na *secondness* dos esquimós; do mesmo modo que a expressão – dar três beijos a outra pessoa – que, na Holanda, está em vez do conteúdo – saudar pessoa com alguma proximidade – não funciona num país tão próximo geograficamente como é Portugal. Isto significa que uma comunidade organiza as suas crenças através de uma sintaxe própria, com eixos de oposição específicos, ao nível expressivo e de conteúdo, de tal modo que apenas os seus membros os podem adequadamente actualizar e relacionar (*secondness*), de acordo com um pré-conhecimento de certas regras ordenadoras.

3.4 Signo, semiose e pensamento na óptica de Charles Sanders Peirce
Na semiótica de Peirce, de origens mais lógicas do que linguísticas, a noção de signo contempla o contínuo da representação, a partir do qual percebemos e compreendemos o mundo. Leiamos, pois, a definição mais conhecida de signo do autor:

> Um signo, ou representamen, é qualquer coisa que está para alguém em vez de outra coisa, sob um aspecto ou a um título qualquer. Dirige-se a alguém, ou seja, cria na mente dessa pessoa um signo equivalente ou talvez mesmo

um signo mais desenvolvido. A este signo dou o nome de interpretante do primeiro signo. [E este] signo está em lugar de qualquer coisa, isto é, do seu objecto. [Mas] está em vez do seu objecto, não sob todos os aspectos, mas de acordo com uma espécie de ideia que tenho amiúde designado por ground do representamen.[37]

Tal como na pragmática e na definição das categorias se impuseram concepções triádicas (dúvida-inquérito-crença; *firstness-secondness-thirdness*), também na própria definição de signo Charles Sanders Peirce não hesita nesta geometria. Assim, toda a nossa ligação com o exterior seria, neste quadro, levada a cabo de modo triádico: o *representamen*, enquanto veículo do signo, traz-nos, tal como um *scanner* sempre em acção, o *objecto* (físico ou não) à consciência, para logo aparecer sob forma *interpretante*, ou de imagem. Esta forma permanente e múltipla com que o organismo e a miríade de objectos exteriores interagem traduz, ela mesma, a própria dinâmica da vida e do pensamento e, por outro lado, coincide com a definição de signo em acto, isto é, em ininterrupta e contínua actividade (a que Peirce chamou semiose). Este intenso movimento pode estabilizar-se, através do que Charles Sanders Peirce caracterizou por "interpretante final", ou o hábito com que, através de A, representamos sistematicamente B: "The Final Interpretant [...] consists in a truth which might be expressed in a conditional proposition of this type: If so and so were to happen to any mind this sign would determine that mind to such and such conduct".[38]

Quanto à noção de "ground"[39] que encerra a definição de signo, Umberto Eco considerou-a como um "atributo do objecto na medida em que o dito objecto foi seleccionado de certa maneira e apenas alguns dos seus atributos foram considerados pertinentes para construir o objecto imediato do signo."[40] Deste modo, na esteira de John Locke (na sua relação entre coisas e ideias), um mesmo objecto constrói sempre imagens (interpretantes) diferentes, conforme o jogo que preside à interacção entre o organismo e o dito objecto, ou seja, conforme a forma (*subject*) concreta representada – o *representamen* – que circunstancialmente terá ocorrido (o que está sempre a acontecer). Neste modo continuísta de comunicar com o mundo e lhe identificar os sentidos, o significado resulta sobretudo de um processo e, nessa medida, confunde-se com o uso que o intérprete faz de cada signo (em que vive, com que pensa e através do qual gera outros signos).

3.5 Tipos de signos, segundo Charles Sanders Peirce
A divisão de signos de Peirce é de alguma complexidade, mas tem-se revelado muito útil em termos funcionais e analíticos. O ponto de partida é uma combinação entre as três categorias, ou modos de ser (no quadro abaixo traduzidas, respectivamente, por "1ness", "2ness" e "3ness"), e os três componentes presentes na definição de signo. A geometria triádica tão cara a Charles Sanders Peirce volta assim a repetir-se nesta taxinomia:

	Representamen (1ness)	Objecto (2ness)	Interpretante (3ness)
Representamen (1ness)	quali-signo 1.1 R/R	sinsigno 1.2 R/O	lesi-signo 1.3 R/I
Objecto (2ness)	ícone 2.1 O/R	índice 2.2 O/O	símbolo 2.3 O/I
Interpretante (3ness)	rema 3.1 I/R	deci-signo 3.2 I/O	argumento 3.3 I/I

Num fragmento ensaístico não identificado, mas datado, em princípio, de 1897, Peirce classificou da seguinte forma estas três tricotomias que enquadram os nove tipos de signos.[41]

3.5.1 Primeira tricotomia dos signos (ao nível do Representamen)
Quali-signo é uma "qualidade que é um signo. Não pode realmente actuar como signo até que se corporifique", embora esta corporificação já nada tenha que ver com o seu carácter de signo.[42] Exemplo: a cor vermelha, independentemente do vermelho actual que preenche o pano da bandeira F ou o som das

ondas, independentemente do som concreto que se pode escutar na falésia de uma praia. O *quali-signo* é o signo típico da *firstness* (tipo 1.1).

Sinsigno é "uma coisa ou evento existente e real que é um signo".⁴³ Toda e qualquer ocorrência actual, tal como vimos na categoria *secondness*, é, em cada caso concreto, um sinsigno. O sinsigno é o acto particular do nosso agir. Exemplo: a personagem B anda neste momento de bicicleta ou C lê agora e aqui a página deste livro. O sinsigno necessita de *lesi-signos* para existir, mas é um signo relacionado directamente com a *secondness* (tipo 1.2).

Lesi-signo é "uma lei que é um signo".⁴⁴ Todos os lesi-signos significam as réplicas, cuja lei eles mesmos antecipam. Cada réplica, quando acontece, é já um sinsigno, mas aquilo que possibilita realizá-la, geri-la e codificá-la é a lei, a matriz, ou seja, o próprio lesi-signo. Exemplo: C faz o movimento X antes de entrar na escada rolante (sabe instintivamente como fazê-lo) ou D lê este livro da esquerda para a direita (sabe como lê-lo, é a lei, ou o lesi--signo, que o ensina). O lesi-signo é, deste modo, para o representamen, ou para a forma concreta que é ou terá sido representada (escada, texto, etc.), um signo da *thirdness* (tipo 1.3).⁴⁵

3.5.2 Segunda tricotomia dos signos (ao nível do Objecto)

Ícone é "um signo que se refere ao objecto que denota apenas em virtude dos seus caracteres próprios, caracteres que ele igualmente possui quer um tal objecto exista ou não". Tudo pode ser ícone de qualquer coisa, desde que seja "semelhante a essa coisa e utilizado como seu signo".⁴⁶ Exemplo: imagens (fotografia), diagramas (gráficos) e metáforas (similitudes por via da identificação entre semas ao mesmo tempo presentes na coisa e no ícone). O ícone é, desta forma, um signo actual que liga dois aspectos qualitativos, embora não o faça a partir da presença efectiva de ambos (tipo 2.1).

Índice é um "signo que se refere ao objecto que denota em virtude de ser realmente afectado por esse objecto".⁴⁷ Todos os processos por contiguidade são índices e o que os faz ser índices é a própria pertinência do objecto. Exemplo: se aponto para a fotografia de um gelado é a própria fotografia que faz do meu gesto um índice. É a posição Y numa estrada N que torna um sinal de trânsito aí colocado num índice (pousado na minha secretária, em casa, já não o é). O índice é, portanto, um signo que liga dois objectos, de modo presencial, por implicação física e sempre no cerne do acontecimento e da actualidade. Por isso mesmo, o índice é o signo típico da *secondness* (tipo 2.2).

Símbolo é um "signo que se refere ao objecto que denota em virtude de uma lei, normalmente uma associação de ideias gerais que opera no sentido de fazer com que o símbolo seja interpretado como se referindo àquele objecto".[48] Exemplo: aliança-casamento, balança-justiça, etc. O símbolo é, deste modo, para o objecto actual que representa (casamento, justiça, etc.), um signo da *thirdness* (tipo 2.3).[49]

3.5.3 Terceira tricotomia dos signos (ao nível do Interpretante)

Rema é um "signo que para o seu interpretante é um signo de possibilidade qualitativa, ou seja, é entendido como representando esta e aquela espécie de objecto possível".[50] Exemplo: uma palavra, ou um gesto possíveis para traduzir A ou B. Enquanto signo de possibilidade, o rema é um signo da *firstness*, embora directamente relacionado com a imagem hipotética e transitória de um objecto, ou seja, com o interpretante (tipo 3.1).

Deci-signo é, por sua vez, "um signo que, para o seu interpretante, é um signo de existência real". Exemplo: uma proposição completa ou conjunto integral de gestos que traduzem, no momento actual, o conteúdo B ou C. Embora constituindo uma ocorrência, o deci-signo é-o sempre em função do seu interpretante (tipo 3.2).

Finalmente, o *argumento* é um "signo que, para o seu interpretante, é signo de lei", ou seja, trata-se de um signo, "cujo interpretante representa o seu objecto", através de premissas de que se extraíram conclusões que "tendem a ser verdadeiras".[51] Por ser um signo de lei que se refere ao interpretante, o argumento é o signo típico da *thirdness* (tipo 3.3).⁵²

3.6 A importância da abdução

Como Peirce referiu, um "argumento é entendido pelo seu interpretante como fazendo parte de uma classe geral de argumentos análogos" que tende para a verdade (exemplo: a força da gravidade que se aplica em todos, ou em quase todos os casos de um certo tipo de experiência). Este processo, directamente ligado à realização de um argumento, pode ocorrer de três modos diferenciados: a indução, a dedução e a abdução. Charles Sanders Peirce define a dedução como um

> argumento cujo interpretante o representa como pertencendo a uma classe geral de argumentos possíveis exactamente análogos, tais que, a longo prazo, a maior parte daqueles cujas premissas são verdadeiras, terão conclusões verdadeiras.⁵³

Também neste quadro, o autor define a indução de modo triádico: como um argumento "ridículo" (aquele que recusa a ocorrência de algo por "jamais ter ocorrido"), como "verificação experimental de uma predição geral" ou ainda como um argumento "oriundo de uma amostra aleatória".⁵⁴ Para Peirce, um interpretante é um signo mental auto-reprodutivo e, portanto, é sempre o aprofundamento de um signo anterior, transformando-se, por natureza, numa adição de conhecimento e experiência face a uma situação prévia da existência. Contudo, se o interpretante é referido por um argumento, então a semiose, ou a auto-reprodução sígnica, transforma-se num processo de conhecimento e de significação permanente, no seio do qual a 'abdução'⁵⁵ começa por formular conjecturas, depois de a 'indução' as ter experimentado, mas antes ainda de a 'dedução' concluir, de modo necessário, a partir das premissas entretanto estabelecidas ("signs conduce to learning from experience by mediating between reality and our cognitions, and by storing learned material for subsequent interpretations and use"⁵⁶).

Sobre a lógica da abdução, no fundo a ferramenta mais eficaz do conhecimento humano, Charles Sanders Peirce afirmou na sua *Sexta Conferência de Harvard* (1903):

A *abdução* é o processo de formação de uma hipótese explicativa. É o único tipo de operação lógica que introduz uma ideia nova; de facto, a *indução* mais não faz do que determinar um valor, enquanto a *dedução* se limita a desenvolver as consequências necessárias de uma hipótese pura. A dedução prova que algo *deve* ser; a indução mostra que algo é *actualmente* operativo; a abdução apenas sugere que algo *pode* ser. A única justificação da abdução reside em que, a partir da ideia que ela sugere, a dedução pode inferir uma predição que pode ser indutivamente testada, e ainda em que, se queremos aprender algo ou compreender os fenómenos, é através da abdução que o podemos fazer. Tanto quanto posso ver, não podemos encontrar-lhe uma razão; e de facto ela não necessita [de] razões, visto limitar-se a fornecer sugestões. Um homem deve estar completamente louco se negar que a ciência fez muitas descobertas verdadeiras. Contudo, qualquer aspecto das teorias científicas que hoje se encontram estabelecidas foi obtido através da abdução. Mas como é que todas essas verdades foram iluminadas por um processo no qual não existe compulsividade nem sequer tendência para a compulsividade? É por acaso? Considere-se a multidão de teorias que poderiam ter sido sugeridas. Um físico constata no seu laboratório um novo fenómeno. Como é que ele sabe que apenas a conjugação dos planetas tem [que] ver com esse fenómeno, ou então que a sua explicação não se deve à imperatriz viúva da China ter, por acaso, pronunciado há aproximadamente um ano uma palavra com poderes místicos, ou ainda que ele não se deve à presença de um certo espírito invisível? Pense-se nos triliões de triliões de hipóteses que poderiam ser avançadas, de entre as quais apenas uma única é verdadeira [...].[57]

3.7 O conceito de Semiose

A semiose é a acção sígnica. Por outras palavras, a semiose traduz-se pela reprodução permanente de interpretantes, ou ainda, como referiu Peirce, o criador do termo: "The object of representation can be nothing but a repesentation of which the first representation is the interpretant."[58] Para o co-fundador da pragmática norte-americana, a vida mental corresponde, como Umberto Eco afirmou, "a uma imensa cadeia sígnica que vai dos primeiros interpretantes lógicos (conjecturas elementares) [...]

aos interpretantes lógicos finais. Estes são os hábitos, as disposições para a acção".[59]

No quadro do fluxo ininterrupto de imagens – de "símbolos" – que integram o pensamento, um interpretante é sempre considerado como um aditamento cognoscitivo estimulado pelo signo inicial; e este fluxo ou processo incessante de reactivação sígnica que une representamen, objecto e interpretantes reflecte aquilo que, na linguagem contemporânea de António Damásio (salvaguardando a dimensão da sua abordagem que privilegia a ideia de Si na definição da consciência[60]), corresponde ao processo que une a cartografia dos objectos, a cartografia dos sis e o fluxo de "símbolos" ou imagens com que pensamos. Esta correspondência tem um denominador comum em ambos os autores, Charles Sanders Peirce e António Damásio: a própria designação da acção sígnica, ou seja, da semiose.[61]

Este pensamento sobre a significação e sobre a rotatividade sem fim do mundo mental espelha, ao mesmo tempo, uma perspectiva de grande racionalidade, por depender da inclusão integrada e pensada de tríades (categorias e tipologias sígnicas), mas também de uma grande sistematicidade, embora – ponto importantíssimo – corresponda a uma estrutura aberta e não fechada.

NOTAS

1 Franklin Baumer. *O Pensamento Moderno Europeu*. Lisboa: Edições 70, 1990. Vol. 2, p. 59-87.

2 A descontinuidade entre o presente e o futuro, que está na base da "teoria das duas idades" – como vimos no Bloco 1 –, é deste modo explicitada por Christopher Rowland: "The absence of any concern with the details of live in the future and the rather prosaic accounts of the whole of history suggest that it is not the way in which the righteous would spend their time in the kingdom but the meaning of existence in the present in the light of God's activity in the past and his hoped for acts in the future which dominated their understanding of existence." Christopher Rowland. *The Open Heaven: A Study of Apocalyptic Judaism and Early Christianity*. London: SPCK – Holy Trinity Church, 1982, p. 189.

3 "Na ideologia, a relação real está inevitavelmente invertida na relação imaginária: relação que exprime mais uma vontade (conservadora, conformista, reformista ou revolucionária), mesmo uma esperança ou nostalgia que não descreve uma realidade." Louis Althusser. Marxismo e Humanismo. *In Análise Crítica da Teoria Marxista*. Rio de Janeiro: Graal, 1981, p. 207-208.

4 Karl Mannheim. *Ideology and Utopia*. New York: Harcourt, Brace, 1936, p. 74-76.

5 Karl Marx; Friedrich Engels. *Manifesto do Partido Comunista*. [Em Linha.] Lisboa: Editorial Avante, 1997. Disponível em https://www.marxists.org/portugues/marx/1848/Manifesto DoPartidoComunista/index.htm

6 Em Ac 1,8: "Jesus respondeu: 'Não vos é dado conhecer o tempo ou o dia que o Pai fixou com a sua própria autoridade...'"

7 Althusser. *Op. cit.*

8 Bronisław Baczko. Utopia. *In Enciclopédia Einandi*. Lisboa: Imprensa Nacional-Casa da Moeda, 1985, p. 302 e 372.

9 Mannheim. *Op. cit.*, p. 77.

10 Baumer. *Op. cit.*, p. 63.

11 Vladimir Ilitch Lenine. As Tarefas das Uniões da Juventude. *Revista Histedbr*. [Em linha.] Campinas. N.º esp. (Abr. 2011) p. 2-4. Disponível em www.fe.unicamp.br/revista/index.php/histedbr/article/download/3292/2918

12 Mannheim. *Op. cit.*, p. 197.

13 Paul Ricœur. *Ideologia e Utopia*. Lisboa: Edições 70, 1991, p. 457.

14 Jose Ortega y Gasset. *La rebelión de masas*. Barcelona: Optima, 1998, p. 37.

15 Ernest Cassirer. *La Philosophie des formes symboliques*. Paris: Minuit, 1972. Vol. 2, p. 127.

16 Franz Kafka. *A Metamorfose*. Lisboa: Presença, 2009.

17 Jean-Paul Sartre. *A Náusea*. Mem Martins: Publicações Europa-América, 2005.

18 Milan Kundera. Europa Central: um continente sequestrado. *JL – Jornal de Letras, Artes e Ideias*. Lisboa: Projornal. N.º 164 (1985), p. 22.

19 Marie-Louise Heers. *Du Printemps des peuples à l'affrontement des nations (1848--1914)*. Paris: PUF, 1974, p. 35 e 166-167.

20 A referência ao niilismo surge num diálogo entre Arkádi Kirsânov e Pável Petróvich, respectivamente pai e tio de Bazárov, a personagem niilista por excelência do romance: "– Niilista,

disse Nicolai Petróvich. – Vem do latim nihil, nada, até onde posso julgar; portanto essa palavra designa uma pessoa que... que não admite nada? / – Digamos: que não respeita nada – emendou Pável Petróvich e novamente se pôs a passar manteiga no pão. / – Aquele que considera tudo de um ponto de vista crítico – observou Arkádi. / – E não é a mesma coisa? – indagou Pável Petróvich. / – Não, não é a mesma coisa. O niilista é uma pessoa que não se curva diante de nenhuma autoridade, que não admite nenhum princípio aceito sem provas, com base na fé, por mais que esse princípio esteja cercado de respeito. / – E o que há de bom nisso? – interrompeu Pável Petróvich. / – Depende, titio. Para uns é bom, mas para outros é péssimo." Ivan Turgueniev. *Pais e Filhos*. São Paulo: Cosac Naify, 2004.

21 Nietzsche refere em a *Genealogia da Moral*: "A visão do homem agora cansa – o que é hoje o niilismo, se não isto?... Estamos cansados do homem..." Frederich Nietzsche. *A Genealogia da Moral: uma Polémica*. São Paulo: Companhia das Letras, 1998. p. 35. Por seu lado, no fragmento póstumo *O Niilismo Europeu*, Nietzsche complementa a ideia: "Essa é a mais extrema forma do niilismo: o nada (o 'Sem sentido') eterno." Frederich Nietzsche. *O Niilismo Europeu*. Campinas: [s.n.], 2005, p. 57

22 Heers. *Op. cit.*, p. 28.

23 Pierre Milza. *Mussolini*. Rio de Janeiro: Nova Fronteira, 2011, p. 167.

24 Jean Monnet. *Les États-Unis d'Europe ont commencé*. Paris: Robert Laffont, 1955, p. 45.

25 Baumer. *Op. cit.* Vol. 2, p. 266.

26 Jacques Derrida. *O Outro Cabo*. Coimbra: A Mar Arte, Reitoria da Universidade de Coimbra, 1995, p. 121-122.

27 Alvin Toffler. *A Terceira Vaga*. Lisboa: Livros do Brasil, 1984, p. 435.

28 *Ibid.*, p. 375 e 417.

29 Sidney Webb *apud* Baumer. *Op. cit.*, p. 122.

30 Charles Sanders Peirce. *Collected Papers of Charles Sanders Peirce*. Cambridge, Massachusetts: The Belknap Press of Harvard Univ. Press, 1978.

31 *Id. Selected Writings (Values in a Universe of Chance)*. New York: Dover Publications, 1966.

32 *Id. Antologia Filosófica*. Lisboa: Imprensa Nacional-Casa da Moeda, 1998, p. 65.

33 Trad. nossa. Peirce. *Id. Collected Papers... Op. cit.*, p. 185.

34 John Murphy. *O Pragmatismo: De Peirce a Davidson*. Porto: Asa, 1993, p. 46.

35 Peirce. *Selected Writings... Op. cit.*, p. 388.

36 A crença envolve sempre "o estabelecimento, na nossa natureza, de uma regra de acção, um hábito". Murphy. *Op. cit.*, p. 38.

37 Trad. nossa. Peirce. *Collected Papers... Op. cit.*, p. 135.

38 *Ibid.*, p. 213.

39 *Ibid.*, p. 292.

40 Umberto Eco. Signo. In *Enciclopédia Einandi*. Lisboa: Imprensa Nacional-Casa da Moeda, 1994. Vol. 31, p. 33.

41 Charles Sanders Peirce. *Semiótica*. São Paulo: Perspectiva, 1990, p. 45.

42 *Ibid.*, p. 52.

43 *Ibid.*

44 *Ibid.*

45 Nas cartas a Lady Welb (1908), Charles Sanders Peirce sintetizava esta primeira tricotomia de signos do seguinte modo: "As it is in itself, a sign is either of the nature of

an appearance, when I call it a *qualisign;* or secondly, it is an individual object or event, when I call it a *sinsign* (the syllable *sin* being the first syllable of *semel, sim*ul, singular, etc.); or thirdly, it is of the nature of a general type, when I call it a *legisign*. As we use the term "word" in most cases, saying that "the" is one "word" and "an" is a second "word", a "word" is a legisign. But when we say of a page in a book, that it has 250 "words" upon it, of which twenty are "the's", the "word" is a sinsign. A sinsign so embodying a legisign, I term a "replica" of the legisign. The difference between a legisign and a qualisign, neither of which is an individual thing, is that a legisign has a definite identity, though usually admitting a great variety of appearances. Thus, &, *and,* and the sound are all one word. The qualisign, on the other hand, has no identity. It is the mere quality of an appearance & is not exactly the same throughout a second. Instead of identity, it has *great similarity,* & cannot differ much without being called quite another qualisign. *Id. Selected Writings... Op. cit.*, p. 391.
46 *Id. Semiótica. Op. cit.*, p. 52.
47 *Ibid.*
48 *Ibid.*
49 Nas cartas a Lady Welb (1908), Peirce sintetizava igualmente esta segunda tricotomia de signos do seguinte modo: "In respect to their relations to their dynamic objects, I divide signs into Icons, Indices, and Symbols (a division I gave in 1867). I define an Icon as a sign which is determined by its dynamic object by virtue of its own internal nature. Such is any qualisign, like a vision – or the sentiment excited by a piece of music considered as representing what the composer intended. Such may be a sinsign, like an individual diagram; say, a curve of the distribution of errors. I define an Index as a sign determined by its Dynamic object by virtue of being in a real relation to it. Such is a Proper Name (a legisign); such is the occurrence of a symptom of a disease (the Symptom itself is a legisign, a general type of a definite character. The occurence in a particular case is a sinsign). I define a Symbol as a sign which is determined by its dynamic object only in the sense that it will be so interpreted. It thus depends either upon a convention, a habit, or a natural disposition of its interpretant, or of the field of its interpretant (that of which the interpretant." *Id. Selected Writings... Op. cit.*, p. 391.
50 *Id. Semiótica. Op. cit.*, p. 53.
51 *Ibid.*, p. 53-57.
52 Sobre esta terceira tricotomia de signos, escreveu Charles Sanders Peirce, por volta de 1907, em *The New Elements of Mathematics*: "Já defini um argumento como um signo que separadamente mostra o que é o interpretante que ele determina, enquanto uma proposição é um signo que separadamente indica qual é o seu objecto. Vimos igualmente que apenas o ícone não pode ser uma proposição, enquanto apenas o símbolo pode ser um argumento. Um signo não pode ser um argumento sem ser também uma proposição; para o mostrar basta tentar construir um argumento sem proposições envolvidas. "Túlio, *c'est à dire* um romano" assere evidentemente que Túlio é um romano. É claro porque é assim. O interpretante é um signo que denota aquilo que o signo de que ele é interpretante denota. Mas, sendo um símbolo, ou signo genuíno, ele possui significação, e por isso representa o objecto do signo principal como possuindo os caracteres que ele, o interpretante, significa. Deve notar-se que um argumento é um símbolo que separadamente mostra (qualquer que seja a forma) o interpretante *para que ele tende*. Devido a um símbolo ser essencialmente um signo apenas por ele ser interpretável enquanto tal, a ideia de finalidade não pode

ser dele completamente separável. O símbolo, pela sua própria definição, tende para um interpretante. O seu significado é aquilo para que ele tende. De facto, uma finalidade é precisamente o interpretante de um símbolo. Mas a conclusão de um argumento exibe um interpretante específico, obtido entre os interpretantes possíveis. Por natureza, ele é pois singular, embora não necessariamente simples. Se apagarmos de um argumento a exibição da sua finalidade específica, ele torna-se uma proposição; torna-se usualmente uma proposição copulativa, composta por vários membros cujo modo de conjunção é da espécie expressa por "e", a qual é designada "conjunção copulativa" pelos gramáticos. Se, num símbolo proposicional, apagarmos uma ou mais das partes que separadamente denotam os seus objectos, o restante é o que se chama um rema, mas que tomamos a liberdade de chamar um termo. Assim, se na proposição "todo o homem é mortal" apagarmos "todo o homem" (que sem dúvida denota um objecto, pois se substituído por um símbolo indexai, tal como "este" ou "Sócrates", reconverte o símbolo numa proposição), obtemos o *rema* ou *termo* [...]." *Id. Antologia Filosófica. Op. cit.*, p. 189.

53 *Id. Semiótica. Op. cit.* p. 57.

54 *Ibid.*

55 Peirce compara "Retroduction (Or abduction)", isto é, "the First Stage of Inquiry", com o instinto dos pássaros e refere: "[I]f we knew that the impulse to prefer one hypothesis to another really were analogous to the instincts of birds and wasps, it would be foolish not to give it play, within the bounds of reason [...] But is it a fact that man possesses this magical faculty? Not, I reply, to the extent of guessing right the first time, nor perhaps the second; but that the well-prepared mind has wonderfully soon guessed each secret of nature is historical truth." *Id. Selected Writings... Op. cit.*, p. 369-371.

56 Christopher Hookway. *Peirce.* London; New York: Routeledge, 1992, p. 127.

57 Peirce. *Antologia Filosófica. Op. cit.*, p. 221.

58 *Id. Collected Papers... Op. cit.* Vol. 1, p. 171.

59 Eco. *Signo. Op. cit.* p. 145.

60 Luís Carmelo. *Semiótica: uma introdução.* Mem Martins: Publicações Europa-América, 2003, p. 228-239.

61 Em Charles Sanders Peirce a "acção repetida que responde a um determinado signo torna-se, por sua vez, num novo signo, o representamen de uma lei que interpreta o primeiro signo e dá origem a um novo e infinito processo de interpretação. Neste sentido, Peirce parece bastante próximo do behaviorismo de Morris quando este último liga o reconhecimento do significado de um signo à resposta comportamental que ele produz (ao passo que, para Peirce, esta é apenas *uma* das formas da interpretação): se oiço um som numa língua desconhecida e observo que, sempre que um falante o emite, o seu interlocutor reage com uma expressão de ira, posso legitimamente inferir da resposta comportamental, que o som tem um significado 'desagradável' e, assim, o comportamento do interlocutor torna-se um interpretante do significado da palavra. / Segundo esta perspectiva, pode dizer-se que o círculo da semiose se fecha constantemente e nunca se fecha. O sistema dos sistemas semióticos, que poderia parecer um universo cultural idealisticamente separado da realidade, leva, com efeito, a agir sobre o mundo e a modificá-lo; mas, cada acção modificadora se converte, por seu turno, em signo, e dá origem a um novo processo semiósico." Umberto Eco. *Leitura do Texto Literário.* Lisboa: Presença, 1983, p. 49.

BLOCO 7
SENTIDO.
A FRAGMENTAÇÃO DAS GRANDES NARRATIVAS. VERDADE *VS* SENTIDO E A CRISE DA CRENÇA.

INTRODUÇÃO

O tema do Bloco 7 é a crise do sentido. A abordagem centrar-se-á sobretudo na segunda metade do século XX, dando especial atenção ao significado do movimento intitulado como "pós-moderno" e à consciência que ele representou. Num segundo momento, colocaremos em evidência as teorias da linguagem que substituíram a verdade (como critério central para significar o mundo) pela pluralidade de sentidos. Em ambos os campos, ainda que com actores, tempos e mediações diversas, destaca-se uma tendência comum que poderia ser resumida pela negação pró-activa dos "grandes códigos".

A abertura à diversidade de regras e sentidos e, de modo ampliado, a ausência de referências duradouras têm-se traduzido, no mundo ocidental, por um modelo de vida em que, por vezes, se perde o norte. Uma parte substancial da nossa vida social, política e mediática reflecte, de facto, esta carência de valores, assim como uma profunda crise ao nível do 'dever ser'. Este aspecto permite-nos, num terceiro momento deste Bloco 7, desenvolver a noção clássica de *segno* e, a partir dela, equacionar e projectar o défice ético em que vivemos.

No final deste Bloco, numa parte que é sempre dedicada às práticas discursivas, daremos conta de uma corrente filosófica e semiótica que ilustrou, como nenhuma outra, a própria noção de crise do sentido. Trata-se da desconstrução, advogada por Jacques Derrida desde o início dos anos sessenta do século XX até ao início do século XXI. A abordagem tentará evidenciar os elementos que são culturalmente reportáveis e relevantes. No final, através de um exemplo literário (um conto de Cardoso Pires), tentar-se-á demonstrar que a desconstrução, mais do que uma teoria (de aparência, aliás, delirante), é uma forma genuína de expressão humana.

1. A SIGNIFICAÇÃO "PÓS"

1.1 "Reescrever o moderno" em vez de inscrever o "pós-moderno"

Nove anos depois da publicação de *A Condição Pós-Moderna* (1979)[1], Jean-François Lyotard adoptou, em *O Inumano* (1988)[2], a modalidade "reescrever a modernidade" em prejuízo da modalidade "pós-moderno", de que, aliás, se mostraria particularmente crítico. Nesse ensaio, o autor viu duas vantagens na "rescrita" em alternativa à consideração "pós": uma ligada à impossibilidade de imobilizar o tempo e a outra ligada ao facto de não existirem narrativas plenamente relatadas. A primeira vantagem sublinhava realmente

> a futilidade de qualquer periodização da história cultural em termos de "pré" e de "pós", e de "antes" e de "depois", pelo simples facto de não resolver a posição do agora, do presente a partir do qual é suposto adoptar uma perspectiva legítima sobre um decurso cronológico.[3]

Já a segunda das vantagens, baseada no conceito de Sigmund Freud "perlaboração" (*durcharbeitung*), colocava em evidência o facto de uma narrativa nunca se poder traduzir na plenitude, na medida em que existe sempre algo 'não dito' (ou "escondido") num acontecimento, fazendo isso parte da sua própria constituição. A perlaboração diz-nos que tudo está sempre a ser contado e que não existe uma única narrativa integralmente relatada no mundo. É natural que a tentação de desenterrar um dos aspectos dessa narrativa para lhe tentar descortinar a essência e a possível completude faça parte dos desígnios humanos. Lyotard dá o exemplo de Karl Marx e de Frederich Nietzsche, o primeiro, ao ter detectado "o funcionamento escondido do capitalismo", aspecto que desenlaçaria todos os demais sentidos da história; o segundo, ao ter considerado que "não existe nada 'de acordo com', por, de facto, não existir nenhum princípio primeiro e original" (um *grund* ou referência) a partir do qual a narrativa pudesse ser pensada (caso da 'criação do mundo' e do *'eschatón'* para as religiões axiais, do 'bem' para Platão ou do 'princípio da razão suficiente' para Leibniz).[4] A modernidade seria, portanto, nesta acepção, um espaço de ilimitadas redescobertas e não o resultado de um único desencantamento. A atitude de "reescrever" aquilo que é um período que se impõe historicamente pelas suas características próprias, caso da modernidade, torna-se, em Jean-François Lyotard, subitamente, numa clara alternativa ao conceito "pós". E o autor vai mesmo mais longe, ao afirmar que "o pós-moderno está já compreendido no moderno pelo facto de a modernidade [...] comportar em si o impulso para se exceder num estado que não é o seu". A este dado, acrescenta o autor aquela que seria a oposição mais óbvia à modernidade:

> [O] que realmente se oporia à modernidade seria a idade clássica. Esta comporta com efeito um estado do tempo, digamos: um estatuto de temporalidade onde o "advir" e o "partir", o futuro e o passado são tratados como se, em conjunto, englobassem a totalidade da vida numa mesma unidade de sentido.[5]

Embora desfeito, nesta obra de Lyotard, o pacto algo esquemático – 'moderno *vs* pós-moderno' –, a verdade é que a sua postulação é, também ela, uma *longa* história que estará sempre longe de ser integralmente contada. A comprová-lo, está a reacção fortíssima que o movimento pós-moderno – uma mescla verdadeiramente inorgânica e sem conformidades no seu seio – gerou. Quer positiva, quer negativamente. Esse é, porventura, o elemento vital do pós-moderno e que obriga a questionar: porque implicou o pós-moderno uma cadeia de reinterpretações tão entusiasta e polémica? Há factores de identificação cultural que explicarão a intensidade e a adesão aos modos com que a modernidade está – e esteve – sempre prestes a ser reiniciada. A cada reinício correspondeu sempre uma vaga de empatia muito específica. Porventura é este o modo de a cultura se fazer e de, cumulativamente, se ir construindo no mundo moderno.

Aconteceu, no alvor da modernidade, ao mundo romântico e tendencialmente utópico que, como vimos nos Blocos 3 a 5, se imaginou a reiniciar o mundo de raiz. Aconteceu, a partir de meados de oitocentos, aos programadores ideológicos (e aos reversos distópicos que os acompanharam), que imaginaram ter descoberto a chave da história (como acontecera antes com todas os programas escatológicos). Depois da Segunda Guerra Mundial, o processo acelera-se e o peso dos grandes códigos é dissuadido, apesar da lógica binária da guerra-fria. Esta aceleração conduz a reinícios que passam a ser percepcionados de modo geracional. Os chamados "*baby boomers*", nascidos no final da guerra, fazem o Maio de 68, que foi uma sublevação moral e ética ainda muito filtrada por clivagens políticas de natureza ideológica. A geração seguinte identificou-se, já nos anos oitenta, com o "pós-moderno", uma sublevação pacífica que implicou a consciência de um recomeço radical do mundo, porque se imaginou não apenas para além das ideologias, mas sobretudo para além do agenciamento milenar de todos os grandes códigos (tudo acabara e tudo ia de novo recomeçar). Por fim – por agora! –, assinale-se a geração do novo século XXI que se reinventou na rede, essa afirmação intensa (e por vezes estésica) de um estado de conexão e de proximidade não hierarquizado, capaz de transformar o passado e o futuro num espesso presente. Mais um reatar da humanidade, mais um recomeço, mais um plano a somar a todos os outros.

A memória moderna é, como se vê, curta, fragmentária e cindida em cada reatar do tempo com que se respira o fulgor de ser. Eis uma característica de fundo da cultura do Ocidente (que cada vez é menos apenas do Ocidente, pois os vários mundos que habitam o nosso mundo tendem a desfazer fronteiras estritas e tradicionais).

1.2 Do pós-moderno: como tudo começou

A distanciação face a um futuro perfectível é uma tendência que, tal como vimos no Bloco 6, se percebe no modo como as distopias se adensam até 1939 e, depois de 1945, pelo modo como os vários reatares geracionais (Maio de 68, pós-moderno e rede) se centraram, de formas muito diversas, na concertação do vivido no presente. Este tipo de memória fraccionada levou Luc Ferry, um dos filósofos da chamada *"Pensée 90"*, a postular: "A questão a que respondiam os gregos (e originalmente) algumas grandes religiões era a seguinte: o que é uma vida boa? O que é uma vida bem conseguida (*réussie*)?"[6] Porventura é esta a procura que, nas últimas décadas, mais se identifica com o modo como significamos a cultura. Por um lado, recuperando a individuação – lembremo-nos de que a ideia de sujeito é seminal na caminhada moderna; por outro, dando ênfase a uma noção de felicidade imediata, mesmo que conseguida através de mediações tecnológicas onde hipnoticamente nos revemos (como se consubstanciassem formas de redenção).

Durante a primeira modernidade, a consciência de que a ideia mobilizadora de progresso significava necessariamente uma autoflagelação do presente foi bastante partilhada. Da generalidade dos românticos ao *spleen*[7] de Charles Baudelaire (1821-1867), de Alexis C. de Tocqueville (1805-1859) a Frederich Nietzsche (1844-1900), de Manuel De Unamuno (1864-1936) a George Orwell (Eric Arthur Blair – 1903-1950), uma vasta linha de expressão artística e de pensamento empreendeu uma crítica permanente aos principais fundamentos da modernidade. O que significa que o pós-moderno e/ou (se se preferir) a reescrita da modernidade sempre existiram, muito antes do aparecimento de *A Condição Pós-Moderna* (1979) e, sobretudo, da discussão em torno do "fim da modernidade" (título do conhecido livro de 1985 de Gianni Vattimo[8]).

Passemos então aos factos: tal como na literatura apocalíptica as personagens faziam viagens aéreas para visitar os vários céus do mundo divino, retirando daí um modelo que comunicavam ao *ici-bas* humano, também Jean-François Lyotard, na sua obra *A Condição Pós-Moderna*, recorreu a uma instância segunda tendo em vista adequá-la aos vínculos de uma sociedade que se assumia como pós-moderna. A instância definida pelo autor correspondeu à ciência e aos seus discursos. De facto, ao contrário da lógica dominante na modernidade – baseada em códigos que o autor caracterizou como "grandes narrativas" (na linha de "grande código", proposta em 1982 por Northrop Frye[9] –, a ciência teve o privilégio de se tornar, a pouco e pouco, num sistema aberto "em que a pertinência do enunciado é que dá origem a ideias, ou seja, a outros enunciados e a outras regras de jogo".[10] Isto significa que, no caso da ciência, não existe qualquer "metalíngua geral na qual todas as outras possam ser transcritas e avaliadas".[11]

Nesta perspectiva, a ciência é encarada pelo autor como um campo especificamente criador dos seus próprios códigos que não são nunca generalistas, mas sempre locais; que não são nunca definitivos, mas sempre provisórios. É este "antimodelo" da "pragmática científica", baseado na "sistemática aberta", e tendo como princípio a diferença e não o consenso ou a norma (opondo-se, portanto, a quaisquer códigos totalizantes), que Lyotard acaba por descrever através da noção de "paralogia".[12]

Tentando adaptar a paralogia à dimensão social, o autor clarificou: "Embora a pragmática social não tenha a simplicidade das ciências", a verdade é que o modelo destas pode corresponder à evolução das "interacções sociais" da pós-modernidade, "onde o contacto temporário suplanta de facto a instituição permanente em matérias profissionais, afectivas, sexuais, culturais, familiares, internacionais, assim como nos assuntos políticos".[13]

Tal como Gianno Vattimo, em *A Sociedade Transparente* (1989)[14], também Jean-François Lyotard associou estes pontos de vista à explosão das novas dimensões comunicacionais – que atravessavam já a década de oitenta –, ao relacionar as ciências cognitivas, as linguagens e a informação com a crescente "incidência das transformações tecnológicas sobre o saber". As novas dimensões comunicacionais, designadas por Vattimo através do termo "telemática", eram as primeiras responsáveis, segundo o autor, pela dissolução dos "pontos de vista centrais" que haviam sempre caracterizado a estrutura de todos os "grandes códigos".[15]

Estaríamos, deste modo, a superar não apenas a modernidade, mas também a própria história, entendida como um esteio unitário e submetido a um devir linear. Para além do impacto da telemática e da célere desmontagem da história, Gianni Vattimo teorizou ainda a disseminação de centros (tal como Lyotard que opôs central e local), a noção de rede propagadora de acontecimentos e a sua imprevisibilidade em quadros sistémicos. Esta ideia de não programação global, associada à organização descentrada de múltiplas ocorrências em rede, acabaria por se sobrepor à lógica das predeterminações colocando a humanidade num novo patamar (de onde, descansada e descomprometidamente podia olhar, da sua torre de marfim, para o passado[16]).

1.3 As muitas conotações do pós-moderno

Em meados da década de noventa do século XX, Floyd Merrell, no início da sua obra *Semiosis in the Postmodern Age* (1995), decidiu levar a cabo uma espécie de balanço do uso da forma substantiva "pós-moderno". A conclusão fala por si, pois permite encontrar quinze direcções semânticas diferenciadas. Na pesquisa do autor, o pós-moderno foi caracterizado de maneiras realmente muito diversas, visando:

a) questionar sistemas totalizantes e hierarquizados;

b) interrogar formas de pensamento estruturalmente fechados;

c) questionar o eclipse do sujeito;

d) relativizar ou aceitar visões que resultem da fusão ou intersecção entre ciência e arte;

e) significar um universo consumista, enquanto extensão última do capitalismo;

f) caracterizar uma dada modalidade de mercado;

g) reatar o inacabado projecto do iluminismo;

h) assinalar um corte com práticas próprias da modernidade (ou do modernismo, enquanto corrente artística e literária);

i) suspender o discurso logocêntrico da história em benefício do pluralismo, da descontinuidade e da indeterminação;

j) significar a presença simultânea de vários modelos em arquitectura;

k) implicar processos de paródia como os defendidos por Linda Hutcheon;

l) atentar às narrativas locais em prejuízo das narrativas monolíticas (alínea onde se insere Jean-François Lyotard);

m) situar novos modelos culturais (comunidades de interlocutores);

n) identificar a noção de hiper-realidade e as fronteiras voláveis entre ficção e realidade;

o) esvaziar, ou seja, acabar por reflectir o próprio declínio da civilização ocidental.[17]

Este breve inventário comprova a explosão que o pós-moderno originou e que estava ao rubro na última década do século XX. Anthony Giddens tentou situar, em 1990, esta revolução, relacionando-a com a "desorientação" então vivida e que decorreria

> da sensação que muitos de nós experimentamos depois de termos sido apanhados num universo de acontecimentos que não compreendemos inteiramente e que parece, em grande medida, escapar ao nosso controlo. Para analisar como se chegou a esta situação não é suficiente a mera invenção de novos termos, tais como pós-modernidade.[18]

Seja como for, "para além da modernidade, podemos divisar os contornos de uma ordem nova e diferente que é 'pós--moderna'; mas isto é muito distinto daquilo que muitos chamam actualmente 'pós-modernidade'".[19]

Mais do que continuar a problematizar as conotações oferecidas pela proliferação do pós-moderno, o autor preferiu, nesta sua intervenção, sublinhar uma série de "descontinuidades" de conteúdo que se operaram na ordem da modernidade[20], nomeadamente a "rapidez da mudança", as redes de "interligação global" e as próprias errâncias verificadas no "campo das instituições" clássicas. É nesta ordem de ideias, também, que Giddens preferiu adoptar a forma adjectiva "pós-moderna", imputável apenas a ocorrências particulares, e não a formas substantivas abstractas, casos de "pós-modernidade" ou de "pós-modernismo".

1.4 Peter Sloterdijk: o fim da substancialidade

Para Sloterdijk, o prefixo "pós" reflecte uma inflexão, ou seja, uma passagem abrupta de um tempo que visava um clímax, um cume ou um ponto-ómega, para um outro tempo de puro processo e, por isso, aberto a múltiplas vias. Em virtude desta cisão com um clímax augurado e, portanto, com o sentido teleológico da história, a falta de compromisso instalou-se no coração do presente. A codificação do tempo deixou de ser linear e passou a ser multipolar. Segundo o autor, não existem ecos substanciais, mas tão-só processuais, na designação "pós-modernidade":

> A carreira do prefixo 'pós' indica que, embora nos aconteçam coisas horripilantes, já não temos à nossa disposição uma 'imagem da história' que permita ao presente datar-se. Desde que se está generalizando a impressão de que a história não tem horário, nós avançamos às apalpadelas através de uma terra de ninguém processual.[21]

Por outro lado, o debate em torno do pós-moderno sinalizou um ambiente e um mundo onde as previsibilidades e as metas saíram de cena, tornando o acto de narrar particularmente difícil:

> Tornou-se tão complicado narrar as realidades desencadeadas como predizê-las, para nem sequer falar da sua inserção num esquema de filosofia da história. Também nenhuma designação precisa parece ser adequada para intitular a época presente, até já nem se consegue distinguir nitidamente entre épocas e modas. Pode-se ter a impressão de que o estado de agregação do próprio real se altera e se volatiliza ao ponto de deixar de ser representável.[22]

Neste contexto, o autor encara a designação "pós" como um mero índice ou indicador:

> É por isso que a expressão "pós-modernidade" não pode ser, para já, nenhum conceito de época com aspirações à substancialidade em termos de filosofia da história, mas tão-só um indicador para que se incremente a reflexão. Todavia, o que neste caso aumenta com a reflexão, é apenas o efeito desenganador da contemplação.[23]

A questão de fundo, para Peter Sloterdijk, centra-se no facto de o pós-moderno se reduzir a uma constatação e não a uma reflexão:

> O pensamento reflexivo pós-moderno não leva a cumes, do alto dos quais uma consciência adquirida a muito custo possa olhar, de modo sintético e saciado, lá para baixo para o seu tempo. Amplas vistas, cortes transversais, panoramas... quem não gostaria de os ter? E, com eles, o enlevo proporcionado por uma vasta concatenação, a experiência dos cumes, que concebe intelectualmente a sua época?[24]

Ao fim e ao cabo, para o autor, o pós-moderno encarna a ironia de um acto de contestação ou de protesto, ainda que sem veia protestativa, nem reflexiva:

> [...] hoje, quando o próprio pensamento se cinge ao assunto, não se sente assim tão nos cumes, permanece inteiramente pós-intelectual e pós-culminativo, contesta as velhas fantasias ascensionais segundo as quais os processos ocorridos na realidade social e lógica se haveriam de caracterizar por meio de metáforas progressivo-alpinas. Processo e progresso fazem apenas um com o outro uma rima enganadora, à qual, em termos pós-modernos, já não se atribui grande importância.[25]

1.5 Manifestos em torno do pós-moderno

A tendência moderna dos manifestos, formas sumárias de apresentação de correntes ou de valores, revelou-se bastante importante sobretudo na primeira metade do século XX. Os modernismos, o surrealismo e os futurismos reviram-se intimamente nesse modo de transformar a pulsão em verbo. Os manifestos inscreviam um tempo, enunciavam cortes de vanguarda no presente, vincavam a história e, ao fazê-lo, simulavam um reinício, dando assim sentido ao eco ascendente e fáustico da própria modernidade. Muito curiosamente, ainda que com menor ostensividade, a emergência do pós-moderno também foi propensa a manifestos que sinalizaram, sobretudo – mas não só – no campo da arte, a chegada do 'novo tempo'.

Não deixa de ser interessante que, um ano antes da famosa exposição *Les Imateriaux* (que celebrou em Paris, com a intervenção directa de Jean-François Lyotard, a voga do tempo "pós"[26]), tenha tido lugar, em Lisboa, entre 7 e 30 de Janeiro de 1983, uma manifestação multidisciplinar intitulada "Depois do Modernismo". Relendo e revendo hoje o vasto catálogo, torna-se óbvia a identificação com o advento de uma nova época. Michel Alves Pereira, no seu texto "Uma Exposição de Arquitectura", referia a certa altura:

> É perfeitamente claro que já não vivemos no tempo das grandes esperanças nesta época de crise estabilizada, que as posições culturais mais recentes bem reflectem. É também claro que a sensação de ter acabado uma época domina muitos ambientes contemporâneos. Ainda também é claro que a necessidade de repensar, reflectir e até reciclar transparece nas diversas tentativas de perspectivar as acções presentes.[27]

Depois de uma breve "Apresentação" e de um "A propósito..." (contendo os objectivos da realização), o texto "Depois do Modernismo, ainda", assinado pelo Coordenador (Luís Serpa) e pela Comissão Executiva, abre o catálogo em jeito de manifesto. O texto é incisivo quanto ao enquadramento histórico e refere, de modo explícito, a "falência" do Modernismo e o fim das "utopias positivas" e das chamadas "dicotomias felizes" – a única expressão que surge, no original, em negrito, destacando-se no espaço –, abrindo ainda o debate em torno do lugar da individualidade e do papel do artista face à errância da cultura (que é designada através da expressão – "decadência entrópica da civilização"):

> A falência do verbo modernista declarou-se nos finais dos anos cinquenta, aprofundou-se nos dez anos seguintes e chegou virtualmente ao fim durante a segunda metade de setenta.
> Em todo o decénio de sessenta houve ainda lugar para utopias positivas, mais ou menos espontâneas, politicamente justificadas pelos múltiplos aspectos da bancarrota dos sistemas políticos tradicionais; estivesse o seu horizonte de esperança e doutrina em Berkeley, em Paris, Berlim ou Milão, na América

de "Che", na China de Mao ou no Black Power afro-americano; fosse o seu arquétipo a mágica ideia de vanguarda associada ao princípio de uma revolução cultural. Até ao fracasso sucessivo das revoluções enquadradas pela "Détente" ainda foi verosímil uma atitude programática e alternativa, uma pragmática e, até, um estilo. Depois, é como se as antinomias geradas no campo da cultura pelo maniqueísmo Leste-Oeste houvessem esgotado todas as suas virtualidades críticas. A partir dos anos setenta evidencia-se de modo crescentemente claro o fim das "dicotomias felizes" na maioria dos sistemas interpretativos – quer na economia ou na política.

O objectivo característico de um certo materialismo sem norte e sem qualquer espécie de dialéctica cede agora lugar a uma tendência radicalmente subjectiva, mesmo quando este regresso ao "eu" individualmente assumido, lá, onde a sua forma é visível, repete presságios etno-cataclísmicos afinal bem próximos e conhecidos. Uma vez mais, quando é notória a ameaça global feita ao indivíduo, nos múltiplos sujeitos que potencialmente contém, pela decadência entrópica da civilização, o artista assinala, como pode, a precariedade de um homem-máquina que o futurismo exaltou alegremente mas sob o qual subsiste uma infância com direito à vida – mais e mais precocemente adiada.[28]

António Cerveira Pinto, num dos textos mais programáticos de *Depois do Modernismo*, sintomaticamente intitulado "Rescritos para uma exposição", refere-se ao fim da história, antecipando-se em quase uma década a Francis Fukuyama:

> O materialismo histórico foi uma séria e consequente tentativa de superação do vazio deixado pelas mortes de Deus e do Pai. Mas este determinismo dialéctico não escapou ainda a alguns paradoxos, e em particular, a prática dele resultante, por se ter revelado o pior argumento a seu favor, obriga a formular a hipótese do fim da História (enquanto argumento de autoridade), prolongando-se deste modo o drama edipiano.[29]

O autor, para além de aludir ao esgotamento das vanguardas,[30] tentou também caracterizar o âmbito – pelo menos "dizível" – do pós-moderno, salientando questões ambientais, escatológicas e ainda relativas à subjectividade:

> Boa parte do indizível pós-moderno surge no horizonte e é, em todo o caso, nominável: dimensão finita do nosso espaço escatológico; necessidade consequente de limitar a actividade predatória das colectividades e do indivíduo;

consciência da capacidade de real auto-extinção da espécie humana; necessidade de uma revolução radical e do estatuto da individualidade (fim do 'homo œconomicus').³¹

De salientar ainda o modo como a ideia de crença apareceu explicitada no texto "Boomerang" de Leonel Moura. Trata-se, porventura, de um dos resumos mais económicos e eficazes do espírito de *Depois do Modernismo*:

> [...] penso que os nossos esforços actuais não passam do domínio das incapacidades conjunturais em nos situarmos fora de contextos mentais fechados e por nós mesmos criados. Traduzindo: continuo a acreditar no que já não posso acreditar
> Esta é para mim a verdadeira condição pós-moderna.³²

Esta posição reflecte, de forma cristalina, um distanciamento evidente face aos grandes códigos e aos horizontes fixos de sentido e, por outro lado, não se exime a assinalar a necessidade de se estruturar de forma aberta e descentrada, dissociada, portanto, dos "contextos mentais fechados". A relação entre a crítica, a criação e os factores criadores de sentido (ou de "confiança") é revista como algo fluido, isto é, como uma espécie de vaivém hermenêutico liberto do peso das etiquetas rígidas. O pintor Álvaro Lapa, no seu texto "Virtualidades", traduziu com convicção poética esta viragem:

> O elemento crítico é dissolvente e construtivo; dissolve a confiança aparente e constrói a confiança profunda. A confiança aparente produz a moda e da confiança profunda provém o próprio princípio da crítica. Esta consiste em declarar a lei contra a ordem.³³

1.6 Verdade *vs* sentido

No início do século XX, as teorias da linguagem valorizavam o conceito de verdade. Para essas teorias, significar correspondia a descodificar as condições de verdade (verificando o que ocorria sempre que o verdadeiro ou o falso se manifestavam) e, também, a associar o conteúdo que se transmitia a uma dada referência (como se a ideia de automóvel tivesse que se referir apenas e só a um determinado automóvel). Era esta a tradição ligada a autores como Gottlob Frege (1848-1925) ou Ludwig Wittgenstein (1889-1951), autor de um *Tratado Lógico e Filosófico* (que deu a conhecer a Bertrand Russel em 1920, sendo editado no ano seguinte). Porém, foi este mesmo autor que, entre 1933 e 1949, na lenta redacção de *Investigações Filosóficas*, acabaria por alterar esta visão que identificava a significação com a verdade (como se, para perceber uma laranja atirada ao ar, fosse necessário equacionar a verdade ou não do acto). As novas teorias presentes em *Investigações Filosóficas* ficariam também conhecidas pelas teses do "segundo Wittgenstein".

Nesta obra de 1949, o autor defendia que a análise da significação baseada apenas nas condições de verdade se esgotara. Esta conclusão filosófica é de extrema importância, pois situa-se a meio do século XX, antecipando um mundo em que o sentido passaria a depender mais da volubilidade e da abertura do que da prescrição de verdades ou da interpretação de grandes códigos restritivos.

Partindo do princípio que a compreensão e a interpretação dependem unicamente da acção de sujeitos sociais, Ludwig Wittgenstein passa a defender que é no quadro do uso da própria linguagem que a significação (a diferença entre 'ter' ou 'não ter' sentido) se produz. Esta dependência das nossas interpretações ao acto presente (comunicar é viver) e não a algo que o preceda é a base, aliás muito pragmática, da nova teoria. A significação passa assim a ficar directamente ligada ao próprio uso da linguagem e a todo o envolvimento que tal pressupõe. Este chamado "*linguistic turn*" põe em acção os jogos do 'dito' e do 'não dito' (o que está presente e o que não está presente na mensagem), o eu e o outro (como presenças fulcrais do uso de linguagens), o contexto (a situação, as circunstâncias) e, naturalmente, todas as estratégias que visam enquadrar, de modo complementar e aberto, os campos pragmático, semântico e sintáctico.

No início das *Investigações Filosóficas*, Wittgenstein escreve: "[C]ada palavra tem uma denotação." Mas depois pergunta. "Mas qual é a denotação da palavra 'cinco'?" E o próprio responde: "Aqui não se falou disso, mas apenas de como a palavra 'cinco' é usada." De seguida, o autor precisa um conceito importantíssimo da nova fase: "[chamarei] ao todo formado pela linguagem com as actividades com as quais ela está entrelaçada o 'jogo da linguagem'".[34] "Uso/Usar" ou "Entrelaçar", eis os termos com que Ludwig Wittgenstein descreve a nova ligação entre agir e dizer, entre fazer e enunciar, entre o hábito e a situação, por um lado, e o processo autónomo em que a linguagem se inscreve, por outro.

Este sincretismo aparece bem explicitado já na parte final das *Investigações Filosóficas*:

> Intencionar não é um processo que acompanhe a palavra. Porque nenhum *processo* podia ter as consequências que intencionar tem. (Julgo que, analogamente, se poderia dizer um cálculo não é uma experiência, porque nenhuma experiência podia ter as consequências especiais que uma multiplicação tem.)[35]

De um lado a intenção e o 'querer dizer', isto é, a expressão do agir humano; do outro, a autonomia da palavra, da linguagem que, adequadamente, se abre ao "jogo". Uma nova ideia, quer quanto à autonomia da linguagem, quer quando à sobreposição da pluralidade do sentido face à verdade, estava criada.

O *"linguistic turn"* aberto pelo segundo Ludwig Wittgenstein veio criar condições para novas propostas no campo pragmático da comunicação. John Austin (1911-1960) acrescentaria ao nível da locução (o acontecimento comunicativo que se traduz por algo que se diz e pelo modo como tal é levado a cabo), o nível da ilocução (o compromisso que esse acontecimento consubstancia) e o nível da perlocução (os efeitos produzidos pelo acto de dizer sobre o alocutário e sobre o próprio locutor).[36] Este desdobrar, designado por *"semiotic turn"*, coloca em evidência os labirintos por que passa o sentido, no dia-a-dia da nossa comunicação, transpondo-se de etapa em etapa em escassos segundos. A verdade, como condição de significação, estava cada vez mais condenada a entidade transitória e efémera. A modernidade sempre partira de condições estritas de verdade e estes desenvolvimentos na área das ciências da linguagem (Semiótica, Filosofia, Lógica) estavam agora a alterar profundamente esse estado de coisas (apenas no discurso científico, como Jean-François Lyotard sublinhou em *A Condição Pós-Moderna*, se fazia excepção a esta regra).

Mais tarde, já nos anos setenta, Paul Grice (1913-1988) defenderia que o sentido não depende sempre do contexto. Para o autor, o implícito, ou o 'não dito', deviam ser vistos como a chave desse processo, passando a intenção do locutor a adquirir toda a importância.[37] Ainda na mesma década, John Searle (1932) tentou actualizar a proposta de John Austin, em conformidade com a proposta original. A divisão agora postulada remetia para enunciados de tipo representativo (pretensão de verdade do locutor), directivo (o locutor gera um agir no alocutário), comissivo (dependência do locutor face ao afirmado), expressivo (natureza psicológica do afirmado) e declarativo (transformações geradas na comunicação).[38] Para os novos pragmáticos, caso de Richard Rorty (1931-2007), a verdade também "não decorre de nenhuma revelação de sentidos emanada pela intersubjectividade e seria antes a disposição do real, tal como a praticamos em função dos nossos interesses variáveis", que satisfaria "esses interesses socialmente constituídos e articulados em jogos de linguagem específicos".[39]

2. O *SEGNO*

2.1 Uma sociedade sem bússola

O século XX conheceu um processo lento de viragem em que as prescrições fortes, de natureza ideológica, entre outras, foram cedendo lugar a codificações mais complexas e naturalmente mais abertas e fluidas. O movimento "pós" correspondeu ao momento em que a percepção desta mudança foi mais intensa, embora ela se fizesse sentir de forma muito activa em diversas frentes e em épocas díspares da modernidade. A abertura à pluralidade dos sentidos e, de modo amplificado, a ausência de valores e de referências no mundo ocidental, constituiu – e constitui – ainda, de facto, um novo modelo de vida (e um novo modo, como vimos, de entender a verdade) em que, por vezes, se perde o norte. Uma parte substancial da nossa vida social, política e mediática reflecte um considerável estado de errância ética, o que se traduz por uma crise ao nível do 'dever ser' (como se a afirmação dos actores sociais carecesse, em cada instante, da regra mais apropriada).

Esta carência de bússola é um dado do nosso tempo, mas tem atrás de si uma longa história que vale a pena desenvolver, para que se possam avaliar as consequências da fragmentação das grandes narrativas. A consciência de que se entrou – ou de que se está a entrar – numa nova época acarreta, portanto, os seus versos e reversos. Passamos, pois, a apresentar um conceito muito singular – o *segno* (aquilo que escapa à "ordem natural das coisas"[40]) – que nos permitirá reenquadrar o que significa viver numa sociedade apeada, em grande parte, de valores fortes e referenciais com grande visibilidade.

2.2 Os impactos do não reconhecimento do segno

Nas várias culturas que se organizaram sob o pano de fundo da civilização do "Livro" (o mundo judaico, cristão e islâmico), a chamada civilização escatológica, foi sendo instituída uma espécie de ordem dicotómica que tendia claramente a separar a normalidade das coisas daquilo que, devido às mais variadas razões, se evadia dessa normalidade. Aliás, a palavra *segno*, em finais do *quattrocento* e no século seguinte, traduzia precisamente a ideia do conjunto de alterações que se processava, escapando-se ao "curso natural das coisas". Isto quer dizer que o diabo, as metamorfoses inexplicáveis, as excrescências evidenciadas pela natureza, os monstros que habitariam a periferia do planeta, os eventos imprevistos, os animais fabulosos que respiravam nos relatos de Preste João ou do imaginário trágico-marítimo integravam, cada um a seu modo, esse desmedido mundo do *segno*.

No entanto, para que o *segno* pudesse existir e tornar-se reconhecível, independentemente da significação que lhe fosse atribuída, era necessária a existência de uma ordem muito bem ancorada que, por contraste, separasse o seu mundo do mundo definido como normal. Sem esse contraste, as bruxarias, os textos proféticos considerados anómalos, as apostasias, as arquitecturas desproporcionadas, as heresias e outros *horrores* jamais teriam sido perseguidos.

Curiosamente, o mundo utópico e o mundo ideológico, que desaguaram um e outro, com idades e naturezas diversas, no século XIX, acabaram por trazer consigo, no Ocidente cristão, a antiga marca das civilizações axiais e escatológicas. Só que, em vez de paraíso, convocaram a ideia de um igualitarismo terreno, do mesmo modo que a natureza racional do dogma substituiu o "Livro" divino, e a luta "por um mundo melhor" passou a encarnar os exigentes preceitos da antiga fé.

Nesta novíssima geometria, o *segno* passou a adquirir novas formas, até porque a modernidade sempre avançou em cascata (e em reinícios sucessivos), mobilizando, a partir do fim do século XVIII, diversas autonomias, nomeadamente de natureza jurídica, científica, estética, mediática, ética, constitucional, social, clínica, etc. Mas em todas estas naturezas, em todos estes palcos subitamente *libertos* (ou deliberadamente ausentes) de uma tutela divina, a racionalidade moderna teve sempre tendência a instituir contrastes férreos entre a normalidade e a 'não normalidade'. Pode mesmo dizer-se que o *segno* acabou por persistir sendo o que sempre havia sido, mas agora luzindo de um modo lógico e tornando-se, por isso mesmo, arma de arremesso e móbil para a iniciativa.

Em cada uma das áreas de sociabilidade moderna, os contrários passam a digladiar-se ferozmente, definindo mutuamente o campo do *segno* (nos sistemas políticos, nas modalidades jurídicas, na sucessão vertiginosa de vanguardas artísticas, no debate científico, etc.). Esta sistemática e violenta norma de oposições trouxe o *segno* para dentro da vida social e deixou, portanto, de o imaginar como um sinal divino vindo de alhures e cujas finalidades últimas escapariam à compreensão humana (era esta a explicação de Santo Agostinho para a existência de monstros). Contudo, quer no mundo cristão pré-moderno, quer no mundo cristão moderno, verifica-se, ainda que com uma topografia claramente diversa, uma necessária separação entre *segno* e não-*segno*. Essa barreira une ambos os mundos, o pré-moderno e o moderno, facto que acaba por ter como importantíssima consequência a não banalização do que vai escapando à ordem "natural" ou "normal" ou ainda "previsível" das coisas (o chamado *segno*).

Ora o que muda abruptamente no Ocidente no final do século XX e no início do século XXI é precisamente este aspecto. E essa mudança acaba por ter uma força histórica tremenda e, por isso mesmo, bastante silenciosa ainda nos nossos dias. Esta grande mudança ficou a dever-se a dois factos fundamentais: por um lado, à diluição e perda de eficácia das grandes referências pesadas e doutrinais de carácter ideológico e similares (o fenómeno atravessa diversificadas esferas e não se circunscreve ao esborrar da guerra-fria) e, por outro, à entrada em cena de uma globalização tecnológica associada a um novo tipo de espaço público aberto.

Os vários compostos de uma era que fora prenunciada como "pós-moderna" e policentrada criam rápida e progressivamente, em todo o Ocidente, o apagamento da antiquíssima barreira que sempre havia separado *segno* e 'não *segno*'. E, de um momento para o outro, em muito poucos anos, a verdade é que a relativização quase absoluta tendeu a incluir, na horizontalidade social pós-moderna, quer o que precedia do *segno* quer o que precederia do 'não *segno*'. Mais: a separação entre um e o outro deixou mesmo de ser uma questão, um problema ou uma preocupação, da mesma maneira que a superação da divisão clássica entre real e ficcional apareceu anunciada sob o desígnio da hiper-realidade.

A consequência mais importante desta grande mudança ainda em curso – o tempo de transição é quase nulo e a sua percepção é abismada – consiste na banalização daquilo que, secularmente, no Ocidente, sempre foi encarnado sob o manto do "mal", ou, numa perspectiva menos simplista, do "*segno*". O 11 de Setembro de 2001 reabriu temporariamente a discussão sobre o *segno*, tendo depois sido quase diluída pelas atribulações geopolíticas que o sucederam. De qualquer modo, é o apagamento das barreiras que sempre separaram *segno* e 'não *segno*' que definem a relativização imparável em que vivemos. Num mundo mediático em que o real e o ficcional se sobrepõem, as imagens em directo de uma guerra, a publicidade televisiva ou as imagens de um filme de terror são quase colocadas ao mesmo nível. Daí que a propagação da falta de sentido (ou do *segno*) constitua uma marca do nosso tempo. Esta transformação é profunda e poderíamos designá-la por 'viragem relativizadora'.

Jamais na história do Ocidente (e noutras culturas axiais – o caso do Islão é extraordinário, pois aí, salvo excepções pontuais e sempre superadas, nunca existiu um Iluminismo racionalizante[41]) o *segno* deixou de ser um elemento individualizado, nítido, descodificável e bem reconhecível, independentemente da siginificação que lhe pudesse ser imputada. Este dado novo está, hoje em dia, a traduzir-se na dissolução do *segno* no meio das mais variadas ordens que, de modo devorador, agenciam todos os dias ocorrências que se processam à nossa volta através de imagens seriadas e mundializadas (a genética, o ambiente, a tolerância, a inclusão e, em primeiro lugar, a liberdade e a democracia são campos sujeitos a uma relativização crescente, facto que faz perigar a vida da comunidade e que está culturalmente cada vez mais interiorizado).

3. OS DISCURSOS DA DESCONSTRUÇÃO

Este Bloco 7 centra-se tematicamente na crise do sentido. O tema proporcionou, até aqui, a apresentação do quadro pós-moderno, as teorias da linguagem que fizeram sobrepor a diversidade do sentido à verdade e, por fim, a questão do *segno* que ilustrou as consequências sociais que decorrem, precisamente, de uma crise de sentido. Como nos restantes Blocos deste manual, esta terceira parte é sempre consagrada ao modo como o discurso se estatui numa determinada fase ou período. Para ilustrar a isotopia da crise do sentido, no final do século XX, não há corrente mais adequada do que a desconstrução, proposta por Derrida (1930-2004) a partir do início dos anos sessenta.

3.1 O intenso percurso de Jacques Derrida

Criador das práticas significativas designadas por desconstrução, Derrida nasceu em El-Biar (Argélia) no ano de 1930. Frequentou o liceu na sua terra natal e em Argel. Acaba o ensino secundário já em Paris e aí frequenta a École normale supérieure. Em 1954, escreve *Le Problème de la genèse dans la philosophie de Husserl*[42] e, dois anos depois, passa pela Universidade de Harvard como *special auditor*. Até ao fim dos anos cinquenta, cumpre o serviço militar na Argélia e dá aulas num liceu de Le Mans. Em 1960, entra na Sorbonne, escreve em revistas como *Critique* e *Tel Quel*, e torna-se investigador do Centre national de recherche scientifique (CNRS). Em 1967, publica três obras capitais: *De la Grammatologie*, livro-chave na crítica à metafísica de Ferdinand de Saussure, *L'Écriture et la différence* e *La Voix et le phénomène*,[43] obra importante no diálogo com a semiótica de Husserl (na sequência de *L'Origine de la géometrie*[44]). Cinco anos mais tarde, em 1972, vê de novo publicados três livros importantes: *La Dissémination*; *Marges de la philosophie*, onde surge a noção de "différance" e se aprofunda a crítica a Saussure e ao *"pragmatic turn"*; e, ainda, *Positions*.[45]

O ritmo de publicação manter-se-á vertiginoso ao longo dos anos, como foi cirurgicamente analisado por Eduardo Prado

Coelho.⁴⁶ Em 1974, vem a público um texto meio ficcional meio ensaístico, o enigmático *Glas*, e, em 1980, *La Carte postale, de Socrate à Freud et au-delà*.⁴⁷ No início da década de oitenta, depois de uma breve passagem pela Universidade de Cornel (1982), funda o *Collège international de philosophie*. Já nos anos noventa, assinala-se, entre muitas outras obras, a *Sauf le nom* (1993), onde é abordada a questão da teologia negativa; *Khôra* (1993), onde Jacques Derrida expressa a ideia de um "terceiro género" alternativo ao sensível e ao inteligível⁴⁸; *Politiques de l'amitié* (1994), que situa a chamada 'viragem ética' e que tem uma parte dedicada a Martin Heidegger; *Le Monolinguisme de l'autre* (1996), onde o autor funde o seu próprio percurso e hibridez com a questão da tradução (aliás, nesse desígnio, aproximando-se da poética de *Voiles*, escrito, em 1999, a caminho da Argentina, e em várias cidades da América Latina, em colaboração com Hélène Cixous).⁴⁹

3.2 A ausência de um significado último

A desconstrução é uma corrente ao mesmo tempo elementar e complexa. Poderíamos esquematizar, sintetizando-a do seguinte modo: se significar é apreender, quer pela via da compreensão, quer pela via da extensão, então este mesmo movimento de duas vias pode ser efectuado quer de modo construtivo, quer de modo desconstrutivo, isto é, cosendo as peças de um enunciado, ou desmontando-as. Em ambas as vias estamos no coração de processos de significação.

Nada melhor do que um exemplo: certos autores afirmaram que os "códigos lógicos significam a relação objectiva entre o homem e o mundo"⁵⁰ (caso de uma linha de montagem, de uma lista telefónica ou do código morse). No entanto, segundo os princípios da desconstrução, este enunciado, esta *regra* ou esta peça de cultura (como tantas outras leis) não passa de um texto. E este texto diz-nos, no fundo, que a "relação objectiva" é aquilo que melhor define a função dos códigos lógicos. No entanto, a objectividade é já uma suposição que pretende igualar uma dada representação a algo exterior a ela. Se a representação pressupõe um ser e uma ausência a si, isso significa que, para além do que se representa, muitos outros dados que deveriam legitimar a objectividade são abandonados pelo caminho. Esse abandono significa que existem exclusões na selecção que origina uma dada representação e, por isso mesmo, os códigos lógicos não deveriam ser definidos através de uma só relação, mas sim de várias relações (no plural). Como se vê, em alguns breves passos, a estruturação do texto foi-se descosendo e as suas matrizes construtoras (objectividade/representação, representação/selecção, não selecção/esquecimento, relação/relações) foram sendo desconstruídas.

Nesta medida, um texto – e toda a mensagem para a desconstrução é texto – é sempre considerado como uma peça de cultura, e uma cultura ou uma instituição, pode sempre ser desconstruída ou desmontada. Nada é definitivo e pode estar sempre a ser reequipado, refraccionado ou reconstruído. O que se aplica ao balanço da vida de uma pessoa, à história de uma cultura, a uma escultura gótica ou ao simples motor de um automóvel. Não há corrente filosófica mais relativizadora do que a desconstrução, ainda que, ao mesmo tempo, ela nos assinale que nada no mundo existe fora da possibilidade deste movimento, devido a uma razão essencial: a defesa radical que Jacques Derrida faz da ausência de um significado último.

3.3 Desconstrução e tradição

Utilizado pela primeira vez por Derrida, no momento auge do estruturalismo, o termo *desconstrução* pretende, em primeiro lugar, traduzir as palavras heideggerianas "*Destruktion*" e "*Abbau*".[51] Para além desse facto interessante, a desconstrução é sobretudo um movimento, uma atitude, ou uma prática que visa uma "ironia dupla", como afirmou Carmen González Marín.[52] Por um lado, pretende mostrar que o significado não é unívoco, nem tende para a univocidade, mas, por outro, tem em vista ilustrar que a linguagem, no seu próprio campo que é o campo da acção no mundo, se *desestrutura*, assim como o próprio mundo, ao mesmo tempo que se organiza e se constitui. Essa simetria instável corresponde à anatomia das próprias substâncias que alimentam, quer os conteúdos que culturalmente transmitimos, quer as expressões a que recorremos culturalmente para os transmitir. A desconstrução seria, nesta medida, um diagnóstico vivo e permanente da vida em comunidade.

Embora não exista um significado derradeiro, ou uma última palavra, por outro lado, a verdade é que a desconstrução só pode e deseja *trabalhar* sobre enunciados (textos, instituições, etc.) que se baseiam, eles mesmos, numa suposta univocidade e teleologia (doutrina que pressupõe uma finalidade última). A importância da desconstrução advém, pois, do facto de, ela mesma, abolir a ideia de desígnio último, ou de estabilidade institucional, enquanto prática significativa. À moda de uma teologia negativa, de onde se apeou o *actor* metafísico (o signo que postula a presença A ao remeter para a ausência B) e o *actor* racional (o signo A que se expande e que, ao desdobrar-se noutro plano, constrói ou gera B), a desconstrução supera a noção de método e de interpretação e, numa atitude para além da hermenêutica, propõe uma leitura em movimento que desalinha e desmonta, sem qualquer preocupação de dar conta da produção de sentidos originais ou finais.

A desconstrução, em vez de pôr em causa a tradição do pensamento ocidental, retoma-a e assume a sua herança. Jacques Derrida afirma que é preciso cumprir este compromisso e, nessa medida, pensar "a genealogia estruturada dos seus conceitos da maneira mais fiel, mais interior, mas, ao mesmo tempo, a partir de um certo exterior inqualificável por ela, inomeável".[53] Ou seja, esta operação, que parte da tradição sem a transgredir, esclarece o modo como os seus discursos têm codificado secularmente o Ocidente, dando a ver, ao mesmo tempo, a sua invisível carga dissimuladora e proibitiva. Leiamos este exemplo extraído de *Voiles* (*Véus... à vela*):

> Dir-se-á que ao rasgar-se assim o véu revelou enfim o que devia esconder, abrigar, proteger? Ou dever-se-á antes entender que, muito simplesmente, ele

se rasgou, como se o rasgão assinasse enfim o fim do véu ou do velamento, uma espécie de verdade posta a nu? Ou antes que ele se dividiu em dois, como dizem Mateus e Marcos, e ao meio segundo Lucas, o que dá talvez dois véus iguais no momento em que, escurecendo o sol, tudo ficou invisível? Ora este véu, recorda-te, foi um dos dois véus do Êxodo, o primeiro sem dúvida, de púrpura violeta e vermelha, um véu de linho "tecido", "torcido" ou "retorcido". No interior, foi prescrito instalar a arca do testemunho. Este véu será para vós, disse Javé a Moisés, a *separação* entre o santo e o santo dos santos, entre o santuário e o santuário dos santuários. Será o véu que se divide ao meio, o fim de uma tal separação, deste isolamento, desta incrível solidão da crença?[54]

Neste texto, é clara a abertura ao múltiplo, levada a cabo no terreno dos próprios enunciados culturais e da verdade reveladora (e última) que prescrevem. É um bom exemplo de uma estratégia desdobrada que não pisa nunca o mesmo terreno (neste caso, errando pelos *terrenos* dos Evangelhos de Mateus, Marcos e Lucas e ainda pelo Êxodo do *Antigo Testamento*) e, nessa medida, trabalha muitas vezes na fronteira instável da metafísica. Seja como for, a desconstrução percorre as suas teias binárias, com o cuidado de não se deixar aprisionar, mas tentando sempre desenredar as suas próprias redes. Até porque o texto metafísico vive de um paradoxo fundamental que Derrida refere em *Marges de la philosophie*:

[O] presente torna-se signo do signo, rasto do rasto. Ele não é mais aquilo para que em última instância reenvia todo e qualquer reenvio. Torna-se numa função, numa estrutura de reenvio generalizado. É rasto e rasto do apagamento do rasto.[55]

A desconstrução ocupa-se, deste modo, da releitura dos textos num movimento simultaneamente ascendente e descendente, visando rastos e presenças num mesmo plano; mas a desconstução ocupa-se, também, do tipo de sentidos que habita nesses textos, auscultando-lhes as margens, as entrelinhas, as fissuras, as mutações, as falhas e a sucessiva cadeia de remissões. A desconstrução não pretende, deste modo, elidir ou suprimir os códigos (a lei), mas antes produzir activamente a estrutura significante do texto. Não a sua verdade, mas o seu fundo de

Genet *versus* Friedrich Hegel) e onde ganha forma uma espécie de luta que pretende disputar os limites da expressão e do *ter a dizer* (deixamos o exemplo de uma mesma página, neste caso, necessariamente na sua língua original):

> (à esquerda)
> Dans le premier moment de la religion naturelle, celui de l'essence-lumineuse (*Lichtwesen*) l'esprit n'est d'abord que son propre concept. Mais ce concept demeure dans l'indétermination abstraite, il ne s'est pas encore déployé, manifesté, produit. [...] L'être "rempli" (*Erfullte*) par ce concept de l'esprit est indéterminé; il apparaît, s'apparaît comme tel: lumière pure, simple déterminabilité, milieu pur, transparence éthérée de la manifestation où rien n'apparaît que l'apparaître, la lumière pure du soleil. Cette première figure de la religion naturelle figure l'absence de figure, un soleil purement visible, donc invisible, qui donne à voir sans se montrer.
>
> (à direita)
> Le pou se détache sur le col de Stilitano qu'il reconnaît comme son "domaine", son "espace". Le col se découpe dans toute une panoplie de variations sémantiques et formelles. La turbulence de ces associations appelle le faux col, qui ne vient pas. C'est pour se plier à la force flexible mais tenace de l'écriture, à son simulacre sans fin, et ressurgir comme faux-cils sur l'autre page. Et se coller aux doigts, aux phalanges plutôt.[56]

Neste trecho vertiginoso, a objectividade é como que reabsorvida pela voragem e pela *denúncia* sucessiva de tudo o que pudesse implicar uma identidade fixa, ou acabada. O relativismo identitário de Derrida aparece também claramente transposto no seu livro, *O Outro Cabo*, uma obra acerca da Europa:

> Isto mesmo se pode dizer, inversa ou reciprocamente, de toda a identidade ou de toda a identificação: não há relação a si, identificação a si sem cultura, mas cultura de *si como* cultura *do outro*, cultura do duplo genitivo e da *diferença a si*. A gramática do duplo genitivo assinala também que uma cultura nunca tem uma única origem. A monogenealogia seria sempre uma mistificação na história da cultura [...] A Europa de ontem, de amanhã ou de hoje não terá sido senão um exemplo desta lei? Um exemplo entre outros? Ou antes a possibilidade exemplar desta lei? É-se mais fiel à herança de uma cultura cultivando a diferença-a-si (*consigo*), que constitui a identidade, ou apoiando-se

na identidade na qual esta diferença se mantém *reunida*? Esta questão pode propagar os efeitos mais inquietantes sobre todos os discursos e todas as políticas da identidade cultural.[57]

Neste texto, é evidente um propósito simultaneamente anunciador e *desintegrador*: todo o enunciado, embora centrado e hierarquizado é, ao mesmo tempo, invadido, tal como afirmou Ernesto Laclau, por uma "indecibilidade constitutiva",[58] isto é, por um espaço aberto de onde é possível avançar com posições, seja elas quais forem. Num tal espaço de abertura, onde afinal vivemos, para Derrida, "desconstruir a estrutura é mostrar a sua indecibilidade", ou seja, mais concretamente, "a distância entre a pluralidade de ordenamentos que eram (ou teriam sido) possíveis a partir dela e o ordenamento real (e final) que finalmente prevaleceu".[59]

3.5 Desconstrução de dicotomias e a *"différance"*
A desconstrução opera sobre as oposições básicas em que a cultura Ocidental há muito ancorou (presença/ausência, oralidade/escrita, ser/representação, etc.) e pretende, em diversos movimentos de leitura, desconstruir outros pares que estes implicam. Talvez por isso, Jacques Derrida tenha referido, com alguma insistência, a ausência de fronteiras, neste seu trabalho de desconstrução, entre a filosofia e a literatura.

Numa das suas primeiras obras, *De la Grammatologie*, Derrida tentou justamente desconstruir a dicotomia fundamental fala/escrita, ao recuperar o aspecto grafemático, recusando-lhe o atributo de acessório ou subsidiário. A desconstrução desta metáfora profunda do Ocidente (não tanto do mundo semítico, hebraico e islâmico[60] onde a letra é uma qualidade revelada e viva) é percorrida através de uma crítica à tradição aristotélica (com matriz no *Da Interpretação*) que se limita a atribuir à letra "a matéria exterior ao espírito, ao sopro, ao verbo e ao logos".[61] Deste modo, o grafema estaria condenado a uma permanente exterioridade e reduzir-se-ia ao nível de significante de outro significante, ou a puro revestimento do fonema. Ao contrário das tradições semíticas, no Ocidente, "a *secundaridade* que se crê poder reservar à escrita afecta todo o significado em geral" já que "a ordem do significado não é nunca contemporânea [...] da ordem do significante".[62]

Quer isto dizer que o conceito de significado, na dominante da tradição ocidental, nunca é um dado que seja presente e, ao mesmo tempo, auto-suficiente. Ele é dependente e está sempre diferido e inscrito numa cadeia que o afasta do presente, no tempo, e do seu próprio espaço (o "espaçamento"). É neste contexto que, em *Marges de la philosophie*, a *différance* aparece como um conceito que propõe a "possibilidade da conceptualização do processo e do sistema conceptual em geral". A *différance* torna-se, deste modo, no outro nome da própria desconstrução, ao pretender dar conta das maquinações a que se sujeita (a que tem sido sujeitada historicamente) a produção de significado. Nessa medida, a *différance* "designa a causalidade constituinte, produtora e originária, o processo de cisão e de divisão do qual os diferentes ou as diferenças seriam os produtos ou os efeitos constituídos".[63] Visando directamente Ferdinand de Saussure, Jacques Derrida acrescentou ainda:

> Retendo, senão o conteúdo, pelo menos o esquema da exigência formulada por Saussure, designaremos por *différance* o movimento pelo qual a língua, ou qualquer código, qualquer esquema de reenvios em geral se constitui historicamente como tecido de diferenças. Devendo "constitui-se", "produz-se", "cria-se", "movimento", "historicamente", etc., ser entendidos para além da língua metafísica onde recolheram todas as implicações [...] a *différance* é o que faz com que o movimento da significação não seja possível a não ser que cada elemento dito "presente", que aparece sobre a cena da presença, se relacione com outra coisa que não ele mesmo, guardando em si a marca do elemento passado e deixando-se já moldar pela marca da sua relação com o elemento futuro.[64]

A desconstrução é, pois, um trabalho discursivo empenhado em tornar reversíveis os conteúdos e as entidades sujeitas a derrogação forçada, a codificação rígida e a sintaxes fixas e predeterminadas. Esta reversibilidade entre as entidades diferenciadas do mundo era, de algum modo, já aplicada por Hipócrates no modo como lidava com o conhecido e com o desconhecido, e vice-versa, passando de um para o outro sem ter que cruzar fronteiras fixas. De algum modo, Hipócrates havia já deixado o jogo semiótico a nu, muito mais dissecado, até porque no seu *jogar-se* constitutivo, a suspensão e o espaçamento entre as partes do corpo pareciam já, de algum modo, fazer lembrar a Derrida a sua futura noção de *"différance"*, assim como o seu exercício prático: a desconstrução.

3.6 Desconstrução: a impossibilidade de uma definição
A desconstrução resiste, ela mesma, a uma definição. É essa a sua natureza. Jacques Derrida nunca a definirá (definitivamente). Contudo, em *Sauf le nom*, surge uma passagem interessante a este respeito:

> Esse pensamento parece estranhamente familiar à experiência daquilo que chamamos "desconstrução". Longe de ser uma técnica metódica, um procedimento possível ou necessário, expondo a lei de um programa e aplicando regras, isto é, desdobrando possibilidades, a "desconstrução" foi frequentemente definida como a própria experiência da possibilidade (impossível) do mais impossível, condição que divide com o dom, o "sim", o "vem", a decisão, o testemunho, o segredo, etc. E talvez a morte.[65]

O autor refere-se aqui a um pensamento de *Angelus Silesius* (também referido em *Glass*) que aborda a possibilidade de uma transformação em nada, no outro ou em Deus; querendo que essa transformação (*"werden"*), ou esse *devir*, se possa inscrever na esfera do possível, sendo embora, naturalmente, impossível. O possível continuará no seu lugar, mas sempre disputado. E o texto atravessará esta disputa, construindo-a. Desconstruindo-a. Sempre em movimento.

3.7 Um exemplo literário
A criação literária, entre outras de natureza artística, espelha cristalinamente o que a desconstrução visa. Desde os inícios do século XX que se tornou muitas vezes corrente criar um texto

literário e, ao mesmo tempo, concebê-lo como uma vórtice que se recorta, que se adia e que se procura. Um texto à procura de si mesmo no modo como se organiza, como se desmonta e como se repõe diante dos olhos do leitor. Se a teoria desconstrutora, em Derrida, parece por vezes próxima do delírio, ainda que seja intensamente realista (o delírio advém da dificuldade em expor racionalmente o que não cabe na expressão necessariamente lógica), na sua aplicação a uma leitura literária, ela reaparece com toda a nitidez. E sem necessidade de comentário.

Deixamos para reflexão e integração na teoria proposta por Jacques Derrida um conto de Cardoso Pires, intitulado "Uma Simples Flor nos teus Cabelos Claros" em *Jogos de Azar*.[65] O conto propõe um esquema de montagem alternada. Trata-se de um processo de *mise en abyme* que vai colocando face a face situações diferenciadas, embora surjam sequencialmente entremeadas. Dois casais cruzam as suas histórias: Quim e Lisa estão no mesmo quarto a horas aparentemente tardias: "[S]ão quase duas horas da manhã...". Paulo e Maria, por sua vez, são personagens de uma história que Quim está a ler. Estão numa praia, em final de Inverno, durante o entardecer: "[...] os dois numa arrancada, correram pelo areal, saltando poças d'água [...]." O contraste entre as situações é grande. Lisa e Quim parecem partilhar alguma angústia (um ambiente de corte, de alheamento e de acenos vãos percorre-os), enquanto a poética e uma conjunção ideal dominam o ambiente onde Paulo e Maria se enunciam.

Ao fim e ao cabo, nenhuma das duas histórias se impõe. Antes se misturam e caminham para uma espécie de fusão em que o sentido se subentende e se interroga mais do que se confina ou clarifica. O início da história (talvez o único *incipit* que se inicie com a adversativa "mas") situa a leitura de Quim e é aí que surge em cena o que, para ele, são personagens e que o são de modo duplo: Paulo e Maria. Embora esta última ainda não apareça com iniciativa própria, mas apenas de modo indirecto. Afinal, temos tão-só Paulo debatendo-se com um outro actante não menos importante: a natureza do mar.

O texto avança e reflui, tal como as marés, e constrói-se ao mesmo tempo que se cinde consigo mesmo. É evidente, em "Uma Simples Flor nos teus Cabelos Claros", a presença de uma poética muito rica e a potente afirmação das ferramentas e dos materiais literários (que valem por si mesmos). Ao contrário da teoria, a autonomia do texto artístico permite diluir identidades, complementar remissões, jogar com o plano das decisões aparentemente definitivas, flutuar a bordo da instabilidade da linguagem e, sobretudo, nunca visar um desígnio ou um final derradeiro. Tal como acontece, afinal, na desconstrução. Leiamos, pois, uma importante parte deste texto:

> Mas a meio caminho voltou para trás, direita ao mar. Paulo ficou de pé no areal, a vê-la correr: primeiro chapinhando na escuma rasa e depois contra as ondas, *às arrancadas*, saltando e sacudindo os braços, como se o corpo, toda ela, risse.
> "Marcaste o despertador?"
> "Há?"
> "O despertador, Quim. Para que horas o puseste?"
> [...] E tudo à volta era névoa, fumo do mar rolando ao lume das águas e depois invadindo mansamente a costa deserta. Havia esse sudário fresco, quase matinal, embora, cravado no céu verde-ácido, despontasse já o brilho frio da primeira estrela do anoitecer...
> "Desculpa, mas não estou descansada. Importas-te de me passar o despertador?"
> "O despertador?"
> "Sim, o despertador. Com certeza que não queres que eu me levante para o ir buscar. És de força, caramba."
> "Pronto. Estás satisfeita?"
> "Obrigada. Agora lê à vontade, que não te torno a incomodar. Eu não dizia? Afinal não lhe tinhas dado corda... Que horas são no teu relógio? Deixa, não faz mal. Eu regulo-o pelo meu."
> – Mais um mergulho – pedia a rapariga.
> A dois passos dele sorria-lhe e puxava-o pelo braço:
> – Só mais um, Paulo. Não imaginas como a água está estupenda. Palavra, amor. Estupenda, estupenda, estupenda.
> Uma alegria tranquila iluminava-lhe o corpo. A neblina bailava em torno dela, mas era como se a não tocasse. Bem ao contrário: era como se, com a sua frescura velada, apenas despertasse a morna suavidade que se libertava da pele da rapariga.

– Não, agora já começa a arrefecer – disse Paulo. – Vamo-nos vestir?
Estavam de mãos dadas, vizinhos do mar e, na verdade, quase sem o verem. Havia a memória das águas na pele cintilante da jovem ou no eco discreto das ondas através da névoa; ou ainda no rastro de uma vaga mais forte que se prolongava, terra adentro, e vinha morrer aos pés deles num distante fio de espuma. E isso era o mar, todo o oceano. Mar só presença. Traço de água a brilhar por instantes num rasgão do nevoeiro.
Paulo apertou mansamente a mão da companheira.
– Embora?
– Embora – respondeu ela.
E os dois, numa arrancada, correram pelo areal, saltando poças de água, alforrecas mortas e tudo o mais, até tombarem de cansaço.
"Quim..."
"Outra vez?"
"Desculpa, era só para baixares o candeeiro. Que maçada, estou a ver que tenho de tomar outro comprimido."
"Lê um bocado, experimenta."
"Não vale de nada, filho. Tenho a impressão de que estes comprimidos já não fazem efeito. Talvez mudando de droga... É isso, preciso de mudar de droga."
– Tão bom, Paulo. Não está tão bom?
– Está óptimo. Está um tempo espantoso.
Maria continuava sentada na areia. Com os braços envolvendo as pernas e apertando as faces contra os joelhos, fitava o nada, a brancura que havia entre ela e o mar, e os olhos iam-se-lhe carregando de brilho.
– Tão bom – repetia.
– Sim, mas temos que ir.
Com o cair da tarde a névoa desmanchava-se pouco a pouco. Ficava unicamente a cobrir o mar, a separá-lo de terra como uma muralha apagada, e, de surpresa, as dunas e o pinhal da costa surgiam numa claridade humilde e entristecida. Já de pé, Paulo avistava ao longe a janela iluminada do restaurante.
– O homem deve estar à nossa espera – disse ele. – Ainda não tens apetite?
– E tu, tens?
– Uma fome de tubarão.
– Então também eu tenho, Paulo.
– Ora essa?
– Tenho, pois. Hoje sinto tudo o que tu sentes. Palavra.
"Se isto tem algum jeito. Qualquer dia já não há comprimidos que me cheguem, meu Deus."
"Faço ideia, com essa mania de emagrecer..."

"Não, filho. O emagrecer não é para aqui chamado. Se não consigo dormir, é por outras razões. Olha, talvez seja por andar para aqui sozinha a moer arrelias, sem ter com quem desabafar. Isso, agora viras-me as costas. Nem calculas a inveja que me fazes."
"Pois."
"Mas sim, fazes-me uma inveja danada. Contigo não há complicações que te toquem. Voltas as costas e ficas positivamente nas calmas. Invejo-te, Quim. Não calculas como eu te invejo. Não acreditas?"
"Acredito, que remédio tenho eu?"
"Que remédio tenho eu... É espantoso. No fim de contas ainda ficas por mártir. E eu? Qual é o meu remédio, já pensaste? Envelhecer estupidamente. Aí tens o meu remédio."
Partiram às gargalhadas. À medida que se afastavam do mar, a areia, sempre mais seca e solta, retardava-lhes o passo e, é curioso, sentiam a noite abater-se sobre eles. Sentiam-na vir, muito rápida, e entretanto distinguiam cada vez melhor, as piteiras encravadas nas dunas, a princípio pequenas como galhos secos e logo depois maiores do que lhes tinham parecido à chegada. E ainda as manchas esfarrapadas dos chorões rastejando pelas ribas arenosas, o restaurante ermo, as traves de madeira roídas pela maresia e, cá fora, as cadeiras de verga, que o vento tombara, soterradas na areia.
— O mar nunca aqui chega — tinha dito o dono da casa. — Quando é das águas vivas, berra lá fora como um danado. Mas aqui, não senhor. Aqui não tem ele licença de chegar.
"A verdade é que são quase duas horas e amanhã não sei como vai ser para me levantar. Escuta..."
"Que é?"
"Não estás a ouvir passos?"
"Passos?"
"Sim. Parecia mesmo gente lá dentro, na sala. Se soubesses os sustos que apanho quando estou com insónias. A Nanda lá nisso é que tem razão. Noite em que não adormeça veste-se e vai dar uma volta com o marido, a qualquer lado. Acho um exagero, eu nunca seria capaz de te acordar... mas, enfim, ela lá sabe. O que é certo é que se entendem à maravilha um com o outro. E isso, Quim, apesar de ser a tal tipa, que tu dizes. Também, ainda estou para ter uma amiga que na tua boca não seja uma tipa ou uma galinha."

NOTAS

1 Jean-François Lyotard. *A Condição Pós-Moderna*. Lisboa: Gradiva, 1989.
2 *Id. O Inumano: Considerações sobre o Tempo*. Lisboa: Estampa, 1990.
3 *Ibid.*, p. 33.
4 Cf. *ibid.*, p. 35-39.
5 *Ibid.*, p. 34.
6 Luc Ferry. Le Pari de la liberté. In *Un Fin de siècle philosophique*. Montréal: Liber, 1999, p. 148.
7 "Quand la terre est changée en un cachot humide, / Où l'Espérance, comme une chauve--souris, / S'en va battant les murs de son aile timide / Et se cognant la tête à des plafonds pourris." Charles Baudelaire. *Les Fleurs du mal*. Paris: PML, 1995, p. 43.
8 Gianni Vattimo. *O Fim da Modernidade: niilismo e hermenêutica na cultura pós-moderna*. Lisboa: Presença, 1987.
9 Northrop Frye. *Le Grand Code: la Bible et la littérature*. Paris: Seuil, 1984.
10 Lyotard. *A Condição Pós-Moderna*. Op. cit., p. 128.
11 *Ibid.*, p. 128-129.
12 Cf. *ibid.*, p. 121.
13 *Ibid.*, p. 131.
14 Gianni Vattimo. *A Sociedade Transparente*. Lisboa: Edições 70, 1991.
15 *Ibid.*, p. 13.
16 Existirá alguma sobranceria neste olhar para o passado, aliás, muito curiosamente semelhante ao olhar disjuntivo e assertivo com que os ideólogos do final de oitocentos olhavam, retrospectivamente, para o todo da história. Sobre a aludida desmontagem da história, deverá sublinhar-se o papel que teve no início da década de 90 do século XX a obra de Francis Fukuyama. *O Fim da História e o Último Homem*. Rio de Janeiro: Rocco, 1992.
17 O texto original de Merrell foi categorizado por alíneas para melhor compreensão do vasto leque conotativo em causa: a) "a questioning of totalizing, hierarchized systems – though it remains incapable of destroying them" (Linda Hutcheon, 1988; Jean-François Lyotard, 1984); b) "intellectual containment limiting openess" (Connor, 1989); c) "an end to rugged individualism – via the 'death of the subjet'" – (Michel Foucault, 1970)"; d) "an intersection, even a fusion, of scientific, artistic, and academic attitudes" (Hassan, 1987); e) "the ultimate extension of capitalist, consumerist societies" (Jameson, 1983-84); f) "a form of commercial coopted capitalism" (Kroker and Cook, 1986); g) "a neoconservative reaction curtailing 'unfinished project' of Enlightment-modernist thought and reason" (Jürgen Habermas, 1983); h) "a break with, either an intensification of, certain characteristics of modernism" (Foster, 1983; Kaplan, 1988); i) "a suspension of logocentric discourse of identity, presence and certainly in favor of pluralism, discontinuity, and indeterminacy" (C. Scott, 1990); j) "it is variously modeled on architecture" (Jencks, 1977); k) "parody and paradoxes of literary form" (Linda Hutcheon, 1988); l) "local narratives, which will ultimately triumph over monolithic grand narratives" (Jean-François Lyotard, 1984)"; m) "pragmatically designed communities of interlocutors" (Rochberg-Halton, 1986); n) "and the sign's elevation to the status of 'hiperreality', whereby it becomes more 'real' than the 'real'" (Jean Baudrillard, 1983) "It has even been seen to mirror"; o) the decline of Western civilization (Arnold J. Toynbee,

1954), thus presenting virtually nothing new (Graff, 1979)." Floyd Merrell. *Semiosis in the Postmodern Age*. West Lafayette, Indiana: Purdue University Press, 1995, p. 2-3.

18 Anthony Giddens. *Consequências da Modernidade*. Oeiras: Celta, 1995, p. 2.

19 *Ibid.*

20 Segundo Viriato Soromenho Marques, vivemos ainda num mundo parcialmente codificado pelo moderno. Apesar da diluição de alguns dos seus referentes, as chamadas "grandes tarefas" da modernidade permanecem e são identificadas pelo autor como "a crise ambiental", a "diluição dos estados sem alternativa no mar da globalização", "a falta de um efectivo sistema internacional baseado na lei" e, por fim, os próprios "défices democráticos." *Cf.* Viriato Soromenho Marques. *Razão e Progresso na Filosofia de Kant*. Lisboa: Imprensa Nacional-Casa da Moeda, 1997, p. 3.

21 Peter Sloterdijk. *A Mobilização Infinita: para uma crítica da cinética política*. Lisboa: Relógio d'Água, 2002, p. 202.

22 *Ibid.*

23 *Ibid.*

24 *Ibid.*

25 *Ibid.*

26 A exposição Les Immatériaux começou a ser pensada em 1981 (facto relevado no *Le Monde* de 29 de Abril desse ano, no artigo "*Les Verres métalliques matériaux d'avenir*") e acabou por se realizar três anos depois, já em 1984. A mostra colocou em cena objectos muito variados, tais como robôs industriais, computadores, hologramas diversos, instalações interactivas, cinema 3D, para além de formatos tradicionais de arte, tais como a pintura, a fotografia ou a escultura (esta última abrangendo baixos-relevos do Antigo Egipto ao lado de obras da autoria de John D. Graham, Joseph Kosuth ou G. Anselmo). Lyotard foi convidado por Paul Blanquart (então director do Centre de Création Industrielle) a juntar-se ao projecto em Setembro de 1983. *Cf.* Antony Hudek. *From Over – To Sub-Exposure: The Anamnesis of* Les Immatériaux. [Em linha.] (1 Oct. 2009) Disponível em http://www.tate.org.uk/research/publications/tate-papers/over-sub-exposure-anamnesis-les-immatieriaux

27 Michel Alves Pereira. Uma Exposição de Arquitectura. *In Depois do Modernismo*. Lisboa: [s.n.], 1983, p. 31.

28 Luís Serpa. Depois do Modernismo, ainda. *In Depois do Modernismo. Op. cit.*, p. 11.

29 António Cerveira Pinto. Rescritos para uma exposição. *In Depois do Modernismo. Op. cit.*, p. 17-22.

30 "A ideologia aderente a este processo (referência aos movimentos do mercado – "oferta/procura") tem uma característica geral, típica de toda a esquizofrenia da actividade industrial e pós-industrial, a qual é designada ora por neofilia (ponto de vista do consumo), ora por 'built-in obsoletion' (ponto de vista da produção). Em arte, a obsessão vanguardista e a chamada aceleração das vanguardas tem tudo [que] ver com este fenómeno. Mais do que se pensa, este tipo de canibalismo cultural faz parte da ideologia corrente no meio artístico." *Ibid.*, p. 22.

31 *Ibid.*

32 Leonel Moura. Boomerang. *In Depois do Modernismo. Op. cit.*, p. 131.

33 Álvaro Lapa. Virtualidades. *In Depois do Modernismo. Op. cit.*, p. 132.

34 Ludwig Wittgenstein. *Tratado Lógico-Filosófico. Investigações Filosóficas*. Lisboa: Fundação Calouste Gulbenkian, 1995, p. 172-177.

35 *Ibid.* 2.ª parte, cap. 11, §184, p. 585.
36 John Austin. *Quand dire c'est faire.* Paris: Seuil, 1971.
37 Paul Grice. Logic and Conversation. *In* Donald Davidson and Gilbert Harman, eds. *The Logic of Grammar.* Dickenson: Encino, 1975, p. 64-75.
38 John Searle. *Os Actos da Fala.* Coimbra: Almedina, 1984.
39 Jean-Marc Ferry. *Filosofia da Comunicação.* Lisboa: Fenda, 2000, p. 37.
40 A palavra "*segno*" (não confundir com "signo" nas suas mais variadas acepções), em finais do *quattrocento* e no século seguinte, traduzia a ideia do conjunto de alterações que se processava escapando-se ao "curso natural das coisas". Ottavia Niccoli. *Prophecy and People in Renaissance Italy.* Princeton, New Jersey: Princeton University Press, 1990, p. 31.
41 O tema aparece aprofundado e discutido no meu ensaio *Islão e Mundo Cristão.* Lisboa: Hugin, 2001.
42 Jacques Derrida. *Le Problème de la genèse dans la philosophie de Husserl.* Paris: PUF, 1991.
43 *Id. La Voix et le phénomène.* Paris: PUF, 1967. *Id. L´Écriture et la différence.* Paris: Seuil, 1967. *Id. De la Grammatologie.* Paris: Minuit, 1967.
44 *Id. L'Origine de la géometrie.* Paris: PUF, 1962.
45 *Id. Marges de la philosophie.* Paris: Minuit, 1972. *Id. Positions.* Paris: Minuit, 1972. *Id. La Dissémination.* Paris: Seuil, 1972.
46 Eduardo Prado Coelho. A Desconstrução como Movimento. *In Revista de Comunicação e Linguagens.* Lisboa: CECL; Relógio d´Água. (2000), p. 101-126.
47 Jacques Derrida. *Glass.* Paris: Galilée, 1974. *Id. La Carte postale, de Socrate à Freud et au-delà.* Paris: Flammarion, 1980.
48 *Id. Sauf le nom.* Paris: Galilée, 1993. *Id. Khôra.* Paris: Galilée, 1993.
49 *Id. Le Monolinguisme de l'autre.* Paris: Galilée, 1996. Jacques Derrida; Hélène Cixous *Voiles.* Paris: Galilée, 1999.
50 Pierre Guiraud. *A Semiologia.* Lisboa: Presença, 1973, p. 45.
51 Cristina de Peretti; Paco Vidarte. *Derrida.* Mérida: Ediciones del Oro, 1998, p. 18.
52 Carmen González Marín. Deconstrucción: ironía y ironistas. *In* Valeriano Bozal, ed. *Historia de las ideas estéticas y de las teorías artísticas contemporáneas.* Madrid: Visor, 1999. Vol. 2, p. 405-426.
53 Derrida. *Positions. Op. cit.*, p. 15.
54 Derrida; Cixous. *Voiles. Op. cit.*, p. 29.
55 Derrida. *Marges... Op. cit.*, p. 29.
56 *Id. Glass. Op. cit.*, p. 331.
57 *Id. O Outro Cabo.* Coimbra: A Mar Arte, Reitoria da Universidade de Coimbra, 1995, p. 97.
58 Ernesto Laclau. Deconstrucción, pragmatismo, hegemonía. *In* Ernesto Laclau; Judith Butler; Slavo Žižek. *Deconstrucción y pragmatismo.* Buenos Aires; Barcelona; México: Paidós, 1998, p. 97-136.
59 Derrida. *O Outro Cabo. Op. cit.*, p. 104.
60 No mundo judaico, as letras que compõem a *Tora* são consideradas como tendo vindo directamente de Deus e constituem, por isso mesmo, um dos sete elementos anteriores a toda a criação. Denise Masson. *Le Coran et la révèlation judéo-chrétienne: études comparées, Librairie d'Amérique et d'Orient.* Paris: Adrien Maisonneuve, 1958, p. 257-258.

No mundo islâmico, as letras também constituem o elemento "dont Dieu fit le principe de toute chose" Georges Vadja. Les Lettres et les sons de la langue Arabe d'après Abu Hatim al-Razi. Leiden. *Arabica*. (1961), p. 119. A escrita árabe é assim encarada como uma espécie de legado visível da última das revelações, sendo, por essa razão, indissociável da palavra divina. *Ibn Fâris* (m. 390/5-1001/4) chegou a referir-se a uma tradição oral atribuída a *Ibn 'Abbâs*, segundo a qual "quem primeiro estabeleceu a escrita foi Ismael". Henri Loucel. L'Origine du langage d'après les grammairiens arabes. *Arabica*. Vol. 1-2, t. 10 (1963), p. 188-281; vol. 3-4, t. 11 (1964), p. 158.

61 Derrida. *De la Grammatologie. Op. cit.*, p. 53.
62 *Ibid.*, p. 16.
63 *Id. Marges... Op. cit.*, p. 36-41.
64 *Ibid.*, p. 43.
65 *Id. Sauf le nom. Op. cit.*, p. 19.
66 José Cardoso Pires. Uma Simples Flor nos Teus Cabelos Claros. *In Jogos de Azar*. Lisboa: Dom Quixote, 1999.

**BLOCO 8
INSTANTANEIDADE.**
O IMEDIATISMO E O ESTADO DE *MEDIA RES*. AS NARRATIVAS PERSUASIVAS E OS FLUXOS.

INTRODUÇÃO

Este Bloco 8 dedica-se a um conjunto de abordagens que associam a experiência do quotidiano ao cumprimento instantâneo que os dispositivos tecnológicos possibilitam. O desejo do imediato celebra, no nosso tempo, através de simulações, aquilo que desde os tempos axiais era um desejo maior: atingir um domínio perfectível. Não o tendo conseguido através das vias prescritas pelos grandes códigos (escatologias e ideologias, por exemplo), o ser humano está a consegui-lo pela via da sua fusão com a tecnologia. Esta espécie de anunciada redenção pressupõe a partilha de fluxos, de ocorrências ficcionais e de formatos diversos de persuasão no espaço público.

A nossa cultura vive neste epicentro móvel em que um verdadeiro culto da instantaneidade e a afirmação imediata de desejos, ainda que aparente, se confundem com imagens que flutuam constantemente, sejam elas marcas, impressões telemáticas, afectos televisivos ou outras marés visuais que fazem parte intrínseca do nosso organismo. Um *cyborg* não é, portanto, apenas a fusão material do corpo com a máquina (caso de um *bypass*, por exemplo); ele é sobretudo a fusão imaterial entre o que pensamos e somos e aquilo que os bits nos concedem para a nossa expansão, enquanto seres em constante televiagem.

Na primeira parte deste Bloco 8 salientaremos a importância dos fluxos (consumistas, perceptivos, informativos e discursivos), das meta-ocorrências (na correspondência que traçam com as antigas mitologias) e do espaço público mediatizado. Na segunda parte, a intensidade (ou a estesia) na sua relação com as imagens é analisada na perspectiva da persuasão – com destaque para a publicidade – e na perspectiva dos objectos falantes e da cultura material – com destaque para o *design*. Na terceira parte, associamos a teoria do rizoma de Gilles Deleuze às temáticas que percorrem todo o Bloco 8, por ter prenunciado, há mais de três décadas, o conceito de rede (que é, afinal de contas, o pano de fundo de todos os jogos contemporâneos).

1. O CULTO DA INSTANTANEIDADE

1.1 O cumprimento instantâneo do desejo

Herdámos, desde pelo menos o início de seiscentos, uma lenta afirmação do sujeito individualizado (emancipando-se da sua qualidade de peça de rebanho divino) e, desde meados de oitocentos, a crença num sujeito colectivo e histórico (uma teleologia racional e ideológica) que se sobreporia à individuação como força motriz. A falência dos códigos totalizantes e a entrada em cena das novas tecnologias, no último quarto de século de novecentos, reatou, de algum modo, a crença no sujeito, embora este subitamente se globalizasse e se virtualizasse. Derrick de Kerckhove (1944) referiu a propósito desta singular dilatação do sujeito:

> Como carregamos uma imagem de nós próprios baseada nos princípios letrados da Renascença, não conseguimos reconhecer que as tecnologias electrónicas, do telefone à realidade virtual, estendem o nosso ser físico muito para além da pele. A questão da propriocepção, o nosso sentido dos limites corporais, será o assunto psicológico chave com que em breve se virão a deparar as novas gerações atentas à tecnologia.[1]

Se transpuséssemos a harmonia da teoria de Espinosa para a actual globalização, poderíamos dizer que a expansão do sujeito se converteu num dos "modos" principais com que a substância universal, a chamada "natureza naturante", opera no quadro do seu desígnio (neste caso tecnológico e instantanista e não divino).[2] O caso limite de expansão deste sujeito global é o próprio *cyborg*, uma das utopias contemporâneas que habita o presente com mais naturalidade do que exaltação. A duas décadas do final do século XX, de modo pioneiro, Donna Haraway propunha, no seu *Manifest for Cyborgs,* esta nova noção baseada em "hybrids of machine and organism".[3] Enquanto seres de sexualidade híbrida, os *cyborgs* seriam organismos que resultariam de um misto entre máquina e biologia, munidos de identidade contraditória e parcial e capazes, portanto, de aceitar a indiferenciação (libertando-nos das hierarquias sociais, do racismo e do sexismo).

Para Jean Baudrillard (1929-2007), a ilusão, um dos fundamentos das expectativas do *cyborg* e de todas as extensões imaginativas humanas, apresenta-se como sendo o "cúmulo do real". Ou seja, por outras palavras, segundo o autor:

> Vivemos na ilusão de que o real é o que falta mais, mas é ao contrário: a realidade está no seu auge. À força da performance técnica, chegámos a um tal grau de realidade e de objectividade que se pode até falar de um excesso de realidade.[4]

Contudo, este excesso e esta objectividade já não resultam de um sujeito uno e cartesiano ou teleológico, mas sim de um sujeito disperso, ampliado e *cyborguizado*. Para André Lemos, o "processo de cyborguização da cultura contemporânea" é "herdeiro do processo simbiótico entre o homem e a técnica",[5] não devendo, no entanto, este legado decorrer da tecnologia, enquanto mera mediação, mas sim de um contínuo em que esta se reconstitui e se funde com o próprio homem.

A expansão do sujeito opera-se sempre no quadro centrípeto do presente e da actualidade e não é entendida como 'mera passagem' (tal como os joaquinitas medievais entendiam a passagem pela Terra), mas antes como um acesso, em tempo real, à meta imediata, como se a finalidade fosse algo que estivesse sempre a ser vivida e fruída. Na contemporaneidade, o *eschatón* – ou a sensação de se ter chegado a uma espécie de fim perfectível e realizado – resulta do convívio (ou da fusão) permanente com os interfaces tecnológicos que garantem uma sensação de cumprimento instantâneo dos desejos. Mesmo que esses desejos não sejam verbalizáveis ou explicáveis por quem os experimenta ou descreve. O "hiperespaço", definido há uns anos por Fredric Jameson (n. 1934),[6] coloca o corpo humano numa situação que o impede de se localizar, de organizar perceptivamente o espaço circundante e de mapear cognitivamente a sua posição num mundo exterior referenciado. O hiperespaço propõe-nos, portanto, experiências múltiplas e fragmentadas que, confrontadas com a finalidade sem fim do presente (o *eschatón* como um 'agora-aqui' realizável), conduzem o sujeito global à "esquizofrenia" (sem sentido patológico) que acaba por ser o seu modo normal de funcionamento.

Este modo de funcionamento foi caracterizado por Claudia Giannetti como um estado "aéreo", reaproveitando um antigo conceito de Gaston Bachelard, que estaria na base da epistemologia telemática:

> No estado actual dos nossos sistemas de comunicação, este "campo aéreo" seria o que está baseado na imaterialidade, quer dizer, na separação entre o corpo (massa, matéria) e informação (mensagem); e a disciplina 'aérea' chamar-se-ia telemática [...] a telemática move – ao contrário da electricidade – não a energia, mas a informação, quer dizer, o poder [...] O espaço telemático da rede está em constante construção, transformação, regeneração: é um campo móvel e motor em que as pessoas – movidas e moventes – podem actuar através de representações ou linguagem à base de *bits*: unidades de informação. A superação, através da rede, da barreira espácio-temporal inerente à matéria, abre as portas à ambicionada televiagem: a trasladação imaterial para qualquer sítio em tempo real.[7]

Esta lógica aérea e "esquizofrénica", característica da ampliação do sujeito tecnológico do nosso tempo (e da sua *cyborguização*), proporciona, ao mesmo tempo, a aparente concretização daquilo que as utopias puras (presentes em More ou Platão, como se desenvolveu no Bloco 3) propuseram e, por outro lado, um saciar de desejos que antes – nas escatologias e ideologias – apenas se projectavam num futuro inatingível.

1.2 Os fluxos

A noção clássica de "*in media res*" apareceu como uma técnica retórica que permitia ao leitor de um texto conquistar os seus destinatários, colocando-os no meio dos acontecimentos, sem nunca denunciar o princípio e o final da narrativa que estava a ler. Este processo que acentua o suspense, que realiza o *plot* e que convida à iminência consta da *Ars Poética* de Horácio (14 a.C):

> Ele apressa-se sempre na direcção do acontecimento e convoca o auditório para o meio das acções, como se fossem dele já conhecidas, e omite aquelas que, examinadas, não espera que possam brilhar. E do mesmo modo que ilude, assim confunde coisas falsas com verdadeiras, de forma que nem o meio discorde do início, nem do meio o fim.[8]

Este princípio que celebra o 'estar no meio' de um discurso – sem jamais entrever o final e auscultar as origens – aplica-se, hoje em dia, não à retórica, mas ao modo de vida. Em vez de nos situarmos, na contemporaneidade, "*in media res*", escutando passivamente um relato oral, transformamo-nos activamente nesse discurso como se ele fosse parte da nossa pele e dos nossos desejos. Chama-se a essa transmutação o estado de fluxo.

Entendamos os fluxos como preenchimentos, mais automatizados do que autonomizados, no seio dos quais a liberdade é quase anulada através de uma vontade prévia que é objectivada por um desejo de cumprimento instantâneo.[9] Se os actos são livres e a vontade pode não sê-lo, como defendia Voltaire (tal como vimos no Bloco 1), acontece ao sujeito global que a sua própria liberdade quase se cristaliza diante dos fluxos que lhe são apresentados a todo o momento e em que facilmente imerge, devido ao facto de estes determinarem, por natureza própria, a existência de *vontades sociais* a que dificilmente se consegue opor. Os fluxos podem assumir características muito diversas, daí que os possamos considerar, entre outros, como os fluxos de ter (consumo), os fluxos de ver (encantamento ficcional dos media), os fluxos de viagem (mobilidade ininterrupta) ou os fluxos de soletrar (uso simplificado das linguagens).

Os fluxos estão muito ligados aos actos do quotidiano e à reprodução social e é, no coração desses actos intensamente repetíveis, que a liberdade se constitui, muitas vezes apenas como um momento residual de resistência. O fluxo é, ao fim e ao cabo, o abismo corrente em que se precipita a actividade do sujeito global, indo, portanto, na sua ficcionalidade e virtualização, muito para além do "complexo de projecção-identificação" que Edgar Morin teorizou, em 1966, a propósito do cinema.[10] Passemos a caracterizar os fluxos que se apresentam, no dia-a-dia, com mais visibilidade e acuidade.

1.2.1 Fluxos de ter (consumo)

O fluxo de ter apela ao acto de consumo, contendo e superando, ao mesmo tempo, quer o consumo necessário e virado para fins práticos, quer o consumo herdado das 'sociedades de consumo' dos anos 60 ou 70. O fluxo de consumo pressupõe ainda a entrega a um contínuo que inclui uma dimensão *voyeurista* – própria dos novos nómadas urbanos que todos os dias chegam aos Centros Comerciais –, uma dimensão mimética inscrita na marca (a aura que transcende o produto), uma dimensão atenta ao *rebranding* (o reaparecer de novas séries dos mesmos produtos) e uma dimensão vital associada à hipnose gerada pela imagem tecnológica. Moisés de Lemos Martins caracterizou este novo dado comparando-o com a fábula aristotélica:

> O centro comercial é sobretudo um espectáculo tecnológico de imagem. Sendo uma parábola do nosso tempo, é a parábola de um tempo que se realiza sobretudo com imagem [...] A um tempo, o centro comercial exprime a racionalização moderna, que se realiza hoje tecnologicamente, e reorganiza a nossa experiência em torno da subjectividade e da objectividade, dando-lhe uma feição libidinal e retórica. E da mesma maneira que a fábula é para Aristóteles a realização de uma possibilidade de mundo, e também um mundo inevitável, o centro comercial, que pelo consumo, pelo lazer e pela comunicação, realiza a nossa contemporaneidade como racionalidade técnica e aparelhamento estético, convida-nos ao mesmo tempo a fazer esta viagem tecnológica e estética.[11]

Esta pluralidade què é própria do fluxo de consumo convoca uma derradeira conclusão: aquilo que se consome é, afinal, o próprio fluxo. Não os objectos, não os sonhos, não a marca, não a febre do *rebranding*, não a cintilação tecnológica, não as sublimações do dever incumprido (tese de Gilles Lipovetsky[12]), mas sobretudo o próprio coração do fluxo. Viver em estado de fluxo é ir sempre para além do que ele próprio sugere. Fernando Ilharco sublinhou este aspecto de uma forma criativa:

> Nas sociedades contemporâneas ocidentais, a generalidade da população tem mais livros do que os que alguma vez irá ler. Mais CD do que os que poderá ouvir. Mais televisão, cinema e vídeo por dia do que há escassas décadas tinha por ano. Mais roupas do que as que pode vestir. Mais desejos do que os que alguma vez poderá satisfazer. Enquanto isso, desde os automóveis aos computadores, as indústrias estão a gerar mais produtos do que os que são consumidos. Mas não é o "ter" que conta. Os objectivos rondam permanentemente o novo, mais, melhor e barato. E primeiro. Não conta ter. Conta o fluxo.[13]

Ou seja: consumimos o fluxo e realizamo-nos nesse acto que nos excede e realiza, como se fosse o simulacro de uma redenção que, de modo imediato e instantâneo, se cumpre.

1.2.2 Fluxos de ver (encantamento tecnológico)

O fluxo de informação coloca ao mesmo nível as ocorrências que nos chegam, segundo a segundo, aos terminais visuais (televisão, iPhone, iPad ou computador). A coordenação tem-se vindo agressivamente a sobrepor à subordinação – num movimento contrário ao que, durante séculos, acompanhou a passagem da oralidade à escrita – e aliou-se àquilo que Mario Perniola designou, em 2004, por "sensologia", ou seja: a "transformação da ideologia numa nova forma de poder que dá por adquirido um consenso plebiscitário baseado em factores afectivos e sensoriais".[14] Quinze anos antes, Pierre Bourdieu referira-se já, em *Contrafogos*, a este nivelamento tão próprio do encantamento televisivo:

> Estas tragédias sem ligação que se sucedem sem perspectivação histórica não se distinguem realmente das catástrofes naturais, tornados, incêndios de florestas, inundações, também elas muito presentes nas "actualidades", porque jornalisticamente tradicionais, para não dizermos rituais, e sobretudo espectaculares, que se podem cobrir sem grande custo, e cujas vítimas não são mais de molde a suscitar a solidariedade ou a revolta propriamente políticas que as dos descarrilamentos de comboio e outros acidentes.[15]

O fundamental é, mais uma vez, a propagação do fluxo e a proposta de criação de uma espécie de *zapping* interior que funcione do mesmo modo como Henri Bergson (1859-1941) descrevia a percepção de uma melodia desejada: "[O]n la perçoit comme indivisible: un perpétuel présent, un présent qui dure."[16] No fluxo, não há factos, nem há história, nem há verdade, mas apenas a necessidade de gerar espectros de sentido com grande impacto imediato. O fundamental é teclar e enviar, independentemente daquilo que se envia. O fundamental é accionar o comando remoto e passar de um canal para outro, independentemente da ancoragem. O fundamental é estar imerso no fluxo, como modo de ser e de coexistir.

A demissão do sujeito está, segundo Henri-Pierre Jeudy (1945), mais ligada ao exterior da *cosmicidade* ficcional (televisiva ou ciberimagética) do que ao seu interior. Este paradoxo é assim explicado pelo autor:

> Na nossa modernidade, a emoção já não se manifesta sem o poder da imagem. Fora da ilusão cósmica da televisão, o sujeito entrincheira-se em estereótipos passados, realiza uma espécie de demissão, fixa-se num lugar "morto", ao passo que só pode acreditar ainda no seu lugar "vivo" no ritmo infernal das imagens e dos discursos dos media. É por isso que a rejeição dos media, a recusa da televisão, ou qualquer outra negação expressa em relação à tirania da comunicação parecem traduzir um velho humanismo que se torna um tanto decadente.[17]

A estética flutuante da imagem digital condena o público a uma espécie de grau zero, perspectivando-o como cobaia de um perpétuo *spin*. Esse vazio – ou essa *tabula rasa* – é, no entanto, essencial para que o preenchimento possa ininterruptamente ter lugar, reiniciando-se como uma respiração sem fim. O fluxo vive do fluxo: uma autofagia circular que faz do corpo e da percepção um único lugar, cujo centro paira no alhures, isto é, num espaço indistinto e distanciado do espírito clássico da chamada consciência colectiva:

> Se o centro do indivíduo está doravante no exterior (de si), como que confiado à régie da imagem, não é para se depositar numa consciência

colectiva qualquer, mas para se prestar a todos os movimentos sinaléticos que abarcam o planeta.[18]

Seja como for, o fluxo de ver, pelo menos na sua dimensão telecrática, não deve ser visto como uma tragédia. Para o filósofo alemão Peter Sloterdijk, os media, e especialmente a televisão, constituem a última técnica de "meditação da humanidade", depois da era das grandes receitas (ideologias) e das "religiões regionais". Ou seja, para Sloterdijk a televisão é o primeiro "redentor" que nos deixa "realmente livres", porque, ao fim e ao cabo, os "indivíduos" querem é que "os deixem em paz; e esta tranquilidade é uma coisa que agora podem ter de uma vez por todas".[19] Uma teoria extraordinária que encontra nos fluxos suscitados pelo ecrã, pelos plasmas e pela pele dos monitores uma paz que teria sido apenas sonhada pelas muitas espiritualidades das escatologias.

1.2.3 Fluxos de viagem (mobilidade ininterrupta)

A mobilidade tornou-se em fascínio para o sujeito global. Já não é apenas devido à velocidade ou, tal como escreveu Paul Virilio (1932), à "aceleração que permitiu emancipar o homem do seu *habitat*",[20] mas a todos os artefactos que permitem associar o trânsito potencial à experiência imediata (GPS, mapas electrónicos, simuladores espaciais, etc.). A hora de ponta, as férias, as pontes entre feriados, os fins-de-semana, a noite e as festas rituais serão sempre pretexto para viver em estado de movimento incessante. O fluxo da viagem é o fluxo do guerreiro que tenta resistir ao tempo, à guerra e à morte. É uma resistência que se submete à partida logo após a chegada, à concorrência em vez da cooperação e ao risco de acidente.

No fluxo de viajar, o sujeito deixa de olhar nos olhos de outro sujeito. Torna-se na *physis* do próprio fluxo, no movente da viagem. O filme *Crash* de David Cronenberg (1996) é uma épica autoflageladora que traz a lume, através de uma alegoria possível, este tipo de actualidade. Para o protagonista do fluxo da viagem, não há nada que o impressione ou contente: a paisagem é apenas um signo de superação, de passagem. Tal como Paul

Zumthor (1915-1995) registou no último livro que escreveu: "Já ninguém se maravilha sequer com os vaivéns e os satélites que continuamos a disparar para o espaço: dispersão dos interesses, confusão das retóricas, cansaço..."[21] A virtualização do sujeito global coincide com o próprio anátema da viagem.

Gilles Deleuze (1925-1995) descobriu na literatura anglo--saxónica a raiz recente desta tendência:

> Partir, evadir-se, é traçar uma linha. O objecto mais elevado da literatura segundo Lawrence: "Partir, partir, evadir-se... atravessar o horizonte, penetrar numa outra vida. É assim que Melville se vê subitamente no meio do Pacífico, tendo passado realmente a linha do horizonte [...] A literatura inglesa e americana apresenta estas rupturas em permanência, assim como os personagens que criam as suas linhas de fuga, que criam através das suas linhas de fuga. Thomas Hardy, Melville, Stevenson, Virginia Woolf, Thomas Wolfe, Lawrence, Fritzgerald, Miller, Kérouac. Tudo aí é partida, devir, passagem, salto, demónio, relação com o exterior."[22]

No entanto, nesta fase (uma modernidade que evolui da utopia à distopia), a viagem era sobretudo objecto imaginativo e matéria para uma boa trama literária. O viajante estava diante da viagem e dela se separava: o olhar ia ordenando a sua própria deslocação e o corpo inscrevia-se autonomamente no espaço, sem que a paisagem mudasse porque assim o sujeito o desejava (apesar de as "linhas de fuga" em Deleuze remeterem para agenciamentos sempre plurais). O fluxo, ao invés, resulta da interiorização da viagem pela viagem, numa assunção entre tecnologia e virtualização. No fluxo da viagem não se viaja: exercita-se a elasticidade do fluxo e tem-se na pausa e na contemplação contingente o verdadeiro demónio.

1.2.4 Fluxos de soletrar (o uso simplificado das linguagens)

O fluxo conduz os sujeitos a desejarem sempre 'ter', 'ver', 'viajar', etc. O fluxo dá o que já lá não está e obriga o sujeito global a renovar constantemente a sua *performance*. Mas o fluxo não limita os actos onde se projecta, até porque a linguagem é, inevitavelmente, uma cadeia sempre em acto. Daí que as linguagens também se actualizem em fluxo, o que significa adaptar a gramaticalidade a uma comunicação que se constrói para se gastar. Não para referenciar ou enunciar dados substanciais, mas tão-só para esvaziar o ser, dando vazão à linguagem e ocupando o espaço entre locutores como se de signos indiferenciados se tratasse. Um jogo de linguagem puro, económico e despojado. Porventura sonhado em utopias de teóricos da linguagem.

No caso da linguagem verbal, o que caracteriza este fluxo é, curiosamente, uma certa estabilização. Melhor: um mimetismo que se enuncia de modo tendencialmente lúdico e que apresenta características claras, nomeadamente:

> A morte da sintaxe, recolocando, como nos tempos da oralidade, uma sobreposição do eixo da coordenação sobre o da subordinação, obliterando a diferença entre o fundamental e o acessório;
> A proliferação de lugares comuns de índole fática que visa preencher o terreno do fluxo em que comunicar significa apenas 'estar ali' ou 'permanecer ali';
> A desapropriação de regras de acentuação como forma de desnudar a escrita e, portanto, de a relegar para o estatuto de mero suporte de tipo instrumental;
> O emprego de adjectivos no lugar de advérbios, suprindo a complexidade do 'saber como' em benefício de um mais imediato 'saber que';
> O recurso a falácias reiteradas no campo das concordâncias, visando uma espécie de uso múltiplo e híbrido que se aplica em todos os casos;
> A recusa de um sistema ortográfico completo e consistente em benefício de uma escrita de traços em que o aleatório e o intuitivo se descodificam contextualmente;
> A desarticulação de conectores, confundindo-se o uso de conjunções com o uso de advérbios;
> A preferência pela repetição de fórmulas em vez da caracterização de estados através da enunciação de orações com

os seus termos essenciais (mimetismo amiúde com origem nos media);
> A redução do léxico potencial a um mínimo considerado operativo e funcional.

O fluxo de soletrar implica sobretudo dizer ao outro a frequência em que se deverá comunicar. Esta semelhança entre o nível da locução e o nível da ilocução (ou seja, esta aproximação entre o 'acto de dizer' e o 'compromisso' que esse acto traduz) corresponde, genericamente, à acção de um facilitador. Partilhada a redução gramatical, os interlocutores passam a manipular fragmentos de signos e ao praticar-se essa segmentação o sistema estabiliza-se. Tal como nos restantes fluxos, o fluxo de soletrar é um jogo em que o desejo e aquilo que se deseja são apenas um só. A linguagem não caminha, pois, em direcção a nada, dispensando finalidades e, por isso mesmo, de algum modo, esteticiza-se.

Se o fluxo é um dado dificilmente evitável, a liberdade, por consequência, constitui-se – tal como acima se referiu – como um acto residual de resistência. O que se está a passar no campo actual, dominado pelos fluxos, é uma afasia da vontade própria, dada a adesão incondicional do sujeito às voragens dos fluxos. Jean-Marie Domenach ilustrou este facto, ao constatar que o agir no mundo está a ser substituído por "próteses" que mais não são do que extensões dos próprios fluxos:

> A prótese substitui-se à aparelhagem e a prótese agrava as deficiências que compensa: sistemas especializados tomam conta da memória, da linguagem, da capacidade de reordenar o desejo e de organizar a sua vida. Educado, protegido, transportado, cuidado, alojado em ambientes, o indivíduo torna-se passivo e o grupo torna-se incapaz de ter iniciativa.[23]

1.3 Media e meta-ocorrências

Comecemos pelo lado mais básico da questão: em Português, a palavra "media" não tem o acento agudo que é, normalmente, próprio de uma falsa esdrúxula (como acontece com "média" no sentido de "média aritmética", "média de vida", "média harmónica" ou de "fazer/tirar a média"). De facto, por diferenciação, "media", enquanto substantivo masculino e plural ("Do inglês <mass> media 'meios de comunicação de massas', do lat. *media* 'meios'"[24]), surge em português como uma excepção e deve ser sempre assim registado – apenas "*media*" –, embora a sílaba tónica recaia, tal como em "média" (no sentido de "média aritmética"), na primeira sílaba (mais concretamente, na semiaberta "e").

Esta acepção (de "media") remete para um conjunto estável e facilmente reconhecível de sentidos: meios de difusão, distribuição ou transmissão de mensagens escritas, visuais, tácteis, sonoras (texto, cinema, fotografia, internet, radiodifusão, telecomunicações, etc.). O substantivo, no português do Brasil, é registado de modo diferente ("mídia"), embora as significações que traduz sejam idênticas. Esta clarificação sobre a grafia, a expressão e o conteúdo veiculados pela palavra "media" é muito importante, na medida em que nem sempre é conhecida (e aplicada) por todos os falantes de Português europeu, incluindo neste caso, infelizmente, alguns profissionais da própria área da comunicação (entendamos na área da comunicação, não apenas o jornalismo, mas também as relações públicas, a publicidade, as áreas "multimédia" – esta palavra, sim, uma esdrúxula –, o *design*, a comunicação institucional, etc.).

Os *media* atravessam a sociedade e podem ser definidos como uma permanente mediação (entre os acontecimentos e os destinatários – todos nós) que abarca inúmeros dispositivos – instituições de todo o tipo (políticas, jurídicas, religiosas, desportivas, artísticas, etc.) –, que têm, por sua vez, como função irradiar valores, defender interesses e proclamar objectivos. Numa sociedade mediatizada, as imagens e os textos que nos entram em casa (pela televisão e pela internet, por exemplo) são parte da imensa mediação em que vivemos.

No fundo, os media são como a água do desmedido aquário de que é feito o nosso mundo. Um mundo cada vez mais centrado no presente, no imediato, no instante, e cada vez mais afastado da memória, da palavra trocada e das leis orais que definiam as sociedades tradicionais. Um mundo cada vez mais centrado no presente e na velocidade e cada vez mais afastado da ideia de um futuro estável, programável e ideal. A nossa sociedade actual assemelha-se, em suma, a uma grande cidade mundializada ("omnipolitana", tal como lhe chamou o filósofo Paul Virilio) onde as diferenças são moldadas, expiadas e aproximadas pelo grande fluxo ou caudal de informação contido e expandido permanentemente pelos media.

É evidente que existe uma ligação directa entre facto, ou ocorrência, e a matéria de que se faz diariamente a notícia. Tradicionalmente, a notícia corresponde a ocorrências ou factos interpretados nas redacções, de acordo com critérios editoriais que os tornam seleccionáveis. Seja por excesso (uma imensa enxurrada, ou uma explosão em lugar não habitual; uma explosão no Iraque, hoje em dia, já não é geralmente considerada excesso); seja por falha (algo que escapa à ordem normal da previsibilidade, nomeadamente todo o tipo de acidentes que se destacam no horizonte diário de expectativas); seja por inversão (a troca de papel dos sujeitos numa determinada acção; exemplos: rejeição por parte dos próprios médicos do Vaticano da canonização dos pastorinhos ou o assalto dos "ninjas" ao Comando Geral da Polícia em S. Tomé e Príncipe).

Para além destes critérios de cariz tradicional (excesso, falha e inversão), a massificação dos meios e a instantaneidade gerada pelas tecnologias emergentes têm conduzido a novas formas de interacção, a novos formatos editoriais e, portanto, a renovadas práticas jornalísticas. É neste contexto que surgem as chamadas "meta-ocorrências" que correspondem a verdadeiras sequências ou cadeias ficcionais, de propagação global ou regional, que têm no início como base um facto real e a correspondente notícia. Contudo, quando os factos reais são depois apaixonadamente transformados, ao longo de um determinado período, em efabulação ficcional, intertextual e contagiosa – veja-se o caso Casa Pia, o caso gripe das aves, o caso McCann, o caso da dívida soberana/Troika, os incêndios de Verão, etc. – pode dizer-se que passamos a estar face a uma típica meta-ocorrência.

Os relatos que diariamente enchem tablóides, canais e jornais respeitáveis, colunas de opinião de todo o tipo e discussões acirradas ao balcão dos cafés ou nos cabeleireiros equivalem aos mitos das sociedades tradicionais. O ser humano tem realmente necessidade de ouvir e de contar histórias. Aliás, António Damásio afirmou, no seu *O Sentimento de Si* (1999-2000), que o nosso cérebro é um fluente contador de histórias: "Contar histórias precede a linguagem", o que é "uma condição para a [própria] linguagem [...] que pode ocorrer não apenas no córtex cerebral, mas noutros locais do cérebro, quer no hemisfério direito, quer no esquerdo."[25]

Esta predisposição quase genética, que encontrou, noutras eras, sobretudo nas literaturas orais e mitológicas, o seu esplendor, está hoje a ser subtilmente reatada. Com efeito, as sociedades actuais revêem nas novas narrativas mediáticas as histórias exemplares onde projectam as suas fragilidades, as suas singularidades e os paradigmas da sua existência. A morte e a notícia da morte de Diana aconteceram já há bastantes anos, mas ainda hoje a respectiva meta-ocorrência continua a alimentar debates acesos, tomadas de posição diversas, para além de inúmeras conjecturas.

As meta-ocorrências alimentam-se, portanto, do mesmo tipo de mistura entre ficção e real que florescia nos antigos mitos. Nos tempos que correm, esse desiderato ressurge, por exemplo, nos *Reality Shows*, mas também no *endorsement* publicitário[26] e na transformação em espectáculo de grande parte da vida pública (sendo, muitas vezes, o público e o privado escrutinados de modo perversamente parecido). Estes exemplos constituem uma pequena parte da intensa mistura entre ficção e real que vai fazendo o nosso mundo (também no cibermundo, nos jogos electrónicos, na dimensão fantasmática dos conhecimentos virtuais, etc.). Aquilo que os teóricos das ciências da comunicação designam por "meta-ocorrência" mais não é, em suma, do que a transformação nos media de ocorrências reais em autênticas efabulações, desejadas e constantemente ampliadas, que dão a volta ao mundo (ou a uma comunidade regional específica) de maneira ininterrupta.

Henri-Pierre Jeudy associou este facto à celeridade da produção de acontecimentos e avançou com a ideia de uma verdadeira encenação, criada na área mediática:

> Quando o ritmo dos acontecimentos se acelera surge a situação ideal dos *media*. Os *media* podem agora, em lugar de se precipitar sobre o acontecimento, em lugar de criá-lo, de empolá-lo, imprimir-lhe a sua incrível dinâmica, a sua capacidade singular de distribuir alucinantes massas de informação. Mais do que nunca, a história oferece a aparência de estar em vias de se escrever [...] ninguém pode contestar esse fantástico poder das imagens imediatas [...] já não se trata verdadeiramente de uma teatralização da vida quotidiana: o recuo, a distância, tornaram-se impossíveis.[27]

Ao fim e ao cabo, retomando a ideia central da meta--ocorrência, é um facto que vivemos todos numa espécie de *Vanilla Sky*. O Leviatã comunicacional da actualidade, fortemente mediatizado e virtualizado, é um herdeiro directo das mitologias clássicas que habitavam, também elas, num limbo de oralidade entre os domínios da ficção e a partilha de uma dada realidade.

Hoje em dia, quase que deixámos de ter tempo para nos prepararmos para a actualidade: entre as imagens e o pasmo e, por sua vez, entre o pasmo e as imagens passou a existir uma distância ínfima. Uma película imperceptível. Ou seja, quando as imagens nos invadem, inevitavelmente já desencadeiam pasmo e quando o pasmo nos povoa – como se, perversamente, fosse um alívio –, apenas só já desejamos entregar a passividade do nosso olhar e da nossa imaginação ao fluxo das imagens que nos entra em casa. É este o novo *pas de deux* que o *tempo da iminência* está a dilatar.

1.4 Alguns exemplos de meta-ocorrência

No Verão de 2011, quando Portugal começou a ser intervencionado pela Troika, solicitámos aos cronistas do jornal *Expresso* que nos enviassem três crónicas do primeiro semestre desse ano, cujos temas fossem para os próprios da maior relevância. Guardámos esses textos para exemplificar o modo como uma meta-ocorrência, neste caso sob o signo temático da crise, se podia ramificar e problematizar. Aqui publicamos uma selecção desse interessante material da autoria, respectivamente, de Henrique Raposo, Luísa Schmidt e Clara Ferreira Alves.

Comecemos por uma visão optimista e irónica da crise com um fundo retrospectivo a alimentar a certeza do destino que se aponta:

> O Portugal de 1960 é uma espécie de Idade Média remotíssima para um português nascido depois de 1990. E ainda bem. É por estas e por outras que nunca entrei no novo-riquismo dos últimos 15 anos. É por estas e por outras que não participo agora na farsa queirosiana do este-país-é-sempre-a-mesma-choldra-e-nunca-muda. Portugal vai sair do buraco, porque cinquenta anos de sucesso não se esvaem numa década perdida.[28]

Passemos a uma abordagem da crise marcada pelo corte do cordão umbilical e em nada alheia, na perspectiva do cronista, de uma componente específica do universo político:

> O problema é que o socialismo local tem sido financiado pelo capitalismo global. Este é, aliás, um dos segredos de polichinelo do nosso tempo: sem os mercados, sem o "capitalismo de casino", a esquerda não sabe governar. A esquerda tem financiado a sua "justiça social" com o dinheiro da "malévola especulação". A crise de hoje representa o corte deste cordão umbilical omnipresente, mas nunca comentado (é segredo, avô). Sem o acesso ao reino das agências de notação, a esquerda está a ficar desorientada, sem bússola. Era por isto que o meu avô não queria a esquerda viciada nos mercados. É por isto que a esquerda precisava de ler as prosas que o grande Agostinho Raposo deixou lá nas terras situadas entre o Sobralinho e a Pouca Sorte.[29]

A figura do comentador político, que assume funções de descodificador do fluxo mediático da semana, é inserido, neste extracto de crónica, como umas das sementes da crise:

> O prof. Marcelo, preclaro oráculo da nação, não tem as mãos sujas como Sócrates, mas esta crise também tem a sua assinatura. Na última década, o nosso espaço público não discutiu ideias. Discutiu tácticas e timings. A culpa

disto não é do povo, é dos Marcelos Rebelos de Sousa. Alguém se lembra de uma convicção profunda de Marcelo?[30]

O texto que se segue explora o desfasamento entre recursos e necessidade, um dos berços da crise:

> E Portugal? Portugal tem uma condição extremamente frágil neste contexto. Importa 75% dos alimentos que consome, abandona cada vez mais terras, produz cada vez mais para o comércio global (flores, kiwis, etc.) e tem cada vez menos população capaz de trabalhar a terra. Na perspectiva de algumas empresas agrícolas de ponta o país aparece modernizado mas, na perspectiva da segurança alimentar, está muito fragilizado. E o sucesso de uma coisa não implicava o problema da outra. Se os preços subirem como a FAO prevê, Portugal não poderá continuar a comer na base do que compra lá fora. Entretanto, as terras ficaram a mato porque se considerou moderno o abandono dos campos, a mutilação sistemática da reserva agrícola nacional e a destruição dos melhores solos agrícolas.[31]

A abordagem em torno da baixa da procura (e das consequências a vários níveis que daí advêm) dá corpo a este extracto de crónica:

> Subitamente parece tudo ao contrário. O consumo tornou-se antipatriótico e venal. E o que é que vai acontecer à sociedade que se construiu sobre as regras cívicas do cidadão consumidor? Ninguém sabe, mas, de forma vaga, percebe-se que o país confia sobretudo em duas coisas: na organização da caridade e nas polícias. E é capaz de não se enganar muito. As rupturas sociais tendem a trilhar sobretudo dois caminhos: pedir e roubar. Eis um tipo de preocupação que raramente os debates assinalam: o preço das consequências sociais inexplícitas e até ocultas. Quanto vai custar acorrer às misérias e garantir as seguranças? Qual vai ser a factura a pagar pelos estragos ambientais e outros, por ausência de serviços, inspecções e técnicos que o refluxo do Estado irá gerar? E quanto vão custar as tensões sociais nas grandes áreas metropolitanas onde já hoje vive mais de metade da população?[32]

Neste texto, há ecos de determinismo histórico, embora esclarecido, em oposição às vagas de ilusão, tão férteis em períodos de crise:

> Pensem num doente terminal que acha que a rádio e quimioterapia que lhe queimam todas as células sãs do corpo irão salvá-lo. Diminuído e doloroso

[sic] pelos "tratamentos", a "ajuda", sem esperança de cura ou de prolongamento de vida, o doente enraivece. Nesta fase, proclamam os ingénuos e os aproveitadores, Portugal vai regenerar-se e ver na crise a sua oportunidade de redenção de vícios ancestrais. Quem acreditar nisto nunca leu um livro de História de Portugal. Ou aprecia mezinhas chinesas para curas milagrosas. Ou é um político mentiroso, que também os há por aí, fazendo política como quem vende carros em segunda mão.[33]

A crise é, também, o resultado de uma fuga generalizada e, por vezes, imparável, para a frente. É esse o tema deste excerto de crónica:

> Hoje, chamam a isto a política do betão mas quando o betão estava a ser armado e amassado não houve uma voz nos dois maiores partidos, e fora deles, que se levantasse contra a megalomania. O PSD que nos aparece tão enxofrado com os gastos públicos é exactamente o mesmo, com as mesmas pessoas, os mesmos autarcas, que aplaudiram e inauguraram e cortaram as fitas, com pompa e circunstância, das suas obras públicas. As rotundas, as estradas, os hospitais, as escolas e os tribunais. E os centros culturais. Os estádios. As escolas, claro, foram as mais baratas. Foi onde se gastou menos dinheiro. Basta olhar de fora para ver que não tiveram o escrúpulo nem a ousadia do resto. Que eu saiba, nenhum presidente de câmara, do PS ou do PSD, disse: vamos parar com as rotundas e as estradas, com os centros comerciais, vamos investir em obras locais, reparações, coisas mais modestas, vamos cuidar da infra-estrutura existente. Do património. Este país novo-rico e coberto de verniz que sai da casa própria comprada com crédito no banco, em promoção, e vai de carro último modelo comprado a crédito no banco, super-promoção, comprar o jornal ao hipermercado.[34]

A abordagem da inevitável salvação, em tom cáustico, é aqui desenvolvida com paralelismos para as geografias que se constituem como reverso da crise, ou seja, a Alemanha:

> Por razões da alma lusitana que não interessa explorar e que já foram suficientemente exploradas na literatura avulsa e na produção intelectual sobre a "identidade", a alma lusitana acredita na salvação. Esta salvação não implica a transcendência nem a crença numa espiritualidade que suavize as agruras desta vida e as transfira para outra. Apesar do catolicismo vigente, os portugueses têm os pés assentes na terra e nos pedais do carro e sabem que o melhor está naquilo que temos e não naquilo que havemos de ter. Não estamos sozinhos nesta

crença. Os dois países da Europa onde se vendem mais carros nos últimos tempos são a Irlanda e Portugal. Talvez esta compra de carros em situação de crise tenha a [sic] ver com esse catolicismo mas duvido. Os carros são do reino do agora (e dão muito jeito, com aqueles pedais todos, os estofos de pele, o *tablier* luminoso e digital pontilhado de vermelho e verde, o leitor de iPod, enfim, os confortos terrenos de um topo de gama) e o céu é uma imaginação. Ainda por cima com aquele nome, imaginam-se nuvens e azuis celestes e talvez ande por lá o velho de barbas brancas a que chamamos Deus e nada disso se compara a um Audi ou a um BMW fabricados por aquela Alemanha industriosa que fabrica e vende carros mas não compra. Está em crise. Nós também estamos em crise mas, ao contrário dos [A]lemães, sabemos que alguém ou alguma coisa nos irá salvar da miséria. Foi sempre assim, descobrimos o Brasil por acaso, que diabo, havemos de descobrir outros truques. Somos um povo com sorte e que aposta no Euromilhões mais do que o resto da Europa, com a consequência de que somos o povo da Europa que mais ganha o Euromilhões.[35]

Estes textos desdobram-se sobretudo em duas direcções: as causas e os impactos da crise. No primeiro caso cabem abordagens como o desfasamento entre recursos e necessidade e, por outro lado, a fuga generalizada para a frente (sem esquecer o anátema metaforicamente traduzido pelo corte do cordão umbilical). No segundo caso, cabem consequências a nível da baixa de procura e – de um modo menos específico e mais irónico – a nível do determinismo histórico que envolverá Portugal (sem esquecer o papel da metalinguagem que os comentadores ocupam no campo semanal dos media). Por fim, a complexidade do tema aparece reflectido, quer no misto de escárnio e velado optimismo que envolve alguns dos argumentos, quer na necessidade de fazer ver que uma crise é sempre o produto de muitos versos e reversos.

Deve referir-se, por fim, que as meta-ocorrências espelham geralmente mecanismos ficcionais bastante mais delirantes, embora o tema da crise e o género da crónica contribuam, tal como se verificou, para um registo contido e discreto. Afinal, o espaço público é uma instância multifacetada que cruza discursos e que filtra as conotações que atravessam, de lés a lés, as sociedades.

1.5 O espaço público mediatizado como contraponto

A cultura tende a interiorizar duas dimensões no modo como se relaciona com as tecnologias e com o excesso de informação. Por um lado, como vimos até aqui, disseminando-se e entregando-se ao espaço telemático, aos fluxos e às narrativas oriundas das meta-ocorrências (espécie de nuvem mitológica da actualidade); por outro, ancorando referencialmente no espaço público que, nas democracias, tenta equilibrar com alguma racionalidade este convívio complexo entre a liberdade e a afirmação humanas e a compulsão dos media e do hiperespaço em geral.

As democracias pressupõem realmente a existência de um espaço público onde a polémica, o debate e o contraditório sejam ininterruptos. Esta intersubjectividade comunicacional constitui um imenso mar onde a informação – as várias informações, incluindo a jornalística – vem desaguar. Mas não só; o que significa que a comunicação, nas sociedades actuais, não é de modo algum esgotada pela intervenção dos media, embora aquela acabe por lhes ser tão fundamental como o sangue é fundamental para o corpo.

Há pois uma íntima ligação entre o espaço público que se interioriza em cada um dos membros de uma comunidade e o espaço singular dos media que agencia, edita e selecciona dados informativos. Na confluência de um e de outro podemos falar de 'espaço público mediatizado', ou seja, na fusão entre a experiência continuada dos interlocutores de uma comunidade (face aos discursos dominantes, à publicidade, aos discursos políticos e a outras dimensões comunicacionais activas) e a informação gerada pelos media em fracções temporais hoje cada vez mais curtas (a amplitude diária está, com o ciberjornalismo, a transformar-se numa amplitude quase instantânea).

Segundo Dominique Wolton, o espaço público mediatizado é um modelo próprio da democracia de massas. Trata-se de um modelo que baseia o seu funcionamento na liberdade e na responsabilidade e, por outro lado, no confronto e na concorrência permanentes. Há problemas óbvios que, de modo quase inevitável, este afrontamento (desejadamente são) acaba por suscitar. Seria, aliás, ingénuo pensar que uma arena democrática pudesse corresponder a um paradigma de pura harmonia sem vitalidade, sem disputa e sem tensões ou linhas de fractura. Sigamos o modelo de Wolton para ilustrar sete das principais "contradições do espaço público mediatizado", tal como o autor as designou[36]:

> Tirania do acontecimento: este primeiro "paradoxo" tem que ver com o facto de, hoje em dia, os media "reduzirem todas as escalas de tempo" à medida do acontecimento. É por isso que os actos políticos perderam o seu carácter de rito excepcional – como acontecia até há poucas décadas – para passarem, em grande parte, a converter-se em acontecimento corrente dos media (note-se, por exemplo, como as conferências de imprensa e os discursos de realce passaram a ser à hora de abertura dos telejornais dos canais generalistas). Sem adquirirem o selo de acontecimento mediático, os actos políticos mais importantes hoje quase que não chegariam a 'existir'. Por outro lado, o directo que, tradicionalmente, era o "horizonte de informação e o seu ideal" passou a banalizar-se e a fundir-se com uma espécie de linha de fundo muito lisa e onde quase nada se destaca;

> O 'expositor' mediático: a omnipresença dos media e de outras esferas comunicacionais associadas à impressão de instantaneidade em que vivemos deveria conduzir a um patamar em que todos deveríamos "saber tudo sobre tudo". No entanto, por detrás desta 'impressão' (tão própria das ilusão das imagens), verifica-se que a "classe mediática, intelectual e política" não se encontra, actualmente, mais próxima dos problemas da sociedade (em comparação com o que acontecia nas sociedades tradicionais pré-mediatizadas). Quer isto dizer que "o acesso ao acontecimento", fora do campo da experiência pessoal, aumentou imenso, por vezes até de modo desmedido e exagerado; contudo, "o grau" – ou o tipo – de acontecimento não se

alargou proporcionalmente ao número de acontecimentos cobertos pelos media. Bastará fazer um simples *zapping*, ou comparar tão-só vários jornais do mesmo dia, para verificar que a repetição serve mais como expositor permanente e menos como forma de criar diversidade;

> Uma comunicação sem tabus: embora por contrapeso ao tempo antidemocrático das censuras se possa pensar que o espaço comunicacional é um espaço apenas baseado no "*laisser faire, laisser passer*", a verdade é que o espaço público só sobrevive com regras. Por outras palavras: não há abertura e liberdade sem responsabilidade e vínculo a regras. Cabe à regulação (incluindo a auto-regulação, claro) arbitrar, analisar e escrutinar o trabalho quotidiano dos media. Trata-se de uma mediação democrática – mesmo quando instituída sob a forma de "Entidades" (se devidamente escrutináveis) – que confronta a deontologia do jornalista com os limites que a sua própria actividade pressupõe. Afinal, a liberdade define-se através dos próprios limites que se lhe colocam socialmente. Este aspecto, necessário e vital até, tem constituído motivo de intensas e interessantes polémicas, seja pela constituição e atribuições das entidades reguladoras, seja pela interpretação de factos e acontecimentos mediáticos em concreto;

> A estandardização: a "multiplicação de trocas" e o surgimento de um "grande número de actores" a pronunciar-se no espaço público sobre uma apreciável latitude de temas poderiam sugerir uma indefinida multiplicidade. Todavia, aquilo que no mundo anglo-saxónico se designa por "*correctness*" acaba quase sempre por vingar. O 'politicamente correcto' corresponde ao que o filósofo Gilles Deleuze designou por "palavras de ordem", ou seja, à proliferação de discursos alicerçados em códigos dominantes que espelham e reduplicam essencialmente dicotomias muito cristalizadas. Isto significa que tudo pode ser comunicado, embora o espaço de abordagem seja pouco amplo

– muitas vezes aparentando o contrário – e condenado a desenvolver-se através de esquemas particularmente binários. O modo como se discutem questões, na aparência com imensa abertura, como a sexualidade, as manipulações genéticas, a religião, a morte e um vasto conjunto de chamadas "questões fracturantes" reflecte, de facto, a estandardização em que vivemos (as discussões em fórum radiofónico e programas televisivos como o *Prós e Contras* ilustram amiúde esta realidade);

> A personalização: o alargamento do espaço público e do papel crescente dos media tem acentuado a personalização. Nas narrativas mitológicas antigas, o papel dos grandes heróis era fulcral como *exempla*. Na actualidade, a faixa de (texto e) imagens que constitui o espaço público mediatizado, precisamente por desempenhar em termos sociais a mesma função que os mitos antes protagonizaram, acaba por criar um leque estável de ícones personalizados que requerem funções diversas. Ao fim e ao cabo, em Portugal, o que terão em comum Marcelo Rebelo de Sousa, Valentim Loureiro, Judite de Sousa, Rui Santos, Bárbara Guimarães, Paulo Portas, Herman José ou Fernando Seara? Pouco. Mas todos estão a meio de narrativas, de que são personagens e símbolos fundamentais, que o público avidamente segue por identificação e por projecção. A personalização, ao invés da objectivação, é a medida fantasmática dos novos palcos regionais ou globais;

> A identificação acção-comunicação: em política, e noutras actividades em que o destino da comunidade e os destinos individuais se cruzam, a acção é fundamental. A discussão de propostas, o cruzamento de ideias, a persuasão pública, os projectos 'de desenvolvimento', as práticas eleitorais e a aferição dos discursos constituem parte do agir político normal (no sentido nobre do político, i.e.: da *polis* enquanto comunidade humana). Até porque, numa democracia, a dimensão institucional não esgota, longe

disso, o que deve ser o resultado da interacção criada e polemizada no espaço público. Seja como for, verifica-se que a maior parte da acção implementada na *polis* acaba legítima e necessariamente por se revestir de uma forma de 'estratégia de comunicação'. O que significa que a autonomia e a abertura entre a acção e a comunicação se estreitaram. Porventura excessivamente. Hoje em dia, é praticamente impossível imaginar o que seria a acção pública (ou o agir político) sem um agenciamento profissional na área da comunicação. Imaginar o inverso é igualmente impraticável. A identificação é, pois, total. Ou quase. O número de conferências de imprensa ao longo dos conflitos armados (Guerra do Golfo, por exemplo), ou o desfasamento entre o tempo próprio da acção judicial e o tempo comunicacional dos media (caso Casa Pia, por exemplo) são disso prova;

> O tema da transparência: no espaço público dos nossos dias, verifica-se que não existe continuidade e coerência entre a representação que os media, as sondagens e a arrumação do mundo político fazem da sociedade. Os retratos ou os diagnósticos sobrepõem-se, mas não conferem a quem os olha uma uniformidade e uma sobreposição 'ideais'. A auto-imagem que aparece diante de todos nós corresponde a um conjunto *estilhaçado* de figuras, sem centros, ou com vários centros que se deslocam permanentemente. Embora os discursos dominantes apelem e reivindiquem a transparência (como forma de fixar o que não é *fixável*), a verdade é que o espaço público mediatizado traduz uma saudável heterogeneidade de representações. Ao fim e ao cabo, esta heterogeneidade permite evitar que a generalização da comunicação acabe por "homogeneizar artificialmente" representações muito diversas que grassam na sociedade e, por outro lado, permite isolar a especificidade da representação política que é afinal a única "fonte de legitimidade" das democracias.

Resumindo, poderia concluir-se que este diagnóstico do espaço público mediatizado condensa três linhas principais que se abrem a naturais clivagens: em primeiro lugar, os media, por terem um tempo próprio, suscitam um certo tipo de acesso ao acontecimento e têm atrás de si um saber (que se imagina ser socialmente útil). Em segundo lugar, os media confrontam-se entre a prospecção da liberdade e os limites de uma codificação por vezes vaga, num espaço que – dir-se-ia felizmente – se pauta pela heterogeneidade. Em terceiro lugar, no que respeita ao funcionamento diário dos media, há dois riscos fundamentais que foram assinalados: a distorção (correcção) e a tentação do estereótipo (nomeadamente a que advém do agenciamento de cariz eminentemente pessoal). O primeiro adequa o discurso a um patamar solúvel, propondo uma solução leve, mediana e aceitável onde se dissolvam polémicas consideradas inúteis; o segundo reata e amplifica o efeito *"star"*, criando heróis – ou marcas individualizadas – a partir das morfologias da visibilidade pública (estes novos actores sociais herdam um simulacro de impactos afectivos e referenciais que eram próprios dos grandes protagonistas que habitaram noutros sistemas comunicacionais, caso dos escritores, intelectuais, heróis épicos, profetas, etc, etc.).

2. MARCAS, PUBLICIDADE E DESIGN

A sedução é uma malha feita de intensidades que atravessa o espaço público mediatizado. A sedução é, nos nossos dias, uma rede dentro da rede. Nos sistemas axiais – escatológicos ou ideológicos –, a sedução era um campo que se tinha como adquirido a partir dos próprios programas. Figuras como "Deus" ou como uma futura "sociedade sem classes" constituíam metas que se bastavam a si próprias e que colavam de imediato a sedução à sua realização interior, quer através da crença espiritual, quer através da convicção programática. No mundo que sucedeu a estes grandes códigos, baseado na tecnologia, na rede globalizada, na ficcionalidade dos media e num espaço público complexo, a sedução deixou de ser um dado adquirido e tornou-se num edifício em permanente construção. De tal modo que a persuasão, seja no domínio publicitário, seja no domínio político, entre muitíssimos outros, se transformou numa espécie de verdadeiro leme das sociedades, profissionalizando-se cada vez mais, intensificando a sua presença em todo o globo e tendo-se mesmo esteticizado nos domínios especificamente criativos (a publicidade enuncia, actualmente, mensagens que têm entrada directa na indústria mundializada da arte contemporânea).

2.1 Intensidade e estesia

A estesia tem como étimo *aisthesis* e remete para a ideia de percepção e organização dos mais variados impactos e efeitos que atingem o corpo. O conceito de "somatossensorial"[37], muito utilizado por António Damásio, aproxima-se deste tipo de frémito estésico. Por outras palavras: a estesia

> mobiliza e comove os perceptos sensíveis conduzindo ao estado de disposição que nos implica directamente com o *sentimento do mundo*, com um sentimento de fundo, em que podemos admirar e compreender as coisas no fulgor de suas expressões mais originárias.[38]

Para Martin Heidegger, o *pathos-paskhein* conota a expressão "deixar-se con-vocar por"[39] e evoca a plasticidade que se pode estabelecer entre estesia e anestesia, ou entre a extrema intensidade com que nos podemos abrir ao mundo que nos rodeia e a passividade. A estesia é, pois, um estado de intensidade que nos liga às imagens persuasivas com que estabelecemos um interface contínuo na nossa vida.

A imagem que *aparece* hoje nos terminais tecnológicos das nossas casas tende a criar a utopia de um renascimento da vida e, portanto, de uma nova realidade. O virtual tem designado este processo que se baseia no algoritmo e não num original que reduplicaria. A nova imagem é uma imagem numérica, não analógica, desprendida de referentes e apenas dependente da linguagem que a gera, decompõe ou programa. O virtual é, pois, um labirinto maleável que faz da imagem um espaço plástico e sem fim: cada fracção, cada sequência e cada contiguidade entre imagens é sempre um entreposto ajustável e susceptível de ser ilimitadamente moldado. As imagens virtuais, como toda a hiper-realidade, não pressupõem contexto e, portanto, um 'de fora' e um 'de dentro' que as caracterizassem. Elas deslizam nos terminais como uma seiva que afirma e se encena, que aparece e desaparece, que palpita ou temporariamente se fixa. A nova lógica das imagens é, de facto, a lógica do ADN de um organismo que tivesse sido inventado e que tivesse adquirido vida e legitimação próprias. A estesia advém do modo como é interiorizada a mobilidade das imagens digitais por quem as percorre e descodifica. O virtual cria um pequeno mundo em cada momento, que é, também, o mundo de quem as lê. Esta identificação hipnótica está na base de novos tipos de intensidade – caso da estesia – que configuram uma osmose entre a percepção e os fluxos que a atingem.

Este novo tipo de imagens vive numa dimensão que nada tem que ver com a aparição moderna das artes, incluindo nesse aparecer subjectivo, que sucedeu a meados de setecentos, a própria literatura. Uma das características do mundo moderno traduzir-se-ia, a partir dessa época, pela progressiva emancipação das imagens face aos conceitos. Com efeito, a imagem medieval vivia em iluminura, em vitral, em texto ou em pintura, mas, independentemente da eficácia a que se propunha, reproduzia quase sempre uma mesma narrativa e, portanto, subordinava--se inevitavelmente a um alinhamento de raiz conceptual. No mundo moderno, as imagens libertaram-se das armaduras conceptuais que as resguardavam e submetiam e iniciaram uma nova história. Um balanço da utilização de imagens nos últimos três séculos, dentro e fora da literatura, evidenciaria a longa história de uma tensão ao mesmo tempo significativa e expressiva. O espaço da imagem na narrativa moderna não foi imune a estas transformações. No romance contemporâneo, sobretudo após a Primeira Guerra Mundial, as imagens passaram a disputar o cálculo, o plano e a estratégia da enunciação. A pouco e pouco, a tensão expressiva entre o mundo das imagens e a engenharia do *plot* (quando o *plot* assumia relevância), criou um novo modo de significação da própria literatura (a efabulação de Samsa em Franz Kafka, a microscopia de Castorp em Thomas Mann e o duplo Orlando que Virginia Woolf fez caminhar como um cervo são disso exemplo). Na segunda metade do século passado, este modo de afirmação tornou-se tanto mais permeável quanto a desfragmentação do romance, enquanto corpo fixo, substancial e sólido, foi entrando em cena.

    Ao fim e ao cabo, são as figuras que fazem e arquitectam as imagens como formas de representação. Ou seja: o aparecer de um conjunto de formas em vez de um conjunto de realidades, independentemente do carácter e da matiz da figuração em causa. Este aparecer pressupõe sempre um ensimesmamento – isto é, a imagem vale sempre por si própria –, mas, por outro lado, pressupõe também uma relação independente e autónoma com os ausentes a que se refere. Numa imagem, são tão importantes as figuras que estão presentes como as que poderiam ter estado para evocar uma dada realidade. As figuras criadas (quando uma imagem se enuncia) nunca são uma cópia do objecto real para que remeterão e que, em termos absolutos, nunca chegaremos de facto a conhecer (desde John Locke que se sabe isso, embora os *turns* do século XX o tivessem evidenciado). Este princípio *a-realista*, que coloca as imagens longe de um ingénuo "espelho da natureza",[40] concede às figuras que as formam um fôlego que excede a sua utilização como mero instrumento. Além disso, e tal como a neurobiologia hoje testemunha,[41] as imagens são também mecanismos ficcionais – isto é, organismos contadores de histórias –, vivendo por isso, em grande medida, do universo que geram para além do lado instrumental, transitivo e relacional a que são geralmente associadas. A estesia faz parte da própria geração das imagens e tanto vive na pele de quem as capta, como irradia nas malhas da rede como ingrediente primeiro da persuasão.

Pode afirmar-se que o caos apenas respira onde não há imagens que lhe possam dar sentido. É o que se procura imediatamente após um acontecimento capaz de alterar a estabilidade: fosse nas horas que sucederam o 9/11, a segunda invasão do Iraque ou a falência do Lehman Brothers, foi nas imagens que procurámos, com sofreguidão, a percepção de uma nova ordem. De facto, quando se criam/geram imagens, a voragem tranquiliza-se. São elas que melhor traduzem a ideia de um reequilíbrio. São elas que melhor nos conformam e nos dão a ver a vida como uma variação. Ou como uma realidade que, ininterruptamente, se soma à realidade. Tal acontece sobretudo por duas razões: as imagens repõem as figuras do visível, corporizadas e concretas. Mas, por outro lado, as imagens também conotam poderosamente o que lá não está, saciando-nos, em segundos, a imaginação que apenas processaríamos mediante estímulos muito especiais. De um pormenor efabulamos um mundo e ajustamo-lo, a cada momento, à silhueta muito real – por vezes impressionante – que a objectividade das imagens veicula.

2.2 Publicidade e cultura de marca
Esta capacidade metonímica de simultânea apreensão e aceleração aparece reflectida em todas as actividades humanas com destaque, no entanto, para a persuasão pública. É o caso

da publicidade. Com efeito, as marcas trabalham a partir desta mesma ideia de declive que permanentemente se recompõe. Definidas por Al Ries e Laura Ries – e por outros gurus da epistemologia publicitária – como imagens ou "percepções que o público tem de um serviço, produto, pessoa, etc.",[42] a verdade é que ninguém detém ou controla, a cem por cento, uma marca. A súmula de imagens que define uma marca comporta-se no espaço público como uma argamassa que lentamente se cria e que, de um momento para o outro, se pode fragmentar. É por isso que a publicidade não cessa de a construir e de a reconstruir, tal como acontece no nosso próprio *marketing* pessoal (uma pessoa é uma marca, como o é uma escola ou uma multinacional de telemóveis).

É por isso que as marcas acabam sempre por deslizar para além dos sentidos que as condicionam. Compostas essencialmente por "património" (o que é tangível, desde o histórico à presença no imediato) e por "core" (o que é intangível, ou seja, aquilo que decorre da aura ou do espírito criado ao longo do tempo), as marcas são modelos de permanente actualização. Enquanto se afirmam, as marcas já preparam, sem cessar, a sua encarnação noutro e noutro quadro de imagens. Como se fossem, ao mesmo tempo, acontecimentos e imagens que permitem entendê-los.

A publicidade faz parte – e é, de certo modo, a continuação – de um grande caudal de discursos que teve, desde sempre, um único objectivo: convencer os outros de algo. Este propósito persuasivo ou de sedução é a base de muitas e diferenciadas técnicas, expressões e saberes que atravessam a retórica, muitos preceitos jurídicos e religiosos, a gramática, alguma poética e até a própria lógica. A maior parte da nossa vida debate-se com actos ligados à sobrevivência e sobretudo à persuasão.

A publicidade iniciou-se no momento concreto em que a revolução industrial fez com que os objectos deixassem de ser simples objectos para passarem a ser objectos diferenciados. Deixou de haver a chávena e o prato para passar a haver centenas de tipos de chávenas e de pratos. O conceito de marca corresponde, de início, apenas à identidade desta diferenciação. Depois o conceito evoluiu e criou o paradigma actual da colmeia de imagens. De qualquer forma, é a necessidade de tornar visíveis perante o público a chávena da marca A ou a chávena da marca B – quem diz chávena diz todos os objectos e serviços que se possam imaginar – que irá criar a publicidade, tal como ainda hoje a entendemos.

A N. W. Ayer, fundada em 1869, foi a primeira companhia publicitária de que há notícia histórica. Nessa época, as companhias compravam espaços nos jornais e nas ruas e negociavam-nos com as empresas que iam criando os seus próprios "anúncios". No final do século XIX, John Walter Thompson criou uma agência de publicidade que se propôs, pela primeira vez, fazer o que hoje designaríamos por *design* dos "anúncios". Foi há pouco mais de um século que Albert Lasker descobriu que a especialização da publicidade deveria apenas cingir-se à criação de anúncios. A maioria das agências internacionais nasceu na Madison Avenue em Nova Iorque, espalhando-se depois pelo mundo.[43] Razão por que a Madison e a publicidade estão para os mercados financeiros e para a Wall Street como o cinema está para Hollywood (fundada curiosamente na mesma época, i.e., em 1913).

A linguagem publicitária evoluiu muito. Começou por se focar no produto e manteve, no essencial, esse intuito referencial até aos anos cinquenta. A sociedade do espectáculo dos anos sessenta e setenta transformaria a publicidade numa apologia de sonhos: os anúncios passaram a referir-se a outras coisas que não apenas ao produto para melhor o vender. Entre os anos oitenta e a actualidade, a publicidade incorporou muitas características criativas próprias do mundo da arte e autonomizou-se radicalmente face ao produto que desejava – e deseja – vender (as campanhas da Benetton dos anos noventa, que pretendiam vender roupa apresentando imagens que nada tinham que ver com esse facto, são disso um óptimo exemplo e um prenúncio de excelência). O *"lateral thinking"*, conceito desenvolvido por

Edward D. Bono, em 1970, antecipou, de modo pioneiro[44], a explosão da linguagem publicitária que acabou por ter lugar na última década do século XX (inserindo-se nos vasos comunicantes do mundo "pós").

De acordo com o pressuposto de Bono, o pensamento vertical resultaria do sistema neurobiológico que se baseia na hierarquia e na consequente construção fixa de padrões. Por sua vez, o pensamento lateral suscitaria o questionamento desses mesmos padrões e, consequentemente, a sua reestruturação ou mesmo substituição por outros novos e imediatos (único modo de chamar a atenção no meio do ininterrupto ruído comunicacional em que vivemos). Quase toda a publicidade dos nossos dias é realizada tendo como base este princípio desestruturador associado ao pensamento lateral. Por exemplo, uma conhecida campanha da Antena 3 que colocava os profissionais à bofetada, as campanhas da Lavazza recriando cenários que nada têm que ver com café, ou os já clássicos anúncios do Nexpresso são caracterizados sobretudo pela 'despadronização', obrigando o destinatário a reinventar o imobilismo dos seus padrões habituais e a criar, no momento, ou seja, em tempo real, um novo padrão. Um momento de verdadeira estesia inventiva e de fusão com a enunciação (ou compulsão) ficcional que é proposta.

O "*lateral thinking*" baseia-se, portanto, na oposição entre uma arrumação "vertical" da mente (sistema rígido de "construção de padrões") e as mensagens tendencialmente desconcertantes, cujos formatos as colocam rotundamente em causa. As imagens da Benetton dos anos noventa – hoje vulgarizadíssimas – constituíram um bom exemplo pioneiro deste tipo de desmontagem, na medida em que obrigavam as pessoas a suspenderem a padronização habitual das suas mentes. Mais recentemente, em 2005, as ideias de Martin Lindstrom[45] invadiram serenamente o mercado sob o signo dos chamados *designs* sensoriais: "saborear", "cheirar", "tactear", para além dos mais clássicos "ouvir" e "ver". Estas novas formas de atenção 'lateralizadas' realçam, de modos diversos, a característica mais emblemática da persuasão globalizada: suspender o ruído para que uma dada mensagem se possa fazer ouvir. Com efeito, um cidadão médio vê e lê cerca de dois a três milhões de anúncios por ano (um pouco mais de 7500 por dia). Se o produto comportamental de cada momento é sempre um todo integrado, ou uma fusão de contribuições comparável à polifonia de uma orquestra, como romper o cerco? Apenas desestruturando e obrigando o destinatário a 'parar' a sua corrente de consciência e a tomar, por instantes, atenção à mensagem que lhe é dada ver, ouvir, imaginar e/ou sentir.

2.3 Metamorfoses e "rebranding"

Induzidas por um bom texto ou inscritas perceptivamente através de um determinado suporte, as imagens têm um condão fundamental: representar as figuras do visível, corporizando-as e tornando-as concretas na nossa consciência. A experiência de ver torna-se actual, quer quando percepcionamos directamente, quer quando somos confrontados compulsivamente por imagens: seja porque aparecem impressas numa revista ou actualizadas na rede, seja porque as formamos na mente a partir de uma construção textual, como por exemplo: "o tecto do mundo". As imagens vivem connosco por dentro e revêem-se no exterior como parte de nós próprios. Este duplo existir integra a intensidade com que acedemos ao mundo e com que, ao mesmo tempo, o reexaminamos através das injunções persuasivas que, a todo o momento, vêm ter connosco.

Para além deste efeito primeiro – permitir-nos rever o mundo através de figurações e injunções particularmente activas –, as imagens têm um segundo condão não menos fundamental: conotam poderosamente. Ou seja, a partir daquilo que vimos ou revemos, saltamos facilmente para uma cascata de novas imagens que nos assaltam devoradoramente. Esta capacidade simultânea de apreensão e de aceleração, motivada sobretudo pelo caudal digital de imagens, projecta-se em todas as actividades humanas, incluindo, claro está, todas aquelas actividades que giram explícita e declaradamente em torno da persuasão (seja ela privada ou pública). É, também, o caso da publicidade.

Por vezes, devido à celeridade dos tempos em que vivemos, a necessidade de adaptação de uma marca torna-se tão premente que as empresas decidem, não fazer novas campanhas – o que conduziria ao vazio –, mas tão-só simular que o fazem. Existem vários tipos de simulações de campanha ou *"rebrandings"*, entre a/os quais se destacam as chamadas "obsolescências" – que podem ser "significativas" ou "controladas" (incluindo aqui, também, os *"restyllings"*).

Caracterizemo-las. O *"rebranding"* passa pela recolocação da marca ou do produto face à sua eventual obsolescência. Trata-se de insinuar um pressuposto envelhecimento ou superação de uma marca ou produto (cabe neste processo a ideia de 'ultrapassagem' do produto, de uma consideração 'fora de prazo' ou 'de moda' ou ainda do "descontinuar" de uma dada existência). A obsolescência focada em qualquer *"rebranding"* pode, por sua vez ser ou "obsolescência controlada" (anunciar publicamente o pressuposto carácter inovador de um produto que acaba por manter a mesma designação, substância, configuração e pressupostos; caso, por exemplo, dos sucessivos Fiats Punto que fizeram época) ou *"restylling"* (método suave de obsolescência controlada que se traduz pela actualização cirúrgica dos modelos presentes no mercado; as marcas, sobretudo no ramo automóvel, recorrem amiúde a este tipo de *"rebranding"*) ou ainda a chamada "obsolescência significativa" (anunciar a conclusão – ainda que artificial – de um ciclo, através da substituição pura e simples de um produto; caso muito praticado no mercado editorial, no vestuário ou nos mercados de música comercial).[46]

Estas sucessivas simulações reflectem práticas culturalmente muito comuns. Numa sociedade massificada e democrática, o veículo publicitário cumpre a função de estímulo do desejo, da promessa de cumprimento, da *venda* de sonhos, numa palavra: da sugestão ilimitada de uma simulação de paraíso na vida ilegibilidade e todo o suplemento de sentido ocultado e não dito, aprisionado, ofuscado culturalmente; a desconstrução ocupa-se assim da própria organização da cultura e dos seus textos, pondo em marcha os seus efeitos, denunciando-os ao mesmo tempo que os gera, e pondo a nu a indizibilidade da sua lógica de reenvios. Muito mais do que um método, a desconstrução é, pois, um percurso, um curso em movimento perturbador, desagregador, mas também reorganizador. A desconstrução traduz-se por uma intervenção que acaba por *afectar* a cultura ocidental, ao percorrer a malha dos seus enunciados, das suas categorias significativas e dos seus códigos. A desconstrução é, numa palavra, a teoria da relativização activa que, ao mesmo tempo, denuncia o modo passivo com que a relativização comum é socialmente levada a cabo.

3.4 Desconstrução: flutuações e identidades

No fundo, toda a mensagem, todo o texto, ou todo o edifício institucional, contém em si, na sua construção, os sinais da sua própria desconstrução. A dimensão semiótica desta realidade constitui, pelo seu multiperspectivismo, uma espécie de *ovo de Colombo* da maior importância para o estudo das práticas significativas.

A atitude desconstrutora acompanha o período histórico que sucede à fase estrutural, isto é, a partir de meados dos anos sessenta. É uma época experimental em que as estruturas passam a ser olhadas com desconfiança e em que o texto pelo texto ressurge como se viesse de um outro tempo, onde a abertura do cosmos e a generosidade de deus o permitia (cântico dos cânticos, certa literatura apocalíptica, barroca ou até da gesta campeadora medieval). Curiosamente, na realidade literária, este movimento é acompanhado: desde o *nouveau roman* às mutações poéticas experimentais, todo o edifício construtor experimenta agora a sua cisão enquanto construção. É também neste contexto que surge *Glass*, o livro feérico de Jacques Derrida, onde se registam sequências díspares, em jeito de *díptico* (Jean quotidiana. Este aspecto subliminar próprio do culto da instantaneidade está tão presente nas inflexões persuasivas da publicidade como está no confronto interiorizado e telemático com os media e com a rede em geral. As marcas, numa era não codificada de modo axial e totalizante como é a nossa, criam as suas próprias regras e comandam uma boa parte do devir interpretativo do mundo.

Não deixa de ser relevante comparar a persuasão profissional dos políticos no poder com a sedução criada permanentemente pela publicidade. Ambas as instâncias, poder político e publicidade, desempenham uma função social de euforia, ou seja, de construção de mensagens positivas. Esta tendência encontra ecos no modo como o discurso sobre o paraíso e sobre o mundo dos deuses se repercutia, respectivamente, na Idade Média e na Antiguidade. Não seria menos relevante comparar a tendência inversa, ou seja, aquela que, partindo da matriz da tragédia grega, encontra/sugere criativamente um modo de expiar os males, as singularidades mais negativas e sobretudo as fragilidades do ser humano.

No nosso tempo, os media tendem a reatar esta última função, bem mais ligada à disforia do que à euforia. É por isso que o cidadão comum acentua muitas vezes o facto de os media apenas comunicarem "desgraças". No fundo, a própria noção de notícia clássica (baseada, como se viu, na falha, na inversão ou no acidente), ainda que filtrada pela racionalidade e pela deontologia, mais não faz do que repor uma tendência clássica muito enraizada na experiência humana: a catarse.

Não é, pois, de estranhar o facto de se continuarem a propagar mensagens, no espaço público contemporâneo, que têm valorizações opostas ('eufóricas' e 'disfóricas'), tal como acontecia há muitos séculos, embora com renovados formatos e tópicos. A cultura da promessa e a cultura da catarse andam assim de mãos dadas no nosso mundo, o que acaba por reflectir, ao nível da comunicação de superfície, um debate muito mais profundo de cariz filosófico e semiótico entre o cepticismo e o optimismo.

2.4 O design

A sedução não é apenas uma matéria de mensagem ao nível do conteúdo, é-o também ao nível da pertinência e da expressão, ou, se se preferir, dos objectos falantes. A cultura material começou por ser apenas utilitária, aquando da revolução industrial, mas, sobretudo ao longo do século XX, acabou por se aproximar do domínio estético, associando as finalidades óbvias dos objectos a morfologias que, tal como na arte, não são conforme a fins práticos.

Um bom exemplo, entre muitos outros, de um objecto falante deste tipo é a *chaise longue* intitulada Antibodi que a *designer* Patricia Urquiola concebeu em 2007. Trata-se de um objecto que tem, como tantos outros, uma função muito prática – sentar-se//recostar-se –, mas que, para além disso, irradia uma plasticidade formal que a torna, também, num objecto estético. Trata-se, de facto, de uma peça singularíssima que propõe uma atmosfera de calor e de sensualidade. Este objecto foi editado pela marca italiana Moroso e é um esteio de lazer com intensos motivos florais. A lã e o cabedal dão corpo às insinuantes pétalas que se espalham pelo assento. Note-se, no entanto, que a Antibodi proporciona um uso interactivo e reversível ao seu fruidor. Torna-se, pois, possível virar as pétalas em dois sentidos, podendo criar-se, conforme o desejo, um tom menos convencional ou um ar mais clássico. A variedade de cores é grande, o que é essencial para entender a génese (imaginariamente) tropical do objecto. Ao contrário de outras *chaises longues* tradicionais, a irreverência barroca de Urquiola tem como base um recurvado metálico simples, leve e quase invisível. Nada de pés consistentes que sugerissem uma imagem de poder e nada de pavor pela força da gravidade. Patricia Urquiola prefere o que se poderia designar por uma estética da seda: suporte de hastes, corpo de nuvem.

O *design* deixou realmente de ser apenas um revestimento e passou a propor a transformação do mundo físico numa imensa aura onde o nosso corpo deseja rever-se. O que antes, ao longo da recente história moderna e industrial, se limitava a ser uma simples companhia instrumental do presente, está hoje a constituir-se como um modo de o homem se cumprir. Por outro lado, a ritualização de objectos culturais intensamente desejados, obra também do *design*, reata práticas antigas (os báculos megalíticos que eram objectos de culto e de pastoreio), mas adquire uma novidade sem precedentes, ao reunir a transcendência estética e a emergência do dia-a-dia. Como se o *design* existisse para se sobrepor ao caos e isso justificasse o mais importante laboratório de imagens que existe no planeta. E que – não o esqueçamos – está ao serviço de tudo: da medicina, da publicidade, da rede, dos objectos, da indústria, da comunicação, etc.

Gianni Vattimo escreveu, em *A Sociedade Transparente* (1989), que o *design* era o "sonho de um resgate estético da quotidianidade através da optimização das formas dos objectos, do aspecto do ambiente".[47] O sonho, na concepção de Vattimo, passava por uma espécie de elevação do quotidiano: neste caso, por ter concedido ao dia-a-dia mais mundano aquela sacralização que foi sonhada para o estético desde o Iluminismo e que assim alargava a nova 'catedral das artes' – que se enclausurara em museus, galerias e salões – ao asfalto das ruas e aos ambientes de passagem ou de habitação. O *design* é realmente um outro lado do nosso acelerado mundo; ao fim e ao cabo, é uma espécie de compromisso entre alguma tradição estética, as exigências do quotidiano e a tentação de ludibriar e continuamente conjurar as formas. Neste casamento a três, distinguem-se claramente estas três facetas:

Primeira faceta: as teorias e práticas ligadas a uma redenção que os modernos traduziram por arte e pelo que sobre ela se poderia exercitar: a estética. Alexander Baumgarten abriu, em 1750, tal como vimos detalhadamente no Bloco 5, as portas a este novo cata-vento. Na primeira parte da sua *Esthetica*, o autor articulou um conjunto de actividades com a ausência de finalidade prática (que era própria das ciências experimentais emergentes) e aditou-lhes a ideia de "belo". Esta aposta deu entrada, há mais de dois séculos e meio, no Ocidente, como um esteio profundo da vida que não cessou de ser problematizado e culturalizado. Sem este esteio, o *design* jamais teria nascido.

Segunda faceta: o que o quotidiano e a realidade exigem que se cumpra. Aqui entra em cena a ideia de finalidade ou de finalismo. Nesta óptica, há regras, há engenharia e há sobretudo que dar resposta a situações, como se elas fossem anfitriãs com desejos ilimitados. Esta é a faceta primacial da área do projecto. Trata-se de pensar e conceber objectos que correspondam a necessidades, dispositivos que correspondam a corpos, requisitos que correspondam ao espaço de acção de toda a polis. A revolução industrial sistematizou estas exigências e a produção em série convidou a experimentar alternativas. A cadeira transformou-se assim em *n* marcas de cadeiras. E a identidade própria de cada individualidade propiciou, a certa altura, a entrada em cena do *design*. Como se a roda-vida da indústria tivesse que dar as mãos ao que é mais próprio do homem: a sua genuína singularidade. Sem esta reviravolta, o *design* jamais teria nascido.

Terceira faceta: à margem da incorporação do estético e para além do finalismo óbvio, que é uma das almas do *design*, existe ainda uma terceira dimensão que o faz viver. Trata-se de uma espécie de fôlego que faz das possibilidades formais o seu (ininterrupto) duplo. Por outras palavras e recorrendo a uma analogia: o *design* corresponde hoje, enquanto permanente exercício de projectos, ao processamento das imagens na mente humana: conotações sem fim ao jeito das cerejas que alimentam uma história imparável e ilimitada. Enterradas as vanguardas no campo da arte, é no *design* que a proliferação de formas – que sucedem vertiginosamente a formas anteriores – mais se faz sentir (basta percorrer algumas feiras internacionais para o comprovar). Como se cada actualização, levada a cabo através de marcas e de criadores de *design*, constituísse o inevitável duplo do que até então existia. O *design* vive, de facto, num laboratório global de tipo feérico, como se tivesse interiorizado o ritmo com que as artes, no início do século XX, explodiam em vanguardas. Sem esta dimensão tão inovadora quanto omnívora, o *design*, tal como hoje frugalmente o entendemos, não existiria.

De facto, estas três facetas – a estética, a quotidiana e a do devir explosivo – são bases constitutivas de uma actividade ainda jovem e à procura – se é que essa procura terá fim – dos limites da sua identidade. Poderíamos, no entanto, juntar a estas três facetas uma quarta: a velocidade. Trata-se de um tema a que muitos autores têm recorrido para explicarem o nosso tempo. Marcel L'Herbier, em 1924, no seu filme *A Desumana* (*L'Inhumaine*), celebrava o tópico com a sucessão de planos de um automóvel que ia originando mudanças de forma no rosto do condutor, na viatura e na própria paisagem. Uma explosão de *design* incorporada numa obra de arte. Curiosamente, uma arte ainda à procura de si própria – o *'film d'art'* dava então os primeiros passos –, e um *design* enunciado de modo involuntário e até ingénuo. Milan Kundera glosou o tema, no conhecido romance *A Lentidão* (1995)[48], fazendo coexistir tempos e personagens muito diversos que acabavam por contrastar, de modo paródico, com o 'corre-corre' ofegante dos nossos dias. Paul Virilio tornou a velocidade na linha de força do seu pensamento filosófico, sobretudo nas relações que tem estabelecido com os impactos da aceleração informativa e acidental na "omniurbe" global.[49]

O chamado "*fast design*" reflecte, de algum modo, esta aceleração de processos. Esgotadas as patentes dos clássicos (um Ray Eames, um Girard, um Jacobsen, um Nelson, um Panton), não há hoje empresa que não se lance a copiá-las recorrendo a processos de produção e a materiais muito mais económicos. O resultado é uma espécie de *fast food* aplicada a famosas poltronas, candeeiros e mesas que tendem a espalhar-se pelo mundo com uma imensa celeridade. É evidente que o meio cria e recria aqui as suas divisões: de um lado, os que tentam cristalizar um tempo mitificado (como se os Pantons e os Eames fossem únicos e eternos); do outro, os bons anfitriões que reconhecem na economia, na massificação e na aceleração uma espécie de inevitável coerência da vida actual.

De qualquer modo, sem a ideia de velocidade seria praticamente impossível entender o que a vida hoje significa para todos nós. Entre a constatação de uma permanente fuga para a frente e o apetite gerado pelo efeito instantâneo da tecnologia, é nítida a forma como a velocidade, mais do que uma ideia, se tornou sobretudo na nossa sombra mais copiosa. De resto, a arte contemporânea mais não tem feito, nas últimas – muitas – décadas, do que se aproximar deste intensíssimo pulsar. Como se fosse preciso estar sempre a repetir que 'ainda aqui estamos': seja ao volante de Marcel L'Herbier, seja na carruagem de Milan Kundera, seja a bordo da vertigem da "espuma" de Paul Virilio. O *fast design* é apenas um dos lados desta cadência meteórica que faz com que o 'já' se sobreponha sempre ao 'ainda não'. Uma espécie de filosofia da impaciência que tende a reger hábitos, expressões e processos. O *design* não escapa a estas tendências que amiúde não olham a meios para atingir os seus fins. A persuasão é também feita de objectos falantes que reflectem o culto da instantaneidade numa sociedade em que tudo se recupera e massifica.

3. A CULTURA DO RIZOMA COMO PRENÚNCIO DA REDE

Ao longo do Bloco 8 dedicámo-nos a temas que associam a nossa vida à intensidade com que partilhamos fluxos, ocorrências ficcionais e formas muito diversas de persuasão. Nesta terceira e última parte, tal como acontece em todos os outros Blocos, dedicar-nos-emos a analisar e a apresentar uma teoria discursiva. Nada mais pertinente e adequado tematicamente do que a teoria do rizoma que Gilles Deleuze, sobretudo em *Capitalisme et schizophrénie: mille plateaux* (1980),[50] nos apresentou. Trata-se de um quadro teórico nem sempre devidamente valorizado que antecipou, entre várias outras, a própria noção de rede.

Deleuze nasceu em 1925. Frequentou, em Paris, o Lycée Carnot e estudou depois filosofia na Sorbonne, entre 1944 e 1948. Até 1957, foi professor do ensino secundário, ano em que passou a leccionar na sua universidade de formação. Entre 1960 e 1964, desenvolveu a actividade de investigador no quadro do CNRS para voltar, depois, até 1969, a leccionar em Vincennes. É nesse ano que faz publicar *Différence et répétition*, *Logique du sens* e um dos estudos sobre Espinosa (*Spinoza et le problème de l'expression*).[51] Deixa o ensino em 1987, depois de ter dado à estampa obras capitais, tais como, entre outras, o referido *Capitalisme et schizophrénie* – com Félix Guattari – na sequência de *Anti-Œdipe* (1969), *Le Pli: Leibniz et le Baroque* (1988) ou *Clinique et critique* (1993),[52] para além da famosa série sobre o cinema e o movimento (na primeira metade dos anos 80) e, ainda, de uma vasta reflexão dedicada especificamente à filosofia (sobre Immanuel Kant, David Hume, Frederich Nietzsche, Henri Bergson, Baruch de Espinosa, Gottfried Leibniz, Michel Foucault, etc.), à literatura (sobre Proust, Kafka e a literatura anglo-saxónica em geral[53]), ao teatro (*Superpositions* com Carmelo Bene, 1979; e *L'Epuisé*, 1992) e à sua própria obra (*Dialogues*, 1977; *Pourparlers*, 1990; etc.).[54] Gilles Deleuze é um dos maiores pensadores da actualidade com impacto em todo o globo. O pensamento filosófico e a contribuição singularmente semiótica de Deleuze são da máxima importância, na medida em que traduzem uma reformulação do entendimento das práticas de significação do nosso tempo.

3.1 Duas constantes da contemporaneidade

Jean Petitot considerou que existem na crítica contemporânea duas constantes: uma, a "isotopia baseada no evento: descontinuidade, ruptura, fractura, corte, falha"; outra, a "isotopia acentrista: redes, deslocalização, disseminação".[55] Estas duas constantes aparecem densamente distribuídas na obra de Gilles Deleuze. A primeira colocando-se como uma espécie de definição de objecto:

> Durante muito tempo, (os conceitos) foram utilizados para determinar o que uma coisa é (essência). Pelo contrário, nós interessamo-nos pelas circunstâncias de uma coisa: em que casos, onde e quando, como, etc.? Para nós, o conceito deve dizer o acontecimento e não mais a essência.[56]

A segunda valendo-se do facto de a noção mais seminal de Deleuze (a par com Félix Guattari), a de "rizoma", se ter traduzido na antecipação de uma realidade significativa muito actual, a rede, e no prenúncio do que são já as características acentradas e múltiplas das máquinas globais do futuro.

3.2 A metáfora do rizoma

Em *Capitalisme et schizophrénie: mille plateaux*, Deleuze e Guattari estabeleceram, através de fragmentos disseminados (os diversos *plateaux*[57]), a lógica de um pensamento horizontal no qual, e de acordo com a análise já pressentida em obras anteriores (nomeadamente em *Différence et répétition*[58]), a ideia do *mesmo* e da *representação* é superada pela ideia da *repetição* e da *diferença*. A ausência de fronteiras entre identidades, assim como a permeabilidade e a transversalidade inter-sistémicas são consequências dessa superação que define o pensamento horizontal. Ao contrário da lógica hegeliana que privilegia uma origem determinável, para uma tradição tipo nietzschiana, adoptada neste formato significativo, apenas é possível postular a pluralidade das origens (as *genealogias*, no plural) e, nessa medida, uma certa a-historicidade acaba por se colar à abertura dos sistemas e às linhas de fuga que rasgam e atravessam identidades, tal como Gilles Deleuze e Félix Guattari assinalaram. O rizoma é, pois, a tradução por excelência desta lógica horizontal e precede realmente a rede no seu concatenar imprevisível, indistinto e variado. Vejamos o que escreveram os autores a este respeito:

> Ao contrário das árvores ou das suas raízes, o rizoma conecta um ponto qualquer com outro ponto qualquer, e os seus traços, cada um deles, não remetem necessariamente para traços da mesma natureza; ele [o rizoma] coloca em jogo regimes de signos muito diferentes [e] não é feito de unidades, mas de dimensões, ou antes de direcções que se movem [*mouvantes*...] Ao contrário de uma estrutura que se define por um conjunto de pontos e de posições, de relações binárias entre esses pontos e de relações biunívocas entre essas posições, o rizoma não é senão feito de linhas [*n'est fait que de lignes*]: linhas de segmentação [*segmentarité*], de estratificação [...] mas também linhas de fuga ou de desterritorialização como dimensão máxima a partir da qual, seguindo-a, a multiplicidade se metamorfoseia ao mudar de natureza.[59]

Deleuze e Guattari caracterizaram o rizoma de modo sucinto[60] como um sistema acentrado, múltiplo, não hierárquico e não significante. No rizoma, os circuitos semióticos que estão conectados são de naturezas diferenciadas e são conectados por codificações diversas, sejam biológicas, políticas, económicas, estéticas, etc. O rizoma pressupõe, deste modo, uma pluralidade de determinações, de grandezas e de dimensões que se movimentam, mudando sempre de natureza, através de agenciamentos que percorrem todos os mundos reais e possíveis. Um rizoma pode ser interrompido para logo se recompor na sua maleabilidade extrema (veja-se a cor vermelha num quadro de Jackson Pollock, ou, noutro domínio, as práticas de terrorismo no Médio Oriente); um rizoma é composto por linhas de segmentação ordenadas e estratificadas, mas também por linhas de desterritorialização através das quais foge sem cessar (veja-se o caso do protagonista da *Metamorfose* de Franz Kafka, que convive com diversos territórios e sistemas, interpenetrando--os e segmentando-os, através de *linhas* sempre imprevisíveis).

O rizoma não reproduz, mas constrói e, nessa medida, pressupõe sempre entradas plurais (por exemplo, as semióticas gestuais, mímicas e lúdicas aparecem na criança libertas da rigidez de um código estriado que acaba por ser disputado pela própria cartografia do rizoma).

3.3 Agenciamentos e estratos

A multiplicidade de linhas que constitui o rizoma está sempre a processar aquilo que Gilles Deleuze e Félix Guattari caracterizaram como estratos e agenciamentos. Estes últimos, traduzindo basicamente o *leitmotiv* do agir (humano e não humano), podem ser de tipo arborescente, binário, circular e segmentado, se submetidos a uma unidade organizada (e estriada). Mas podem também ser de tipo rizomático. Nesse caso, deixa de existir contorno, fronteira e identidade clara e a linha (o agir) passa ou desencadeia-se entre, ou através, das coisas. O percurso (ou a construção de um território qualquer) torna-se, ele mesmo, em dimensão constituinte, simultaneamente nómada e *"anomale"* (o que, em *Dialogues*, Deleuze define como aquilo que "não se confunde nem com a saúde, nem com a doença" e que corresponde sempre ao lugar do *elo*, ao lugar do *entre*, "ao mesmo tempo *in* e *outsider*".[61]

3.3.1 Território e estratos

O território não é uma coisa dada, é antes uma espécie de substancialização em acto que é (ou que está sempre a ser) formada através de uma dinâmica designada por territorialização. É neste contexto que se enquadra, também, a noção de estrato. Para Deleuze e Guattari, os estratos são fenómenos de espessura (acumulações, sedimentações, etc.) que se traduzem pela existência de meios codificados e de substâncias formadas. São, em princípio, de natureza essencialmente móvel e podem sempre converter-se em substratos de outros estratos. O ritmo da dinâmica territorial advém do interior de cada inter-restrato, enquanto, no exterior do estrato, apenas existe caos e não há forma, nem substância, mas apenas desarticulação. Para explicar que o território é sempre um acto que acaba por afectar os próprios meios e ritmos que, por sua vez, vão sendo "territorializados", Gilles Deleuze e Félix Guattari escreveram:

> O território é o produto de uma territorialização dos meios e dos ritmos. Voltamos ao mesmo sempre que questionamos quando é que os meios e os ritmos se territorializam, ou qual é a diferença entre um animal sem território e um animal com território. [...] Ele [o território] é construído com aspectos e porções do meio. Ele comporta [nele mesmo] um meio exterior, um meio interior, um intermediário [sic] e um suplementar [annexé]. Existe uma zona interior de domicílio ou de abrigo, uma zona exterior de domínio, limites ou membranas mais ou menos retraídas [rétractiles], zonas intermédias ou mesmo neutralizadas, reservas ou suplementos energéticos. [O território] é essencialmente marcado por índices e estes índices são *roubados* aos compostos de todos os meios.[62]

3.3.2 Agenciamento

O agenciamento é o próprio devir territorial. Isto é, o agenciamento é tudo o que está a gerar o fluxo da acção e que acaba por se transformar em território (seja imaginário ou geofísico). Os agenciamentos constituem um sistema semiótico, um regime de signos e a sua dimensão de conteúdo é formalmente revestida por acções e paixões. O agenciamento determina sobretudo o acontecimento, embora sempre no seio da terrível luta entre sistemas estriados e sistemas rizomáticos.

Tomemos o exemplo neurobiológico: um organismo está sempre em interacção com o meio onde se insere e de que é parte. Este interpenetrar de qualidades e de componentes mínimos está na base da hibridez que é característica da terra de ninguém que se desenha entre o corpo e o meio, e vice-versa (o "*anomale*"). O "proto-si" de António Damásio[63] dá conta aos mais profundos níveis da nossa consciência, através de diversos tipos de imagens neurais, destas interacções. Para Gilles Deleuze, os "agenciamentos" traduzem e estão na génese destes movimentos que se processam num quadro de multiplicidade e que, por sua vez, conduzem a permanentes alterações de natureza, no corpo e no meio, à medida que se vão desenvolvendo. Se se fala da relação do corpo-meio, pode também falar-se de todas as outras relações do mundo que definem acontecimentos e semioses possíveis. O agenciamento é, pois, nesta linha de ideias, uma multiplicidade ou um veículo expressivo que alimenta novos conteúdos (naturezas), que estabelece ligações e que se liberta e essencialmente age nas zonas de interface de toda a natureza.

3.3.3 Plano de organização e plano de consistência
O plano de organização é um tipo de plano que se conforma com a lei ou com a lógica das determinações. Assume-se como transcendente em relação aos factos que pretende reger e, nessa qualidade ubíqua, organiza estruturas, formas, géneros, temas, motivos, imaginários e outras harmonias sempre centradas e pretensamente fechadas. O plano de organização traça a mundivisão e a mundivivência dos sujeitos sociais, mas é, também, por outro lado, o esteio de uma cultura organizada, de acordo com uma dada mediação temporal definida pelo "*Cronos*", isto é, por limites bem fixados no tempo (origens e finalidades, sobretudo nas sociedades pré-modernas, de Adão e Eva ao paraíso; e nas sociedades modernas pós-iluministas, desde o primeiro homem pré-histórico até, por exemplo, à miragem ideológica de uma sociedade sem classes).

Ao plano de organização opõe-se o plano de consistência que vive de relações de movimento e repouso, de velocidade e lentidão, desenvolvendo-se, a todo o momento, entre elementos não formados e variados fluxos. O plano de consistência não é habitado por sujeitos, mas antes por *haceidades* (qualidades) e, nessa condição de abertura, percorre o tempo flutuante e instável, metaforizado por "*Aiôn*" (por oposição a *Cronos*) e "corresponde quer a hiatos ficcionais, como a quase invariantes que se estendem no tempo ao longo de séculos".[64]

O plano de consistência (em que respira lógica rizomática) age no e pelo meio, opondo-se a qualquer sentido de finalidade ou de teleologia. No plano de consistência inscrevem-se os chamados "*continua* de intensidade" que extravasam as variações contínuas e os "*devenirs*" que não têm termo nem sujeito. Os primeiros encontram-se, por exemplo, nos saltos descritos por René Thom na teoria das catástrofes, os segundos correspondem a todas as variações, ou ímpetos transformadores e híbridos (intertransformadores); por exemplo o '*devenir*-animal' de Franz Kafka que atravessa toda a sua *Metamorfose*, ou o '*devenir*-Kafka' de Milan Kundera que cruza a sua reflexão sobre a literatura (veja-se sobretudo *A Arte do Romance*[65]). De acordo com a metáfora deleuziana, o plano de consistência equivale a um "corpo sem órgãos"[66], o que corresponde à ideia de um *corpo* não organizado, não formado e vazio, portanto, de qualquer organização mais estriada.

3.3.4 A ideia de desterritorialização

A desterritorialização é definida por Gilles Deleuze como a operação das linhas de fuga. As linhas de fuga, por natureza própria, não têm qualquer território. Mantendo a metáfora de Franz Kafka, a ligação entre homens e animais, para além da hibridez dos bestiários, pressupõe que nem um nem o outro se imitam, embora existam linhas de fuga que atravessam ambos, por via da proximidade estabelecida. Por outras palavras, cada um deles desterritorializa o outro. Trata-se, neste caso, do "*devenir*-animal do homem e o *devenir*-homem do animal".[67] É, portanto, pela intermediária daquilo que seria o pretenso território de ambos que se escavam e fundam as linhas de fuga que definem a própria proximidade e, naturalmente, a interacção. A partir daqui, outros exemplos poderiam recobrir todo o tipo de proximidades e interacções possíveis do mundo físico ou imaginário, entre identidades e sistemas que são, permanentemente, atravessados uns pelos outros. Não existem, pois, elementos que não desterritorializem outros. Desterritorializar coincide com o próprio percurso labiríntico e actuante do sentido. A rede é, porventura, o exemplo mais concreto das práticas permanentes de desterritorialização (um termo complexo aparentemente, mas que corresponde a uma realidade da experiência do dia-a-dia).

NOTAS

1 Derrick de Kerckhove. *A Pele da Cultura*. Lisboa: Relógio d'Água, 1997, p. 265.
2 "Na Ética (1675) de Baruch de Espinosa, o pensamento e a realidade do ser provêm de uma única substância. O pensamento humano teria assim uma essência partilhável com o pensamento divino. Contudo, a 'natureza naturante', ou Deus, constituiria a única realidade substantiva, enquanto que 'a natureza naturada' seria entendida como desprovida de substantividade, dispondo de existência meramente 'modal', isto é, ao nível das manifestações que adviriam da produtividade una e divina. / Nesta medida, a realidade seria única, eterna e imutável, embora, no plano do *acontecer transitório*, ela fosse naturalmente efémera. Neste quadro quase panteísta, a liberdade de um sujeito individual continua a ser uma pura ilusão, já que Deus, num tal cosmograma, é tido não apenas como 'causa eficiente da existência das coisas, mas também da essência delas' (Parte 1/Proposição 25). Entendida a alma humana como 'uma parte da inteligência infinita de Deus', é natural que tudo o que possa agir no universo acabe, neste sistema de B. Espinosa, por ser divinamente determinado." Luís Carmelo. *Semiótica: uma introdução*. Mem Martins: Publicações Europa-América, 2003, p. 51-55.
3 Donna Haraway. *Simians, Cyborgs and Women: The Reinvention of Nature*. Routeledge, New York, 1991.
4 Jean Baudrillard. *O Crime Perfeito*. Lisboa: Relógio d'Água, 1996, p. 93.
5 André Lemos. Bodynet e Netcyborgs: sociabilidade e novas tecnologias na cultura contemporânea. In *Comunicação e Sociabilidade nas Culturas Contemporâneas*. Petrópolis: Vozes, 1999, p. 22.
6 Fredric Jameson. *Postmodernism: The Cultural Logic of Late Capitalism*. Durham, NC: Duke University Press, 1991, p. 154-155.
7 Claudia Giannetti. Trespassar a Pele: o teletrânsito. In Claudia Gianneti, ed. *Ars Telematica: telecomunicação, Internet e ciberespaço*. Lisboa: Relógio d'Água, 1998, p. 124.
8 "[...] *semper ad eventum festinat et in medias res non secus ac notas auditorem rapit et quae desperat tractata nitescere posse relinquit atque ita mentitur, sic veris falsa remisceat, primo ne medium, medio ne discrepet imum.*" Horace. *Ars Poetica*. [Em linha] 2005. Disponível em http://www.poetryintranslation.com/PITBR/Latin/HoraceArsPoetica.htm
9 Luís Carmelo. *Órbitas da Modernidade*. Lisboa: Mareantes, 2003, p. 107-123.
10 Este complexo reflecte um vaivém permanente: por um lado, o espectador projecta o seu mundo na tela (o lado antropomórfico do complexo de projecção-identificação); por outro, a ficcionalidade projectada na tela é interiorizada pelo espectador (o lado cosmomórfico da projecção-identificação). É na fusão desses dois movimentos que se situam as linhas de fuga que colocam o espectador numa atitude de alienação transfiguradora. Cf. Edgar Morin. *Le Cinema et l'homme imaginaire*. Paris: Minuit, 1956.
11 Moisés de Lemos Martins. *A Linguagem, a Verdade e o Poder: ensaio de semiótica social*. Lisboa: Fundação Calouste Gulbenkian, 2002, p. 185-186.
12 Gilles Lipovetsky. *O Crepúsculo do Dever*. Lisboa: D. Quixote, 1994.
13 Fernando Ilharco. Fluxos. *Público*. (26 Maio 1997). Suplemento de Economia, p. 9.
14 Mario Perniola. *Contra a Comunicação*. Lisboa: Teorema, 2006, p. 12.
15 Pierre Bourdieu. *Contrafogos*. Oeiras: Celta, 1998, p. 95.

16 Henri Bergson *apud* Herman Parret. *L'Esthétique de la communication: l'au-delà de la pragmatique*. Paris; Bruxelles; Leuven: Ousia, 1999, p. 81.
17 Henri-Pierre Jeudi. Comunicação em Abismo. *Revista de Comunicação e Linguagens*, Lisboa: Cosmos. (1993), p. 27.
18 Alain Gauthier. O Virtual é Azul. *Revista de Comunicação e Linguagens*. Lisboa: Cosmos. N.os 25-26. (1993), p. 120.
19 Peter Sloterdijk. *Ensaio sobre a Intoxicação Voluntária*. Lisboa: Fenda, 2001, p. 132.
20 Paul Virilio. *A Velocidade da Libertação*. Lisboa: Relógio d'Água, 2000, p. 98.
21 Paul Zumthor. *Babel ou o Inacabamento*. Lisboa: Bizâncio, 1998, p. 221.
22 *Trad. nossa*. D. H. Lawrence *apud* Gilles Deleuze; Claire Parnet. *Dialogues*. Paris: Flammarion, 1977, p. 47-48.
23 Jean-Marie Domenach. *Abordagem à Modernidade*. Lisboa: Instituto Piaget, 1997.
24 *Dicionário da Língua Portuguesa Contemporânea da Academia das Ciências de Lisboa*. Lisboa: Academia das Ciências de Lisboa; Verbo, 2001. Vol. 2, p. 2416.
25 António Damásio. *O Sentimento de Si: o corpo, a emoção e a neurobiologia da consciência*. Mem Martins: Publicações Europa-América, 2000, p. 221.
26 O *"endorsement"* é o recurso a um actante de referência (actor de cinema, por exemplo) que se associa a um produto ou a uma marca. Trata-se de uma transferência de uma parcela de poder, a *"leverage"*. *Cf.* Ricardo Miranda. *A Voz das Empresas*. Porto: Porto Editora, 2002, p. 85.
27 Henri-Pierre Jeudy. *A Sociedade Transbordante*. Lisboa: Século XXI, 1995, p. 113-114.
28 Henrique Raposo. Banho em 1960. *Expresso*. (27 Ago. 2011).
29 *Id.* O meu avô e a esquerda. *Expresso*. (20 Ago. 2011).
30 *Id.* Politiquinha. *Expresso*. (12 Maio 2011).
31 Luísa Schmidt. Campanhas do trigo. *Expresso*. (21 Maio 2011).
32 *Id.* Antes que tudo acabe. *Expresso*. (7 Maio 2011).
33 Clara Ferreira Alves. Geografia e kharma. *Expresso*. (9 Abr. 2011).
34 *Id.* Portagens na minha terra. *Expresso*. (3 Jun. 2011).
35 *Id.* A teoria da Salvação Nacional. *Expresso*. (29 Jan. 2011).
36 Dominique Wolton. As contradições do espaço público mediatizado. *Revista de Comunicação e Linguagens*. Lisboa: Cosmos. N.os 21-22, p. 167-188.
37 Referência a "vários sentidos: tacto, muscular, temperatura, dor, visceral e vestibular". No seu conjunto, trata-se de "uma combinação de subsistemas, cada um dos quais transmite ao cérebro sinais acerca do estado de diversos aspectos do organismo". Apesar de muito diversificados, "trabalham em paralelo e em excelente cooperação a fim de produzirem em cada momento, a múltiplos níveis do sistema nervoso central [...], mapas incontáveis de várias dimensões do estado do corpo". Damásio. *Op. cit.*, p. 179-180 e 362.
38 Miguel Almir Lima de Araújo. *Feixes do Arco-Íris...* Salvador: Universidade Federal da Bahia, 2006, p. 46.
39 Martin Heidegger. *Conferências e Escritos Filosóficos*. São Paulo: Nova Cultural, 1989, p. 21.
40 Richard Rorty. *A Filosofia e o Espelho da Natureza*. Lisboa: D. Quixote, 2004.
41 António Damásio refere em *O Sentimento de Si*: "Contar histórias precede a linguagem", o que é até, "afinal, uma condição para a [própria] linguagem [...] que pode ocorrer não apenas no córtex cerebral, mas noutros locais do cérebro, quer no hemisfério direito,

quer no esquerdo". Toda a tradição baseada na filosofia da consciência e que sublinha o importante papel da intencionalidade (Edmund Husserl, Jean-Paul Sartre, Maurice Merleau-Ponty, Emmanuel Lévinas, etc.) é interpretada por Damásio como uma consequência desta verificação simples: a capacidade do cérebro de contar histórias. Diz o autor: esse "dizer respeito a", exterior ao cérebro, tem exactamente "como base a tendência natural do cérebro para contar histórias", o que ocorre sempre da "forma mais espontânea possível". *Cf.* Damásio. *Op. cit.*, p. 221.

42 Al Ries; Laura Ries. *A Queda da Publicidade e a Ascensão das Relações Públicas*. Lisboa: Editorial Notícias, 2003.

43 V. sobre o tema: Miranda. *Op. cit.*

44 Edward D. Bono. *Lateral Thinking: Creativity Step by Step*. New York: Harper & Row, 1970.

45 Martin Lindstrom. *Brand Sense: How to Build Powerful Brands Through Touch, Taste, Smell, Sight and Sound*. London: Kogan Page, 2005.

46 Luís Carmelo. *Laboratório de Escrita Criativa: Publicidade*. Lisboa; Évora: Escola de Escrita Criativa Online-EC.ON, 2012.

47 Gianni Vattimo. *A Sociedade Transparente*. Lisboa: Edições 70, 1991, p. 47.

48 Milan Kundera. *A Lentidão*. Lisboa: Dom Quixote, 1997.

49 Paul Virilio. *City of Panic*. Oxford: Berg, 2005.

50 Gilles Deleuze; Félix Guattari. *Capitalisme et schizophrénie: mille plateaux*. Paris: Minuit, 1980.

51 Gilles Deleuze. *Spinoza et le problème de l´expression*. Paris: Minuit, 1968; *Id. Différence et répétition*. Paris: PUF, [2000]. *Id. Logique du sens*. Paris: Minuit, [2000].

52 *Id. L´Anti-Œdipe*. Paris: Minuit, 1972; *Id. Le Pli: Leibniz et le Baroque*. Paris: Minuit, 1988. *Id. Clinique et Critique*. Paris: Minuit, 1993.

53 *Id. Kafka: Pour une littérature mineure*. Paris: Minuit, 1975. *Id.*; Claire Parnet. *Op. cit.*

54 *Id. Pourparlers*. Paris: Minuit, 1990.

55 Jean Petitot. Lógica Combinatória. Centrado/Acentrado. *In Enciclopédia Einaudi*. Lisboa: Imprensa Nacional-Casa da Moeda, 1988. Vol. 13, p. 336-393.

56 Deleuze. *Pourparlers*. *Op. cit.*, p. 39-40.

57 Um *plateau* é uma região contínua de intensidades, "vibrant sur elle même, et qui se développe en évitant toute orientation sur un point culminant ou vers une fin extérieure". Trata-se de algo que está sempre em curso, *in media res*, sem avançar a partir de um princípio delimitado e sem caminhar para um qualquer fim premeditado. *Cf.* Deleuze; Guattari. *Capitalisme et schizophrénie... Op. cit.*, p. 32.

58 Deleuze. *Différence... Op. cit.*

59 Deleuze; Guattari. *Op. cit.*, p. 33-34.

60 *Ibid.*, p. 37.

61 Deleuze; Parnet. *Op. cit.*, p. 54.

62 Deleuze; Guattari. *Op. cit.*, p. 36-38.

63 Damásio. *Op. cit.*, p. 122.

64 Deleuze; Parnet. *Op. cit.*, p. 110-111.

65 Milan Kundera. *A Arte do Romance*. Lisboa: Dom Quixote, 1988.

66 Deleuze; Guattari. *Op. cit.*, p. 58.

67 Deleuze; Parnet. *Op. cit.*, p. 60.

BLOCO 9
PATRIMÓNIO.
A CULTURA E AS NARRATIVAS DO PATRIMÓNIO. O CULTO DO ESPAÇO.

INTRODUÇÃO

Este nono Bloco é dedicado à cultura do património. O estudo centra-se num conjunto de factores que explicam o modo como o património passou a ser significado nas últimas décadas. Se a cultura é passível de uma caracterização clássica, ou seja, mediante um olhar que se separa de um dado objecto seguindo uma determinada perspectiva, já o património se revê a si mesmo através de juízos que, nos seus próprios enunciados e critérios, se aproximam de primados como os da excepcionalidade ou da genialidade. O sublime kantiano e a perfectibilidade utópica inundam, de algum modo, o campo expressivo patrimonial dos nossos dias, apesar de o "Património Mundial" não corresponder a uma utopia ou a uma estética, mas antes a um "culto", ainda que o discurso técnico e científico se sobreponha e silencie a verdadeira transubstanciação que ele significa.

Na contemporaneidade, a mobilidade colocou em cena uma nova rede de peregrinos que percorrem o organigrama dos bens naturais e culturais "elevados" à condição de Património Mundial. Fazem-no do mesmo modo que atravessam a topografia das instâncias museológicas ou dos parques naturais (muitas vezes movidos por utopias ambientais). Existe naturalmente um intuito lúdico, um certo devir utópico e, ao mesmo tempo, um agir em estado de fluxo nestas mobilidades. Mas o domínio patrimonial estatuído é aquele que mais está no centro dos novos turismos culturais, devido, muito provavelmente, à "universalidade" que foi tão explicitamente referida na Convenção da Unesco de 1972: "O que faz com que o conceito de Património Mundial seja excepcional é sua aplicação universal."

Na primeira parte deste nono Bloco, articulamos a propagação dos mitos, de acordo com a visão de Hans Blumenberg, com o modo como o esvair da codificação axial (os chamados "grandes códigos", tais como a escatologia ou a ideologia) desguarneceu a nossa visão do futuro e também do passado, obrigando a uma reposição de cenários. As tecnologias ter-se-iam encarregado, como vimos no Bloco 8, do cenário do futuro, 'dizendo-nos' que o presente em que vivemos é já um futuro que não carece de mais futuros à sua frente. Pelo seu lado, o património ter-se-ia encarregado do cenário do passado, propondo uma espécie de novo culto que supriria o estado de amnésia colectiva que é próprio do mundo globalizado e em rede em que vivemos. Na segunda parte estabelecemos uma ligação entre a criação artística individual e o património, enquanto acto de criação (ou, em termos heideggerianos, de "desocultação"). Por fim, recorremos a um exemplo prático – o exemplo de Évora –, para verificar as incidências que se geram entre as dimensões locais e a universalidade que é própria do património.

1. A CULTURA DO PATRIMÓNIO

No último meio século, o património passou a fazer parte da nossa vida como uma verdadeira referência. Num tempo de parcas referências e de raros valores estabilizados, não deixa de ser interessante como certas entidades e actividades parecem solidamente ancoradas. Incluiríamos neste curtíssimo rol o posicionamento das novas tecnologias, o culto narcísico do corpo e, claro está, uma disposição determinada que nos liga ao ambiente e sobretudo ao património. É um facto que os vazios – quer na esfera do futuro, quer na esfera do passado – deixados pelo definhar progressivo das codificações axiais (os chamados "grandes códigos", segundo Northrop Frye[1]) terão contribuído para legitimar o modo como o património passou a ser recentemente significado. Esses vazios encontraram sublimações novas que, lentamente, os foram preenchendo. No Bloco 8 vimos como a febre tecnológica foi preenchendo o esvaziamento do futuro. Neste Bloco 9 seguimos o rasto do (quase) culto do património que foi, pelo seu lado, preenchendo o esvaziamento do passado. Antes ainda, convém analisar dois aspectos prévios: o primeiro, prende-se com a forma como o mito se reproduz no tempo; o segundo, diz respeito ao modo predominantemente projectivo com que a acção dos códigos totalizantes tem sido interpretada, o que significa que as análises tendem a valorizar bem mais o futuro do que o passado.

1.1 Património: o cenário que ocupa o lugar de outro cenário

Comecemos pelo primeiro aspecto que diz respeito ao modo como o mito se reproduz no tempo. Segundo Hans Blumenberg (1920-1996)[2], o mito, longe de ser uma instância parada num tempo original, é sobretudo uma aptidão narrativa muito aberta que se adapta e que "reocupa"[3] todos os campos da experiência. O terceiro capítulo da Parte II de *Arbeit am Mythos* [*Work on Mith; Trabalho sobre o Mito*][4] desenvolve uma série de contrastes entre a natureza dos mitos e a natureza dos dogmas. A conclusão remete para a grande abertura e flexibilidade dos mitos, no modo como avançam ao longo do tempo, em contraposição com o carácter rígido ("*Festgeschrieben*") da generalidade dos dogmas. Segundo o autor, os mitos são narrativas que estão sempre em movimento. Nada os limita e a sua propagação faz-se a partir de uma disseminação muito grande de versões e variantes. Ao contrário do dogma, o mito não existe tendo como base um cânone definido e hermético; ao invés, o mito evolui a partir de matrizes conhecidas e irradia na história através de um grande número de modelos, moldando-se com extrema facilidade a atmosferas muito diversificadas.

É sempre possível perguntar como continua uma dada sequência narrativa de um mito, mesmo que não haja nada prescrito quanto a esse aspecto. A plasticidade do mito proporcionará sempre as suas respostas e, desse modo, as derivações dos enredos originais serão enunciadas sem fim.[5] Ao contrário do dogma, escatológico ou ideológico, o mito não tem necessidade de que a ele se adira.[6] Não existe, pois, conversão ao mito,[7] nem auto-asserção na forma como os mitos são evocados ou pensados. Ao contrário do dogma, escatológico ou ideológico, o mito não necessita de elementos ligados ao medo – formas de terror ou de ameaça[8] – para que conquiste ou convença quem os utiliza; pelo contrário, o mito impõe-se através da pluralidade e da maleabilidade que oferece a quem o usa para significar seja que acto da vida for.

Os códigos totalizantes, sejam de natureza escatológica ou ideológica, têm esta característica comum: são enunciados inflexíveis, porque se fecham no que declaram, ainda que a sua interpretação possa conduzir a um limitado número de possibilidades (sempre determináveis por correntes e/ou posições). Ao contrário, os mitos apenas conseguem existir no processo constante da sua recepção, gerando eles o seu próprio paradigma histórico. Maria Teresa Cruz sublinhou a este respeito que é impossível definir o mito

> em torno de um conjunto de conteúdos fundamentais que expliquem, por si só, a sua sobrevivência. Impossível também ver nele um conjunto de verdades

originárias às quais se poderia retornar. A verdade do mito, a haver uma, estará sempre no seu ponto de chegada; esta corresponde à história da sua corruptibilidade, mas também da sua optimização, em função das exigências que lhe foram feitas e da sua aceitação geral; aquilo que Hans Blumenberg designa como uma espécie de 'darwinismo das palavras': '[O] mito fundamental não é previamente dado, mas sim, algo que fica visível no fim, algo que satisfez a recepção e as expectativas.'[9]

O segundo aspecto diz respeito ao campo de acção dos códigos totalizantes, sejam eles de natureza escatológica ou ideológica. A maior parte da teoria tende a reflectir sobre o aspecto-chave que estas regras axiais determinam, isto é: o futuro. Foi, de facto, na projecção escatológica que os textos proféticos, durante séculos, se aperfeiçoaram. O fim em vista, ou, por outras palavras, o *eschatón*, sempre foi a luz que garantiu a razão de ser a estas normas que se propunham dar um sentido pleno à existência. As ideologias seguiram a mesma estrutura das escatologias: o que as legitimou e o que as impôs foi sempre o "futuro radioso" com que acenavam e com que mobilizavam. Resumindo: a fé e a crença são modos de asserção interior que se dirigem sobretudo para o futuro.

No entanto, convém enfatizar um reverso fundamental destas máquinas de criar certezas que são os grandes códigos. Em todos eles, o passado surge cristalinamente arrumado. Ou porque está preenchido por cosmogonias que depois proporcionam uma visão de harmonia, caso das escatologias; ou porque surge como uma "história negra" que urge remediar radicalmente a partir de um dado grau zero (caso das ideologias). As grandes narrativas modernas e pré-modernas têm aqui um outro denominador comum: ambas codificam o passado de uma maneira inequívoca, de modo a dar sentido, de forma integral, quer ao presente, quer à visão do futuro que é prescrita e definida.

Na fase histórica em que os grandes códigos deixaram de mobilizar as sociedades, o que aconteceu, como vimos nos Blocos 7 e 8, nas últimas décadas do século XX, é um facto que a perfectibilidade do futuro desapareceu dos horizontes do vivido. Vimos que esta inflexão que resultou da saída da 'esfera da esperança no futuro' em direcção ao *culto* do presente se fez na exacta altura em que teve lugar a emergência das novas tecnologias. De algum modo, as novas tecnologias preencheram o presente como se ele fosse um futuro sem necessidade de mais futuro. A acrobacia do presente é, pois, o esteio nevrálgico do universo em rede em que hoje globalmente vivemos. A nossa cultura semeia e colhe no presente, trocou o futuro pelo presente tecnológico e vive imersa numa quase amnésia colectiva. Por outras palavras: o vazio deixado pelo colapso dos "futuros radiosos" foi ocupado pela redenção tecnológica, como vimos detalhadamente ao longo do Bloco 8. O presente bastar-se-á, desta forma, a si próprio no nosso tempo. É possível até que tal configure a primeira grande utopia que se realiza enquanto se vive (é esse o segredo conjugado do virtual, do hiperespaço e da telemática).

Mas há uma questão que permanece em suspenso: o passado, que sempre havia sido alvo de uma arrumação cristalina, como é que agora aparece codificado neste "mundo pós"? Uma resposta possível passa pelo recente culto do património. A explicação é simples: por um lado, de acordo com a construtiva teoria de Hans Blumenberg, os mitos, em vez de se terem imobilizado nas origens remotas do homem, sempre avançaram no tempo e foram reocupando o seu espaço até ao presente. O que os tornou subitamente visíveis foi o vazio com que o passado passou a ser desenhado, no momento em que os códigos totalizantes perderam crédito e força mobilizadora. Daí que, tal como vimos no Bloco 8, as meta-ocorrências – que hoje dominam os media[10] – sejam equiparadas às funções que os mitos sempre tiveram nas sociedades arcaicas. Mas é sobretudo na percepção que temos do modo como a cultura e a natureza aparecem perante nós, enquanto objectos falantes que são portadores da experiência e do passado, que esse vazio está a ser preenchido. Essa súmula de objectos falantes, que avança do passado para o presente, e que é constituída pelo resultado do fazer material ou imaterial do homem (a cultura) e pela natureza (adjuvante do homem ou por ele construída), corresponde, precisamente, à designação universal de "património" consagrada pela Unesco.[11]

No sítio da Unesco, o património é entendido como o

[...] legado que recebemos do passado, vivemos no presente e transmitimos às futuras gerações. O nosso património cultural e natural é uma fonte insubstituível de vida e inspiração, a nossa pedra de toque, o nosso ponto de referência, a nossa identidade.
O que faz com que o conceito de Património Mundial seja excepcional é [a] sua aplicação universal. Os sítios do Património Mundial pertencem a todos os povos do mundo, independentemente do território em que estejam localizados.
Os países reconhecem que os sítios localizados no seu território nacional e inscritos na Lista do Património Mundial, sem prejuízo da soberania ou da propriedade nacionais, constituem um património universal,

cuja protecção cabe à comunidade internacional.

É evidente que desde o início da modernidade iluminista que o homem, sagrando-se como objecto epistémico, se projectou no passado – e, portanto, na sua própria história – e, de algum modo, o sacralizou. Os românticos, os sucessivos cultores da paisagem e todo o tipo de movimentos museológicos e de preservação cultural constituem uma presença intensa e muito influente nos últimos dois séculos e meio. No entanto, é entre 1959 e 1972 que se desenvolve, no seio da ONU, um debate que acabaria por institucionalizar o património, enquanto legado conceptualmente unificado e integrado.[12] O processo acompanha um momento histórico em que as codificações axiais começam lentamente a perder peso e em que, a pouco e pouco, é possível ir preenchendo as lacunas que, por essa razão, iam sendo deixadas.

1.2 Património: uma nova transcendência?

Os critérios de selecção que permitem a um dado sítio, "bem cultural" ou tradição ser ou não integrado na "Lista do Património Mundial" têm em conta um conjunto de condições alternativas, entre as quais se destaca a primeira: "i) representar uma obra-prima do génio criativo humano." A imagem inicial associa a ideia de "génio" (muito realçada por Immanuel Kant na *Crítica da Faculdade do Juízo*, tal como vimos no Bloco 5) aos atributos "criativo" e "humano", fazendo-os depender do dado mais substantivo que é enunciado: a "obra-prima". A auto-imagem do homem, enquanto criador superlativo e ímpar, desenvolve, de forma explícita, a ideia de uma redenção que é consubstanciada através das suas próprias obras transpostas do passado para o presente. O segundo critério é assim enunciado:

> ii) ser a manifestação de um intercâmbio considerável de valores humanos durante um determinado período ou [n]uma área cultural específica, no desenvolvimento da arquite[c]tura, das artes monumentais, de plan[ea]mento urbano ou de paisagismo.[13]

Esta segunda condição propõe, num espaço e num tempo delimitados, o domínio construtivo onde se tenha projectado uma comunicação de "valores humanos" adjectivado como "considerável". O *homo faber* está aqui verdadeiramente no centro, complementando o dom inato – o "génio" – que antes havia sido referido.

As restantes quatro condições relevam testemunhos e exemplos que são, em todos os casos, adjectivados como "excepcionais". O atributo "excepcional" já aparecera no terceiro período da definição de Património no site da UNESCO ("O que faz com que o conceito de Património Mundial seja exce[p]cional é sua aplicação universal"), o que remete para uma intencionalidade que sublinha a dimensão ímpar que é atribuível ao fazer do homem. Se a noção de cultura é uma noção que se objectiva como uma realidade de facto (algo que se constata na distância com que pode ser analisada), já a noção de património, pela maneira como é enunciada, se coloca num patamar acima, na medida em que não se exime à esfera judicativa. Leiamos, em conjunto, os terceiro, quarto e quinto critérios de selecção

– sempre alternativos – que permitem aos "bens culturais" serem ou não integrados na "Lista do Património Mundial":

> iii) aportar um testemunho único ou exce[p]cional de uma tradição cultural ou de uma civilização ainda viva ou que tenha desaparecido, ou
> iv) ser um exemplo exce[p]cional de um tipo de edifício ou de conjunto arquite[c]tónico ou tecnológico, ou de paisagem que ilustre uma ou várias etapas significativas da história da humanidade, ou
> v) constituir um exemplo exce[p]cional de habitat ou estabelecimento humano tradicional ou do uso da terra, que seja representativo de uma cultura ou de culturas, especialmente as que [se tenham] tornado vulneráveis por efeitos de mudanças irreversíveis.[14]

O testemunho e os exemplos remetem para o carácter único de legados materiais ou imateriais, explicitando a pluralidade e a fragilidade, motivada por contingências históricas. A valorização é aqui extensiva ao que se apresenta como um vestígio raro, embora sempre em correlação com a ideia de uma narrativa criada pelo homem, enquanto sujeito central que é pautado pela sua sempre possível excepcionalidade.

O derradeiro critério coloca o acento tónico em obras de arte, ideias ou tradições que perdurem até ao presente e que se revelem como marcos da espécie humana (a designação utilizada é mais generalista: de "significado universal exce[p]cional"). Leiamos toda a passagem:

> vi) estar associados dire[c]tamente ou tangivelmente a acontecimentos ou tradições vivas, com id[e]ias ou crenças, ou com obras artísticas ou literárias de significado universal exce[p]cional (o Comité considera que este critério não deve justificar a inscrição na Lista, salvo em circunstâncias exce[p]cionais e na aplicação conjunta com outros critérios culturais ou naturais).[15]

O parêntesis hierarquiza os critérios, atribuindo à sequência que termina no quinto critério um cariz primacial.

Os critérios adoptados para os "bens naturais" reatam também, em todos os casos, o atributo "excepcional" e enfatizam dimensões diversas, como a histórica, a ecológica, a biológica e a estética (neste caso, recorrendo a uma terminologia dos inícios da disciplina estética: "[B]eleza natural e uma importância estética exce[p]cionais"). Na lista, a dimensão humana não é explicitamente referida, a não ser quando o "valor universal exce[p]cional do ponto de vista da ciência" se situa no texto:

> i) serem exemplos exce[p]cionais representativos dos diferentes períodos da história da Terra, incluindo o registo da evolução, dos processos geológicos significativos em curso, do desenvolvimento das formas terrestres ou de elementos geomórficos e fisiográficos significativos, ou
> ii) ser exemplos exce[p]cionais que representem processos ecológicos e biológicos significativos para a evolução e o desenvolvimento de ecossistemas terrestres, costeiros, marítimos e de água doce e de comunidades de plantas e animais, ou
> iii) conter fenómenos naturais extraordinários ou áreas de uma beleza natural e uma importância estética exce[p]cionais, ou
> iv) conter os habitats naturais mais importantes e mais representativos para a conservação *in situ* da diversidade biológica, incluindo aqueles que abrigam espécies ameaçadas que possuam um valor universal exce[p]cional do ponto de vista da ciência ou da conservação.[16]

Nestes dois conjuntos de critérios, bem mais no primeiro relativo aos "bens culturais" do que no segundo, a terminologia seguida, o tipo de alegações enunciadas e o que nelas subjaz ao nível do "genial" e do "excepcional" reflectem um processo de quase sacralização. Esse processo será, na prática, tão mais contundente quanto a desordem urbana e a destruição dos recursos naturais[17] implicarem uma consciência que acabará por aliar a necessidade de resistência (ecológica) à necessidade de novas referências que consigam tornar-se ostensivas no mundo comunicacional em que vivemos (patrimoniais).

Esta perspectiva confirma, de qualquer modo, o diagnóstico inicial: os vazios deixados pelo definhar das codificações axiais, quer no futuro, quer no passado, encontraram realmente exaltações e paradigmas novos que os foram adequadamente preenchendo. Os fluxos de incidência tecnológica foram preenchendo o esvaziamento do futuro, enquanto o culto do património

– num sentido lato simultaneamente natural e cultural – foi, pelo seu lado, preenchendo o esvaziamento do passado.

Uma nova transcendência, embora não declarada, parece emergir nos limites do presente em que passámos a viver, colocando a montante (o património) e a jusante (a tecnologia) cenários simulados de conforto que acabam por nos dar uma sensação, ao mesmo tempo, retrospectiva e projectiva. Como se a cultura em que vivemos necessitasse de contextos para respirar e de centros para se referenciar. Quando o mundo em que vivemos é, afinal, cada vez mais acentrado e cada vez mais descontextualizado.

2. O PATRIMÓNIO COMO FORMA DE CRIAÇÃO

2.1 O património é um criador

Uma paisagem ou uma cidade que preencha os critérios de integração na "Lista do Património Mundial" passa a deter uma aura. O conceito de aura, que para Walter Benjamin era próprio da "autenticidade de uma coisa",[18] como que reaparece. Numa era em que todos os objectos culturais são réplicas desprovidas de aura, o património acaba por resultar de uma transubstanciação: tal como o vinho e o pão, sendo vinho e pão, passaram a ser corpo e sangue, também os bens culturais e naturais, sendo o que sempre foram, passaram a ser bens com uma determinada aura. As muralhas de uma cidade ou a paisagem natural de uma serra – recebendo as insígnias patrimoniais –, sendo o que sempre foram, dão-se subitamente a ver, desocultando-se de um modo novo. Tal como vimos no Bloco 5, para Martin Heidegger a arte tem a sua origem no ente, ou seja, na coisa, e não na coisa enquanto ser.[19] Esta transformação da geografia estrita numa geografia com aura corresponde, pois, a uma nova noção de criação. Poderemos, nesta linha de ideias, afirmar que o património é um criador, ou seja: um macro-criador. Sempre que uma cidade ou paisagem se converte em Património Mundial, adquire uma aura – uma transubstanciação que lhe concede autenticidade – e é esse par matéria-aura que, ao aparecer, ao se desocultar, se constitui, por si mesma, como macro-criadora.

A noção de criação parece, pois, ter inflectido nos últimos anos: ao lado do criador individual de arte, o novo macro-criador patrimonial surge como uma aura que cobre e ilumina determinadas parcelas da geografia do planeta. Daí que o novo turismo cultural enfatize as rotas das 'novas peregrinações' que deverão atravessar as cidades e as paisagens que, meteoricamente, numa luta diplomática por vezes sem tréguas, vão sendo consideradas Património Mundial.

É um facto que a contemporaneidade está a conceder uma grande importância ao espaço e à geografia, como se a aposta no tempo – ou nas grandes redenções históricas superadas – tivesse ficado irremissivelmente para trás. Tal como António Pinto Ribeiro referiu, na linha de Paul Virilio:

> [O] aparecimento das vanguardas dá-se no período em que era credível terem uma velocidade maior do que a durabilidade do tempo e assim poderem antecipar a história. As alterações sofridas na relação com a comunicação – agora tudo se passa em tempo real – e a suspensão das utopias acabaram com as vanguardas. Os artistas contemporâneos não têm a obsessão pela antecipação da história a qualquer preço e, pelo contrário, privilegiam o espaço e a geografia. Em relação ao tempo, a nossa cultura artística contemporânea tende a actualizar os operativos com vocação universal.[20]

Com espaço e sem futuro, o regresso ao tangível impõe-se como um discurso sobre os vestígios. Eis o que é essencialmente metaforizado pelo património. Quando já não há inícios,[21] mas simples actualizações; ou seja, quando já não há finalidades, mas simples sequências, o que nos preenche é o culto de uma memória que vamos tornando viva, actualizando-a e sequencializando-a. Vivemos, pois, num tempo que é o tempo por excelência das arqueologias. A própria arte contemporânea está a transformar-se numa arqueologia que se visa a si própria. Como se o criador individual se insinuasse junto do novo macro-criador patrimonial. Numa análise às tendências contemporâneas que levámos a cabo noutro estudo[22] apurámos sete tendências-chave:

 a) A geografia e o espaço como matéria primordial de inscrição criativa em prejuízo do tempo;
 b) O envolvimento do quotidiano como matéria-prima da expressão plástica (o famoso círculo "mundo-arte" e "arte-mundo");
 c) A violência social, da ironia da história, da provocação ao político no quadro de uma mais vasta interrogação de sentidos;
 d) A simulação de mundos e perspectivas, através do uso de objectos culturais e da sua massificada reciclagem;
 e) A paródia ao quotidiano com incidência específica nos sentidos criados pelos artefactos da cultura material;

f) O recurso à luz e ao holograma, reflectindo o fluxo de imagens de que é feito o mundo de hoje;

g) A instalação/multimédia em pleno ambiente natural, confundindo-se e debatendo-se com ele (e chegando mesmo a sugerir a anulação da dicotomia moderna entre cultura e natureza).

As direcções destas tendências são claras quanto à ligação entre o criador de arte e o macro-criador patrimonial. O artista cria os seus mundos, mas fá-lo assumindo o papel de uma arqueologia das arqueologias, tendo o espaço e a geografia como protagonistas maiores. Daí a relevância de todas as escritas do espaço: o holograma, a luz, a fotografia e a própria instalação no terreno. A criatividade contemporânea continua também a reatar a já experimentada tradição da paródia, criando a partir de outras criações, simulando novos inícios, cotejando-se com a pluralidade das réplicas (as cópias das cópias). Daí o olhar irónico sobre o quotidiano e o jogo de simulações em torno dos objectos tecnológicos e culturais. Em suma: o criador de arte parodia e inscreve na paisagem que gera ou simula, ou seja: grava as suas auras na geografia real ou virtual com que trabalha. Se o artista cria auras em diversos territórios, o macro-criador patrimonial é, ele mesmo, um território que, a certa altura, adquire uma aura. Os destinos de ambos complementam-se. Sinal dos tempos.

2.2 O património relido a partir de George Steiner

Numa era em que a criatividade artística corresponde sobretudo a um processo e não a um paradigma da criação *ex nihilo*, o tipo de criação (ou de transubstanciação) que advém do Património tem um valor suplementar que vale a pena analisar. Seguimos, nesta breve apreciação, algumas considerações-chave presentes em *Gramáticas da Criação* de George Steiner (2001):

a) Em primeiro lugar, a criação patrimonial não envelhece, tal como acontece com a grande arte: "São a descoberta científica e a invenção tecnológica que, cada vez mais, governarão o nosso sentido da história social." No entanto, ao contrário do que se passa com a criação, é nestes dois campos que mais se revela a obsolescência:

> A epopeia homérica, o diálogo platónico, a paisagem da cidade de Vermeer, a sonata de Mozart não envelhecem nem se tornam obsolescentes ao contrário do que se passa com os produtos da invenção.[23]

O património também acede, pelas suas características de "excepcionalidade" (reiteradas nos critérios de selecção da UNESCO, como vimos antes), a uma certa intemporalidade. Desse modo, passa ao lado da cultura do *rebranding* e das obsolescências, impondo-se numa área que não é a dos fluxos correntes e dominantes.

b) Em segundo lugar, a criação patrimonial pressupõe um tempo que precede a criação e o projecta para além de si:

> A cosmologia agostiniana, do mesmo modo que a contemporânea, exclui a noção de um tempo anterior à criação. O tempo apresenta-se no ser. Outras teologias e outras metafísicas postulam uma eternidade na qual a criação intervém. De acordo com esse esquema o tempo continuaria depois do ser. Trata-se de um debate em que as temporalidades da obra de arte levantam intrigantes questões.[24]

O património apresenta-se como criação, no momento em que se desoculta, enquanto tal. É a partir desse momento que ele irradia um tempo que lhe é anterior (uma aura rodeia Évora, dando-lhe a sensação de uma anterioridade que nela respira e que se projecta para além dela; já seria assim antes de 1986, ano em que integrou a lista de cidades património mundial, mas, depois disso, a assunção tornou-se tácita e socialmente partilhada).

c) Em terceiro lugar, a majestade do silêncio é uma mais-valia única do património:

> São múltiplas as correlações entre, por um lado, a criação e a invenção e, por outro lado, o silêncio. Diferem de caso para caso. Bach parece ter composto algumas das suas partituras mais intricadas numa atmosfera de confusão doméstica. O mesmo aconteceu a Schoenberg ao orquestrar. O ruído transtornava Proust e tornava-lhe impossível escrever.[25]

A criação patrimonial impõe-se ao ruído do mundo como uma alternativa que o compensa. Eleva-se sobre esse ruído que constrói o fluxo da actualidade e dá-se a ver, através apenas da sua inefável presença, como uma transubstanciação que é acatada por toda a comunidade, sem que tal se verbalize (o discurso técnico e histórico cumpre a função de interminável ficha técnica, ou de índice, mas não aborda a redenção que a presença do património significa; abre-lhe o caminho como bom anfitrião, mas não a celebra como iconostase da actualidade que é).

d) Em quarto lugar, a criação patrimonial implica a maior das multidisciplinaridades:

> A relação entre a epistemologia das ciências e a noção de "criação" foi sempre equívoca. Para a maioria dos cientistas, ao longo da história, o termo de referência foi a "descoberta"; a tecnologia, pelo seu lado, visou a "invenção" [...] Há sinapses (estímulos nervosos) entre as artes na sua acepção tradicional, a álgebra do engenheiro e o virtuosismo do artífice (Cellini sentir-se-ia maravilhosamente num Ferrari). Nesta simbiose, as linhas divisórias entre o criado e o inventado perderam o seu rigor.[26]

No património tudo converge: o tempo faz sobrepor gestos, sombras, épocas, inscrições, criações, invenções, descobertas, enfim, todo o tipo de conjunções que anula os equívocos das disciplinas em si fechadas. O património é um discurso sem explicativos que vale por si e que reúne o que todos os discursos da contemporaneidade, por natureza, separam e fragmentam.

e) Em quinto lugar, a criação patrimonial surge como contrapeso da tecnologia, afirmando-se como a nova *poiesis*:

> O "ofício", a elegância formal do invento mecânico é elevado ao nível da arte e acima desse nível. A tecnologia passa a ser apresentada como o acto (romântico) de *poiesis*. A arte já não pode rivalizar com a *techne* do engenheiro, e ainda menos ultrapassá-lo. A invenção é identificada como o modo de criação primordial do mundo moderno.[27]

O património e a tecnologia, como vimos, desempenham a função de cenários vivos que dão sentido ao passado e ao futuro, desde que esses patamares deixaram de estar conforme ao *design* das grandes codificações axiais. A tecnologia e o património estão face a face, enquanto legados da *poiesis* romântica: duas linguagens que se constroem e que proporcionam, complementando-se, quer a catarse (telemática) do corpo, quer a catarse (transubstanciada) do espírito.

f) Em sexto lugar, a criação patrimonial é um bastião de força metonímica:

> Sabemos que o fazedor mais isolado se encontra envolvido numa teia de condições preliminares de ordem histórica, social e pragmática. Não há começo que seja uma página em branco.[28]

O património apenas é projecto, se olhado enquanto sintaxe, organização, súmula de eras e estilos. No modo como se desoculta, na sua "excepcionalidade" e "raridade", o património vale pelo que ostenta, mas também por tudo o que lhe é contíguo. Essa rede metonímica de implicações tende para a construção mental da cidade ou da natureza perfeita. A imaginação criada pelo património propaga-se através de símiles silenciosos que são como "páginas em branco" a preencher pelo observador ou pelo viajante (o peregrino contemporâneo). Uma inscrição que se desdobra e propaga e que, sobretudo, purifica como se fosse uma 'Escritura' e não apenas mais uma escrita entre muitas outras escritas.

g) Em sétimo lugar, a criação patrimonial significa o fim das grandes perguntas:

> A nossa natureza é sedenta de explicação, de causalidade. Queremos saber: porquê? Que hipótese conceber, capaz de elucidar uma fenomenologia, uma estrutura da experiência vivida e tão difusa, tão múltipla nas suas expressões como a daquilo que é "terminal"?[29]

No património, tudo é revelado e contado, embora sob a forma de 'não dito'. Trata-se de uma narrativa circular que não deixa no ar lugares escondidos ou elipses. O património escapa ao ciclo das grandes respostas e das grandes perguntas, porque vale pela evidência que encerra. Como diria Hans Blumenberg, o património é o *locus* por excelência que os mitos reocupam. O que está à vista no património é a iconicidade (um signo que remete para o seu objecto através de uma similaridade), embora aquilo que designa e aquilo que é designado integrem a mesma substância que é, por isso mesmo, uma 'transubstância'.

h) Em oitavo lugar, o património implica um fazer inclusivo:

> Com a elaboração de materiais de construção novos e híbridos, nomeadamente depois da Revolução Industrial, as disciplinas do arquitecto e do engenheiro, do "imaginador" e do metalúrgico, tornaram-se cada vez mais próximas.[30]

O património integra memórias, imaginações e tempos que não foram nunca contados. Tudo no património contribui para a partilha e, tal como nos mitos, a interacção que suscita decorre da conaturalidade com que comunica e não de asserções condicionadas por regras que lhe são exteriores.

i) Em nono lugar, a criação patrimonial é porta-voz de uma 'poética do palimpsesto' onde se condensa uma grande pluralidade de discursos:

> Em todos os casos em que as ciências puras e aplicadas passaram a poder cartografar, o refluxo da palavra revelou-se inelutável [...]. De um modo quase fatal, o discurso filosófico e metafísico retirou-se para as regiões do metafórico, do literário [...]. O "ruído de fundo" teológico [surge] nos domínios do sentido da "criação", na retórica da intemporalidade e da eternidade insubstituível que se associa à poesia, às artes, à música [e] ao discurso metafísico [...]. Em certo sentido, o texto e a arte engendram de facto um tempo que lhes é próprio. É através da poética, mais ainda que em filosofia, que a consciência humana faz a experiência do tempo livre.[31]

O património é o melhor exemplo destas considerações de George Steiner, na medida em que aproxima o que na história divergiu, nomeadamente o metafórico e o científico; e na medida em que dá continuidade a um tempo liberto de constrangimentos que tem o valor de um palimpsesto em movimento, revelando todas e cada uma das suas parcelas sem nunca obliterar o todo.

j) Em décimo lugar, o património é alheio ao contexto:

> Os conceitos de 'criação' e de 'invenção' têm sempre um contexto. O seu campo semântico é o da história nos seus elementos sociais, psicológicos e materiais constituintes.[32]

Ao contrário do que acontece na criação e na invenção, o património não carece de contexto, porque é o próprio património que contextualiza, ou seja, que cumpre a função de dar um contexto – ou vários contextos – às épocas recentes em que é contemplado.

Conclusão: Steiner afirmou que as "teorias desconstrucionistas e pós-modernas subvertem o criador".[33] Seja como for, é um facto que a criação patrimonial o está, de algum modo, a salvar. E fá-lo silenciosamente, sem atrito, sem ruído, sem programas e sem imagens idealizadas de um nenhures. O património expande e encerra em si todas as suas imagens. É por isso que não se confunde, nem com a utopia, nem com as redenções programáticas. O que no património é lei advém da transubstanciação, por um lado, e da dupla função de salvaguarda do passado e de dissuasão da amnésia colectiva, por outro lado.

3. UM EXEMPLO PATRIMONIAL

O "culto" patrimonial exerce-se em várias direcções. Por um lado, entre os vários patamares da UNESCO e os locais (cidades, sítios, bens naturais, etc.); por outro, entre os locais (autoridades, poderes fáticos e comunidade) e, por fim, entre os locais, considerados como um todo, e a rede de mobilidade (turística) que passou a fazer parte do novo modelo de afirmação social e cultural em todo o planeta. Torna-se útil, no quadro desta análise, seguir alguns passos relativos a um caso patrimonial concreto. Escolhemos uma publicação muito especial, intitulada Évora Mosaico (2011), que foi editada para celebrar o 25.º aniversário da classificação da cidade como património mundial (lembremo-nos que Évora foi a primeira cidade continental, depois de Angra do Heroísmo, a receber as insígnias da UNESCO), facto que teve lugar em Novembro de 1986.

A publicação inicia-se com um editorial da autoria do então presidente da Câmara Municipal, José Ernesto Oliveira, em que se sinaliza o respectivo conteúdo: "Nas páginas que se seguem recordam-se as fases evolutivas por que o Centro Histórico passou, desde que o culto do monumento surgiu até aos nossos dias." O "culto" aparece explicitado logo de início com toda a naturalidade (e sem especial intenção metafórica), antes ainda de se precisar o tipo de memória que o património consubstancia:

> [O] notável legado recebido [...] foi o resultado da acção de muitos que amaram de forma acrisolada a cidade e se bateram em alturas distintas contra a sua descaracterização tentada, reforçaram com carácter pedagógico o conhecimento dos seus edifícios, ruas e praças e a cantaram divulgando por muitos cantos a singularidade do seu passado.[34]

O texto funda-se num referente "caracterizador" (opondo-se à "descaracterização tentada") e evoca a "singularidade", enquanto motivo de exaltação artística. Esta visão revela que o património, ao chegar ao presente, traz consigo a mesma marca de uma obra de arte, na luta que deixa atrás de si entre forma e matéria,[35] com a certeza de que aquilo que terá sido atingido

– e que nos chegou ao presente – corresponde, de qualquer dos modos, ao melhor dos mundos (uma perspectiva algo leibniziana ainda que sem divindade).

A publicação leva a cabo um balanço dos antecedentes patrimoniais do século XX, destacando o papel do Grupo pró-Évora que foi fundado na cidade em Novembro de 1919, facto

> que testemunha à saciedade o orgulho que os eborenses sempre nutriram pela sua cidade e o extraordinário apego pelas marcas do passado que os seus antecessores por aqui foram deixando. Afinal de contas, Évora era uma cidade de memórias e com memórias.[36]

As "memórias" surgem, neste breve excerto, com um duplo uso: como atributo da urbe e também como uma espécie de apêndice por revelar. A adequação à grande notícia estava criada: a 25 de Novembro de 1986,

> a cidade recebeu a distinção com grande orgulho e celebrou o reconhecimento do grande valor patrimonial que todos, no seu conjunto, tinham ajudado a preservar [...] Apesar da grande relevância dada ao acontecimento, poucos sabiam, como ainda hoje não sabem pormenorizadamente, o que é a UNESCO [...] Nesta última vertente considerou-se que era da máxima importância evitar o desaparecimento e conservar os testemunhos mais significativos das civilizações passadas, assim como as paisagens mais encantadoras e comoventes da natureza.[37]

O discurso cria uma simetria entre a natureza e as marcas civilizacionais, espelhando naturalmente os critérios da UNESCO, do mesmo modo que a adjectivação (sobretudo no caso de "encantadoras e comoventes") abre as portas a uma renovada noção de "aura", também, naturalmente, nunca descrita enquanto tal.

As consequências da "elevação" a cidade Património Mundial foram sobretudo de ordem logística (meios tendo em vista uma ininterrupta manutenção e preservação) e da ordem da grande procura:

> A classificação de Évora como cidade Património Mundial veio agitar as águas e recolocar na ordem do dia a necessidade de preservação ou regeneração

do património histórico e cultural das antigas e singulares urbes nacionais. Todos de imediato se aperceberam que uma distinção internacional de tal monta traria para a cidade uma visibilidade e uma procura turística que parecia com tendência para estagnar, não obstante a cidade manter intactas todas as suas características anteriores.

Com efeito, assim sucedeu. O número de visitantes subiu em flecha e começaram a aparecer os investidores hoteleiros, que se propunham dotar a cidade dos meios de alojamento de que esta carecia para receber ou alojar em condições os forasteiros que nela procuravam pernoitar.[38]

No que respeita à manutenção e preservação patrimoniais, é curioso perceber como é que o *marketing* local se torna necessário, sobretudo porque os normativos muito restritivos – e por vezes liliputianos – acabam por condicionar os habitantes do centro histórico:

> No intuito de aproximar emocionalmente as pessoas à cidade e ao projecto [referência ao "programa Acrópole XXI"] [uma empresa] desenvolveu uma campanha de comunicação subordinada ao mote "évora é" [...] À cabeça de toda esta informação se elucida que "Évora é de quem cá mora. De quem acorda todos os dias sob esta lua. De quem vive a cidade todos os dias. E de quem prova Verão e Inverno com a mesma vontade."[39]

É um facto que a imagem do "Património Mundial" é bem diversa na perspectiva de quem visita o intramuros da cidade, enquanto turista ou peregrino contemporâneo, e na perspectiva de quem o habita. O culto é um modo de significar aquilo que o património passou a ser nas últimas décadas e não um dado de facto (muitas vezes, bem antes pelo contrário).

Convirá ainda destacar uma nota sucinta sobre os sentidos que localmente são atribuídos à actividade permanente de recuperação da cidade (tendo como pano de fundo o mais recente programa, o já mencionado "programa Acrópole XXI"):

> Segundo a Câmara Municipal, promotora de todo o programa [...] o objectivo é o de afirmar o próprio espaço público enquanto valor patrimonial identitário e não apenas enquanto somatório de estruturas de valor patrimonial (visíveis ou invisíveis) mais ou menos autónomas e espacialmente coexistentes.[40]

Trata-se de uma passagem que enfatiza uma preocupação já acima desenvolvida acerca da poética do palimpsesto que se esforça pela inclusão do somatório de valores num único todo, dando corpo a um discurso que tem o valor de um "palimpsesto em movimento, revelando todas e cada uma das suas parcelas sem nunca obliterar o todo".

O exemplo de Évora é interessante, até porque a elevação patrimonial cortou o espaço urbano em duas partes muito distintas: os pouco mais de cem hectares que enquadram o centro histórico dentro das muralhas, por um lado; e toda a envolvente heterogénea (e "descaraterizadora") de bairros que começaram a crescer nas primeiras décadas do século XX, por outro. Refira--se que apenas 5000 dos 50 000 habitantes da cidade – valores aproximados – moram na área considerada "Património Mundial", estando este número a descer de década para década de modo abismal. A assimetria não é resultado da elevação patrimonial, pois a estratificação social havia, há muito, criado uma topografia urbana propícia à exclusão. Contudo, a distinção eborense em nada contribuiu para a reposição dos equilíbrios. O que quer dizer que a significação contemporânea de património, com tudo que contempla ao nível da "excepcionalidade", da "aura" e da "transubstanciação", nem sempre se traduz nos quadros pragmáticos onde se revê e onde se actualiza no dia-a-dia.

NOTAS

1 Northrop Frye. *Le Grand Code: la Bible et la littérature*. Paris: Seuil, 1984.
2 Hans Blumenberg. *Work on Myth*. Cambridge; Massachusetts; London: The MIT Press, 1985.
3 Não se situando num antes longínquo ou desfocado, o mito é visto pelo autor como um produto que age e reage, que se implanta e replanta até ao presente ao longo de todas as épocas, convivendo com todas as expressões que vai encontrando. O mito é assim um produto imaginário profundo, memória invisível e evidência, mas sempre ligado aos factos, às questões e aos estados concretos de cada tempo. O conceito que traduz esta permanente adaptação do mito ao presente recebe o nome de "reocupação" [*Umbesetzung*] e é apresentado como uma espécie de herança transversal e actuante da cultura do Ocidente. Cf. *ibid*., p. 257.
4 *Ibid*. Pte. 2, cap. 3, p. 215-298. O terceiro capítulo da Parte II, "Myths and Dogmas" desenvolve o importante contraste entre as características do mito e dos dogmas.
5 "Myth lets inquire run up against the rampart of its images and stories: One can ask for the next story – that is, for what happens next, if anything happens next. Otherwise it starts over again from the beginning." *Ibid*., p. 257.
6 "There is no such thing as an 'adherent' of myth. Since it commits people strictly to a stock of propositions, what comes through in nomenclature is the dogmatic form t only of thought but also of institutions. To that extent, too, dogma is a mode of thought associated with self-assertion." *Ibid*., p. 236.
7 "The *conversio* (convertion) is the antithesis of a mythical event." *Ibid*., p. 242.
8 "Myth was able to leave behind the old terrors, as monsters that have been vanquished, because it did not need these fears as means to protect a truth or a law." *Ibid*., p. 240.
9 Maria Teresa Cruz. Arte, Mito e Modernidade. Sobre a metafologia de Hans Blumenberg. *Revista de Comunicação e Linguagens*. Lisboa: Cosmos; Centro de Estudos de Comunicação e Linguagens. N.º 6-7 (1998), p. 108-137. Disponível em http://www.cecl.com.pt/rcl06-17.html
10 Não se devem confundir as narrativas criadas pelos media, e que designamos por "meta-ocorrência" ("meta-acontecimento" segundo Adriano Duarte Rodrigues – v. Bloco 8) com as "mitologias" que Roland Barthes desenvolveu – na sua obra homónima de 1957 – e em que o quê estava em causa eram as conotações suscitadas pelas práticas culturais que, para o autor, seriam regidas ideologicamente (sendo fundadas em poderes determinados). Relembremos que as "meta-ocorrências" se traduzem através de nuvens imaginativas que atravessam livremente a sociedade, durante algum tempo, e que espelham sobretudo as dimensões ilocutórias (compromisso) e perlocutórias (impactos) do 'dizer' dos media (a dimensão locutória), podendo ampliar ficcionalmente estas dimensões muito para além dos limites que designam. Na sua obra, *Mythologies* (1957), Barthes transformou o princípio da conotação de Louis Hjelmslev naquilo que, na sua própria terminologia, acabou por designar por "mitos". Para alguns autores, tal facto teria correspondido a uma verdadeira refundação da semiótica continental. O autor pretendeu provar que a maior parte dos nossos usos sociais se alimenta deste tipo de ilações conotativas mais ou menos programadas. Noutro plano mais geral, a continuidade ou a relativa perenidade deste tipo de mitos

contemporâneos, transversais a grande parte da objectualização social (televisão, cinema, literatura, publicidade, lúdico, culinária, etc.), foi, por sua vez, designada por "ideologia". Dentro desta lógica de desmontagem dos mecanismos de controlo social que justapõem "mitos" e "ideologia", Barthes afirmava que, embora se pudessem produzir "despertares provisórios", a verdade é que "a ideologia comum" nunca era de facto posta em causa: "[U]ma mesma massa 'natural' recobre todas as representações 'nacionais'." A "ideologia", na acepção de Barthes, corresponde, deste modo, a uma linha de conteúdos que se torna dominante e, ao mesmo tempo, comum a uma larga maioria da população, prevalecendo, quase *naturalmente*, sobre outros conteúdos, nomeadamente aqueles que teoricamente adviriam de uma *livre* interpretação. *Cf.* Adriano Duarte Rodrigues. Do dispositivo televisivo. *Revista de Comunicação e Linguagens*. N.º 9 (Maio 1989), p. 61-65 e *Cf.* Roland Barthes. *Mythologies*. Paris: Seuil, 1957.

11 Em 1972, a Convenção sobre a Protecção do Património Mundial Cultural e Natural definiu os tipos de "sítios naturais ou culturais" que podiam ser considerados para inscrição na Lista do Património Mundial e fixou o dever que competia aos Estados-membros quanto à identificação de possíveis sítios". Mais recentemente, em 2003, aquando da "Convenção para a salvaguarda do Património Cultural Intangível", a cultura imaterial passou a integrar e a enriquecer a noção de património. UNESCO. *O Património: legado do passado ao futuro*. [Em linha.] Disponível em http://www.unesco.org/new/pt/brasilia/culture/world-heritage/heritage-legacy-from-past-to-the-future/

12 "O evento que suscitou especial preocupação internacional foi a decisão de construir a grande represa da Assuão no Egi[p]to, com a qual se inundaria o vale em que se encontravam os templos de Abu Simbel, um tesouro da antiga civilização egípcia. Em 1959, a UNESCO decidiu lançar uma campanha internacional a partir de uma solicitação dos governos do Egi[p]to e Sudão. / Acelerou-se a pesquisa arqueológica nas áreas que seriam inundadas. Sobretudo os templos de Abu Simbel e Filae foram então completamente desmontados, transportados [para] um terreno a salvo da inundação e lá montados novamente. / O sucesso dessa campanha conduziu a outras campanhas de salvamento, tais como a de Veneza, na Itália, a de Moenjodaro, no Paquistão, e a de Borobudur, na Indonésia, para citar apenas alguns exemplos. / Em seguida, a UNESCO iniciou, com a ajuda do Conselho Internacional de Monumentos e Sítios (ICOMOS), a elaboração de um proje[c]to de Convenção sobre a prote[c]ção do património cultural. // A id[e]ia de combinar a conservação dos sítios culturais com a dos sítios naturais foi dos Estados Unidos. Uma conferência na Casa Branca, em Washington, pediu em 1965 que se criasse uma Fundação do Património Mundial que estimulasse a cooperação internacional para proteger as 'maravilhosas áreas naturais e paisagísticas do mundo e os sítios históricos para o presente e para o futuro de toda a humanidade'. Em 1968, a União Internacional para a Conservação da Natureza e seus Recursos (IUCN) elaborou propostas similares para [os] seus membros, as quais foram apresentadas à Conferência das Nações Unidas sobre o Meio Ambiente Humano organizada pelas Nações Unidas em Estocolmo em 1972. / Por último, todas as partes interessadas se puseram de acordo quanto à ado[p]ção de um único texto. Assim, a Conferência Geral da UNESCO aprovou, em 16 de [N]ovembro de 1972, a Convenção sobre a Prote[c]ção do Património Mundial Cultural e Natural." *Ibid.*

13 *Ibid.*

14 *Ibid.*
15 *Ibid.*
16 *Ibid.*
17 "A cidade monolítica que cresce à custa da destruição de recursos naturais e de valores culturais, avançando no território sem olhar ao necessário equilíbrio energético e à sustentabilidade ecológica, está condenada. Há hoje que recriar a unidade urbe-ager (cidade--campo) que deverá ser o objectivo fundamental do ordenamento do território e do urbanismo." Gonçalo Ribeiro Telles. A Cidade e a Paisagem Global do Século XXI. *In A Utopia com os Pés na Terra.* Évora: Museu de Évora, 2003, p. 334.
18 "A autenticidade de uma coisa é a soma de tudo o que desde a origem nela é transmissível, desde a sua duração material ao seu testemunho histórico. Uma vez que o testemunho histórico assenta naquela duração, na reprodução ela acaba por vacilar, quando a primeira, a autenticidade, escapa ao homem e o mesmo sucede ao segundo; ao testemunho histórico da coisa. Apenas este, é certo; mas o que assim vacila, é exactamente a autoridade da coisa. / Pode resumir-se essa falta no conceito de aura e dizer: o que murcha na era da reprodutibilidade da obra de arte é a sua aura." Walter Benjamin. *Sobre Arte, Técnica, Linguagem e Política.* Lisboa: Relógio d'Água, 1992, p. 78-79.
19 Para Martin Heidegger, como vimos no Bloco 5, a concepção de criação é acompanhada, no Ocidente, por cenografias históricas que, pelo menos desde o tomismo, têm em conta que o "*ens creadum*" decorreria da "unidade matéria–forma". Esta percepção conduz ao facto, segundo o autor, de nos limitarmos a chamar "às coisas propriamente ditas meras coisas" (um mero cesto, uma mera mesa, um mero candeeiro), o que, por sua vez, comprova que o Ocidente se limitou a pensar, "até aqui, no ser do ente" e não no ente, ele mesmo (a mera coisa). Ora a obra de arte revela-se, para Heidegger, enquanto ente ou coisa por si, significando a sua própria realidade e, enquanto pura expressão, desoculta-se por si mesma. É por isso que, segundo o autor, a arte procede do ente que, como ente, por si, se abre. A celebração das coisas culturais e naturais, no quadro do património, adequa--se, em boa parte, a este perspectiva analítica. Cf. Heidegger. *A Origem da Obra de Arte.* Lisboa: Edições 70, 1991, p. 22-24 e 60.
20 António Pinto Ribeiro. Amor é Fogo que Arde sem Se Ver. *Público.* Lisboa. (25 Ago. 2002), p. 42.
21 A expressão é de George Steiner no início de *Gramáticas da Criação*: "Já não temos começos ('*We have no more beginnings*'). *Incipit*: a orgulhosa palavra latina que designa o início sobrevive no poeirento vocábulo inglês *inception*. O escriba da Idade Média assinala o início de uma linha, o novo capítulo, por meio de uma capital iluminada. No seu turbilhão dourado ou carmim, o iluminista de manuscritos dispõe animais heráldicos, dragões matinais, cantores e profetas." George Steiner. *Gramáticas da Criação.* Lisboa: Relógio d'Água, 2002, p. 11.
22 O estudo decorre de uma comparação entre as grandes tendências da expressão plástica, tal como eram codificadas no final dos anos oitenta do século XX, a partir da análise de cariz histórico de Renato De Fusco. *História da Arte Conteporânea.* Lisboa: Presença, 1988, e as tendências que se manifestavam no início do século XXI, a partir da análise a uma obra antológica de Uta Grosenick, Burkhard Riemschneider e Kirsty Bell. *Art Now.* London: Taschen, 2002. O objectivo era descobrir contrastes e/ou os sentidos de continuidade entre uma leitura retrospectiva, levada a cabo já num tempo de

iminência "pós-moderna", e a afirmação das artes num tempo já francamente dominado pelas novas tecnologias. Na codificação de Fusco, as grandes tendências da imagem, no campo da arte, dividiam-se em seis grandes áreas: linha de expressão (expressionismo, informalismo, *body art*, etc.), linha de formatividade (cubismo, *stijl*, *op art*, etc.), linha onírica (surrealismo, etc.), linha de arte social (realismos expressivos: algum Picasso, alguma *pop art*, etc.), linha de arte útil (Bauhaus, construtivismo de Malevich, etc.) e linha da redução (arte minimal, arte conceptual, etc.). Em relação a esta codificação, o actual leque de tendências parece insistir em práticas de fusão e de descontinuidade (as instalações e o recurso multimédia evidenciam uma hibridez entre o formativo e o expressivo, mas também entre o onírico e o social). Esta conclusão está em consonância com a alteração do tipo de significado da imagem, proposto por C. Owens. Segundo o autor, "o paradigma do observador moderno" reenviava para uma insistência de cariz "totalizante e imanente", passando ao lado da descontinuidade das alegorias. Hoje em dia, estar-se-ia a superar esse estado e, portanto, pouco a pouco, estaríamos a assistir a uma redireccionação crítica dessas práticas significativas. *Cf.* Charles Harrison; Paul Wood, eds. *Art in Theory, 1900-1990, an Anthology of Changing Ideas*. Oxford, UK; Cambridge, USA: Blackwell, 1992. Por outro lado, o actual apelo do quotidiano, quase sempre com grande pendor irónico, estabelece claras relações com a linha de arte útil e a linha de redução. Acrescentar-se-ia ainda à codificação de Fusco a obsessão pelas espacialidades como uma nova realidade transversal, o peso dos simulacros e da cadeia paródica que os associa a objectos culturais, a catarse social a disseminar-se nas várias linhas propostas (com excepção, porventura, da linha da formatividade e da redução) e ainda uma certa relativização da prática fotográfica pura (que, no esquema de Fusco, era bastante transversal), na medida em que, num mundo dominado pelo cortejo visual ininterrupto, ela se está lentamente a converter numa simples *paragem* desse cortejo (como Paul Virilio, aliás, tem acentuado). A ciberarte, por fim, mereceria uma palavra. O novo patamar artístico, nesta área em grande florescimento, hesita, entre a euforia construtivista (para a qual a representação e o simbólico teriam desaparecido de vez) e a possibilidade de a cultura reencontrar os seus modos, ainda que em flutuante desconstrução, num novo meio e num novo leque de práticas. O estudo originalmente encontra-se editado em: Luís Carmelo. *Semiótica: uma introdução*. Mem Martins: Publicações Europa-América, 2003, p. 262-270.

23 Steiner. *Gramáticas da Criação. Op. cit.*, p. 77.
24 *Ibid.*, p. 84.
25 *Ibid.*, p. 345.
26 *Ibid.*, p. 369-370.
27 *Ibid.*, p. 353.
28 *Ibid.*, p. 342.
29 *Ibid.*, p. 276.
30 *Ibid.*, p. 221.
31 *Ibid.*, p. 85, 124 e 135.
32 *Ibid.*, p. 93.
33 *Ibid.*, p. 24.
34 José Ernesto Oliveira. Editorial. In *Évora Mosaico*. Évora: Câmara Municipal de Évora; Património, Cultura e Turismo, 2011, p. 3.

35 Segundo Martin Heidegger, o "ser-criado da obra" é o ser "estabelecido da verdade na forma", o que, por sua vez, se traduz no combate ("rasgão") entre a 'expressão' e o *vir a ser* da 'forma'." Cf. Heidegger. *Op. cit.*, p. 51.
36 Oliveira. *Op. cit.*, p. 7-8.
37 *Ibid.*, p. 16.
38 *Ibid.*, p. 18.
39 *Ibid.*, p. 24.
40 *Ibid.*, p. 28.

BLOCO 10
PARADOXOS.
A ESPECTACULARIZAÇÃO DO MUNDO. O REGRESSO AO ESQUECIMENTO E AO ACASO.

INTRODUÇÃO

Neste décimo Bloco regressamos ao essencial. No início de tudo, o homem está a sós no palco da sua existência e confronta-se com o vazio. Na luta contra o terror do desconhecido, descobre a força dos nomes e das histórias com que se povoa. Na luta contra os 'agoras' informes que se sucedem, descobre a força da construção do seu próprio tempo. Na luta para dominar a natureza, acaba por descobrir nas actividades associadas à sobrevivência – pecuária e agricultura – o termo certo que, uns séculos mais tarde, lhe permitirá significar a noção de cultura.

De pé no seu próprio palco, desdobrando-se em infinitas imagens, o espectáculo em que se revê só se tornará consciente na modernidade. Até aí, salvo raras excepções, o homem sempre considerou existir um sortilégio superior que o estaria a colocar em cena. De qualquer maneira, o espectáculo nunca cessou, mesmo quando o universo telemático ampliou o palco até aos limites da rede. Daí que também analisemos, neste Bloco 10, o modo como o viver sequencial está sempre pronto a ser reiniciado (como acontece nas máquinas digitais). É nesse contexto que se torna claro um paradoxo bastante vincado na nossa cultura actual: por um lado, sentimo-nos permeáveis a catástrofes que poderiam atingir o nosso frágil mundo (físico e mental) e, por outro, vivemos o dia-a-dia com o conforto de um presente aparentemente estável e sem qualquer paralelo na história.

A perda de legados fortes fez com que o esquecimento e o acaso se tornassem em personagens de primeiro plano na nossa vida comum. Para ilustrar, de modos diversos, esta quase fúria do presente na nossa vida (um presente que surge diante de nós mascarado de futuro), recorremos ainda às metáforas do esquecimento em W. G. Sebald e do acaso em Paul Auster. Por fim, na terceira parte, seguindo o conceito de "dobra" (Gottfried Leibniz), levamos a cabo uma auscultação aos sentidos da crise, entendida como processo de disjunção e ameaça à comunidade.

1. O GRANDE ESPECTÁCULO

1.1 As raízes do espectáculo

O homem encontra-se diante de si próprio, como se ao olhar para si vislumbrasse uma cidade inteira. Um pouco como na imagem da descrição da cidade de Irene na obra de Italo Calvino, *As Cidades Invisíveis*:

> A cidade para quem passa sem entrar nela é uma, e outra por quem é tomado por ela e já não sai; uma é a cidade a que se chega pela primeira vez, e outra a que se deixa para nunca mais voltar; cada uma delas merece um nome diferente.[1]

O homem está diante de si próprio e revê-se de modos diversos e contingentes, como se cada um desses modos fosse uma história e um nome diferente. É este tipo de olhar caleidoscópico que fez com que a mentalidade moderna se convertesse numa mentalidade de espectáculo. Fernando Gil confirmou que "a palavra *mentalidade* é filha da *mentalidade moderna*", correspondendo a "um termo por natureza plural", já que, "quando falamos de mentalidade é em relação a outras mentalidades: tal como a própria modernidade, que desde os seus primórdios tem perfeita consciência da perfeita novidade que representa".[2]

Se o homem moderno decidiu olhar para si e interrogar-se como figura central do seu próprio palco, não teve dúvidas em projectar imagens de si que fossem plenas e ficcionalmente perfeitas. As utopias e as ideologias realizaram, de formas muito diversas, essa satisfação primeira. O homem apenas podia ter agido assim, já que a primeira coisa que se promete, quando se sabe que podemos prometer a nós próprios (sem quaisquer condicionamentos, divinos ou outros), é sempre a maior, a melhor e a inigualável. Quando a modernidade abriu crateras e perdeu as suas certezas, o espectáculo manteve-se, ainda que de outros modos. Mesmo que parafraseemos William Burroughs – "*The theater is closed*" –, sabemos que "não há lugar fora do teatro, que tudo ocorre no mundo, que estamos divididos nesse mundo, que não há lugar para onde escapar"[3] no novo 'face a face' com as encenações tecnológicas e telemáticas que nos envolvem (como se não existisse um lado de fora e um lado de dentro nesse envolvimento).

Seja como for, o espectáculo sempre correspondeu ao mais profundo do humano. As razões serão até elementares, pois o espectáculo condensa todas as histórias possíveis e todas as montagens imagináveis, para além de proporcionar, sem paralelos, a fruição de intensidades e todo o prazer que tal pressupõe. O espectáculo pode imitar, truncar ou parodiar de formas muito diversificadas, condensando, divergindo e abrindo-se sempre a um leque muito grande de capacidades e escolhas. Há 25 séculos, na *Poética*, Aristóteles disse-o de modo pleno, quando tornou clara a superioridade da tragédia face à epopeia:

> [...] a tragédia é superior porque contém todos os elementos da epopeia (chega até a servir-se do metro épico), e demais, o que não é pouco, a melopeia e o espectáculo cénico, que acrescem a intensidade dos prazeres que lhe são próprios. Possui, ainda, grande evidência representativa, quer na leitura, quer na cena; e também a vantagem que resulta de, adentro de mais breves limites, perfeitamente realizar a imitação (resulta mais grato o condensado, que o difuso por largo tempo; imagine-se, por exemplo, o efeito que produziria o *Édipo* de Sófocles em igual número de versos que a *Ilíada*). Além disso, a imitação dos épicos é menos unitária (demonstra-o a possibilidade de extrair tragédias de qualquer epopeia), e, portanto, se pretendessem eles compor uma epopeia (com argumento em) um único mito trágico, se quisessem ser concisos, mesquinho resultaria o poema, se quisessem conformar-se às dimensões épicas, resultaria prolixo.[4]

No volume II de *Glass*, Jacques Derrida afirmou que a tragédia é uma "guerra desencadeada para relevar a uniteralidade da consciência individual".[5] Como se os indivíduos, ao afirmarem a "totalidade da sua presença concreta", se redescobrissem num jogo de espelhos bem maior do que imaginavam. O palco foi-se tornando numa bola de neve que não cessou de fascinar e de se amplificar. Uma caixa de ressonância que reflectia e gerava mundos e que, ao mesmo tempo, possibilitava a sua purificação (catarse). A tragédia era, de facto, uma espécie de guerra simulada, embora tivesse atrás de si uma longa tradição (de milénios), cuja raiz se situava no simples desdobrar da consciência em imagens, desde as mais básicas (histórias de caça, imagens de transcendência, figurações associadas à passagem do tempo, parábolas de sobrevivência, etc.) às mais complexas (como as narrativas mitológicas, por exemplo). A cultura, ou seja, a consciência partilhada do fazer imaginativo e material do homem, conheceu, nestes processos de espectacularização, um dos seus inícios mais fulgurantes. Nas próximas três subsecções, referimo-nos aos primeiros passos deste processo.

1.2 Os primeiros espectáculos

Passamos a visionar as primeiras aparições na tela deste espectáculo gigantesco que é, ao fim e ao cabo, o modo como o homem tem a percepção do que é a sua cultura. Ou por outras palavras: o modo como o homem constrói o seu espaço e as suas ocupações.[6] Comecemos pelo princípio, ou seja: de como o espaço em branco do palco acabou por ser inevitavelmente preenchido por histórias e mitos. Seguimos, depois, para uma segunda subsecção não menos importante, ou seja: de como o tempo em branco do primeiro palco acabou por ser preenchido por uma construção do tempo. E concluiremos com uma terceira questão-chave, ou seja: de como a representação do domínio da natureza acabou por dar origem ao termo que havia de designar o que hoje é significado por cultura.

1.2.1 Um palco preenchido por histórias

No primeiro capítulo de *Arbeit am Mythos* (*Work on Mith; Trabalho sobre o Mito*), intitulado "Depois do absolutismo da realidade"[7], Hans Blumenberg ilustra o modo como o homem levou a cabo uma primeira tematização (ou *culturização*) do mundo, depois de uma longa fase *primitiva* sem qualquer domínio do mundo envolvente. Este estado de dependência ter-se-ia pautado, segundo o autor, pela "falta de previsão, de antecipação (do que está por vir) e da consequente falta de adaptação a tudo o que estivesse para além do horizonte".[8] No centro desta fase pré-mitológica está aquilo que o autor designa por "ansiedade" ("*Angst*"), concebida como "um estado de antecipação particularmente indefinida" ou como "intencionalidade da consciência sem qualquer objecto".[9]

A impotência generalizada que caracterizaria este estádio humano foi sendo superada à medida que as ocorrências particulares passaram, a pouco e pouco, de "não familiares a familiares", de "não explicáveis" a "explicáveis" e de "não nomeadas" a "nomeadas".[10] A passagem da ansiedade originária a um estado de medo racionalizado (ou de consciência codificada do outro) é um dos momentos-chave desta superação, ou deste primeiro face-a-face com o desconhecido.

Nomear um relâmpago e atribuir-lhe factos significa inscrever essa ocorrência num âmbito familiar ou de proximidade, transpondo-a do desconhecido para a área do conhecido e criando, desta maneira, condições para um posterior uso de signos no contexto já do mágico, do ritual ou da adoração (projectando as ocorrências vividas em "poderes superiores" – "*Ubermachten*"). O exemplo do olhar de Medusa que "mata convertendo em pedra"[11] herda, naquilo que condensa e poderosamente afirma, esse primeiro momento em que a errância da ansiedade se transforma numa relação em que os termos em presença – um 'eu' e o 'mundo' – acabam por se significar (e, quando isso acontece, é o medo e não já a ansiedade que passa a mediar as relações entre o homem e aquilo que o rodeia).

Este processo que Hans Blumenberg situa na "*Vorverganggenheit*" ("passado do passado"[12]) alia sensação, percepção e afectos – entendidos como "condição de quem presta atenção" – a figuras, nomes, histórias e rituais vários que estão nos antípodas das actuais convicções de realismo, baseando-se naquilo que Rudolf Otto designou por "*numinous*".[13] A superação do "absolutismo da realidade" é encarada por Blumenberg como uma tarefa lenta e gradual que implicou necessariamente o confronto com obstáculos, e que evoluiu, a pouco e pouco, para uma noção encenada de conjunto.[14]

É deste modo, conclui o autor, que a exegese humana se terá iniciado, conduzindo à prática das primeiras metáforas e a alegorias ininteligíveis e, portanto, aos primeiros processos de significação (sinais que assinalam a caça, sinais que assinalam a compreensão do corpo e da fisionomia, etc, etc.) que avançam do singular para o universal, gerando entre ambas as esferas uma série de ligações funcionais. Richard Rorty designou este processo teatral como a passagem do "olho do corpo" para o "olho da mente" que, ao fim e ao cabo, se viria a tornar na futura querela dos universais (que analisámos no final do Bloco 2).[15]

A lenta passagem do domínio do terror/ansiedade para a relativa estabilidade do mito consistiu, sobretudo, em converter a indefinição inicial em definição nominal (atribuição de nomes) e em transformar o que era estranho e inexplicável em algo familiar e atribuível (ou minimamente referencial). É provável, como refere Hans Blumenberg a propósito da construção dos mitos, que a saturação de imagens e de figuras a que posteriormente se chegou (o labirinto dos deuses e das divindades nas primeiras mitologias) tenha sido uma condição que, inevitavelmente, conduziria a um outro patamar: o logos que, como se sabe, se desenvolveu fortemente no primeiro milénio a. C., fosse o Logos desenvolvido em torno da filosofia, fosse o Logos investido em textos revelatórios. É a fase em que o espectáculo directo se transforma em espectáculo conceptual.

A missão dos mitos, enquanto agregados de pendor também normativo, consistiu – e, porventura, ainda consiste – em aproximar o desconhecido do conhecido, apesar de as fronteiras entre ambos serem elásticas e sempre redesenháveis (a medicina de Hipócates e o saber profético foram disso exemplo), e, também, em proporcionar a transgressão da norma que ele mesmo enuncia e expõe (à imagem do que foi o desempenho da tragédia e do que é, hoje em dia, o discurso dos media), afirmando, desta maneira, a premência e a inevitabilidade do homem no mundo – o seu palco maior.

1.2.2 Um palco preenchido pela construção do tempo

O *leitmotiv*, ou motivo condutor, é, em termos literários e musicais, uma figura que reiteradamente aparece e que acaba por reger (e/ou *conduzir*) uma série de factos que se enunciam (conceitos, personagens, situações, objectos, etc.). Convenhamos que o par constituído pelo "fazer" (cultura) e pelo "como fazer" (significação) também tem o seu *leitmotiv*. Referimo-nos à forma do tempo, enquanto *eschatón*, ou doutrina dos fins últimos, que foi desenvolvida no mundo semítico-ocidental a partir do fim do segundo milénio a. C. No entanto, antes de essa bússola orientadora ter sido criada (como vimos no Bloco 1), em muitas culturas o tempo era visto como uma mera sucessão de "agoras", sem princípio nem fim. Esta passagem de um tempo ainda não codificado para um tempo que lentamente se codificou foi aprofundada na obra de Martin Heidegger, *Ser e Tempo* (1927).[16]

No terceiro e sexto capítulos da Parte II da referida obra, estes aspectos são analisados numa perspectiva do ser (humano) que, colocado em jogo no mundo, passa de um tempo original, imediato e acessível à compreensão (uma verdadeira sequência "solta no ar"[17]), chamemos-lhe 'tempo corrente', para o que o autor depois designa por "temporalidade".

O tempo corrente reflecte o confronto com o desconhecido ou, na linguagem de Hans Blumenberg, com o "absolutismo da realidade". Esse tempo ainda por ocupar e por medir baseia-se numa constância que é percebida no "horizonte de algo simplesmente dado e indissolúvel".[18] Cada 'agora' apenas mostra a "vigência de si mesmo",[19] não indo mais além. Heidegger afirma que este nivelamento surge como forma de o homem não desejar (ou não conseguir) confrontar-se com a finitude (desviando "o olhar do fim do ser-no-mundo"[20]). Terá sido esta ilusão, própria de um tempo que se limita mecanicamente a suceder-se, que, segundo o autor, terá levado Platão, no *Timeu*, a conceber o tempo como uma imagem derivada da eternidade, na medida em que a "finitude do tempo só se torna visível, quando se explicita um tempo sem fim para contrapô-lo à finitude".[21]

Por seu lado, a "temporalidade" é concebida por Martin Heidegger como um "fenómeno unificador" que articula três níveis diversos, os chamados "ekstases":[22] em primeiro lugar, o porvir (enquanto capacidade de antecipação[23]); em segundo, as acções passadas que se projectam no presente (o "ter vindo a ser" ou a chamada *"gewesenheit"*[24]) e, em terceiro, a actualidade. Este exercício de codificação já se encontra no domínio que Blumenberg situa como superador do "absolutismo da realidade". A possibilidade de datação é, neste contexto, um "primeiro momento essencial do tempo ocupado" (também chamado "tempo do mundo") e funda-se na "constituição ekstática da temporalidade". Refira-se que a temporalidade não é algo que exista em si, ou seja, um "ente": trata-se antes de uma espécie de molde vazio que se pode temporizar de vários modos (Heidegger afirma, por isso mesmo, que o "tempo é a temporalização da temporalidade", facto que historicamente terá sido essencial ao homem para poder cuidar do mundo nas suas ocupações, ou seja, no seu fazer cultural[25]).

Muito importante é o facto de esta estrutura triádica (porvir/"ter vindo a ser"-*"gewesenheit"*/actualidade) privilegiar o futuro. Por outras palavras: a temporalidade, enquanto molde vazio a ser preenchido, "temporiza-se a partir do porvir e apenas na '*gewesenheit*' [o 'ter vindo a ser'] se actualiza". Este facto permite pensar o homem como um ser vocacionado para o fazer sob a forma de projecto. Daí poder concluir-se que o ser humano habita realmente o futuro, marcando aí as suas metas essenciais e não cessando de se deslocar do futuro para o presente, onde o "ter vindo a ser" e a actualidade se cruzam (como duas correntes de um mesmo rio). Esta manobra de ininterrupta antecipação define o próprio projecto existencial do homem[26] e, sem ela, jamais as culturas do mundo semítico e euro-asiático teriam definido o *eschatón* (o horizonte dos fins últimos) como um verdadeiro *leitmotiv* da vida.

Existirá uma homologia entre a ponte que liga o "absolutismo da realidade" e as primeiras inscrições humanas (que conduziram aos mitos) e, por outro lado, a ponte que liga o tempo ainda por ocupar/medir e o raciocínio projectual baseado na temporalidade. Em ambos os casos o homem preenche e inscreve-se, acabando por ligar a necessidade de 'narrativas-guia' à forma de um tempo (o tempo do projecto) que se torna na 'força de gravidade' da cultura (mesmo quando a recentíssima oposição dos movimentos "pós" a realçam – e enfatizam ainda mais – através de processos de desmontagem). Esta assunção entre narrativas que guiam (os chamados "grandes códigos") e o tempo do *eschatón*, ou do projecto, define, ao fim e ao cabo, qualquer abordagem que procure decifrar o que é uma cultura. Ainda que a cultura se encare a si própria, espectacularmente, como um vaivém intermitente que circula, de modo muito célere, entre montagens e desmontagens sucessivas.

1.2.3 Do domínio da natureza à cultura

Segundo Johann Herder, na sua conhecida e inacabada obra *Ideen zur philosophie der geschite del Menschheit* (1784-1791)[27], a cultura é o todo que o homem faz. A súmula desse produto, material ou imaterial, implica a objectivação de sentidos de pertença, de formas de reconhecimento e de partilhas de conteúdo e de expressões. Outros termos de meados do século XVIII já se haviam aproximado do conceito de Herder, caso de "século" (Voltaire[28]) ou de "civilização" (Jean-Baptiste de Mirabaud[29]). Estes processos de objectivação, que abrangem o final de setecentos e o início do século seguinte, tendem a elidir a agência subjectiva e criadora de obra humana em benefício do novo *todo* abstracto: a cultura. As *obras* particulares passam, segundo esta nova perspectiva, a ser a resultante de uma tradição colectiva, de uma história espiritualizada e, em última análise, de uma hipostasia da nova noção de corpo social. A cultura ocupa e reata em moldes radicalmente diversos o campo da Graça de Deus e da teodiceia,[30] preenchendo-o com ingredientes racionais (com destaque para a codificação lógica e institucional) e com outros de natureza abstracta, contingente ou evocativa, casos, por exemplo, da nação, dos factores climáticos ou do próprio *Volksgeist*.

A designação de cultura nem sempre significou este fazer narrativo que é, hoje em dia, no entanto, um ponto de partida funcional para a compreensão do sentido de comunidade, independentemente da validação, ou não, de certos componentes tradicionais de índole iluminista (caso da dominante territorial ou linguística). Não deixa de ser interessante empreendermos uma breve viagem a bordo da palavra "cultura" para compreender como, por vezes, os trajectos semânticos não deixam de ter impactos ao nível semiótico (ou seja, ao nível mais vasto da significação social).

Tal com foi desenvolvido por Klaus Bruhn Jensen, a actual palavra "cultura" deriva do latim "*colere*" que, há dois milénios, significava "cultivar" e andava associada à ideia de "tratar da" terra e dos animais, num sentido relativamente neutro (curiosamente próximo do conceito heideggeriano de "*Sorge*"/cura). Com o tempo, o termo – que deveria herdar e incorporar no seu espectro semântico uma tradição oral pós-neolítica – foi-se substancializando através de novos conteúdos. O tipo expressivo de raiz agrícola manter-se-ia, em regime de *ratio facilis* (novos conteúdos alimentando a mesma expressão verbal) até aos nossos dias, no momento em que profundas alterações passaram a afectar esta fecunda memória dos gestos e acenos que sempre ligaram o homem às actividades da terra (à agricultura e à pecuária, entre outras).

Um primeiro sentido de teor secular (Plutarco, Cícero, etc.) remeteu, por conotação, para a ideia de cultivo do 'espírito humano'. Este entendimento da riqueza subjectivista equivalia à 'alma cultivada' pelo fruto da sabedoria (o conhecimento pessoal de cariz retórico, poético, filosófico, jurídico, etc.) e correspondia metaforicamente aos movimentos do arado num prado, também ele invicto e por cultivar. Esta terá sido a primeira adequação semântica à palavra original "cultura", realizada a partir do étimo latino de natureza agrícola que havia de se projectar até aos nossos dias em significações como "desenvolvimento intelectual", "saber", "estudo", "esmero" e ainda "elegância". Um homem muito culto equivalia e equivale, nesta acepção, a um homem com muito saber. E, neste caso específico, a correspondência entre 'cuidar da' terra e 'cuidar do' espírito não deixa de ser realmente assinalável.

Um segundo sentido da palavra cultura decorreu da teo-semiose de Santo Agostinho que transpôs o conceito de "*culture animi*" da cultura subjectivista para o paradigma divino.[31] A nova formação semântica teve (e tem ainda) uma vida intensa e acabou por associar, também até aos nossos dias, o uso da "cultura" (que mantinha ainda um claro rasto agrícola) ao uso do "culto" religioso. A correspondência entre as várias séries de 'cuidar de' – tendo como metaforizados o arado e a terra – alarga-se, desta forma, da "terra por cultivar" e do "espírito por cultivar" ao "ser" espiritualmente 'por cultivar' (neste caso pelo Espírito Santo). A ideia de 'cuidar de' reata sempre o seu caminho, desdobrando-se a novos campos e significações como se fosse, ela mesma, a interpretação de um sentido de fundo da existência humana.

Um terceiro sentido surgiu, como vimos, no Iluminismo, por via do alemão Johann Herder. A nova visão celebrada através do neologismo latino "Kultur" acabaria por actualizar, no interior da língua alemã,[32] uma nova vocação para a palavra: "Partindo do cultivo agrícola, podemos designar por cultura a génese que abarca o todo da vida humana." Esta noção moderna de cultura assentava e assenta na objectivação da totalidade do produto humano realizado, independentemente dos seus autores subjectivos. Nesta perspectiva, a imaterialidade e a materialidade historicamente acumuladas por uma dada comunidade (língua, terra, tradição, arte, objectos 'culturais', etc.) passam a ser encaradas como obra do homem, isto é, como os produtos e a substância da sua própria cultura.

O diluir da lógica da civilização, particularmente activa durante o século XIX, e que, a partir do final da Primeira Guerra Mundial, começou rapidamente a perder o fio-de-prumo "progressista" da sua crença, acabou por realçar ainda mais o papel iluminista da cultura. Deste modo, a cultura acentuou a sua marca de singularidade ao invés do tópico universalista (violento e mirificamente perfectível) tão próprio da civilização e da datada noção de "império". Neste jogo de remissões, apesar de a aventura semântica se revelar pouco linear, a cultura acabaria por desenhar a longevidade de um conceito baseado num fazer acumulado e que sobretudo implicou – e implica – reconhecimento, pertença e partilha. Saliente-se que todas estas acepções de cultura deverão ser revisitadas como construções encenadas e não como produtos que, de uma forma dir-se-ia natural, o homem teria produzido como as abelhas "produzem o seu mel".[33]

Existe ainda um quarto sentido de cultura que está a ser desenvolvido na contemporaneidade e que escapa, pela primeira vez, à referência memorial de matriz agrícola. Segundo Alec McHoul, autor de *Semiotic Investigations – Towards an Effective Semiotics* (1996), ao contrário da visão moderna, o mundo passa a ser encarado como um volume policentrado, livre de estruturas fixas e sem clara base territorial.[34] A culturização global dos hábitos passa assim a estar ligada às conectividades da rede e a novos tipos de partilha e de comunidades que o autor designa por "*being-in-common*". Este designado "estar em comum" global está fortemente ligado à instantaneidade dos gestos e à transparência da rede, na medida em que estes se convertem na substância de partilha e não apenas no instrumento que a possibilita.

A noção de "being-in-common", desenvolvida por McHoul, corresponde à disseminação territorial e interactiva da cultura e ainda à visão de comunidades

> that assemble (physically or by other means) for relatively common (including dissensual) semiotic activities. A comunity may be a traditional grouping such as a particular group of religious practitioners who meet regularly for common worship. But it may also be a looser group connected by relatively tenuous affinities, such as the "Trekkers" – fans of television and movie series [...] A community, then, is whoever (collectively) copes – methodically – together with what happens, which may conform to what we think are collective expectations.[35]

Nesta concepção, os membros da comunidade são sobretudo considerados como "course of activity recognizable for its directionality",[36] assente num princípio de afinidade e cooperação, independentemente dos agentes subjectivos que protagonizam a actividade e dos locais onde se encontrem.

Os participantes nas redes sociais ou na bolsa, os sem-abrigo, os clientes de hipermercado ou os consumidores de *"reality shows"* televisivos e muitos outros agentes de outras reduplicações globais convertidas em fluxo de acção integram estas comunidades transterritoriais, partilhando sentidos, afinidades e múltiplas convergências. Factores que no início da modernidade eram vitais para a definição da noção de cultura, tais como as línguas naturais, o território e, de algum modo, a própria tradição, surgem aqui completamente reconfiguradas. O pressuposto de Alec McHoul baseia-se numa – cite-se – "Heideggerian-Nietzschean version of history", anfitriã, portanto, de uma história que quase apenas pertence ao presente ("happen to be now"):

> To think history in a Nietzschean mode is to avoid a metaphysical conception of history based on the identity and presence of each event with respect to an underlying and necessary structure, system, telos, Spirit, or grammar. It is, to evoke Derrida, to think history without a particular center – which is to say, a history with many candidate centers.[37]

Esta proposta de McHoul implica, ao nível da auto-imagem da cultura, um corte com o seu legado neolítico original. Este corte tem como consequência uma ruptura significativa. É no espaço desse corte que estamos hoje a viver, de algum modo apeados do que parecia ter sido, ao longo de séculos, e como antes se referiu, a interpretação de um sentido de fundo da existência humana. A aventura da cultura continua, no entanto, a existir como uma experiência em que as comunidades interrogam as formas, por vezes nada analógicas, com que se vêem e revêem ao espelho (como um ente, disperso pela aceleração mundializada, que procura reconhecer o acrobático e, por vezes, vertiginoso jogo do seu ser). Mas o espectáculo e a "intensidade dos prazeres que lhe são próprios" – reatando a *Poética* de Aristóteles –, esses, continuarão.

2. A REINICIAR O ESPECTÁCULO

Existe alguma angústia na contemporaneidade, porventura pelo facto de o espectáculo actual já não separar espectadores e actores. Por vezes, há a impressão de que o presente envergou a máscara definitiva do futuro e não mais a quer retirar. Há pouco mais de duas décadas, Jean Baudrillard afirmava que

> não temos a pulsação dos acontecimentos, mas apenas o cardiograma; já não temos a representação e a memória, mas apenas o encefalograma; já não temos o desejo nem o gozo, mas apenas o psicodrama e a visão catódica.[38]

Restar-nos-iam relatórios, enunciados, signos em vez de signos, mas não mais a substância de que o mundo é, em princípio, feito. A angústia parece decorrer da percepção de que os acontecimentos se geram por si – por vezes através de acasos dificilmente manietáveis –, tal como na rede tudo se agencia de modo autónomo. O homem vê o espectáculo funcionar em autogestão e, na sua nova solidão, como que inconscientemente, revê o terror que Hans Blumenberg imputou ao "absolutismo da realidade" dos inícios da história.

2.1 Os paradoxos do reinício vs clímax

Este estado instável – ou esta quase dissociação entre o homem e ele mesmo (virtualizado) – assemelha-se, de algum modo, às navegações em jangada que, há vários milénios, exploravam os vastos oceanos do mundo. A bordo dessa turbulência experimental, tudo dependia mais das contingências da natureza do que dos gestos do homem, já que as imagens não eram simuladas. A evocação de uma tal experiência conduziu Peter Sloterdijk a caracterizar a cultura como um conjunto de "meios para a arte do improvável":

> O exame da história ensina a cada observador que os grupos humanos devem ter conseguido navegar, nas regiões pioneiras, durante os últimos três ou quatro mil anos, e de tal forma utilizando as suas antigas jangadas, que puderam

surgir associações de jangadas e grandes proporções. Com isto foi atingido o nível tribal de desenvolvimento. Tribos e associações de tribos – isto é, povos – são hiper-hordas, ou melhor, hordas integrais, que são mantidas juntas por aquilo que se descreve com o termo cultura, tão banal e porém tão cheio de sentido. Por isso as culturas são, *per se*, grandezas políticas – meios para a arte do improvável [...] Seria natural comparar culturas com impregnações de substâncias ou com diapasões utilizados para a afinação de diferentes instrumentos pelo mesmo som principal.[39]

Este sentido de cooperação – sinalizado através de uma curiosíssima metáfora sonora – que une o humano no abismo, seja ele o mar tenebroso, o acaso ameaçador ou a angústia diante das novas solidões, está na base dos grandes reinícios. O autor dá o exemplo da peste negra que foi tão evocada por Giovanni Bocaccio (1313-1375) no *Decamaron*:

> Nas derrocadas, constata-se, porém, que as superestruturas não têm quase nada que dar aos indivíduos singulares nos seus esforços de continuar a vida. Pelo contrário percebe-se, assim que se dá a derrocada do *opus commune* ao nível mais elevado, que os homens só se podem regenerar a partir de pequenas unidades. Isso faz parte das lições que se devem tirar da maior catástrofe natural e social da Europa, a peste negra, em meados do século xiv [...] A permanência na cidade agonizante torna-se num pesadelo para os sobreviventes. Porque os florentinos já não sabem o que devem recear mais: se contágio, se roubo, se fome – caem numa desorientação que se assemelha à paralisia. Na cidade que perdeu a sua obra comum, porque ela já não protege a vida nobre dos cidadãos, é tudo em vão e permitido [...] A regeneração do homem pelo homem pressupõe um espaço, no qual, pelo estar-junto, nasce um mundo.[40]

Este estado de urgência e de reinício faz parte da iminência da nossa época, ao mesmo tempo que parece termos atingido um clímax tecnológico. O paradoxo está muito incrustado na cultura contemporânea e passa pelo modo como a ideia de uma fractura fatal, que atingiria o nosso frágil território (físico e mental), convive com o conforto de um presente aparentemente estável e sem igual em toda a história. Trata-se de um estado de coisas a que falta âncora, daí a angústia que vemos regularmente espalhada nas histórias relatadas pelos media. Trata-se de um estado de coisas feito apenas do dia-a-dia e, portanto, de cariz inteiramente experimental a que faltam legados, suportes, contextos. Viver o momento tornou-se num hino silencioso ao esquecimento, como se houvesse um "autogoverno"[41] no horizonte. Na derradeira página de *A Poesia do Pensamento* (2011), George Steiner alegou a este propósito: "A ruptura radical com o passado histórico do Ocidente estaria na efemeridade. Acarretaria a aceitação deliberada do momentâneo e do transitório. Não haveria já aspirações declaradas à imortalidade."[42]

O esquecimento, a atracção pelo acaso e a ausência de legados fazem parte de uma sociedade que produz apenas para si e para o seu presente. A angústia dessa solidão revê-se num caudal de práticas auto-referenciais e de massa, tais como a comunicação pela comunicação, a máquina pela máquina, o fluxo pelo fluxo ou a experiência pela experiência. Ainda que haja autores que apontam o século XIX como o ponto de viragem que conduziu à "perda de herança"[43] e ao esquecimento tácito ou deliberado, é no pós-Segunda Guerra Mundial que esse dado ganhou efectivo realce. W. G. Sebald deu corpo a essa realidade como poucos outros autores.

2.2 Os paradoxos de W. G. Sebald

Austerlitz, *Os Emigrantes* e sobretudo a *História Natural da Destruição*[44] são obras do escritor Sebald que nos permitem penetrar nos labirintos do esquecimento. Não se trata, naturalmente, do esquecimento que resulta do processamento de dispositivos tecnológicos, mas antes de um tabu histórico e, portanto, de um esquecimento forçado. Este tipo de elipses era – tê-lo-á sido quase sempre – próprio do véu que cobria geralmente os vencidos.

O caso da deliberada omissão histórica do que foi a destruição da Alemanha no final da Segunda Guerra Mundial tem sido, nas obras de W. G. Sebald, abordada de um modo descomprometido, desideologizado e literariamente possante. Com efeito, o processo implacável que conduziu à derrota do nazismo foi sempre tomado no pós-Guerra como um facto natural da própria lógica da guerra. As descobertas do horror nazi, na Primavera de 1945, tornaram incompreensível a própria ideia de guerra e de sentido (não da ausência, da falha ou da falta de sentido, mas do próprio sentido). O Holocausto era – e é ainda hoje em dia – a verdadeira impossibilidade ao vivo. Esse facto terá acelerado, e de que modo, a recusa alemã em reflectir sobre a urbanização do terror.

Como Sebald escreveu, os alemães não se limitaram a adoptar esta "espantosa capacidade de auto-anestesia" que "parecia ter saído da guerra de extermínio sem males psíquicos dignos de nota". Para além disso, a própria "génese do milagre económico do pós-Guerra" teria mesmo tido como base este "catalisador puramente imaterial: uma torrente de energia psíquica que ainda hoje não secou e cuja nascente se encontra no segredo bem guardado dos cadáveres em que assentam as fundações" da Alemanha. Este segredo mereceu mais consistência e mais eficácia histórica, segundo o autor, do que qualquer outro "objectivo positivo", como por exemplo a "realização da democracia".

Um tabu existe – e existirá sempre – como uma ferida para ser tocada. W. G. Sebald, nascido praticamente com o final da "Guerra", teve esse arrojo. O início de *Os Emigrantes* ilustra, de modo tão doloroso quanto límpido, o significado de um exílio que parecia aliar a inevitabilidade à ausência de sentido. O "menino" e depois o "adolescente" assumem aí o pasmo de quem é arrancado de um inexplicável campo de cinzas mental, pacificado apenas pela silenciosa articulação entre a fuga para a frente e a prática do esquecimento compulsivo.

Mesmo em tempos imemoriais, a memória foi sempre assegurada por narrativas bastante estáveis, embora de natureza muito diversa. Os mitos, por exemplo, nunca se confundiram com os chamados textos "sagrados". Estes últimos não podiam – e não podem – ser alterados e a sua razão de ser poucas vezes deixou de se confundir com um literalismo congénito. Ao invés, os mitos viviam – e vivem – de uma noção elástica de matriz, ou de ponto de partida, de tal forma que é na relação entre tema e variações, como vimos no Bloco 9, que o auditório e a emissão acabam por encontrar um sentido (um sentido fluido, mas que permanece como se propagasse uma evidência muito mais importante do que qualquer geometria canonizada pela memória).

Os mitos aprenderam há muito a viver num mundo sem escrita que concedia à memória maior flexibilidade e mais margem de manobra, de inventividade e de recriação. O esquecimento nos tempos míticos coincidia com aquele espaço difuso do vivido que nem sempre era agregado na narrativa (os vencidos apareceram, às vezes, nas narrativas míticas como é provado, por exemplo, na longa tradição da *Sibila Tiburtina* – evocadora dos feitos de Alexandre-o-Magno). No mundo contemporâneo as imagens tomaram conta do mundo e o espectador passou quase definitivamente a confundir-se com elas. A superação das dicotomias estanques criadas pela modernidade (espectador-espectáculo, verdade-sentido, público--privado, real-ficção, arte-técnica, mito-logos, etc.) é um dos tópicos do nosso presente telemático que mais explica esse facto. Mas uma coisa é certa: o espectáculo continua, mesmo que a peça de teatro em curso não viva senão no presente e a partir apenas do presente. Não há actos anteriores ao acto que está a ser auto-exibido.

2.3 Os paradoxos de Paul Auster

Se o esquecimento compulsivo pode atrair a ordem, é um facto que o esquecimento não compulsivo atrai sobretudo o acaso. A razão é simples: o esquecimento não compulsivo está relacionado com uma quebra das continuidades (que antes eram controladas), enquanto o acaso corresponde aos saltos improváveis a que a realidade quase se reduz, logo que esse controlo aparente se perde. A lógica aproxima-se da descrição que René Thom faz da "teoria das catástrofes".[45] Este par 'esquecimento não compulsivo/acaso' é, de facto, uma isotopia do nosso tempo e é exemplificado, em tempo real, na actualidade política, na expressão da guerra, nos media, na crise financeira, na prolixidade dos comentadores ou na estética publicitária.

O cinema tem espelhado essa realidade de maneira vibrante e a literatura, embora na era do vórtice imagético se tenha convertido em escaparate secundário, não deixou de a assinalar. As obras de Paul Auster (n. 1947) reflectem estes dados de um modo particularmente incisivo. Em todas elas se prenuncia uma catástrofe. É assim no desfecho suicidário de *Música do Acaso* (1990), quando Nashe leva ao extremo a intriga em que se deixa envolver; é assim quando o cão de *Timbumktu* (1999) pratica idêntico movimento em jeito de eterno retorno. E é assim, também, quando o mestre Yehudi de *Mr. Vertigo* (1994), o caderno vermelho de Quinn (da *Trilogia de Nova Iorque*) e o livrinho preto dos telefones (achado por Maria Turner, em *Leviathan* – 1992) desencadeiam, cada um de seu modo, sucessivos movimentos de dominó nos destinos das personagens. O desconcerto assenta em lapsos de memória, ou melhor, em descontinuidades entre o presente imediato e aquilo que o antecede, e apresenta-se ao leitor, por vezes explicitamente, sob a forma do acaso.

Para além disso, Auster sempre explorou as semelhanças entre os acontecimentos mais diferenciados entre si. Este ponto de partida, baseado na equivalência do improvável, parece por vezes sobrepor-se a qualquer lógica. É o caso, no romance *Música do Acaso*, dos paralelismos entre as infâncias de Pozzi e de Nashe e entre os destinos de Flower e de Willie. É o caso do paralelismo formal que se desenha entre os desaparecimentos de Sachs e de Dimaggio, em *Leviathan*, e, por outro lado, do tipo de simulação praticado por Quinn/Auster na *Trilogia de Nova Iorque* e por Maria/Lilian em *Leviathan*. É ainda o caso das semelhanças que são propostas entre o ponto de partida da própria vida de Nashe (em *Música do Acaso*) e o que acontece na vida de Walter, no final da segunda parte de *Mr. Vertigo*.

Vale a pena seguir estas pistas exemplares. As semelhanças – que atravessam a superfície lisa ou enrugada dos acontecimentos – narradas por Paul Auster não andam muito longe da interpretação que os media e os governos contemporâneos levam a cabo em situações limite. A tentação de relacionar o 'não relacionável' faz parte de um modo de entender o mundo, no qual o desejo adoraria transformar-se em profecia. De algum modo, encontramos materializado em Auster aquilo que Gianni Vattimo designou por "liberdade problemática". Quer isto dizer que a liberdade, tal como é tratada pelo escritor, se transforma quase sempre em algo insuportável, parte da curva de um labirinto maior onde a interpretação acaba por se esgotar, enclausurada que se sente por obsessões tão profundas que não cabem na cartografia das explicações.

A questão do terrorismo não deixa de se colocar neste tipo de parábolas verdadeiramente actuais que disputam toda uma possível história do sentido. O mundo metaforizado por Auster é, afinal, um mundo muito real, dominado por disjunções inexplicáveis e por ameaças maiores que, no entanto, nunca se tornam inteligíveis. O que acontece supera quase sempre a sua significação. É um facto que sempre existiu uma relação particularmente difícil entre a ética (o 'dever ser' interior) e as práticas do terror ou do mal. Susan Neiman afirmou que, desde o Iluminismo até ao presente, sempre existiram dois pontos de vista antagónicos a este respeito: "O primeiro, que vai de Rousseau a Hannah Arendt, insiste que a moral nos obriga a tornar o mal inteligível. O outro, de Voltaire a Jean Améry, insiste que a moralidade nos obriga a não o fazer."[46] Esta ambiguidade traduz um campo fértil para a entrada em cena da personagem mais espessa do nosso espectáculo actual: a crise. Ao fim e ao cabo, a angústia sinalizada por Jean Baudrillard, quando via diante de si cardiogramas em vez de acontecimentos, encefalogramas em vez de memórias e psicodramas em vez de desejos, reflectia já o estado de dissimulação que iria permitir a entrada em cena da crise.

3. A ESPECTACULARIDADE DA CRISE

Se a modernidade pós-setecentista explicava os fenómenos através de nexos de causalidades, associando estruturas fechadas a formas restritivas de significação (isto é, atribuindo-lhes uma significação de tipo lógico), a contemporaneidade rompeu com esse nível de determinação e com as "grandes narrativas" que o fundavam. A actual vivência da rede passou a colocar na ordem do dia dois termos: por um lado, as falhas (zonas mediáticas de grande intensidade que se traduzem pelo emergir dos acontecimentos) e, por outro, as dobras (ou o próprio processar, em fluxo, de todas as interacções que vão constituindo o nosso mundo). A crise, tal como hoje a entendemos, resulta do desajustamento entre a esfera da falha e a esfera das dobras, ou, por outras palavras, entre o acontecimento que nos aparece muitas vezes fora de qualquer contexto e o processo ou encadeamento em que o vimos, sem mais, acontecer/aparecer.

De qualquer modo, a crise é, nos nossos tempos, não apenas a percepção permanente desse desajustamento entre processo e acontecimento, mas também um modo com que se desejaria significar o presente (agora dissociado de um vaticínio perfectível que historicamente sempre foi imputado ao futuro). Deste modo, a crise afirma-se como leitura desfocada do mundo (percepção sempre desfasada do que vai acontecendo), mas igualmente como modo de tentar, a todo o momento, significar essa mesma leitura.

3.1 A rede enquanto homologia da crise

A rede é um agregado de procedimentos, de travessias rápidas e de conteúdos fugidios que visa algo, ou seja, que denota uma intencionalidade qualquer a que o fluxo de interacções não é alheio. A questão tem a sua raiz em Edmund Husserl: a consciência é sempre a consciência de qualquer coisa que é visada, na medida em que uma representação é inevitavelmente um acontecimento de cada agente, de cada pessoa, de cada interactor.[47] O que se representa representa-se sempre a partir de um corpo onde se criam imagens que vão fazendo aparecer a consciência (a mente é um "fluxo de imagens" que, ao fim e ao cabo, faz "aparecer a consciência" no seu processo de visar o mundo[48]). Daí que a rede seja inseparável dos sujeitos que a projectam e que nela delineiam formas de vida.

Actualmente, já não se pode dizer que o agir humano e o agir autónomo das linguagens interajam de modo flexível e aberto no mundo.[49] Será mais prudente afirmar-se que a autonomia das linguagens (essa miríade de entidades semióticas veiculadas em bits) está a criar um novo tipo de agir humano. De um sincretismo entre linguagem e acção estamos lentamente a passar para uma virtualização que pressupõe uma acção e uma linguagem, de algum modo paralelas ao vivido. De um lado, o corpo de carne e osso diante do computador; do outro, um corpo em delírio virtualizante que se adapta e confunde com a voragem dos dados suscitados pela quase instantaneidade da rede.

Curiosamente, quando a Declaração de B. Leiner e Vinton G. Cerf foi tornada pública, em meados dos anos setenta, o protocolo que viria a criar rede (TCP/IP) tal como hoje a entendemos, baseava-se já na lógica *End-to-End*. Ou seja, tal como Cerf viria a escrever mais tarde: "A única coisa que queríamos era que os bits fossem transportados através das redes, apenas isso."[50] A compreensão telemática do corpo passaria assim a pressupor este facto capital: a informação, ao ganhar uma tal independência, deixaria definitivamente de se relacionar com os corpos que a agenciariam, com os dados (conteúdos) agenciados e com os próprios objectos a que se referiria. Um novo entendimento do mundo estava assim a emergir.

É neste quadro que a disponibilidade do novo caudal de informação (que circula no mundo paralelo ao mundo territorial) acaba por se traduzir numa espécie de excesso de eficácia que se contrapõe à ideia clássica de individualidade, de subjectividade e de corpo. O que aprendemos, hoje em dia, é sempre um excerto, uma panóplia de fragmentos, um *zapping* desse infindo mundo de bits. Daí que o novo corpo e a nova subjectividade assumam as características de um corpo e de uma subjectividade protéticos ou cyborguizados: neles, a realidade é uma plasticina criada pela *re-arrumação* permanente de bits. A maior angústia do internauta – e do que ele enuncia e apreende – decorre do desfasamento entre aquilo que decifra como se fosse um corte (esfera da falha ou do acontecimento) e o fluxo a que acede em cada momento (esfera das dobras ou do processo): é nesse desfasamento que a virtualização da individualidade age e reage aos próprios contextos que vai criando.

3.2 O tempo da falha e o tempo da dobra

Na análise do barroco que Gilles Deleuze levou a cabo em *Le Pli – Leibniz et le barroque* (1988),[51] o ponto de inflexão, designado em Gottfried Leibniz por "signo ambíguo", corresponde a uma singularidade que não reenvia para coordenadas fixas, porque "não é nem alta nem baixa, nem (se projecta) à esquerda ou à direita, nem (constitui) regressão, progressão, alto, baixo, esquerda ou direita". A inflexão corresponde sobretudo àquilo que Leibniz designou por "signo ambíguo". Ao contrário da ideia de variação, a inflexão é uma espécie de invariante da transformação, por estar envolvida pela variação como a variação está envolvida pelo ponto de vista. O signo ambíguo "não existe fora da variação, como a variação não existe fora do ponto de vista".[52] Um bom exemplo de inflexão é a curvatura permanente que podemos observar num altar em talha dourada (ou a repetição de uma frase musical numa digressão barroca).

As dobras encontram aqui a sua natureza profunda: nelas nunca reconhecemos uma forma autónoma e definida, mas sim a sequência plural e os variadíssimos eixos da sua propagação. Uma dobra é um conjunto de dados e formas que está permanentemente a desdobrar-se, desenhando associações, "*links*" e sobretudo múltiplas linhas de fuga. Apenas é possível percebê-la como fragmento de um imenso glaciar em movimento. No estudo de Deleuze sobre a dobra em Leibniz, o texto musical desdobra-se seguindo os acordes e é a harmonia que quase inevitavelmente o envolve, do mesmo modo que a alma canta por si mesma, de forma espontânea, sem parar.[53] Este desdobrar (que prefigura o perpétuo) ilustra o princípio das narrativas contemporâneas *in media res* que, tal como vimos no Bloco 8, pressupõem um estar em movimento que não consegue deter-se, pois não dá a ver as suas origens e a finalidade para que tende. Trata-se do próprio 'curso das coisas' vivido na sua intensidade própria e sem quaisquer determinações.

As dobras (ou processos) e as falhas (ou acontecimentos singulares que emergem) não reflectem obviamente uma ordem síncrona. A fricção entre o constante desdobrar em *"zapping"* e o momento em que algo se torna em facto – ou em notícia – não é ajustável. Esta coligação instável define claramente o nosso tempo. A crise, tal como a entendemos no início desta segunda década do século, decorre deste desajuste entre o modo como se processa o mundo (de acordo com a metáfora das dobras) e aquilo que se vai, em cada momento, tornando dado palpável na agenda (de acordo com a metáfora das falhas). Só realmente se torna em facto aquilo que decorre de uma falha, ou seja, de um corte operado na cadeia desdobrada e múltipla de fluxos (mediáticos, financeiros, políticos, etc.). Esta inadequação entre processos ininterruptos e coisas concretas pode ser exemplificada através da crise *subprime* de 2008.

3.3 O exemplo da crise financeira

A crise financeira teve as suas origens no mercado imobiliário dos Estados Unidos e nas hipotecas consideradas *subprime*. A expansão do crédito imobiliário entre 2001 e 2004 gerou empréstimos de alto risco e, subitamente, devido à alta das taxas de juros de 2005, muitos devedores ficaram em posição difícil (tendo em conta os longos prazos dos empréstimos e a variabilidade dos juros). Os bancos entraram também em grandes dificuldades e o Estado foi obrigado a intervir. Apesar das intervenções massivas que caracterizaram o ano de 2009, houve falências de bancos e de muitas famílias. Daí ao eclodir do ciclo das dívidas soberanas (que pressupôs grande instabilidade dos mercados, moedas e "*ratings*") foi um pequeno passo.

Ninguém pôde cirurgicamente prever o modo como o engendrar dos vários processos (juros, maturidades, majorações, etc.) se transformaria em facto (ou em factos). A dobra e a falha funcionaram neste período como Eurídice e Orfeu: não se podiam olhar sob pena da criarem um abismo. O "momento *Lehman Brothers*" foi a grande falha inicial da crise. Curiosamente, a crise acabaria por ser reconhecida através de falhas – momentos soltos e intensos de viragem – que se evidenciaram e que se constituem ainda hoje como uma espécie de metáforas dos processos que não se tornaram ainda totalmente inteligíveis. Seja como for, nada tem permitido aos reguladores e aos analistas detectar um sistema 'fechado' que conseguisse dar conta da relação entre a dobra e a falha, ou seja, entre o múltiplo direccionamento dos processos e o que eles podem – neste caso, puderam – gerar. Mas uma coisa é certa: o culto da geração espontânea e das rescritas irresponsáveis do liberalismo parecem ter os dias contados.

Esta ausência de 'formas de detectar' que eram próprias dos sistemas modernos (baseados numa causalidade em sistemas fechados e controlados) está na base da própria percepção da crise, tal como hoje a vamos entendendo. A crise passou a ser um lugar – como se diz em gramática – intransitivo. Um termo deixou de implicar ou de predicar o outro. Os actos geram-se a si próprios, virtualizando o vivido. A falta de domínio da realidade que avança, de modo autónomo, através de agenciamentos de bits, numa velocidade que a gestão clássica não acompanha, implica um claro divórcio entre o nível da falha e os níveis da dobra. É por isso que a crise, além de uma ameaça, é, também, um modo de (desejar) compreender o mundo.

3.4 A crise como significação do mundo

Não deixa de ser um facto que, quando dizemos "crise", estamos a tentar expressar um modo de compreensão da actualidade. Mas quando dizemos (de modo mais definido) "a crise", já estamos a cair na tentação de a estarmos a compreender. Não ao modo, mas a ela própria. Esta etapa em que a crise aparece definida e clarificada como se fosse algo familiar – "a crise" – sucede e remove o tempo em que a procura nos oráculos e nas entrelinhas das "Escrituras" (teológicas ou ideológicas) prenunciava respostas para tudo. A ideia de crise veio substituir todas essas *demoras*. A crise é, por isso mesmo, um jogo de expectativas que se tenta aproximar da realidade, embora se saiba que esta é sempre mais complexa do que todas as receitas. Um jogo fascinante, não fosse as suas trágicas consequências.

Certas formas clássicas de compreender o tempo inseriram-se claramente nessa estratégia de manutenção do fim, enquanto estádio simultaneamente afastado e adiável. Lendo Frank Kermode, apercebemo-nos de que a crise é indubitavelmente uma dessas formas que é "central no nosso empenho em prol do entendimento do mundo".[54] A teoria cíclica das decadências é uma outra forma, porventura subliminar, de doce preservação do fim. Tal é claro na teoria de Oswald Spengler, segundo a qual cada cultura realiza um ciclo vital (correspondendo a civilização à fase amadurecida da velhice[55]); ou na teoria ideológica de Georg Lukács,[56] ou ainda nas noções de "*breakdown*" (declínio físico e espiritual) e de "*disintegration*" de Arnold Toynbee.[57] Um outro formato coincide com a chamada "teoria da cabala" (muito utilizada, por exemplo, no caso Casa Pia), enquanto versão mitológica da explicação causal do acaso. Quer isto dizer que a tentação de explicar todos os factos inexplicáveis ou inesperados conduziria o intérprete a inseri-los em esquemas que Michael Herzfeld definiu da área da "*self-fulfilling prophecy*",[58] ou seja, pretensamente ordenados num cronograma que salvaguardasse e protelasse o fim bem para longe do presente.

Pouco ou quase nada destas formas clássicas de compreender o tempo servem para caracterizar o mundo de hoje. Sobrará a crise, como desfasamento e também como dispositivo interpretativo. A crise foi sempre encarada como uma mutação de valores. Mas não se pode reduzir a crise apenas à sua dimensão de metamorfose. Uma mutação é a consciência de uma brecha, de um facto. E os valores são referências definidas. No entanto, o nosso tempo é feito de indefinição e de referências não fixas. A herança das "boas práticas" assentes em valores fixos tem sido vorazmente substituída pelos fluxos (consumo, media, rede, mobilidade, linguagens, etc.). É essa intensidade – esse volume de angústia auto-representada – que reconhecemos nos media e que designamos por "crise". Seja a crise política, desportiva, económica, literária, jurídica, religiosa, institucional ou moral.

A crise passou a ser o modo de revelar aquilo que faz o presente ser o presente. Mas ao mesmo tempo, enquanto inflexão não direccionada e não programática, a crise também passou a ser o horizonte que permite acompanhar os acontecimentos (as falhas) do mundo e o concomitante engendrar das redes (as dobras) onde tudo, ou quase tudo, se agencia. A crise como leitura, percepção e designação do mundo, mas também como formato interpretativo e significativo do mundo. Raramente um termo, concebido por *ratio facilis*, foi tão recorrentemente utilizado. Porventura porque as linguagens e os seus jogos não são capazes de acompanhar a celeridade do tempo que vivemos. A nossa cultura acaba por encarnar o paradoxo do 'melhor dos mundos' e da 'maior das ameaças' justamente por ter interiorizado a crise como a forma mais plausível de dizer o mundo. Este desconcerto que, na era apocalíptica, separava o presente do futuro, acontece agora apenas na esfera do presente. Um espectáculo em que o palco e a plateia confluíram num único caudal.

NOTAS

1 Italo Calvino. *As Cidades Invisíveis.* Lisboa: Teorema, 1993, p. 128.
2 Fernando Gil. *Mediações.* Lisboa: Imprensa Nacional-Casa da Moeda, 2001, p. 459.
3 "Por mim, suspeito que é na luta contra o controlo que tudo se joga, Hoje está em causa não apenas o controlo dos homens, mas o controlo do controlo, que alimenta a ilusão de dominar a tecnologia, apenas a potenciando. O novo espaço cibernético tende a inscrever na sua estrutura virtual o espaço da vida, todos os locais, como o espaço da visão e das paixões. A tendência para a fusão das máquinas com as paixões, a todos amarrando pela imagem, mostra que a resposta passa pela divisão, pela desagregação, pelos pequenos vincos que possamos fazer nessa superfície extensa e ligada que é a da mediação. A categoria de espectáculo pressupunha ainda uma distância, uma separação, entre o que era espectáculo e o que não o era. A sua aplicação é mínima, pouco se podendo esperar dela [...] É interessante verificar que Debord tem afinidades secretas com um dos grandes génios do nosso século, William Burroughs, que teve a vantagem de extrair dos seus procedimentos artísticos toda a filosofia e política de que precisava. Num pequeno texto, 'Quick Fix', Burroughs está já a anos-luz da pesada dialéctica do espectáculo. Numa frase aparentemente enigmática diz-se: 'The theater is closed' ('O teatro fechou'). E, sem qualquer argumento, somos arrastados por outras frases que refulgem umas sobre outras, acentuando que já não há lugar fora do teatro, que tudo ocorre no mundo, que estamos divididos nesse mundo, que não há lugar para onde escapar, que tudo se resume a cortar as 'linhas' das palavras e dos sentimentos com as máquinas. É a injunção que, no fundo, estou convencido, fazia mexer Debord: 'Smash the control machine' ('Destrói a máquina de controlo'). Esse é o desafio estético e político do nosso tempo. A famosa noção de espectáculo revela-se como aquilo que é: um efeito da máquina de controlo. Neste sentido é preciso lutar contra ela. E podemos contar com Debord, que nos fala em voz *off*, como no seu cinema, para essa luta. Apesar de todas as ambiguidades." José Bragança de Miranda. *In memoriam* Guy Debord: o fim do espectáculo. *Revista de Comunicação e Linguagens.* Lisboa: Centro de Estudos de Comunicação e Linguagens; Cosmos. N.º 24 (1997) p. 25.
4 Aristóteles. *Poética.* Lisboa: Imprensa Nacional-Casa da Moeda, 1998. Cap. 26, §183, p. 147
5 Jacques Derrida. *Glass.* Paris: Galilée, p. 210
6 "A única coisa importante é que nós nos fundamos sobre um vasto conceito de ocupação. Na verdade, preferiria dizer divertimento no sentido em que concebemos como um divertimento tudo o que nos conduz a tensões, a tomadas de posição que nos fazem sair do nosso próprio vazio para nos levar a espaços que partilhamos com as coisas e com as pessoas. O trabalho, o combate, o amor, o diálogo: estas são as formas principais do êxtase que diverte. Deste ponto de vista, o divertimento torna-se sinónimo de existência e o contrário de divertimento não é o tédio. O contrário de divertimento é a morte." Peter Sloterdijk. *Ensaio sobre a Intoxicação Voluntária.* Lisboa: Fenda, 2001, p. 62.
7 Hans Blumenberg. *Work on Myth.* Cambridge; Massachusetts; London: The MIT Press, 1985.
8 *Ibid.*, p. 3.
9 *Ibid.*, p. 5.

10 *Ibid.*, p. 6.
11 *Ibid.*, p. 15.
12 *Ibid.*, p. 21.
13 "Nume" ou "númen", significa em Português divindades pagãs, provindo do Latim "*numen*", que significa vontade divina. *Cf. ibid.*, p. 21.
14 A superação do "absolutismo da realidade" é condensado por Blumenberg na seguinte frase: "*Das andere (neuter) ist noch nicht vorzugsweise der (masculine, i.e. personale) Andere*", ou seja, prescindindo do literalismo: "A alteridade em geral ainda não é preferencialmente o 'outro' no singular" (na tradução de R. Wallace: "Once the place of the 'other' is taken by the 'Other One', the Work of physiognomic comprehension of the latter begins"). Isto quer dizer que o mundo concebido como uma soma de obstáculos (a alteridade no seu todo) apenas vai cedendo, à medida que cada obstáculo particular (o 'outro' no singular) é familiarizado (nomeado e *narrativizado*). *Cf. ibid.*, p. 22-23.
15 A filosofia viria a problematizar esta relação entre a singularidade observada pelo "olho do corpo" e a generalidade criada pelo "olho da mente" no âmbito da – sempre inacabada – questão dos universais. Sobre o tema, escreveu Richard Rorty: "A filosofia empreendeu o exame da diferença entre saber-se da existência de fileiras paralelas de montanhas para ocidente e saber-se que linhas paralelas estendidas até ao infinito nunca se encontram, a diferença entre saber-se que Sócrates era bom e saber-se o que era a bondade. Surgiu portanto a questão: quais são as analogias entre o conhecimento das montanhas e o conhecimento das linhas, entre conhecer-se Sócrates e conhecer o Bem?" Richard Rorty. *A Filosofia e o Espelho da Natureza*. Lisboa: D. Quixote, 2004, p. 45.
16 Martin Heidegger. *Ser e Tempo*. Petrópolis: Vozes, 1997.
17 *Ibid.* Pte. 2, p. 237.
18 *Ibid.*, p. 236.
19 *Ibid.*, p. 235.
20 *Ibid.*, p. 237.
21 *Ibid.*, p. 125.
22 *Ibid.*, p. 123.
23 "Porvir não significa um agora que, *ainda-não* se tendo tornado 'real' algum dia o *será*. Porvir significa o advento em que a pre-sença vem a si no seu poder-ser mais próprio." *Ibid.*, p. 119. Ou seja: um reencontro do ser que, colocado em jogo, se torna antecipador.
24 *Cf. ibid.*, p. 120.
25 *Cf. ibid.*, p. 125.
26 Tal como Martin Heidegger referiu: "No projecto existencial originário da existência, o projectado desentranhou-se como decisão antecipadora." *Ibid.*, p. 119.
27 Johann Gottfried von Herder. *Reflections on the Philosophy of the History of Mankind*. Chicago: University of Chicago Press, 1968.
28 Voltaire. *O Século de Luís XIV*. Lisboa: D. Quixote, 1984.
29 Jean-Baptiste de Mirabaud. Première Partie. In *Le Monde, son origine et son antiquité*. [Em linha.] Alondres (B.R.), 1751. Disponível em http://gallica.bnf.fr/ark:/12148/bpt6k730918/f2.image
30 No primeiro capítulo de *Notas para uma Definição de Cultura*, de 1948, designado "Os três sentidos da cultura", T. S. Eliot sublinhou: "Indo mais longe, podemos perguntar se aquilo a que chamamos cultura e aquilo a que chamamos religião de um povo não serão

dois aspectos diferentes da mesma realidade, sendo a cultura, por assim dizer, essencialmente a encarnação da religião de um povo." T. S. Eliot. Os três sentidos da cultura. In Notas para uma Definição de Cultura. Lisboa: Século XXI, 1996. Cap. 1, p. 31.

31 "Deriving from the Latin colere, to cultivate, the term 'culture' was originally associated with cultivating the earth and its animals in a relatively neutral sense, but over time it acquired two distinctly normative senses, one religious, the other secular. The religious, for example, in St. Augustine, who derived the concept of culture animi, cultivation of the human spirit, from Plutarch and Cicero, and rearticulated this to mean the cultivation of God by the human spirit, suggesting the common blurring of 'culture' and 'cult'. The secular sense of culture was recovered during the Renaissance and revitalized by the new middle classes of the modern period. Aesthetic or rhetorical competences could serve, literally, as a sign of distinction in contrast to both the uncultured working class and the superficial sophistication of the aristocracy." Klaus Bruhn Jensen. The Social Semiotics of Mass Comunication. London; New Delhi: Safe Publishing; Thousand Oaks, 1995, p. 5.

32 O original da autoria de Herder, Ideen zur philosophie der geschite del Menschheit, redigido até ao Livro XX entre 1784 e 1791, desenvolve a noção de cultura – "Kultur" – baseada no fazer humano. Destaque para três capítulos seminais da obra: em X.3, focando as origens asiáticas do ser humano ("Der Gang der Kultur und Geschichte gibt historische Beweise, daß das Menschengeschlecht in Asien entstanden sei"); em XV.3, desenvolvendo a inevitabilidade das mudanças (e salvaguardando um papel especial à justiça e à razão – "Das Menschengeschlecht ist bestimmt, mancherlei Stufen der Kultur in mancherlei Veranderungen zu durchgehen; auf Vernunft und Billigkeit aber ist der daurende Zustand seiner Wohlfahrt wesentlich und allein gegrundet") e, em XX.4, abordando especificamente o papel da razão na Europa ("Kultur der Vernunft in Europa"). A obra, inacabada, tinha na sua parte apenas projectual (o que viria a ser a Parte 5/livro XXI) uma secção dedicada a Portugal e Espanha, com ênfase para as descobertas e para a unificação ibérica ("6. Spanien und Portugal: Die Vereinigung Spaniens. Die Entdeckungen"). Herder. Op. cit.

33 A expressão é de José Bragança de Miranda: "[...] a cultura é uma invenção ou, no mínimo, uma construção e artefacto histórico. / Isso nada diz contra ela, apenas a recoloca contra a mitologia antropológica que considera que o homem produz cultura tão 'naturalmente' como as abelhas produzem o mel ou as aranhas as suas 'teias'." José Bragança de Miranda. A cultura como problema. Revista de Comunicação e Linguagens. Lisboa: Relógio d'Água, N.º 28 (2000), p. 13-42.

34 Alec McHoul. Semiotic Investigations: Towards an Effective Semiotics. Lincoln; London: University of Nebraska Press, 1996.

35 Ibid.

36 Ibid., p. 51-54.

37 Ibid., p. 27.

38 Jean Baudrillard. A Ilusão do Fim: greve dos acontecimentos. Lisboa: Terramar, 1995, p. 35.

39 Peter Sloterdijk. No Mesmo Barco: ensaio sobre a hiperpolítica. Lisboa: Século XX, 1996, p. 63-64.

40 Ibid., p. 65-66.

41 "A pós-modernidade significa em política a busca de formas de autogoverno num mundo fragmentado, sem centro e sem consenso normativo." Daniel Innerarity. *A Transformação da Política*. Lisboa: Teorema, 2005, p. 178.

42 George Steiner. *A Poesia do Pensamento: do helenismo a Celan*. Lisboa: Relógio d'Água, 2012, p. 222.

43 "No século XIX, o processo de perda de herança produz pela primeira vez e em grande escala resultados visíveis. Vêem-se aparecer estilos de vida e de expressão radicais – não lhes chamaria (ainda) movimentos de massa..." Sloterdijk. *Ensaio sobre a Intoxicação... Op. cit.*, p. 15-16.

44 W. G. Sebald. *Austerlitz*. Lisboa: Teorema, 2004. Id. *Os Emigrantes*. Lisboa: Teorema, 2005. Id. *História Natural da Destruição*. Lisboa: Teorema, 2006.

45 "Antes de mais é preciso deixar claro que a teoria das catástrofes não é uma 'teoria' científica no sentido habitual do termo. Não é uma teoria científica como o são, por exemplo, a teoria da gravitação de Newton, a teoria do electromagnetismo de Maxwell ou até a teoria da evolução de Darwin. Às teorias deste género tem-se o direito de pedir que sejam, de um modo ou de outro, confirmadas pela experiência, isto é, que se possa aduzir argumentos experimentais a seu favor. Mas a teoria das catástrofes não tem que satisfazer exactamente este requisito. O termo 'teoria' deve ser entendido num sentido muito particular: direi antes que se trata de *uma metodologia*, senão mesmo de uma espécie de linguagem, que permite organizar os dados da experiência nas condições mais variadas. [...] Na teoria das catástrofes, a situação é um tanto mais paradoxal: esforçamo-nos aqui em descrever *as descontinuidades* que podem verificar-se [sic] na evolução do sistema. Admite-se intuitivamente que a evolução global de um sistema se apresente como uma sucessão de evoluções contínuas, separadas por saltos bruscos de natureza qualitativamente diferente. Para cada tipo de evolução contínua subsiste por princípio uma modelização de tipo diferencial clássico: mas os saltos fazem com que se passe de um sistema diferencial a um outro. O dado da teoria das catástrofes aparece então como uma espécie de 'pacote' de sistemas diferenciais que, na melhor das hipóteses, são em número finito. O ponto representativo, portanto, 'salta' de uma evolução contínua descrita por um sistema de equações diferenciais para uma outra evolução contínua descrita por um outro sistema, e, em certas circunstâncias, não se pode sequer excluir que um número finito de sistemas não seja suficiente para descrever a situação completa. Tal é, em poucas palavras, o esquema global da teoria." René Thom. *Parábolas e Catástrofes (entrevista sobre matemática, ciência e filosofia conduzida por Giulio Giorello e Simona Morini)*. Lisboa: D. Quixote, 1985, p. 85-87.

46 Susan Neiman. *O Mal no Pensamento Moderno: uma história alternativa da filosofia*. Lisboa: Gradiva, 2005, p. 22.

47 "Os actos de significado conferente são considerados, por Husserl, actos 'essenciais à expressão' (por exemplo, um som verbal investido de sentido), enquanto os actos de significado por preenchimento são 'actos não essenciais à expressão', embora se relacionem com a expressão através de ilustrações e confirmações, actualizando assim 'a sua relação com o objecto'. Estes últimos asseguram o pôr-em-cena da consciência, enquanto os primeiros, de algum modo, sinalizam a experiência e o vivido. Contudo, para Husserl, a essência do significado é encarada 'não no âmbito da experiência do significado conferente, mas antes no seu «conteúdo», o único, idêntico a si próprio e intencional', em contraste com a 'multiplicidade dispersa das experiências possíveis e actuais dos emissores e agentes da vida mental'. Nesta abordagem, o significado liga-se à intenção (a expressão física que corresponde a algo que aparece na consciência) e também ao objecto único da intenção (esse algo que a consciência visa), mas não remete necessariamente para a unidade objectiva (o objecto real e exterior à consciência). Por exemplo, se compreendermos um nome ou uma declaração, sejam eles verdadeiros, existentes, absurdos, fragmentários, ou não, 'então aquilo que a expressão «diz» [...] não é nada que possa, num sentido real, fazer parte de um acto de compreensão'. O conteúdo do significado nada tem [que] ver com a experiência, mas sim com aquilo que é visado, intencionado e único no aparecer da consciência. Isto é, como sublinha Husserl: 'Um acto de significado é a maneira determinada através da qual nos referimos ao nosso objecto do momento', embora este modo de referência e o significado, ele mesmo, 'possam mudar, enquanto a referência objectiva (o objecto) permanece fixa'." Luís Carmelo. *Semiótica: uma introdução*. Mem Martins: Publicações Europa-América, 2003, p. 134.

48 "A. Damásio conclui que o processo designado por mente – 'quando as imagens mentais se tornam nossas devido à consciência' – pode ser considerado como 'um fluxo contínuo de imagens, muitas das quais se revelam logicamente interligadas. O fluxo move-se para a frente no tempo, depressa ou devagar, de forma ordeira ou sobressaltada e, algumas vezes, avança não apenas numa sequência mas em várias. [...] O pensamento é uma palavra aceitável para traduzir um tal fluxo de imagens'. Deste modo, a temporalidade da mente e o papel do ininterrupto fluxo surgem associados ao próprio componente discreto que necessariamente o integra e que A. Damásio designa por 'símbolo', tal como E. Husserl no caso das 'representações indirectas': 'Qualquer símbolo com que possamos pensar é uma imagem, sendo bem pequeno o resíduo mental que não é constituído por imagens mentais. Até os sentimentos [...] são imagens', estas de tipo somatossensorial." Id. *Músicas da Consciência*. Mem Martins: Publicações Europa-América, 2002.

49 Referência ao *linguistic turn* e ao *pragmatic turn* (a Ludwig Wittgenstein e *Investigações Filosóficas* e a John Austin) que colocaram decisivamente "em jogo o agir e o dizer, a acção humana e o próprio agir da linguagem. A intenção e a capacidade de decisão que estão ligadas ao agenciamento humano e que se propõem atingir metas através da manipulação do sentido, ou seja da significação, constituem-se como entidades autónomas face às adequações da linguagem ao que ela mesma significa (ou possa significar). Isto quer dizer que o agir humano e o agir possível das linguagens interagem de modo flexível e aberto no mundo e, nessa medida, todas as nossas acções, formadas, potenciais ou suspensas, acabam por resultar de um sincretismo pragmático." Id. *Semiótica... Op. cit.*, p. 75-78.

50 Id. *A Comunicação na Rede: o caso dos blogues*. Lisboa: Magna, 2008, p. 82-83.
51 Gilles Deleuze. *Le Pli. Leibniz et le Baroque*. Paris: Minuit, 1968.
52 Ibid., p. 29.
53 Cf. ibid., p. 187.
54 Frank Kermode. *A Sensibilidade Apocalíptica*. Lisboa: Século XXI, 1998, p. 98.
55 Oswald Spengler. *Le Déclin de l'Occident*. Paris: Gallimard, 1976.
56 Georg Lukács. *Theory of the Novel*. Baltimore, Maryland: The John Hopkins University Press, 2000.
57 Arnold Toynbee. *A Study of History*. New York, Oxford: Oxford University Press, 1987.
58 M. Herzfeld. Divining the Past. *Semiotica*. N.º 38 (1-2) (1982), p. 172-173.

BIBLIOGRAFIA

ABEL, Armand. Changements politiques et littérature eschatologique dans le monde musulman. *Studia Islamica*. Vol. 2 (1954), p. 23-45.

_____. Un Hadith sur la prise de Rome dans la tradition eschatologique de l'Islam. *Arabica*. T. 5 (1958), p. 1-15.

ABOUT.com Art History [Em linha.] Disponível em http://arthistory.about.com/od/spec_events/ig/Christie-s-Evening-Sale-051607/christies_051607_02.htm [Consult. 14 Jul. 2014.]

ADORNO, Theodor. *Teoria Estética*. Trad. Artur Morão. Lisboa: Edições 70, 1993. (Arte & Comunicação; 14) Ed. orig. 1968.

ALTHUSSER, Louis. *Análise Crítica da Teoria Marxista*. Trad. Dirceu Lindoso. Rio de Janeiro: Graal, 1981. (Biblioteca de Ciências Sociais.) Tit. orig. *Pour Marx*. 1963.

ALVES, Anabela G. Prefácio. *In* TOMÁS, João de São. *Tratado dos Signos*. Lisboa: Imprensa Nacional-Casa da Moeda, 2001.

ALVES, Clara Ferreira. Geografia e kharma. *Expresso*. (9 Abr. 2011).

_____. Portagens na minha Terra. *Expresso*. (3 Jun. 2011).

_____. A teoria da Salvação Nacional. *Expresso*. (29 Jan. 2011).

ARAÚJO, Miguel Almir Lima de. *Feixes do Arco-Íris...* Salvador: Universidade Federal da Bahia, 2006.

ARISTÓTELES. *Poética*. Trad., perf., introd., coment. e apêndices de Eudoro de Sousa. 5.ª ed. Lisboa: Imprensa Nacional-Casa da Moeda, 1998. (Estudos gerais, Série universitária, clássicos de filosofia.)

_____. *Retórica*. Pref. e introd. de Manuel Alexandre Júnior e Abel do Nascimento Pena. Lisboa: Imprensa Nacional-Casa da Moeda, 1998. (Obras Completas de Aristóteles; vol. 8, t. 1).

_____. *Tratado de Lógica (Organon: Analíticos primeros)*. Ed. Miguel Candel Sanmartín. Madrid: Gredos, 1995. (Biblioteca Clásica Gredos; 115).

AT TABARÍ, Muhammad ibn Jarír. *Ta'ríkh al-rusul wa-al-mulúk*. Albany: State University of New York Press, 1989. (Bibliotheca Persica).

AUSTIN, John. *Quand dire c'est faire*. Paris: Seuil, 1971. Ed. orig. 1961.

BACON, Francis. *Modern Philosophy: An Anthology of Primary Sources*. Org. Roger Ariew and Eric Watkins. Indianapolis; Cambridge: Hackett Publishing Company, 1998.

BACON, Roger. Mathematics in the Service of Theology. *In The Opus Maius of Roger Bacon*. [Em linha]. Org. John Henry Bridges. London: Williams and Norgate, 1900. Pt. 4. Disponível em http://www.geography.wisc.edu/histcart/bacon.html [Consult. 14 Jul. 2014].

BACZKO, Bronisław. Imaginação social. *In Enciclopedia Einaudi*. Lisboa: Imprensa Nacional-Casa da Moeda, 1985. Vol. 5, p. 296-335.

_____. Utopia. *In Enciclopédia Einaudi*. Lisboa: Imprensa Nacional-Casa da Moeda, 1985. P. 365-366.

BAKHTIN, M. *The Dialogic Imagination: Four Essays*. Ed. Michael Holquist. Austin: University of Texas Press, 1982. (Slavic Series).

BALANDIER, Georges. *Le Détour*. Paris: Fayard, 1993.

BARILLI, Renato. *Curso de Estética*. Trad. Isabel Teresa Santos. Lisboa: Estampa, 1992. (Imprensa universitária; 98.)

_____. *História da Estética*. Lisboa: Estampa, 1995.

BARTHES, Roland. *Mythologies*. Paris: Seuil, 1957.

BAUDELAIRE, Charles. *Les Fleurs du mal*. Paris: PML, 1995. Ed. orig. 1857.

_____. *O Pintor da Vida Moderna*. Trad. Teresa Cruz. Lisboa: Vega, 2004. (Passagens.) Tít. orig. *Le Peintre de la vie moderne*, 1868-1870.

BAUDRILLARD, Jean. *O Crime Perfeito*. Trad. e pref. de Silvina Rodrigues Lopes. Lisboa: Relógio d'Água, 1996. (Meditações. Comunicação e Cultura; 2.) Tít. orig. *Le Crime parfait*.

_____. *A Ilusão do Fim: greve dos acontecimentos*. Trad. Manuela Torres. Lisboa: Terramar, 1995. (2001; 5.) Tít. orig. *L'Illusion de la fin ou la grève des événements*.

_____. *Simulacros e Simulação*. Trad. Maria João da Costa Pereira. Lisboa: Relógio d'Água, 1984. (Antropos; 15.) Tít. orig. *Simulacres et simulation*.

BAUMER, Franklin. *O Pensamento Europeu. Moderno*. Trad. Maria Manuela Alberty, rev. trad. Artur Morão. 2 vols. Lisboa: Edições 70, 1990. (Perfil. História das Ideias e do Pensamento; 3, 4.) Vol. 1: séculos XVII e XVIII; vol. 2: séculos XIX e XX. Tít. orig. *Modern European Thought*.

BAUMGARTEN, Alexander Gottlieb. *Aesthetica*. Hildesheim: Georg Olms AG, 1986. Ed. orig. 1750.

_____. *Theoretische Asthetik*. Hamburg: Meiner, 1983.

BENJAMIN, Walter. *Sobre Arte, Técnica, Linguagem e Política*. Pref. Theodor Wiesengrund-Adorno, trad. Maria Luz Moita, Maria Amélia Cruz e Manuel Alberto. Lisboa: Relógio d'Água, 1992. (Antropos.) Ed. orig. 1936-39.

BERL, Emmanuel. *Le 9 Thermidor*. Paris: Hachette, 1965.

BERLIN, Isaiah. *The Roots of Romanticism*. Princeton, New Jersey: Princeton University Press, 2001.

BERTHELOT, A. Discours prophétique et fiction. *Poétique*. Paris. N.º 70 (Avr. 1987), p. 181.

BEUCHOT, Maurice. Le Carré de Saint Anselme et le carré de Greimas. *In* LANDOWSKI, Eric, org. *Lire Greimas*. Limoges: Pulim, 1997, p. 15-29.

BIET, C.; BRIGHELI, J. P., orgs. *Anthologie des littératures européennes: mémoires d´Europe – 1789-1900*. Paris: Folio/Inédit, 1993.

BLUMENBERG, Hans. *Work on Myth*. Cambridge; Massachusetts; London: The MIT Press, 1985. Ed. orig. 1979.

BONO, Edward D. *Lateral Thinking: Creativity Step by Step*. New York: Harper & Row, 1970.

BORGES, Jorge Luis. *Prosa completa*. Barcelona: Bruguera, 1980. 2.º vol. Ed. orig. 1953.

BOUCHARD, A. Les Conséquences socio-culturelles de la conquête ibèrique du litoral marocain. *In* COLOQUIO RELACIONES DE LA PENÍNSULE IBERICA CON EL MAGREB, Madrid, 1988. *Actas*. [Madrid: s.n., 1989?], p. 487-538.

BOURDIEU, Pierre. *Contrafogos*. Trad. Miguel Serras Pereira. Oeiras: Celta, 1998. Tít. orig. *Contre-feux*.

BOZAL, Valeriano. *Historia de las ideias estéticas y de las teorías artísticas contemporáneas*. Madrid: Visor, 2000. Vol. 1.

BRETON, Philippe. *A Utopia da Comunicação*. Trad. Serafim Ferreira. Lisboa: Instituto Piaget, 1994. (Epistemologia e Sociedade; 11.) Tít. orig. *L'Utopie de la communication*.

BUENO, Gustavo. *El Mito de la Cultura*. Barcelona: Editorial Prensa Ibérica, 1996.

BOWRA, Cecil Maurice. *General and Particular*. London: Weidenfeld and Nicolson, 1964.

CALVINO, Italo. *As Cidades Invisíveis*. Trad. José Colaço Barreiros. Lisboa: Teorema, 1993. (Estórias; 53). Tít. orig. *Le città invisibili*.

CARDAILLAC, L. *Morisques et Chréthiens: un affrontement polèmique*. Paris: Librairie Klincksieck, 1977.

CARDOSO, Santos Alves. *Descartes, Leibniz e a Modernidade*. Lisboa: Colibri, 1998.

CARMELO, Luís. *Anjos e Meteoros*. Lisboa: Editorial Notícias, 1999.

_____. *A Comunicação na Rede: o caso dos blogues*. Lisboa: Magna, 2008.

_____. *Islão e Mundo Cristão*. Lisboa: Hugin, 2001.

_____. *Laboratório de Escrita Criativa: Publicidade*. Lisboa; Évora: Escola de Escrita Criativa Online-EC.ON, 2012.

_____. *Músicas da Consciência*. Mem Martins: Publicações Europa-América, 2002.

_____. *Órbitas da Modernidade*. Lisboa: Mareantes, 2003.

_____. *La Représentation du réel dans des textes prophétiques de la littérature aljamiado-morisque*. Utrecht: Universiteit Utrecht, 1995.

_____. *Semiótica: uma introdução*. Mem Martins: Publicações Europa--América, 2003.

CARMIGNAC, Jean. Description du phénomène de l'apocalyptique dans l'Ancien Testament. *In* HELLHOLM, David, ed. THE INTERNATIONAL COLLOQUIUM ON APOCALYPTICISM, Uppsala, 12-17/8/1979. *Proceedings*. Tubingen: J.C.B. Mohr, 1983, p. 166.

CASSIRER, Ernst. *La Philosophie des formes symboliques*. Paris: Minuit, 1972. 2 vol. Vol. 1. Le Langage; Vol. 2. La Pensée mythique. Ed. orig. 1953.

CAYRÉ, A. A. Fulber. *Patrologie et histoire de Théologie*. Paris; Tournai; Rome: Société de S. Jean L'Évangeliste-Desclée; Éditeurs Pontificaux, 1947-1953. 2 t. T. 1 (Livres 1 et 2), 1953; t. 2 (Livres 3 et 4), 1947.

CHÂTELET, François. *Uma História da razão: Entrevistas com Émile Noel*. Trad. Miguel Serras Pereira. Lisboa: Presença, 1993. (Textos de apoio; 52.) Tit. orig. *Une Histoire de la raison*.

CIONARESCO, Alexandre. *L'Avenir du passé*. Paris: Gallimard, 1972.

CIRIL, Angelico. Oraculum Cyrilli cum Expositione Abbatis Joachim. *In* REEVES, Marjorie, org. *The Influence of Prophecy in the Later Middle Ages*. Oxford: Oxford University Press, 1969.

CLARK, Timothy. *The Theory of Inspiration*. Manchester; New York: Manchester University Press, 1997.

CLARKE JR., David. *Sources of Semiotic*. Cabondale; Edwardsville: Southern Illinois University Press, 1990.

COELHO, Eduardo Prado. A desconstrução como Movimento. *Revista de Comunicação e Linguagens*. Lisboa: Centro de Estudos de Comunicação e Linguagens; Relógio d'Água. (2000), p. 101-126.

_____. *Os Universos da Crítica*. Lisboa: Edições 70, 1982.

COHN, Norman. *Na Senda do Milénio: milenaristas revolucionários e anarquistas místicos da Idade Média*. Trads. Fernando Neves e António Vasconcelos. Lisboa: Presença, 1981. (Métodos; 6.)

COLERIDGE, Samuel Taylor. *Biographia Literaria*. [Em linha.] Project Gutenberg's Biographia Literaria. (July 2004). EBook n.º 6081. Disponível em http://www.gutenberg.org/files/6081/6081-h/6081-h.htm [Consult. 14 Jul. 2014].

COLLINS, John J. Apocalypse: The Morphology of a Genre. *Semeia*. Missoula, Montana. N.º 14 (1979), p. 30.

_____. The Apocalypse in Hellenistic Judaism. *In* HELLHOLM, David, ed. THE INTERNATIONAL COLLOQUIUM ON APOCALYPTICISM, Uppsala, 12-17/8/1979. *Proceedings*. Tubingen: J.C.B. Mohr, 1983, p. 531-548.

_____. Apocalyptic Eschatology as the Transcendence of Death. *Catholic Biblical Quartely*. N.º 36 (1974), p. 21-43.

_____. The symbolism of Transcendence. Jewish Apocalyptic. *Biblical Research*. N.º 19 (1974), p. 5-22.

COMPAGNON, Antoine. *La Seconde main ou le travail de la citation*. Paris: Seuil, 1979.

COMTE-SPONVILLE, André. *Un Fin de siècle philosophique*. Montréal: Liber, 1999.

CORNFORD, Francis Macdonald. *From Religion to Philosophy: A Study in the Origins of Western Speculation*. Princeton: Princeton University Press, 1991. (Mythos – The Princeton/Bollingen Series in World Mythology). Ed. orig. 1912.

CORREIA, Natália. Somos todos hispanos. *O Jornal*. Lisboa. (1988), p. 73-74.

COSTELLOE, Timothy. Giambattista Vico. *In The Stanford Encyclopedia of Philosophy*. [Em linha]. (Spring 2012.) Substantive rev. Feb. 14, 2012. Disponível em http://plato.stanford.edu/archives/spr2012/entries/vico/ [Consult. 15 Ago. 2013].

CRUMP, Charles George; JACOB, Ernest Fraser, orgs. *The Legacy of the Middle Ages*. Oxford: Clarendon Press, 1962. Ed. orig. 1926.

CRUZ, Maria Teresa. Arte, mito e modernidade. Sobre a metaforologia de Hans Blumenberg. *Revista de Comunicação e Linguagens*. Lisboa: Cosmos; Centro de Estudos de Comunicação e Linguagens. N.º 6-7 (1998), p. 173-190.

DAMÁSIO, António. *O Sentimento de Si: o corpo, a emoção e a neurobiologia da consciência*. Mem Martins: Publicações Europa-América, 2000.

DANIEL, N. *The Cultural Barrier: Problems in the Exchange of Ideas*. Edinburgh: Edinburgh Un. Press, 1975.

DEELY, John. *Introdução à Semiótica: história e doutrina*. Trad. Vivina de Campos Figueiredo. Lisboa: Fundação Calouste Gulbenkian, 1995. Tít. orig. *Introducing semiotic*, 1980.

DE FUSCO, Renato. *História da Arte Contemporânea*. Lisboa: Presença, 1988.

DELEUZE, Gilles. *L'Anti-Œdipe*. Paris: Minuit, 1972.

_____. *Clinique et critique*. Paris: Minuit, 1993.

_____. *Différence et répétition*. Paris: PUF, 2000. Ed. orig. 1969.

_____. *Kafka: pour une littérature mineure*. Paris: Minuit, 1975.

_____. *Logique du sens*. Paris : Seuil, 2000. Ed. orig. 1969.

_____. *Le Pli. Leibniz et le Barroque*. Paris: Minuit, 1988.

_____. *Pourparlers*. Paris: Minuit, 1990.

_____. *Spinoza et le problème de l'expression*. Paris: Minuit, 1968.

_____; GUATTARI, Félix. *Capitalisme et schizophrénie: mille plateaux*. Paris: Minuit, 1980.

_____; PARNET, Claire. *Dialogues*. Paris: Flammarion, 1977.

DELPIRE, R.; FRIZOT, M., orgs. *Histoire de Voir*. Paris: PhotoPoche, 1989. Vol. 1.

DELUMEAU, Jean. *Uma História do Paraíso: o jardim das delícias*. Trad. Teresa Perez. Lisboa: Terramar, 1997. Vol. 1. (Orbis; 1.) Tít. orig. *Une Histoire du Paradis*.

DENY, J. Les pseudo-prophéties concernant les turcs au XVIème siècle. *Révue des Études Islamiques*. N.º 10 (1936). , Cahier 2, p. 205-220.

DERRIDA, Jacques. *La Carte postale, de Socrate à Freud et au-delà*. Paris: Flammarion, 1980.

_____. *De la Grammatologie*. Paris: Minuit, 1967.

_____. *La Dissémination*. Paris: Seuil, 1972.

_____. *L'Écriture et la différence*. Paris: Seuil, 1967.

_____. *Freud et au-delà*. Paris: Flammarion, 1980.

_____. *Glass*. Paris: Galilée, 1974.

_____. *Intellectual courage: an interview*. [Em linha.] (1998). Disponível em http://pt.scribd.com/doc/173132261/Intellectual-Courage-an-Interview-With-Derrida [Consult. 14 Jul. 2014].

_____. *Khôra*. Paris: Galilée, 1993.

_____. *Marges de la philosophie*. Paris: Minuit, 1972.

_____. *L'Origine de la géometrie*. Paris: PUF, 1962.

_____. *O Outro Cabo*. Pref. e trad. Fernanda Bernardo. Coimbra: Reitoria da Universidade de Coimbra, A Mar Arte, 1995.

_____. *Positions*. Paris: Minuit, 1972.

_____. *Le Problème de la genèse dans la philosophie de Husserl*. Paris: PUF, 1991. Orig. 1954.

_____. *Sauf le nom*. Paris: Galilée, 1993.

_____. *Voiles*. Paris: Galilée, 1999.

_____. *La Voix et le phénomène*. Paris: PUF, Paris, 1967.

_____. CIXOUS, Hélène. *Le Monolinguisme de l'autre*. Paris: Galilée, 1996.

DESCARTES, René. *Discours de la méthode pour bien conduire la raison, & chercher la verité dans les sciences.* Paris: Librairie Générale Française, 1970. (Livre de poche/classique). Ed. orig. 1637.

_____. *Méditations Métaphysiques* Paris: Larrousse, 1950. (Classiques; 1641-7).

_____. *Os Princípios da Filosofia.* Trad. Alberto Ferreira. Lisboa: Guimarães, 1998. (Filosofia & Ensaios.) Tit. orig. *Principia Philosophie (Principes de la Philosophie).*

DICIONÁRIO *da Língua Portuguesa Contemporânea da Academia das Ciências de Lisboa.* Lisboa: Academia das Ciências de Lisboa; Verbo, 2001. Vol. 2.

DIDEROT, Denis. *Essais sur la peinture: Salons de 1759, 1761, 1763.* Textes établis et présentés par Gita May et Jacques Chouillet. Paris: Hermann, 1998. (Savoir: Lettres).

DOMENACH, Jean-Marie. *Abordagem à Modernidade.* Trad. Paula Taipas. Lisboa: Instituto Piaget, 1997. (Epistemologia e Sociedade; 73.) Tit. orig. *Approches de la modernité.*

DUBY, Georges. *O Ano Mil.* Trad. Teresa Matos. Lisboa: Edições 70, 1986. (Lugar da História; 8.) Tit. orig. *L'An mil.*

DUCHAMP, Marcel. *O Acto Criativo.* Lisboa: Águaforte, 1997. Ed. orig. 1957.

ECO, Umberto. *Kant e l'ornitorinco.* Milano: Grupo Editoriale Fabbri, Bompiani, Sonzogno, Etas, 1997.

_____. *Leitura do Texto Literário.* Trad. Mário Brito. Lisboa: Presença, 1983. (Biblioteca de Textos Universitários; 56.) Tit. orig. *Lector in fabula.*

_____. Signo. In *Enciclopédia Einaudi.* Lisboa: Imprensa Nacional-Casa da Moeda, 1994. Vol. 31.

_____. *O Signo.* Trad. Maria Fátima Marinho. Lisboa: Presença, 1981. Tít. orig. *Segno.*

EISENSTEIN, Serguei. Ecrits d'Eisenstsein (10) – La Non-indiferente nature/Post- -Scriptum. *Cahiers du Cinema.* Paris. N.º 219 (Avr. 1970), p. 9.

ELIADE, Mircea. *La Nostalgie des origines.* Paris: Gallimard, 1970.

ELIOT, T. S. *Notas para uma Definição de Cultura.* Lisboa: Século XXI, 1996, p. 31. Ed. orig. 1949.

ESPINOSA, Bento de. *Ética.* Pref., trad. e notas de Joaquim de Carvalho. Lisboa: Relógio d'Água, 1992. (Filosofia.) Ed. orig. 1677.

FARIA, Almeida. *Cavaleiro Andante.* Lisboa: Imprensa Nacional-Casa da Moeda, 1983.

FERREIRA, Januário Torgal. O significado do gnosticismo: uma tentativa de interpretação filosófica. *Revista da Faculdade de Letras. Filosofia.* [Em linha.] Porto: Universidade do Porto. S. 1, vol.2, n.º 3-4 (1973), p. 251-267.

Disponível em http://ler.letras.up.pt/uploads/ficheiros/1299.pdf [Consult. 14 Jul. 2014.]

FERRY, Jean-Marc. *Filosofia da Comunicação*. Trad. Miguel Serras Pereira. Lisboa: Fenda, 2000. Tit. orig. *Philosophie de la communication*.

FERRY, Luc. *Un Fin de siècle philosophique*. Montréal: Liber, 1999.

FIERRO, Martín. El derecho Mâliki en al-Andalus: siglos II/VIII-V/XI. *al-Qantara*. Vol. 12, fasc. 1 (1994), p. 50-82.

FLORA, Joaquim de. *Concordia Novi ac Veteris Testamenti*. Ed. fac-sim. Frankfurt: Minerva, 1964. Ed. orig. Venedig: [s. n.], 1519.

_____. *Expositio in Apocalypsim (com Liber introductorius in apocalypsis)*. Ed. fac-sim. Frankfurt: Minerva, 1964. Ed. orig. Venedig: [s.n.], 1527.

_____. *Psalterium decem Chordarum*. Ed. fac-sim. Frankfurt: Minerva, 1964. Ed. orig. Venedig: [s.n.], 1527.

FOUCAULT, Michel. *As Palavras e as Coisas: uma arqueologia das Ciências Humanas*. Trad. António Ramos Rosa. Lisboa: Edições 70, 1988. (Signos; 47.) Tit. orig. *Les Mots et les choses*.

FRADE, Pedro Miguel. *Figuras de Espanto: a fotografia antes da sua cultura*. Porto: Asa, 1992.

FRANÇA, José-Augusto. *O Romantismo em Portugal*. 6 vols. Lisboa: Livros Horizonte, 1974.

FRYE, Northrop. *Le Grand Code: la Bible et la littérature*. Paris: Seuil, 1984.

FUKUYAMA, Francis. *O Fim da História e o Último Homem*. Rio de Janeiro: Rocco, 1992.

GALMÉS DE FUENTES, Alvaro [et al.], org. *Glosario de Voces Aljamiado-Moriscas*. Oviedo: Biblioteca Árabo-Românica, 1994.

GARCÍA ARENAL, Mercedes. Mahdi, Murabit, Sharif: l'avènement de la dynastie sa'dienne. *Studia Islamica*. N.º 71 (1990), p. 77-114.

GARDINER, Patrick. *Teorias da História*. Trad. e pref. Vítor Matos e Sá. Lisboa: Fundação Calouste Gulbenkian, 2004. Tit. orig. *Theories of History*.

GARRETT, Almeida. *Camões*. Org. Teresa Sousa de Almeida. Lisboa: Editorial Comunicação, 1986. Ed. orig. 1825.

_____. Crónica da semana. *O Cronista*. Lisboa. Vol. 2, n.º 21 (22-28 Jul. 1827).

GAUTHIER, Alain. O virtual é azul. *Revista de Comunicação e Linguagens*. Lisboa: Cosmos. N.ºs 25-26. (1993), p. 120. N.ºs dedicados ao tema *Real vs. Virtual*.

GELLNER, Ernest. *Razão e Cultura: papel histórico da racionalidade e do racionalismo*. Trad. Telma Costa. Lisboa: Teorema, 1992. Ed. orig. 1982. (Série especial; 14.) Tit. orig. *Reason and Culture, the Historic Role of Rationality and Rationalism*.

GEERTZ, Clifford. *The Interpretation of Cultures*. New York: Basic Books, 1973.

GENETTE, Gérard. *Palimpsestes: la littérature au second degré*. Paris: Seuil, 1982.

GIANNETTI, Claudia, ed. Trespassar a pele: o teletrânsito. *In Ars Telemática: telecomunicação, Internet e ciberespaço*. Lisboa: Relógio d'Água, 1998, p. 124.

GIBBON, Edward. *The History of The Decline and Fall of the Roman Empire*. Oxford: The Folio Society, 1990. Ed. orig. 1776-1788.

GIDDENS, Anthony. *As consequências da Modernidade*. Trads. Fernando Luís Machado e Maria Manuela. Oeiras: Celta, 1995. (Sociologias.) Tít. orig. *The Consequences of Modernity*.

GIL, Fernando. *Mediações*. Lisboa: Imprensa Nacional-Casa da Moeda, 2001.

_____. *Mimésis e Negação*. Lisboa: Imprensa Nacional-Casa da Moeda, 1984.

GOETHE, Johann Wolfgang von. *Fausto*. Pref. Paulo Quintela, trad. Agostinho d'Ornellas. Lisboa: Relógio d'Água, 1999. (Clássicos.) Ed. orig. 1808-1832.

GONZÁLEZ MARÍN, Carmen. Deconstrucción: ironía y ironistas. *In* BOZAL, Valeriano, ed. *Historia de las ideas estéticas y de las teorías artísticas contemporáneas*. Madrid: Visor, 1999. Vol. 2, p. 405-426.

GOULD, Stephen Jay. *Entretiens sur la fin du temps*. Paris: Fayard, 1998.

GOULEMOT, Jean-Marie. *La Littérature des lumières*. Paris: Armand Colin, 2005.

GRICE, Paul. Logic and Conversation. *In* DAVIDSON, Donald; HARMAN, Gilbert, eds. *The Logic of Grammar*. Dickenson: Encino, 1975, p. 64-75.

GROSENICK, Uta; RIEMSCHNEIDER, Burkhard; BELL, Kirsty. *Art Now*. London: Taschen, 2002.

GUIDOTTI, M. Imbricações entre Goethe e Kant: arte, natureza e sublime. *Pandaemonium*. [Em linha.] São Paulo. N.º 17 (Jul. 2011), p. 118-131. Disponível em www.fflch.usp.br/dlm/alemao/pandaemoniumgermanicum [Consult. 23 Ago. 2013.]

GUIRAUD, Pierre. *A Semiologia*. Trad. de Filipe C. M. Silva. Lisboa: Presença, 1973. (Biblioteca de ciências humanas; 24.) Tít. orig. *La Semiologie*. Ed. orig. 1965.

HADOT, Jean. Apocalyptique (literature). *In Encyclopedia Universalis*. Paris: Encyclopædia Universalis, 1968-1973. Vol. 2.

HANSON, P. Jewish. Apocalyptic against its Near Eastern Environment. *Revue Biblique*. N.º 78 (1971), p. 39.

_____. *The Dawn of Apocalyptic*. Philadelphia: Fortress Press, 1975.

HARAWAY, Donna. *Simians, Cyborgs and Women: the Reinvention of Nature*. New York: Routeledge, 1991.

HARRISON, Charles; WOOD, Paul, eds. *Art in Theory, 1900-1990, an Anthology of Changing Ideas*. Oxford, UK; Cambridge, USA: Blackwell, 1992.

HARTMAN, Lars. Survey of the problem of Apocalyptic genre. *In* HELLHOLM, David, ed. THE INTERNATIONAL COLLOQUIUM ON APOCALYPTICISM, Uppsala, 12-17/8/1979. *Proceedings*. Tubingen: J.C.B. Mohr, 1983, p. 219-343.

HASKELL, Francis; PENNY, Nicholas. *El gusto e el arte de la Antigüedad*. Madrid: Alianza, 1990.

HEERS, Marie-Louise. *Du Printemps des peuples à l'affrontement des nations (1848--1914)*. Paris: PUF, 1974.

HEGEL, Georg Wilhelm Friedrich. *Estética: A Arte Clássica e a Arte Romântica*. Trad. Orlando Vitorino. Lisboa: Guimarães, 1972. (Filosofia e Ensaios). Vol. 4.

_____. *A Razão na História: introdução à filosofia da História Universal*. Trad. Artur Morão. Lisboa: Edições 70, 1995. (Textos Filosóficos; 39.) Tít. orig. *Die Vernunft der Geschichte*. Ed. orig. 1822-1830.

HEGYI, O. *Cinco leyendas y otros relatos moriscos (Ms. 4953 de la Bibl. Nac. Madrid)*. Madrid: Gredos, 1981. Vol. 1.

HEIDEGGER, Martin. *Conferências e Escritos Filosóficos*. São Paulo: Nova Cultural, 1989.

_____. Entrevista ao *Der Spiegel*. *Tempo Brasileiro*. N.º 50 (Jul.-Set. 1977), p. 22.

_____. *A Origem da Obra de Arte*. Trad. Maria da Conceição Costa, rev. trad. Artur Morão. Lisboa: Edições 70, 1991. (Biblioteca de filosofia contemporânea; 12.) Tít. orig. *Der Ursprung des Kunstwerks*, 1931-32.

_____. *Ser e Tempo*. Petrópolis: Vozes, 1997. Introd. António M. Barbosa de Melo. Ed. orig. 1927.

HERDER, Johann Gottfried von. *Reflections on the Philosophy of the History of Mankind*. Ed. Frank E. Manuel. Chicago: University of Chicago Press, 1968.

HERZFELD, M. Divining the past. *Semiotica*. N.º 38 (1-2) (1982), p. 172-173.

HIPOCRATES. *Oeuvres complètes d'Hippocrate*. Introd. et notes par Émile Littré. 6 vols. Paris: Baillère, 1839-49.

HOBBES, Thomas. *Leviatã ou Matéria, forma e poder de um estado eclesiástico e civil*. Trad. João Paulo Monteiro e Maria Beatriz Nizza da Silva. [Lisboa] Imprensa Nacional-Casa da Moeda, 1999. (Estudos Gerais. Série Universitária. Clássicos de Filosofia.) Ed. orig. 1651.

HÖLDERLIN, Friedrich. Bonaparte. [Em linha]. *Acontecimento*. Blogue de António Cícero. Disponível em blogspot.pt/2007/05/hlderlin-buonaparte.html [Consult. 23 Ago. 2013.] Ed. orig. 1797-1798.

HOOKWAY, Christopher. *Peirce*. London; New York: Routeledge, 1992.

HORÁCIO. *Ars Poetica*. [Em linha.] (2005). Disponível em http://www.poetryintranslation.com/PITBR/Latin/HoraceArsPoetica.htm [Consult. 14 Jul. 2014].

HORKHEIMER, Max. *Origens da Filosofia Burguesa da História*. Trad. Maria Margarida Morgado. Lisboa: Presença, 1984. (Biblioteca de Textos Universitários; 67.) Tít. orig. *Anfange der Bürgerlichen Geschichtsphilosophie*.

HUDEK, Antony. *From Over – To Sub-Exposure: The Anamnesis of* Les Immatériaux. [Em linha.] (1 Oct. 2009) Disponível em http://www.tate.org.uk/research/publications/tate-papers/over-sub-exposure-anamnesis-les-immateriaux [Consult. 14 Jul. 2014]

HUTCHEON, Linda. *A Theory of Parody: The Teachings of Twentieth-Century Art Forms*. London: Metheun, 1985.

HUME, David. An Inquiry Concerning Human Understanding. *In* ARIEW, Roger; WATKINS, Eric, orgs. *Modern Philosophy: An Anthology of Primary Sources*. Indianapolis; Cambridge: Hackett Publishing Company, 1998.

_____. *A Treatise of Human Nature*. [Em linha]. EBook Project Gutenberg. (EBook n.º 4705). Release Date: February 13, 2010. Last Updated: Nov. 10, 2012. Disponível em http://www.gutenberg.org/files/4705/4705-h/4705-h.htm [Consul. 5 Out. 2013.]

IBN KHALDÚN. *Discours sur l'Histoire Universelle (al-Muqaddima)*. Org. Vincent Monteil. 3 vols. Beyrouth: Comission Internationale pour la traduction des Chefs d'œuvre, 1967-1968.

ILHARCO, Fernando. Fluxos. *Público*. (26 Maio 1997). Suplemento de Economia, p. 9.

INNERARITY, Daniel. *A Transformação da Política*. Trad. Manuel Ruas. Lisboa: Teorema, 2005. (Série especial; 62.) Tít. orig. *La transformación de la política*.

JACQUES, Daniel. *Tocqueville et la modernité*. Montréal: Boréal, 1995.

JAMESON, Fredric. *Postmodernism: The Cultural Logic of Late Capitalism*. Durham, NC: Duke University Press, 1991.

JANOWITZ, Naomi. *The poetics of Ascent: Theories of Language in a Rabbinic Ascent Text*. Albany: State University of New York Press, 1989.

JEANNE, René; FORD, Charles. *História Ilustrada do Cinema*. Trad. Fernando Cabral, Aida Laurence. Lisboa: Bertrand, [D.L. 1972]. (Enciclopédia de Bolso Bertrand.)

JENSEN, Klaus Bruhn. *The Social Semiotics of Mass Comunication*. London; New Delhi: Safe Publishing; Thousand Oaks, 1995.

JEUDI, Henri-Pierre. Comunicação em abismo. *Revista de Comunicação e Linguagens*. Lisboa: Cosmos. (1993), p. 27.

_____. *A Sociedade Transbordante*. Pref. Adriano Duarte Rodrigues, trad. Pedro A. Schachtt Pereira. Lisboa: Século XXI, 1995. (BPC - Biblioteca do Pensamento Contemporâneo. Fundamentos; 1.) Tít. orig. *La Société du trop-plein*.

KAFKA, Franz. *A Metamorfose*. Lisboa: Presença, 2009. Ed. orig. 1915.

KANDISKY, Wassily. *Do Espiritual na Arte*. Pref. e nota bibliográfica de António Rodrigues, trad. Maria Helena de Freitas. Lisboa: Dom Quixote, Lisboa. (Arte e sociedade; 6.) Tít. orig. *Ueber das Geistige in der kunst, insfesondere in der Malerei*, 1910.

KANT, Immanuel. *Crítica da Faculdade do Juízo*. Introd. António Marques, trad. e notas de António Marques e Valério Rohden. Lisboa: Imprensa Nacional-
-Casa da Moeda, 1988. (Estudos Gerais. Série Universitária.)

_____. *Crítica da Razão Pura*. Introd. e notas Alexandre Fradique Morujão, trad. Manuela Pinto dos Santos e Alexandre Fradique Morujão. Lisboa: Fundação Calouste Gulbenkian, 1994. (Textos Clássicos.) Tít. orig. *Kritik der Reinen vernunft*.

_____. *Œuvres Philosophiques III: Derniers Écrits*. Paris: Gallimard, 1986.

_____. *A Paz Perpétua. Um Projecto Filosófico*. Trad. Artur Morão. Covilhã: Universidade da Beira Interior, 2008. [Em linha.] Disponível em http://www.lusosofia.net/textos/kant_immanuel_paz_perpetua.pdf [Consult. em 14 Jul. 2014] Ed. orig. 1795.

KAUFMANN, Yehezkel. *Connaître la Bible*. Paris: PUF, 1970.

KERCKHOVE, Derrick de. *A Pele da Cultura: uma investigação sobre a nova realidade electrónica*. Trad. Luís Soares, Catarina Carvalho. Lisboa: Relógio d´Água, 1997. (Mediações. Comunicação e Cultura; 1.) Tít. orig: *The skin of Culture: Investigating the New Electronic Reality*.

KERMODE, Frank. *A Sensibilidade Apocalíptica*. Pref. José Augusto Mourão, trad. Melo Furtado. Lisboa: Século XXI, 1998. (BPC: Biblioteca do Pensamento Contemporâneo. Fundamentos; 4.) Tít. orig. *The Sense of an Ending*.

KONTZI, Reinhold. Aspectos del estudio de textos aljamiados. *Thesaurus*. T. 25, n.º 2 (1970), p. 199.

KUNDERA, Milan. *A Arte do Romance*. Trad. Luísa Feijó e Maria João Delgado. Lisboa: Dom Quixote, 1988. (Biblioteca Dom Quixote; 1.) Tít. orig. *L'Art du roman*.

_____. Europa Central: Um Continente Sequestrado. *JL – Jornal de Letras, Artes e Ideias*. Lisboa: Projornal. N.º 164 (1985), p. 22.

_____. *A Lentidão*. Trad. Miguel Serras Pereira. Porto: Asa, 1997. (Letras do Mundo.) Tít. orig. *La Lenteur*.

LACLAU, Ernesto; BUTLER, Judith; ŽIŽEK, Slavoj. *Deconstrucción y pragmatismo*. Buenos Aires; Barcelona; México: Paidós, 1998.

LAMB, C. Preface to Poems. *In* OWEN, W. J. B.; SMYSER, Jane Worthing, eds. *The Prose Works of William Wordsworth*. Oxford: Oxford Clarendon Press, 1974. Vol. 3. Ed. orig. 1815.

LAMENNAIS, Hugues de. De la Société Première et de Ses Lois. *In* Œuvres Complètes. Genève: Le Guilon, 1981. Livre 10. Ed. orig. 1834,

LAPA, Álvaro. Virtualidades. *In Depois do Modernismo*. Lisboa: [s.n.], 1983, p. 132. Luís Serpa, ed. lit., coordenador e comissário executivo da Exposição *Depois do Modernismo*.

LEFF, Gordon. *Heresy in the Later Middle Ages: The Relation of Heterodoxy to Dissent c. 1250-c. 1450*. New York: Manchester University Press, 1967. Vol I.

LE GOFF, Jacques. Escatologia. *In Enciclopédia Einaudi*. Lisboa: Imprensa Nacional-Casa da Moeda, 1984, p. 327-428.

LEIBNIZ, Gottfried. *Discurso de Metafísica*. Pref. de Artur Morão, trad. e notas de João Amado. Lisboa: Edições 70, 2000. (Textos Filosóficos; 4.) Ed. orig. 1686.

_____. *Modern Philosophy: An Anthology of Primary Sources*. Org. Roger Ariew and Eric Watkins. Indianapolis; Cambridge: Hackett Publishing Company, 1998.

_____. *Princípios de Filosofia ou Monadologia*. Trad., introd. e notas de Luís Martins. Lisboa: Imprensa Nacional-Casa da Moeda; Faculdade de Ciências Sociais e Humanas da Universidade Nova, 1987. (Estudos Gerais. Série Universitária. Clássicos de Filosofia.) Ed. orig. 1714.

LEMOS, André. *Comunicação e Sociabilidade nas Culturas Contemporâneas*. Petrópolis: Vozes, 1999.

LENINE, Vladimir Ilitch. As Tarefas das Uniões da Juventude. *Revista Histedbr*. [Em linha.] Campinas. N.º esp. (Abr. 2011) p. 2-4. Disponível em www.fe.unicamp.br/revista/index.php/histedbr/article/download/3292/2918 [Consult. 14 Jul. 2014]. Discurso no 3.ª Congresso de toda a Rússia da União Comunista da Juventude da Rússia, 2 de Outubro de 1920.

LESSING, Gotthold. *Laocoonte*. Madrid: Editora Nacional, 1977. Ed. orig. 1766.

LINCOLN, John. Aljamiado Prophecies. *Publications of the Modern Language Association of America*. Baltimore. N.º 52 (1937).

LINDSTROM, Martin. *Brand Sense: How to Build Powerful Brands Through Touch, Taste, Smell, Sight and Sound*. London: Kogan Page, 2005.

LIPOVETSKY, Gilles. *O Crepúsculo do Dever: a ética indolor dos novos tempos democráticos*. Trad. Fátima Gaspar e Carlos Gaspar. Lisboa: D. Quixote, 1994. (Biblioteca Dom Quixote; 10.) Tít. orig. *Le Crépuscule du devoir*.

_____. *Un Fin de siècle philosophique*. Montréal: Liber, 1999.

LOCKE, John. *Modern Philosophy: An Anthology of Primary Sources*. Org. E. Watkins and R. Ariew. Cambridge; Indianapolis: Hackett Publishing Company, Inc., 1998. Ed. orig. 1690.

LÓPEZ BARALT, Luce. Mahomet: prophete et mythificateur de l'Andalousie Musulmane des derniers temps, dans un manuscrit aljamiado-morisque de la Bibliotheque National de Paris. *Revue de l'Histoire du Maghreb*. N.º 21-22 (1981-2), p. 364.

_____. Las problemáticas profecías de San Isidoro de Sevilla y de Ali Ibn Alferesiyo en torno al Islam Español del siglo XVI: tres aljofores del Ms. 774 de la Biblioteca Nacional de Paris. *Nueva Revista de Filología Hispânica.* Madrid. N.º 29 (1980-2), p. 358.

_____; IRIZARRY, Awilda. Dos itinerarios secretos de los moriscos del siglo XVI. Los manuscritos 774 de la Biblioteca Nacional de París y T-16 de la Real Academia de la Historia de Madrid. *In Homenaje a Alvaro Galmés de Fuentes.* Madrid: Univ. de Oviedo; Gredos, 1985, p. 547-584

LOUCEL, Henri. L'Origine du langage d'après les grammairiens arabes. *Arabica.* Vol. 1-2, t. 10 (1963), p. 188-281; vol. 3-4, t. 11 (1964), p. 158.

LOURENÇO, Eduardo. *O Espelho Imaginário: pintura, anti-pintura, não-pintura.* Lisboa: Imprensa Nacional-Casa da Moeda, 1981.

LUKÁCS, Georg. *Theory of the Novel.* Baltimore, Maryland: The John Hopkins University Press, 2000. Ed. orig. 1914-1915.

LYOTARD, Jean-François. *A Condição Pós-Moderna.* Trad. rev. e apresentada por José Bragança de Miranda. Lisboa: Gradiva, 1989. 2ª ed. (Trajectos; 3.) Tít. orig. *La Condition postmoderne.* Ed. orig. 1979.

_____. *O Inumano: considerações sobre o tempo.* Trad. Ana Cristina Seabra e Elisabete Alexandre. Lisboa: Estampa, 1990. (Margens; 3.) Tít. orig. *L'Inhumain.*

MAJEWSKY, Henry F. *Paradigm & Parody.* Charlotteville: University Press of Virginia, 1989.

MANNHEIM, Karl. *Ideology and Utopia.* New York: Harcourt, Brace, 1936.

MAQUIAVEL, Nicolau. *O Príncipe.* Análise de Luísa Vergani e trad. Helena Ramos. Mem Martins: Publicações Europa-América, 1995. (Apontamentos Europa-América; 48.) Tít. orig. *Cliffs Notes on Machiavelli's The Prince.*

MARQUES, António. Sujeito/objecto. *In Enciclopédia Einaudi.* Lisboa: Imprensa Nacional-Casa da Moeda, 1997. (Conceito-Filosofia/Filosofias; 37).

MARQUES, Viriato Soromenho. *Razão e Progresso na Filosofia de Kant.* Lisboa: Colibri, 1998.

MARTINS, Moisés de Lemos. *A Linguagem, a Verdade e o Poder: ensaio de semiótica social.* Lisboa: Fundação Calouste Gulbenkian, 2002.

MARX, Karl. *Critique de la philosophie hégélienne du droit.* Paris: Allia, 1998. Ed. orig. 1843.

_____. *Karl Marx and Frederick Engels: Selected Correspondence.* [Em linha]. Moscow: Progress Publishers, 1975. Additional text. Disponível em http://www.marxists.org/archive/marx/works/1881/letters/81_06_20.htm [Consult. 14 Jul. 2014]

_____; ENGELS, Friedrich. *Manifesto do Partido Comunista.* [Em Linha.] Lisboa: Editorial Avante, 1997. Disponível em https://www.marxists.org/

portugues/marx/1848/ManifestoDoPartidoComunista/index.htm [Consul. 14 Jul. 2014]. Ed. orig. 1848.

Masson, Denise. *Le Coran et la révèlation judéo-chrétienne: études comparées*, Librairie d'Amérique et d'Orient. Paris: Adrien Maisonneuve, 1958.

McGinn, Bernard. Angel Pope and Papal Antichrist. *Church History.* N.º 45 (1978), p. 155-173.

_____. *Visions of End: Apocalyptic Traditions in the Middle Ages.* New York: Columbia Un. Press, 1979.

McHoul, Alec. *Semiotic Investigations: Towards an Effective Semiotics.* Lincoln; London: University of Nebraska Press, 1996.

Meeks, A. Wayne. Social Functions of Apocalyptic Language in Pauline Christianity. In Hellholm, David, ed. The International Colloquium on Apocalypticism, Uppsala, 12-17/8/1979. *Proceedings.* Tubingen: J.C.B. Mohr, 1983, p. 688.

Mercier, Louis-Sébastien. *L'An 2440.* Montrouge: Burozoique, 2009. (Le Répertoir des îles).

Merrell, Floyd. *Semiosis in the Postmodern Age.* West Lafayette, Indiana: Purdue University Press, 1995.

Meschonnic, Henri. *Poétique du sacré dans la Bible.* Paris: Gallimard, 1974.

Milza, Pierre. *Mussolini.* Rio de Janeiro: Nova Fronteira, 2011.

Mirabaud, Jean-Baptiste de. Première Partie. In *Le Monde, son origine et son antiquité.* [Em linha.] Alondres (B.R.), 1751. Disponível em http://gallica.bnf.fr/ark:/12148/bpt6k730918/f2.image [Consult. 14 Jul. 2014.]

Miranda, José Bragança de. A cultura como problema. *Revista de Comunicação e Linguagens.* Lisboa: Relógio d'Água, N.º 28 (2000), p. 13-42.

_____. In memoriam Guy Debord: o fim do espectáculo. *Revista de Comunicação e Linguagens.* Lisboa: CECL; Cosmos. N.º 24 (1997), p. 25. Tema: *Dramas.*

_____. *Traços: Ensaios de Crítica da Cultura.* Lisboa: Vega, 1998. (Passagens).

Miranda, Ricardo. *A Voz das Empresas.* Porto: Porto Editora, 2002.

Monnet, Jean. *Les États-Unis d'Europe ont commencé.* Paris: Robert Laffont, 1955.

Montaigne, Michel de. *Essais.* Paris: Gallimard, 1995. Vol. 2. (Folio).

More. Tomás. *Utopia.* [Em linha]. http://www.dominiopublico.gov.br/pesquisa/DetalheObraForm.do?select_action=&co_obra=167168 [Consult. 14 Jul. 2014]. Trad. portuguesa.

Morin, Edgar. *Le Cinema et l'homme imaginaire.* Paris: Minuit, 1956.

Moura, Leonor. Boomerang. In *Depois do Modernismo.* Lisboa: [s.n.], 1983, p. 131. Luís Serpa, ed. lit., coordenador e comissário executivo da Exposição *Depois do Modernismo.*

MUMFORD, Lewis. *História das Utopias*. Trad. Isabel Donas Botto. Lisboa: Antígona, 2007. Tít. orig. *The Story of Utopias*, 1922.

MURPHY, John. *O Pragmatismo: de Peirce a Davidson*. Trad. Jorge Costa. Porto: Asa, 1993. (Argumentos: Pensamento Contemporâneo.) Tít. orig. *Pragmatism*.

NEIMAN, Susan. *O Mal no Pensamento Moderno: uma história alternativa da filosofia*. Trad. Vítor Matos. Lisboa: Gradiva, 2005. ([Fora de colecção]; 247.) Tít. orig. *Evil in Modern Thought*.

NICCOLI, Ottavia. *Prophecy and People in Renaissance Italy*. Princeton, New Jersey: Princeton University Press, 1990.

NIETZSCHE, Frederich. *A Gaia Ciência*. Pref. António Marques, trad. Maria Helena Rodrigues de Carvalho, Maria Leopoldina de Almeida e Maria Encarnação Casquinho. Lisboa: Relógio d'Água, 1998. Ed. orig. 1882.

_____. *A Genealogia da Moral: uma polémica*. São Paulo: Companhia das Letras, 1998. Ed. póstuma, obra escrita em 1877.

_____. *O Niilismo Europeu*. Campinas: [s.n.], 2005, p. 57. (Clássicos da Filosofia, Cadernos de Tradução; 3).

_____. *Para Além do Bem e do Mal*. Trad. de Hermann Pflüger. Lisboa: Guimarães, 1998. (Filosofia e Ensaios.) Tít. orig. *Jenseits von Gut und Bose*, 1886.

_____. *The Use and Abuse of History*. Indianapolis: The Library of Liberal Arts; Bobbs-Merrillr's Educational Publishing, 1980. Ed. orig. 1874.

NOTH, Winfried. *Handbook of Semiotics*. Bloomington, Indianapolis: Indiana University Press, 1990.

OPHIR, Adi. The Cartography of Knowledge and Power: Foucault Reconsidered. *In* SILVERMAN, Hugh J., org. *Cultural Semiosis: Tracing the Signifier*. New York; London: Routledge, 1998, p. 239-264.

OLIVEIRA, José Ernesto. Editorial. *In Évora Mosaico*. Évora: Câmara Municipal de Évora; Património, Cultura e Turismo, 2011, p. 3. Edição dedicada ao 25.º aniversário da classificação de Évora pela Unesco como património mundial.

ORMSBY, Eric. *Theodicy in Islamic Thought: the Dispute Over al-Ghazâlí's "Best of all. Possible worlds"*. Princeton: Princeton University Press, 1984.

ORTEGA Y GASSET, Jose. *La Deshumanización del Arte y otros ensayos de Estética*. Barcelona: Optima, 1998.

_____. *La Rebelión de masas*. Barcelona: Optima, 1997. Ed. orig. 1930.

PARRET, Herman. *L'Esthétique de la communication: l'au-delà de la pragmatique*. Paris; Bruxelles; Leuven: Ousia, 1999.

PEIRCE, Charles Sanders. *Antologia Filosófica*. Pref., sel., trad. e notas António Machuco Rosa. Lisboa: Imprensa Nacional-Casa da Moeda, 1998. (Estudos Gerais. Universitária. Clássicos de Filosofia.)

———. *Collected Papers of Charles Sanders Peirce*. Org. Charles Hartshorne and Paul Weiss. 2 vols. Cambridge, Massachusetts: The Belknap Press of Harvard Univ. Press, 1978.

———. *Selected Writings (Values in a Universe of Chance)*. New York: Dover Publications, 1966.

———. *Semiótica*. São Paulo: Perspectiva, 1990.

PEREIRA, Michel Alves. Uma exposição de arquitectura. In *Depois do Modernismo*. Lisboa: [s.n.], 1983, p. 31. Catálogo da exposição. Luís Serpa, ed. lit., coordenador e comissário executivo da Exposição Depois do Modernismo.

PERETTI, Cristina de; VIDARTE, Paco. *Derrida*. Mérida: Ediciones del Oro, 1998.

PERNIOLA, Mario. *Contra a Comunicação*. Trad. Manuel Ruas. Lisboa: Teorema, 2006. (Série especial; 63.) Tít. orig. *Contro la comunicazione*.

PETERS, Karl E. *Medieval Universities. La notion de liberté au Moyen Age: Islam, Byzance, Occident*. Paris: Les Belles Lettres, 1985.

PETITOT, Jean. Lógica combinatória. Centrado/acentrado. In *Enciclopédia Einaudi*. Lisboa: Imprensa Nacional-Casa da Moeda, 1988. Vol. 13, p. 336--393.

PINTO, António Cerveira. Rescritos para uma exposição. In *Depois do Modernismo*. Lisboa: [s.n.], 1983, p. 17-22. Catálogo da exposição. Luís Serpa, ed. lit., coordenador e comissário executivo da Exposição Depois do Modernismo.

PIRENNE, Henri. *Histoire économique et sociale du Moyen-Age*. Paris: PUF, 1963.

PIRES, José Cardoso. *Jogos de Azar*. Lisboa: Dom Quixote, 1999. Ed. orig. 1963.

PLATÃO. *Crátilo*. Trad. Maria José Figueiredo. Lisboa: Instituto Piaget, 2001. (Pensamento e filosofia; 75.)

———. *Diálogos IV (Sofista, Político, Filebo, Crítias)*. Introd., coment. e notas Émile Chambry, trad. da versão francesa de Maria Gabriela de Bragança. Mem Martins: Publicações Europa-América, 1999.

———. *Fédon: Diálogo Sobre a Imortalidade da Alma*. Trad. do grego por Dias Palmeira, precedido de uma notícia histórico-filosófica por Joaquim de Carvalho. Lisboa: Atlântida, 1967. (Biblioteca Filosófica; 1.)

———. *República*. Introd., trad. e notas de Maria Helena da Rocha Pereira. 9.ª ed. Lisboa: Fundação Calouste Gulbenkian, 2001.

PROCLO. *Lecturas del "Cratilo" de Platón*. Madrid: Akal, 1999. D/K 68 B 26. (Clásica; 60).

RAD, Gerhard von. *Old Testament Theology*. Edinburgh: Oliver and Boyd, 1965. Vol. 2. Ed. orig. *Theologie des Alten Testaments*. Munchen, [s.n.], 1957. Band 2: Die Theologie der prophetischen Uberliefferungen Israels.

RAPOSO, Henrique. Banho em 1960. *Expresso*. (27 Ago. 2011).

_____. O meu avô e a esquerda. *Expresso*. (20 Ago. 2011).

_____. Politiquinha. *Expresso*. (12 Maio 2011).

REEVES, Marjorie. *The Influence of Prophecy in the Later Middle Ages*. Oxford: Oxford University Press, 1969.

RIBEIRO, António Pinto. Amor é Fogo que Arde sem se Ver. *Público*. Lisboa. (25 Ago. 2002), p. 42.

RICŒUR, Paul. *Ideologia e Utopia*. Trad. Teresa Louro Perez. Lisboa: Edições 70, 1991. (Biblioteca de Filosofia Contemporânea; 18.)

RIES, Al; RIES, Laura. *A Queda da Publicidade e a Ascensão das Relações Públicas*. Trad. Luís Paixão Martins. Lisboa: Editorial Notícias, 2003. (Media & Sociedade; 16.) Tít. orig. *The Fall of Advertising and the Rise of PR*.

RODRIGUES, Adriano Duarte. Do dispositivo televisivo. *Revista de Comunicação e Linguagens*. N.º 9 (Maio 1989), p. 61-65.

RORTY, Richard. *Consequências do Pragmatismo*. Trad. João Duarte. Lisboa: Instituto Piaget, 1999. (Pensamento e Filosofia; 42.) Tít. orig. *Consequences of Pragmatism*.

_____. *A Filosofia e o Espelho da Natureza*. Trad. Jorge Pires. Lisboa: Dom Quixote, 2004. (Opus. Biblioteca de Filosofia; 7.) Tít. orig. *Philosophy and the Mirror of Nature*, 1979.

_____. Notas sobre desconstrucción y pragmatismo. *In Desconstrucción y pragmatismo*. Buenos Aires; Barcelona, México: Paidós, 1998, p. 13-35.

ROUSSEAU, Jean-Jacques. Deuxième Promenade. *In Les rêveries du promeneur solitaire*. [Em linha]. Disponível em http://mecaniqueuniverselle.net/textes-philosophiques/rousseau-2.php [Consult. 14 Jul. 2014.]

_____. *Discours sur l'origine et les fondements de l'inégalité parmi les hommes*. Paris: Henri François Muller et René Eugène Gabriel Vaillant, 1922. Ed. orig. 1755.

ROWLAND, Christopher. *The Open Heaven: A Study of Apocalyptic Judaism and Early Christianity*. London: SPCK – Holy Trinity Church, 1982.

ROWLEY, Harold. *The Revelance of Apocalyptic. A Study of Jewish and Christian Apocalyptic from Daniel to the Revelation*. New York: Lutterworth, 1964.

RUDGE, F. M. John of Roquetaillade (de Rupescissa). *In The Catholic Encyclopedia*. New York: Robert Appleton Company, 1910. Disponível em http://www.newadvent.org/cathen/08477a.htm [Consult. 14 Jul. 2014.]

RUSSELL, Bertrand. *A Conquista da Felicidade*. Trad. de José António Machado. Lisboa: Guimarães, 1997. (Filosofia e Ensaios.) Tít. orig. *The Conquest of Happiness*.

SAAVEDRA Y MORAGAS, Eduardo. *Discursos*: [*Escritos de los musulmanes españoles sometidos al dominio cristiano, y sus descendientes públicamente convertidos à nuestra fe*]. Madrid: Compañia de Impresores y Libreros, 1878.

SÁNCHEZ ALVAREZ, M. La Lengua de los manuscritos aljamiado-moriscos como testemonio de la doble marginación de una minoría islâmica. *Nueva Revista de Filología Hispánica*. Madrid. N.º 30 (1981), p. 441-452.

_____. *El Manuscrito misceláneo 774 de la Biblioteca Nacional de París*. Madrid: Colofón; Gredos, 1982.

SANTO AGOSTINHO. *Confissões*. Lisboa: Imprensa Nacional-Casa da Moeda, 2001. Trad. e notas Arnaldo do Espírito Santo, João Beato e Maria Cristina de Castro-Maia de Sousa Pimentel e introd. e notas Manuel Barbosa da Costa Freitase José Maria Silva Rosa. (Estudos Gerais, Série Universitária. Clássicos de Filosofia.)

SÃO TOMÁS DE AQUINO. *Verdade e Conhecimento*. Ed. Luiz Jean Lauand e Mario Bruno Sproviero. São Paulo: Martins Fontes, 1999.

SARTRE, Jean-Paul. *A Náusea*. Trad. António Antero Coimbra Martins. Mem Martins: Publicações Europa-América, 2005. Ed. orig. 1938.

SCHLEGEL, Friedrich. *Lucinda*. Lisboa: Guimarães, 1979. . (Livros de Bolso Europa-América; 133.) Tít. orig. *La Nausée*, 1799.

SCHWARTZ, Hillel. *Os Finais de Século: lenda, mito, história de 900 ao ano 2000*. Introd. Cecília Barreira, trad. Jorge Pinheiro. Lisboa: Difusão Cultural, 1992. (Histórias da História.) Tít. orig. *Century's End*.

SEARLE, John. *Os Actos da Fala: um ensaio de filosofia da linguagem*. Trad. Carlos Vogt [*et al.*] Coimbra: Almedina, 1984. (Novalmedina; 12.) Tít. orig. *Speech Acts*, 1969.

SEBALD, W. G. *Austerlitz*. Trad. Telma Costa. Lisboa: Teorema, 2004. (Outras Estórias.)

_____. *Os Emigrantes*. Trad. Telma Costa. Lisboa: Teorema, 2005. (Outras Estórias.) Tít. orig. *Die Augewanderten*.

_____. *História Natural da Destruição*. Lisboa: Teorema, 2006.

SERAFIM, João Carlos. Eremitismo, Profecia e Poder: o caso do Libellus do "pseudo-eremita" Telésforo de Cosenza. *Via Spiritus*. N.º 9 (2002), p. 63-66.

SERPA, Luís. Depois do Modernismo, ainda. In *Depois do Modernismo*. Lisboa: [s.n.], 1983, p. 11. Catálogo da Exposição. Luís Serpa, ed. lit., coordenador e comissário executivo da Exposição *Depois do Modernismo*.

SETTON, Mark K. *Western Hostility to Islam and Prophecies of Turkish Doom*. Philadelphia: American Philosophical Society, 1992.

SEXTO EMPÍRICO. *Outlines of Pyrrhonism.* Ed. J. Henderson. Cambridge, EUA; London: Harvard Un Pr, 2000.

SHELLEY, Percy. *Defesa da Poesia.* Pref., trad. e notas J. Monteiro-Grillo. Lisboa: Guimarães, 1986. (Filosofia e Ensaios.) Tít. orig. *A Defense of Poetry*, 1821.

SHEPEARD, D. Pour une poétique du genre oraculaire. *Revue de littérature comparée.* N.º 237 (1986), p. 64.

SHINER, Larry. *The Invention of Art: a Cultural History.* Chicago: University of Chicago Press, 2003.

SCHMIDT, Luísa. Antes que tudo acabe. *Expresso.* (7 Maio 2011).

_____. Campanhas do trigo. *Expresso.* (21 Maio 2011).

SILVA, Vítor Manuel de Aguiar e. *Teoria da Literatura.* 8.ª ed. Coimbra: Almedina, 1993.

SLOTERDIJK, Peter. *Ensaio sobre a Intoxicação Voluntária: diálogo com Carlos Oliveira.* Trad. Cristina Peres. Lisboa: Fenda, 2001.

_____. *A Mobilização Infinita: para uma crítica da cinética política.* Trad. Paulo Osório de Castro. Lisboa: Relógio d'Água, 2002. (Filosofia.) Tít. orig. *Eurotaoismus: zur Kritik der Politischen Kinetik*, 1989.

_____. *No Mesmo Barco: ensaio sobre a hiperpolítica.* Trad. Hélder Lourenço ; rev. científica de José A. Bragança de Miranda. Lisboa: Século XX, 1996. (BPC - Biblioteca do Pensamento Contemporâneo. Pensamento Político.) Tít. orig. *Im Selben Boot. Versuch über die Hyperpolitik.*

SOUSA, J. Cavalcante de, org. *Pré-socráticos.* São Paulo: Abril Cultural, 1991.

SOUTHERN, Richard W. *Western Views of Islam in The Middle Ages.* Cambridge, Massachusetts: Harvard University Press, 1962.

SPENGLER, Oswald. *Le Déclin de l'Occident.* 2 t. Paris: Gallimard, 1976. Ed. orig. 1918-1922.

STEINER, George. *Gramáticas da Criação.* Trad. Miguel Serras Pereira. Lisboa: Relógio d'Água, 2002. (Antropos; 55.) Tít. orig. *Grammars of Creation.*

_____. *A Poesia do Pensamento: do helenismo a Celan.* Trad. Miguel Serras Pereira. Lisboa: Relógio d'Água, 2012. (Antropos.) Tít. orig. *The Poetry of Thought: From Hellenism to Celan.*

SULPICIUS SVERUS. *La Fin du monde in* Vie de Saint Martin. Paris: Foi Vivante, 1996.

TELES, Gonçalo Ribeiro. *A Utopia com os Pés na Terra.* Évora: Museu de Évora, 2003.

TEMINI, A. Le gouvernement ottoman face au problème morisque. *In Les Morisques et leur temps.* Paris: CNRS, 1983.

THOM, René. *Parábolas e Catástrofes (entrevista sobre matemática, ciência e filosofia conduzida por Giulio Giorello e Simona Morini).* Trad. Mário Brito. Lisboa:

D. Quixote, 1985. (Opus. Biblioteca de Filosofia; 1.) Tít. orig.: *Parabole e catastrofi*.

TOCQUEVILLE, Alexis C. de. *De la Démocratie en Amerique*. 2 vols. Paris : Flammarion; Vrin, 1981-1990.

TODOROV, Tzvetan. *Mikhail Bakhtine: le principe dialogique suivi de* Ecrits du cercle de Bakhtine. Paris: Seuil, 1981.

TOFFLER, Alvin. *A Terceira Vaga*. Trad. Fernanda Pinto Rodrigues. Lisboa: Livros do Brasil, 1984. (Vida e Cultura; 104.) Tít. orig. *The Third Wave*.

TOMÁS, João de São. *Tratado dos Signos*. Pref. Anabela G. Alves. Lisboa: Imprensa Nacional-Casa da Moeda, 2001.

TOURAINE, Alain. *Crítica da Modernidade*. Trad. Fátima Gaspar e Carlos Gaspar. Lisboa: Instituto Piaget, 1994. (Epistemologia e Sociedade; 16.)

TOYNBEE, Arnold. *A Study of History*: Abridgement of vols. 1-4. New York, Oxford: Oxford University Press, 1987. Ed. orig. 1947.

TRADUCTION Œcuménique de la Bible. Comité d'Edition. O. Béguin [*et al.*]. Éd. intégrale. Paris: Les Editions du Cerf; Les Bergers et les Mages; Pierrefitte, 1987-1989. 2 vols. Ancien Testament. Comité d'Edition; O. Béguin, J. Bosc, M. Carré, P. Ellingworth, G. Ferrier, P. Fueter, A. Kopf, G. Makloff e J. Maury; Nouveau Testament. Comité d'Edition: O. Béguin, J. Bosc, M. Carré, G. Casalis, P.-Ch Marcel. F. Refoulé, R. Ringenbach.

TUNHAS, Paulo. Hipócrates e o pensamento da passagem. *In* SOARES, Maria Luísa Couto, org. *Hipócrates e a Arte da Medicina*. Lisboa: Colibri, 1999, p. 11--45.

TURGUENIEV, Ivan. *Pais e Filhos*. São Paulo: Cosac Naify, 2004.

UNAMUNO, Miguel de. *Del sentimiento trágico de la vida*. Buenos Aires: Biblioteca Clásica y Contemporánea, 1966. Ed. orig. 1913.

UNESCO. O Património: legado do passado ao futuro. [Em linha.] Disponível em http://www.unesco.org/new/pt/brasilia/culture/world-heritage/heritage-legacy-from-past-to-the-future/ [Consult. 14 Jul. 2014]

WEINSTEIN, Donald. *Savonarola and Florence. Prophecy and Patriotism in the Renaissance*. Princeton, New Jersey: Princeton University Press, 1970.

WINCKELMANN, Johann Joachim. *Historia del Arte en la antigüedad*. Madrid: Aguilar, 1989.

WITTGENSTEIN, Ludwig. *Tratado Lógico-Filosófico. Investigações Filosóficas*. Introd. Tiago de Oliveira, trad. e pref. M. S. Lourenço. Lisboa: Fundação Calouste Gulbenkian, 1995. Ed. orig. respectivamente 1921 e 1949.

WOLTON, Dominique. As contradições do espaço público mediatizado. *Revista de Comunicação e Linguagens*. Lisboa: Cosmos. N.º 21-22, p. 167-188. N.os orgs. por Mário Mesquita.

VADJA, Georges. Les Lettres et les sons de la langue Arabe d'après Abu Hatim al-Razi. *Arabica*. Leiden. (1961), p. 119.

VANZULLI, Marco. A contribuição de Giambattista Vico para o Marxismo Contemporâneo. *Cadernos Cemarx*. [Em linha]. N.º 2 (2005), p. 107-108. Disponível em http://www.ifch.unicamp.br/ojs/index.php/cemarx/article/download/1323/901 [Consult. 14 Jul. 2014.]

VATTIMO, Gianni. *O Fim da Modernidade: niilismo e hermenêutica na cultura pós-moderna*. Trad. Maria de Fátima Boavida. Lisboa: Presença, 1987. (Biblioteca de Textos Universitários; 88.)

_____. *A Sociedade Transparente*. Trad. Carlos Aboim de Brito, rev. trad. Artur Morão. Lisboa: Edições 70, 1991. (Biblioteca de Filosofia Contemporânea; 17.) Tít. orig. *La societá trasparente*.

VESPERTINO RODRÍGUEZ, Antonio. *Leyendas aljamiadas y moriscas sobre personajes bíblicos*. Madrid: Gredos, 1985.

VICO, Giambattista. *Ciência Nova*. Pref. António M. Barbosa de Melo, trad. de Jorge Vaz de Carvalho. Lisboa: Fundação Calouste Gulbenkian, 2005. (Textos Clássicos.) Tít. orig. *Principi di Scienza Nuova*, 1752.

VIRILIO, Paul. *City of Panic*. Oxford: Berg, 2005.

_____. *A Velocidade de Libertação*. Pref. e trad. Edmundo Cordeiro. Lisboa: Relógio d'Água, 2000. (Mediações. Comunicação e Cultura.) Tít. orig. *La Vitesse de libération*.

VOLTAIRE. *Dictionnaire philosophique*. Paris: Gallimard, 1994. (Folio). Ed. orig. 1764.

_____. *O Século de Luís XIV*. 2 vols. Lisboa: D. Quixote, 1984. Ed. orig. 1751.

ZUMTHOR, Paul. *Babel ou o Inacabamento: reflexão sobre o mito de Babel*. Trad. Gemeniano Cascais Franco. Lisboa: Bizâncio, 1998. (Torre de Babel; 3.) Tít. orig. *Babel ou l'inachèvement*.

OUTRAS OBRAS DO AUTOR

Romance

Entre o Eco do Espelho. Baden; Lisboa: Peregrinação, 1986; trad. inglesa parcial. *Revista New Wave.* Universidade do Colorado, Boulder, USA. Nº 20.
Cortejo do Litoral Esquecido. Lisboa: Vega, 1988.
No princípio era Veneza. Lisboa: Vega, 1990. 2ª ed. Lisboa: Vega, 1997.
Sempre Noiva. Lisboa: Vega, 1996.
A Falha. Lisboa: Editorial Notícias, 1998; 2ª ed. Lisboa: Planeta Agostini, 2001. 3.ª ed. Mem Martins: Publicações Europa-América, 2009; trad. espanhola: *La Grieta.* Hondarribia, Espanha: Hiru Argitaletxea, 2002. Adaptado ao cinema por João Mário Grilo em 2002.
As Saudades do Mundo. Lisboa: Editorial Notícias, 1999.
O Trevo de Abel. Lisboa: Editorial Notícias, 2001.
Máscaras de Amesterdão. Lisboa: Editorial Notícias, 2002.
O Inventor de Lágrimas. Lisboa: Editorial Notícias, 2004.
E Deus Pegou-me pela Cintura. Lisboa: Guerra e Paz, 2007.
A Dobra do Crioulinho. Lisboa: Quidnovi, 2013.

Contos

O Leme da Intemporalidade. In *O Livro das Moedas.* Lisboa: Imprensa Nacional-Casa da Moeda, 2004.
A Pé pelo Paraíso. Mem Martins: Publicações Europa-América, 2008.

Ensaio

A Tetralogia Lusitana de Almeida Faria. Utrecht: Universiteit Utrecht, 1989. Prémio da Ensaio da Associação Portuguesa de Escritores, 1988.
La Représentation du réel dans des textes prophétiques. Utrecht: Universiteit Utrecht, 1995. Tese de Doutoramento.
Sob o Rosto da Europa. Évora; Lisboa: Pendor, 1996. Trad. inglesa: *Ontology Of The South.* Coimbra: Sul, Edição dos Encontros de Fotografia de Coimbra, 1996.
Anjos e Meteoros. Ensaio Sobre a Instantaneidade. Lisboa: Editorial Notícias, 1999.
Os Jardins da Voyance. Fotografia de José Manuel Rodrigues. Porto: Porto Capital da Cultura, 2001. Trad. inglesa: *The Gardens of vision and the bright Ofélias of the Douro.* Roterdão: Roterdão Capital da Cultura, 2001. Álbum-encomenda *Os Jardins de Cristal*, Porto e Roterdão Capital da Cultura 2001.
Islão e Mundo Cristão. Lisboa: Hugin, 2001.
Água de Prata. Évora: Casa do Sul, 2002. Sobre a obra do Prémio Pessoa, José Manuel Rodrigues.
Músicas da Consciência. Pref. António Damásio. Mem Martins: Publicações Europa-América, 2002.
Órbitas da Modernidade. Lisboa: Editorial Mareantes, 2003.
Semiótica: uma introdução. Mem Martins: Publicações Europa-América, 2003.
Viragem Profética Contemporânea. Mem Martins: Publicações Europa-América, 2005.
A Comunicação na Rede: o caso dos blogues. Lisboa: Magna, 2008.

A Luz da Intensidade. Figuração e estesia na literatura contemporânea. O caso de José Luís Peixoto. Lisboa: Quetzal, 2012.

Manuais

A Novíssima Poesia Portuguesa e a Experiência Estética Contemporânea. Mem Martins: Publicações Europa-América, 2005.
Manual de Escrita Criativa. Mem Martins: Publicações Europa-América, 2005.
Manual de Escrita Criativa. Mem Martins: Publicações Europa-América, 2007. 2º vol.
Sebenta Criativa para Estudantes de Jornalismo. Mem Martins: Publicações Europa-América, 2008.
Laboratório Criativo de Cultura do Humor. Lisboa; Évora: Manuais da Escola de Escrita Criativa Online/EC.ON, 2012.
Laboratório de Escrita Criativa: publicidade. Lisboa; Évora: Manuais da Escola de Escrita Criativa Online/EC.ON, 2012.
Laboratório de Escrita Criativa: nível introdutório. Lisboa; Évora: Manuais da Escola de Escrita Criativa Online/EC.ON, 2012.
Laboratório de Escrita Criativa: nível avançado. Lisboa; Évora: Manuais da Escola de Escrita Criativa Online/EC.ON, 2012.

Drama

Nefertiti. Lisboa: Edisardo, 2002. Libretto de drama musical de José Júlio Lopes.
A Falha. Argumento para a longa-metragem homónima de João Mário Grilo, Lisboa, 2002.

Poesia

Fio de Prumo. Torres Vedras: Terramar, 1981.
Vão Interior do Rio. Amesterdão: Atelier 18, 1982.
Ângulo Raso. Amesterdão: Atelier 18, 1983.

Outros volumes

Do Milénio e Outras Crónicas. Évora: Casa do Sul, 2002.
Quase a Respirar (Um ano de biografia poética aos cinquenta anos de idade). Évora: Edição de autor, 2004.

Título
Genealogias da Cultura

Autor
Luís Carmelo

Ícone da capa
Cristina Sampaio

Colecção
Âmbito Cultural do El Corte Inglés

Capa e grafismo
Atelier Precipício

Revisão
Dóris Graça Dias

Composição
Undo

Impressão e acabamento
Rainho & Neves

ISBN
978-989-98056-6-8

Depósito Legal
384594/14

2.ª Edição
Lisboa, Novembro 2014

Arranha-céus
Rua da Horta Seca, 40, r/c
1200-221 Lisboa